Sylvain Gouguenheim

Aristoteles auf dem Mont Saint-Michel

Sylvain Gouguenheim

Aristoteles auf dem Mont Saint-Michel

Die griechischen Wurzeln des christlichen Abendlandes

Aus dem Französischen
von Jochen Grube

Mit einem Kommentar
von Martin Kintzinger und Daniel König

Französische Originalausgabe:
„Aristote au Mont Saint-Michel. Les racines grecques de l'Europe chrétienne"

Die Deutsche Nationalbibliothek verzeichnet diese Publikation
in der Deutschen Nationalbibliografie;
detaillierte bibliografische Daten sind im Internet
über http://dnb.d-nb.de abrufbar.

Die Herausgabe des Werkes wurde durch
die Vereinsmitglieder der WBG ermöglicht.
Redaktion: Claudia Renner-Blanchard
Einbandgestaltung: Finken & Bumiller, Stuttgart
Einbandmotiv: Mont Saint-Michel. Buchmalerei aus den
„Tres Riches Heures du Duc de Berry".
Chantilly, Musée Condé, Ms. 65, fol. 195 r. Foto: ak-images.
Satz: Janß GmbH, Pfungstadt

Besuchen Sie uns im Internet: www.wbg-wissenverbindet.de

ISBN 978-3-534-23221-5

Elektronisch sind folgende Ausgaben erhältlich:
eBook (PDF): 978-3-534-71991-4
eBook (epub): 978-3-534-71992-1

Inhalt

Vorwort

Das „Dunkle Mittelalter" ist wieder zurück. Die Kulturgeschichte Europas, obwohl seit mehreren Jahrzehnten durch die Arbeiten vieler Mediävisten aufgeklärt, wird einer Revision unterzogen. Es sieht so aus, als setze sich künftig das Bild einer Christenheit an der Leine eines „aufgeklärten Islam" durch, dem sie ihr Aufblühen verdanke – dank des arabischen Transfers griechischen Wissens aus der Antike, zu dem das Mittelalter die Schlüssel verloren hatte. Es wird von einem „verlorenen Erbe" gesprochen, das man den Europäern wieder ins Bewusstsein rücken müsste.[1]

Diese These hätte, für sich genommen, nichts Skandalöses an sich – wenn sie denn wahr wäre. Aber sie beruht auf Verkürzungen oder ungefähren Schätzungen und profitiert von einer Reihe historisch dennoch etablierter Elemente. So wird allem Anschein zum Trotz eine eher ideologisch vorgefasste Meinung als wissenschaftliche Forschung ausgegeben.[2]

So vergisst man die während des frühen und hohen Mittelalters permanente Anziehungskraft des antiken Griechenland für europäische Gelehrte und die kulturellen Beiträge der griechischen Antike für die christliche Religion. Man übersieht mit dieser These auch, dass diese Antike unter dem weit gespannten Dach der Politik und Zivilisation des Byzantinischen Reichs überlebte, das heißt eines Reiches, das damit aus der europäischen Geschichte so stark ausgeblendet wird, dass jeder kulturelle Austausch, die Zirkulation von Handschriften und Gelehrten zwischen Byzanz und dem Abendland sowie die Rolle der Übersetzer vom Griechischen ins Lateinische als der wahren Wissensvermittler mit Schweigen übergangen wird. Diese unterschiedlichen Prozesse ranken sich um das von Jakob von Venedig und den Mönchen der Abtei und der Region des Mont Saint-Michel zu Beginn des 12. Jahrhunderts geschaffene gewaltige Werk, das noch immer zu wenig Beachtung in der Öffentlichkeit findet. Ebenfalls unerwähnt in vielen Büchern oder Publikationen bleiben die Christen im Orient, die nestorianischen Gelehrten, die in einer gewaltigen Übersetzungsleistung von säkularer Bedeutung Texte aus dem Griechischen ins Syrische und vom Syrischen ins Arabische übertrugen und damit das Wissen des antiken Griechenland bewahrten, um es schließlich dann doch ihren muslimischen Eroberern zu überlassen.

Aufs Ganze gesehen lässt sich die Geschichte der kulturellen Entwicklung des mittelalterlichen Europa und insbesondere die in einem dichten und komplexen Prozess verlaufende Wiederaneignung der griechischen Bildung der Antike nicht in das allzu schlichte und lineare Schema pressen, das uns heute aufgedrängt wird. Deshalb will ich hier den Versuch wagen, das wissenschaftliche Gleichgewicht angesichts einer einseitigen Sichtweise wieder herzustellen und einem möglichst großen Publikum Informationen aus den Werken weniger bekannter Spezialisten zur Verfügung stellen. Ich will nicht polemisieren, aber ich will falsche Diskurse vermeiden.

Vor diesem Versuch danke ich allen Personen, die auf meine häufig dringenden Bitten geantwortet und mir durch ihre Ermutigungen, Ratschläge, durch ihr aufmerksames Mitlesen und ihre Vorschläge viel geholfen haben: Es sind Nicolas Champoux, Jacqueline Desloy, Markus Egetmeyer, Éric Levaillant, Christian Levasseur, Djamel Manar, Roland Mauri, René Marchand, François-Olivier Touati.

Einleitung

Die Tatsache, dass die „Araber" bei der Entstehung der kulturellen Identität Europas eine entscheidende Rolle gespielt haben, braucht man nicht zu diskutieren und noch weniger zu leugnen – es war einfach so.[1]

Diese „Tatsache" halte ich schon wegen der Zweideutigkeit des Ausdrucks „Araber" für durchaus diskussionswürdig, was übrigens auch die beiden von der Autorin selbst verwendeten Anführungszeichen nahelegen. Dahinter verbirgt sich eine Auffassung von Geschichte, die zur *communis opinio* werden sollte und in zwei Thesen formuliert werden kann:

Die erste These besagt, dass Europa gegenüber der arabisch-muslimischen Welt zur Zeit der Abbasiden (seit 751) in der Schuld stehe: Der Islam hätte den wichtigsten Teil der antik griechischen Wissenschaft „übernommen" und ihn später nach Europa gebracht, wo er den Grundstein für das kulturell-wissenschaftliche Erwachen des Mittelalters und dann der Renaissance gelegt hätte. Die zweite These geht von den muslimischen Wurzeln der europäischen Kultur aus: europäisches Denken, europäische Kultur und Kunst seien zumindest teilweise durch die islamische Zivilisation der Abbasiden entstanden.

Beide zusammen vermitteln ein Bild von der Geschichte Europas, seiner Identität und dem Wesen der christlich-abendländischen Welt, das der klassischen Sichtweise ihrer „griechischen Wurzeln" widerspricht. Die beiden gegensätzlichen Thesen stützen sich auf widersprüchliche Lesarten der gleichen historischen Periode, in der sich dieser Übergang abgespielt haben soll, das heißt in der ersten Hälfte des Mittelalters zwischen dem 6. und 12. Jahrhundert. Und gerade auf diesen Zeitraum wird sich unsere Studie beziehen; vom 13. Jahrhundert sind die Fakten so allgemein bekannt, dass es nicht der Mühe lohnt, sie noch einmal zu untersuchen.

Ex oriente lux ...

Greifen wir das Argument der „Schuld" auf. Ihm zufolge hätte alles damit begonnen, dass Schriften aus der arabisch-muslimischen Welt im Abendland auftauchten. Diese Welt hätte, seit der Abbasidenherrschaft dazu animiert, „nach Wissen geradezu gefiebert"[2]; ihr riesiger Wissensdurst hätte die gesamte griechische Erkenntniswelt entdeckt und sich angeeignet. Dank vieler Übersetzungen aus dem Griechischen ins Arabische hätten philosophische, medizinische und mathematische Werke der alten Griechen den muslimischen Wissensdurst zunächst befriedigt und hätten dann als arabisch-lateinische Werke die Welt des Mittelalters etwa ab dem 12. Jahrhundert durchdrungen. Dank der „außergewöhnlichen geistigen und wissenschaftlichen Entwicklung" im 8. und 9. Jahrhundert und einem „beträchtlichen Überschäumen vorzugsweise in den Wissensgebieten Philosophie, Medizin und Wissenschaften"[3] habe Europa drei oder vier Jahrhunderte später einen eigenen wissenschaftlichen Aufschwung erlebt.

Man stellt also die gewaltige Welle der Übersetzungen griechischer Werke mitten ins Zentrum der europäischen Dynamik, die auf die Entdeckung der arabischen Übersetzungen derselben Werke folgte. Stellvertretend für andere wissenschaftliche Handbücher stellt eine dieser Abhandlungen fest:

> „Die klassisch-griechische Wissenschaft gelangte hauptsächlich über die Vermittlung durch den Islam zu den Lateinern, und diese Rückkehr zu den Quellen erfolgte zu einem großen Teil in dem nach dem erfolgreichen Abschluss der *Reconquista* wieder christlichen Spanien. So machten sich Kleriker aus ganz Europa, inklusive Italien, zu Beginn des 12. Jahrhunderts dorthin auf, um aus den arabischen Quellen zu schöpfen; ihre Übersetzungen trugen so zur Wiederentdeckung des antiken griechischen Wissens bei."[4]

Die Schlussfolgerung dieses Statements lautet also: Der Islam ließ diese griechischen Erkenntnisse Früchte tragen und unterwarf sich dadurch einem so gründlichen Hellenisierungsprozess, dass er das Bindeglied zwischen den Zivilisationen der Antike und der Renaissance darstellt.

Jenseits der „Schuld", die diese Weitergabe von Wissen bedeutete, sei Europa dem Islam auch deshalb verpflichtet, weil es ihm zu einem hohen Teil seine Identität verdankt. Die Idee der arabischen Mittlerrolle[5] rückt dadurch in die Richtung der viel weiter gefassten These von der Verbreitung eines „aufgeklärten Islam". Dabei geht es um mehr als den Nachweis der Wissensvermittlung durch ein Volk und seine Sprache; ihm wird sogar eine höherstehende Zivilisation und kulturelle

Überlegenheit über seine Nachbarn und eine Rolle als Matrix der künftigen Entwicklung zuerkannt. Das Abbasidenreich – so die Fortführung der These – hätte nicht nur als „Brücke" zwischen der Antike und dem lateinischen Abendland fungiert, sondern sei darüber hinaus fast vier Jahrhunderte lang als kreatives Universum der Ursprung einer wissenschaftlichen Revolution[6] gewesen. Zur Illustration dieses „Goldenen Zeitalters" wird oft auf das berühmte „Haus der Weisheit" in Bagdad verwiesen. Dort hätten Juden, Christen und Muslime ihre wissenschaftlichen und philosophischen Erkenntnisse zu einer Zeit ausgetauscht, als der lateinische Westen in seiner Entwicklung noch weit zurückgeblieben war, bevor er bald darauf dem „Fanatismus" der Kreuzzüge verfallen sei.

Diese Ansicht wurde von zahlreichen Intellektuellen, Historikern, Islamwissenschaftlern und Schriftstellern jeglicher Provenienz aufgegriffen und verbreitet.[7] Erst kürzlich, am 19. April 2007, sprach die an der Al-Azhar-Universität in Kairo „Französische Zivilisation" lehrende Professorin Zeinab Abdel-Aziz in dem Artikel „Die wahren Wurzeln Europas" von der „acht Jahrhunderte dauernden Gründungsrepräsentanz des Islam in Europa":

> „Das gesamte europäische Abendland wurde unleugbar mit der Hilfe des Islam errichtet [...] Erst durch arabische Denker lernte Europa den Rationalismus kennen."[8]

Von europäischer Seite aus schrieb der Kenner der turko-mongolischen Welt J.-P. Roux 1983: „Europa wäre ohne den Islam nicht das, was es ist. Er gehört zu seinem Erbe."[9]

In die Diskussion wurden auch manche Nuancen eingebracht, so von Seiten der christlich-arabischen Universitäten, die den eher arabischen als muslimischen Charakter der Abbasidenkultur (in der jedoch die Perser die Hauptrolle spielten) betonten. In den Reihen der abendländisch orientierten Islamwissenschaftler finden wir schließlich geteilte Meinungen, die von totaler Zustimmung bis zu tiefen Vorbehalten reichen.[10] Trotzdem erkennt die am häufigsten verbreitete These dem mittelalterlichen Islam die Urheberschaft am Aufkommen der europäischen Kultur und Zivilisation zu und stützt sich dabei auf eine spezifische Sichtweise der europäischen Welt: Ohne die Vermittlung des Islam hätte Europa nicht aus dem „dunklen Mittelalter" herausgefunden.

Wissenschaftliche Debatte und politischer Gegenstand

Die Theorie der Schuld Europas impliziert die These der Überlegenheit der muslimischen Welt über die mittelalterliche Christenheit, was bedeutet, dass sich eine „dunkle“ Lesart des Mittelalters wieder durchzusetzen scheint. Ihr zufolge bietet Europa zwischen dem 7. und 12. Jahrhundert das doch sehr vereinfachende Bild eines rückständigen Kontinents, der in den *Dunklen Jahrhunderten* gefangen war – ein Klischee, das Mediävisten längst überwunden glaubten.

Dieser Kontrast zwischen den beiden Kulturen wird sogar dem Wesen des *Dar al-Islam* selbst zugeschrieben, der in den verführerischen Farben einer Welt religiöser Toleranz, kultureller Offenheit und des wissenschaftlich-rationalen Aufschwungs, kurz: einer Welt beschrieben wird, die ihren christlichen Gegenwelten, ob nun oströmischen oder weströmischen Ursprungs, überlegen ist und – alles in allem – fast an die ideale Zivilisation herankommt, wenigstens soweit man es sich im heutigen Westeuropa vorstellt.

Unter dem Einfluss der aktuellen Situation gewinnt das Thema auch eine politische Dimension. Auf dem Spiel steht, man errät es, zu Beginn des 21. Jahrhunderts keine Kleinigkeit: Es geht um die lange Konfrontation von Islam und Westeuropa (das Gleiche gilt auch für die gespannte Beziehung zwischen Islam und Hinduismus). Deshalb erscheint gerade jetzt, da die Schulbücher korrigiert und umgeschrieben werden sollen, um an den Platz des Islam im europäischen Erbe zu erinnern – dazu fordert ein Bericht der Europäischen Union von 2002 ausdrücklich auf[11] –, der Versuch einer Klarstellung notwendig. Dafür müssen insbesondere die Erkenntnisse von Fachgelehrten für byzantinische und muslimische Geschichte, von Spezialisten für die Welt der syrischen Christen sowie der Wissenschaftsgeschichte einem breiten Publikum zur Verfügung gestellt werden.

Annahmen

Die hier diskutierte These beruht auf bestimmten Annahmen. Die Lektüre von Arbeiten mehrerer Forscher über das christliche Abendland, den Islam oder die byzantinische Welt macht in der Tat klar, dass die Dinge nicht so einfach sind wie sie gemeinhin dargestellt werden. In einem Buch von B. Lewis aus dem Jahr 1993 rückt der Autor einen wesentlichen Aspekt mit der Bemerkung in den Vordergrund, der hellenisierte Islam stelle nur den „späten Hellenismus des Vorderen Orients, das heißt eine Verlängerung der Spätantike" dar, sei also „eher eine Wiederentdeckung der athenischen Klassik in ihrer Blütezeit, die sich später im Okzident wiederholen sollte"[12].

Lewis spielt insbesondere auf die Begeisterung für die neuplatonischen Philosophen, die sich bevorzugt an Platon orientierten, und auf das kontrastreiche Schicksal an, das die Schriften des Aristoteles erlebten. Die Hellenisierung der Welt der Abbasiden verlief also anders als die Hellenisierung des mittelalterlichen Europa – wie sehr, werden wir hier noch ausloten müssen.

Eine andere Annahme besteht darin, die islamische Welt als homogenen Block zu betrachten und insbesondere Arabertum mit Islam zu verwechseln, denn sie unterstellt ihm eine auf die Religion gegründete Zivilisation, was ihn von der Kultur der arabischen Sprache befreit. Aber die arabische Welt kann weder heute noch im Mittelalter auf einen einzigen Glauben reduziert werden, weil dem wichtige demographische Faktoren entgegenstehen: Die christlichen Araber und die nach den muslimischen Eroberungen arabisierten Christen bildeten um das Jahr 1000 noch fast die halbe Bevölkerung der islamischen Länder.

Andererseits ist einzuräumen, dass kein Zweifel besteht am Transfer des gesamten wissenschaftlich-philosophischen Wissens der alten Griechen auf die islamische Welt, in der das Wort Allahs, bis in alle Ewigkeit im Koran offenbart, die Haupthandlungsanleitung darstellt. Im „klassischen" Islam (während der Omajjaden- und Abbasidendynastie) bestanden weder leichte noch direkte Beziehungen zwischen den Welten des Glaubens und der Wissenschaft oder zwischen Religion und wissenschaftlicher Erkenntnis. Der muslimische Glaube an die nicht „geschaffene" Natur des Korans zog bedeutsame Folgen für die Entstehung wissenschaftlicher Erkenntnisse und die Möglichkeit der Gedankenfreiheit nach sich. Im Übrigen besaßen die Begriffe „Wissenschaft" und „Gelehrter" im *Dar al-Islam* einen ganz spezifischen Sinn. Deshalb darf man einem islamischen „Gelehrten" (*'ulamâ'*) nicht den gleichen Status unterstellen wie einem Gelehrten der griechischen Antike: Ein Ulama legt den Koran und die Hadithen aus, die Überlieferungen über den Propheten Mohammed, oder er ist Rechtsgelehrter. In diesem Sinne spricht A. de Libera über das Abbasidenreich als eine „weder rückständige noch intellektuell behinderte" Welt, „wo die Moscheen echte Forschungseinrichtungen sind" und wo man „den Koran perfekt zitierte und interpretierte."[13] In dieser Aufzählung vermengt der Autor jedoch sehr unterschiedliche Elemente. Mag die erste Behauptung noch zutreffend sein, so ist seine zweite Feststellung, die Moscheen als „Forschungseinrichtungen“ bezeichnet, ein schlichter Irrtum. Dort wurde nämlich nur das aus dem Universum des Wissens extrapoliert, was dem Religionsstudium nützte.

Auch das Bild der „Wurzeln“ muss überprüft werden: Was genau versteht man unter den „muslimischen Wurzeln Europas“? Gibt es Konzepte, Darstellungen der Welt oder spezifisch islamische (künstlerische wie materielle) Techniken, die Europa zu Recht als eine Art Erben oder als Anhängsel der muslimischen Welt erscheinen lassen?

Polemik und Ethnozentrismus

In dieser Debatte wird kräftig polemisiert, da die These von der „Schuld“ in die Etablierung einer Hierarchie der mittelalterlichen Kulturen mündet. Die Geschichte der beiden Zivilisationen erscheint in dieser Lesart so, dass einem aufgeklärten, kultivierten und spirituellen Islam ein brutaler, kriegs- und eroberungssüchtiger Okzident gegenübersteht.[14] Auf der einen Seite die Welt des Geistes und auf der anderen die Welt des Säbels. Schließlich rückt an die Stelle des ehemals abendländischen Ethnozentrismus ein neuer, dieses Mal „orientalischer“ Ethnozentrismus.

Eine fortgeschrittene arabisch-muslimische Welt wird einem zurückgebliebenen Europa gegenübergestellt, dessen einzige spätere Überlegenheit technischer und militärischer Natur gewesen sei. Folglich waren es nur materielle Faktoren, die erklären, warum der Islam seinen Vorsprung schon verloren hatte, bevor er die europäische Vorherrschaft akzeptieren musste. Diese These bestärkt die Meinung, die Europäer seien dennoch irgendwie Barbaren geblieben, die dank der Wucht ihrer Waffen über ihre spirituellen und wissenschaftlichen Lehrmeister gesiegt hätten.

Darüber wird allerdings vergessen, dass die Kreuzzüge scheiterten und Europa durch die Türken bis zum 17. Jahrhundert militärisch in die Defensive gedrängt wurde. Man vertauscht zwar nicht gerade die Identitäten, aber man preist zumindest die eine Welt, die man zum Vorbild erhebt und als jeglicher Gewaltbereitschaft gänzlich abhold schildert. Dadurch erscheint die andere Welt in einem eindeutig abwertenden Sinn als eine Welt, die von den Kohorten einer ungepflegten und ungebildeten Soldateska geprägt gewesen sei.[15] Das wird besonders am Beispiel des syrischen Adligen Usâma (1095–1188) deutlich, das schon so oft in

Schulbüchern zitiert wurde, der sich mit ätzendem Spott über die medizinische Kunst der Franken ausließ,[16] wobei Usâma, wie neuere Forschungsergebnisse zeigen, einen einseitigen Propagandatext geschrieben hatte, denn de facto war die medizinische Versorgung der fränkischen Krieger weit besser, als dieser Text behauptet.[17] Und im Übrigen: Wenn Europa die Renaissance dem Islam verdankt, dann darf gefragt werden, warum der Islam im Gegenzug sich nicht an ihr beteiligt hat.[18] Man setzt sich also häufig über die europäische Geschichte hinweg oder setzt sie herab, während die Geschichte des Islam in höchsten Tönen gelobt wird. Scham und Stolz stehen sich unversöhnlich gegenüber – wahrhaft keine Grundlage, auf der sich ein fruchtbarer Dialog aufbauen kann.

Die wahren Fragen, die man sich außerhalb jeglicher Polemik stellen kann, sind historischer Natur. Sie zielen auf die Hellenisierung der islamischen Welt sowie die Art und Intensität ihres Eindringens in den antik-griechischen Wissenskosmos innerhalb des arabisch-muslimischen Universums; sie berühren auch die Wege, über die diese antik-griechische Bildung im Okzident wieder zu Ehren gelangte.

Diese Fragen tragen den Keim eines anderen Problems in sich, das nur Spezialisten angehen konnten, und die gab es selten genug. Wir sprechen von der Qualität und Genauigkeit der arabischen Übersetzungen der griechischen Urtexte und deshalb auch von der wissenschaftlichen Brauchbarkeit der so entstandenen arabischen Bücher. Es ist weder leicht noch harmlos, vom Griechischen in die arabische Sprache zu übertragen, ob nun über den Umweg des Syrischen oder nicht, und danach vom Arabischen ins Lateinische. Welcher philosophische Text oder welche wissenschaftliche Abhandlung übersteht derart wiederholte Sprachwechsel ohne Schaden, wo nicht nur das Vokabular, sondern auch der durch die Syntax ausgedrückte Inhalt von einer zur indo-europäischen Sprachfamilie gehörenden Sprache in eine zum semitischen Sprachsystem zählende Sprache wechselt, bevor der Text wieder in sein ursprüngliches System zurückkehrt?

Das mittelalterliche Abendland und sein Streben nach Wissen

Wenn wir nach den kulturellen Wurzeln Europas fragen, müssen wir uns das Vorgehen der Europäer selbst vergegenwärtigen, das heißt wir sollten uns die Ursprünge, Modalitäten und Folgen der Wiederentdeckung und Wiederaneignung griechischen Wissens durch die Gelehrten zwischen dem 8. und 12. Jahrhundert klarmachen. Damit stehen wir ganz klar vor der Frage nach der kulturellen Identität Europas.[19]

Wie jeder weiß, geriet die antike Gedankenwelt mit dem Ende des Weströmischen Reiches weitgehend in Vergessenheit. Genauso sicher ist aber auch, dass sich Byzanz im 8. und 9. Jahrhundert wieder seinen griechischen Wurzeln zuwandte und dass sich auch das abendländische Europa seit der karolingischen Renaissance damit befasste. Man verkauft den Wissensdurst der Europäer, die nach Wissen überall dort fahndeten, wo sie es zu finden glaubten, manchmal unter seinem Wert. Sie strebten nicht nach irgendwelchen „Reichtümern des Orients", sondern gezielt nach schriftlichen Zeugnissen der wissenschaftlichen Bildung der Antike. Um sie zu finden, verwendeten sie griechisch-arabische Handschriften, die sie während der spanischen *Reconquista* im 11. und 12. Jahrhundert entdeckten, oder sie suchten selbst nach originalen griechischen Texten, die das Ende der Antike in West- und Südeuropa (Italien, Sizilien, Nordfrankreich) überstanden hatten oder die im Lauf der Jahrhunderte von Byzanz via Süditalien und Syrien (seltener auch über den Balkan oder Zypern) nach West- und Mitteleuropa gelangt waren.

Die abendländische Christenheit bemühte sich also hingebungsvoll um das Auffinden schriftlicher Zeugnisse des antiken griechischen Wissens. Sie tat es mit einer erstaunlichen, mehrere Jahrhunderte dauernden Konstanz und Hartnäckigkeit und in der tiefen Überzeugung, dass das Urbild ihrer Kultur im klassisch-griechischen Altertum zu finden sei. Bei dieser Suche hatte sie dem Oströmischen Reich und seiner Hauptstadt Konstantinopel, dem Stiefkind des europäischen Erbes, in der Tat zu danken, zumal beide, Europa und Konstantinopel, dasselbe kulturelle und zivilisatorische Patrimonium teilten, nämlich die klassische Antike. Wir werden in diesem Buch sowohl an die erinnern, welche die griechische Kultur zugunsten der europäischen Zivilisation am Leben erhielten, wie an die, die zu ihrer Wiederentdeckung beitrugen.

Die Wege der Entdeckung

Obwohl diese Studie nicht auf alle mittelalterlichen Wissenschaftsgebiete eingeht, umfasst das hier verfolgte Ziel einen weiten, fast zu ambitiösen Raum. Aber das, was das Buch will, erscheint legitim,[20] denn wir sprechen über die Rezeption und Verbreitung des griechischen Wissens und seine Früchte tragende Rolle in sehr unterschiedlichen Kulturen und Gegenden. Wie das griechische Erbe dort jeweils genutzt wurde, stellt ein Kriterium der Identifizierung der europäischen und islamischen Völker und ihrer Kultur im Mittelalter dar, deren jeweiligen Grad an Hellenisierung wir ausloten wollen. Das ermöglicht uns, Platz und Rolle christlicher (europäischer oder arabischer Abstammung) und muslimischer Eliten bei der Entwicklung des Denkens und des Gelehrtenwissens zwischen dem 8. und dem 12. Jahrhundert einzuschätzen.

Wir werden mehrere Themen unter die Lupe nehmen, die unterschiedliche Facetten des gleichen Objekts bilden. Zunächst die in Europa ständig bestehende Neugier auf die griechische Wissenschaft, so dürftig die Früchte dieses, wie ich ihn nenne, „griechischen Studiengangs" während einiger Jahrhunderte auch gewesen sein mag. Immerhin erklärt die Tradition der Erinnerung an das antike Griechenland wenigstens zum Teil, warum es in West- und Mitteleuropa seit der Zeit der Karolinger bis ins 12. Jahrhundert nacheinander „Renaissance"-Epochen gab. Sie waren weder voneinander unabhängige Phänomene, noch kann man sie auf simple Kataloge liturgischer oder theologischer Werke reduzieren. Vielmehr lässt sich eine innere Logik entdecken, bei der jede Epoche direkt an ihre Vorgängerin anschließt und sich auf sie stützt, um dann eine neue literarische Produktion zu erarbeiten. Alle diese Produktionen sind, eine nach der anderen, Glieder der gleichen Kette und verraten einen identischen Kenntniszusammenhang und eine identische Kultur. In dieser Strömung spielte der Voluntarismus der politischen Eliten – unter ihnen eine Reihe von Kirchenmännern – die treibende Rolle. Die Feststellung, dass während der gesamten Epoche der politische Mythos von den trojanischen Wurzeln der Franken so prägend war, bevor er im 13. und 14. Jahrhundert endgültig zum politischen Allgemeingut[21] avancierte, kommt nicht von ungefähr.

In einer erweiterten Perspektive der „Reise" der hellenistischen Bildung nach Westeuropa müssen wir an all das erinnern, was der Mittelmeerraum und der Westen den syrischen Christen vom 6. bis zum 10. Jahrhundert für die wissenschaftliche Weiterentwicklung verdankt – die arabisch-muslimische Wissenschaft beispielsweise die Basis ihrer Kenntnisse. Ein anderes Phänomen der Westwanderung des hellenistischen Bildungsgutes wurde bis heute ignoriert, obwohl es seine Historiker hatte: die Welle der Aristoteles-Übersetzungen direkt aus dem Griechischen, 50 Jahre bevor in Saragossa und Toledo Übersetzungen erschienen, die auf arabischen Fassungen desselben Textes beruhten. Diese umfassende Bewegung, in der Jakob von Venedig († um 1150) eine herausragende Rolle spielte, ermöglichte Nordfrankreich und England und selbst Gebieten an den Grenzen des Heiligen

Römischen Reiches die Verfügung über das Gesamtwerk des Aristoteles. Sie konnten dieses wissenschaftlich-philosophische Erbe nun wirken lassen, bevor noch die Übersetzungen aus dem Arabischen vorlagen. Die Übertragung eines der berühmtesten Gelehrten der griechischen Antike beweist das grundsätzliche Interesse der Geistlichen im christlichen Abendland an deren Wissen, als deren Erben sie sich fühlten und wussten.

Ein Vergleich mit der islamischen Welt zwischen dem 8. und dem 12. Jahrhundert ist außerdem aus folgenden Gründen unbedingt notwendig:

1. Wir wissen nicht genau, in welchem Ausmaß die arabisch-muslimische Gesellschaft die griechische Gedankenwelt verinnerlicht, und – mehr noch – was sie von der griechischen Gedankenwelt aufgenommen und was sie davon zurückgewiesen hat. Man müsste also in irgendeiner Weise den islamischen „Filter“ analysieren.
2. Besetzte der *logos* der Griechen in der Welt der Koran-Verkündigung den gleichen Platz wie in der Offenbarung der Evangelien? Mit anderen Worten: Stieß die Leidenschaft so bedeutender muslimischer Philosophen (*falâsifa*) wie Al-Farabi († 950), Avicenna (980–1037) oder Averroës (1126–1198) für literarische Zeugnisse der klassisch-griechischen Antike auch außerhalb ihrer eigenen Ideenwelt auf Resonanz?
3. War die Hellenisierung überall in der arabischen Welt ein allgemeines Phänomen, wo sie doch die islamische Gesellschaft und ihre Mentalitäten direkt berührte, oder war sie nur auf einige Exponenten der intellektuellen Eliten beschränkt? Und – bei diesen Letztgenannten – welches war der jeweilige Stellenwert, der griechischem Denken und islamischen Prinzipien beigemessen wurde? Danach muss bestimmt werden, welche Beziehungen zu griechischem Wissen diese drei Einheiten unterhielten, die manchmal verwechselt werden: islamische Religion, muslimische Gesellschaft und die arabisch-sprachigen Gelehrten aller Religionen. Diese Fragen müssen geklärt werden, bevor man sich dem Problem der angeblichen „Schuld“ Europas gegenüber dem Islam stellt.

Wir werden den Vergleich zwischen den christlichen und muslimischen Zivilisationen im Mittelalter schließlich mit Fragen nach ihrer jeweiligen Identität und ihrer Durchlässigkeit und auch nach der Art und Intensität ihrer Handelsbeziehungen beenden. Liegt der Prozess eines kulturellen Transfers tatsächlich so offen auf der Hand, wie manchmal dargestellt wird, so als ob eine philosophische Erkenntnis oder eine Weltanschauung genauso leicht zu exportieren wäre wie ein Sack Reis?

Wissen im Mittelalter und Wissen in der Moderne

Bleiben wir zunächst noch bei zwei Vorbedingungen: Wenn wir von Gelehrten, Gebildeten und Philosophen oder – mehr noch – von Mathematikern sprechen, studieren wir nur extrem kleine Gruppen. Wenn wir hingegen das hohe Mittelalter, den Islam zur Zeit der Abbasiden und das mittelbyzantinische Reich miteinander vergleichen und dabei ihre jeweiligen Beiträge zum wissenschaftlich-philosophischen Fortschritt der Menschen ermitteln, dürfen wir nicht aus den Augen verlieren, dass die Auswirkungen, die ein paar Dutzend Männer pro Jahrhundert auf mehrere Millionen Individuen erzielen, äußerst schwach sind. Angesichts dieser Relation nun festzustellen, welche Zivilisation ihren Nachbarn oder Gegnern intellektuell „voraus" war, heißt den Blick allein auf die wissenschaftliche Produktion einiger betroffener Gelehrter zu lenken, ohne vorab den Grad der Kultur der mehrheitlich noch analphabetischen Bevölkerungen einzuschätzen.[22] Radikal anders lägen die Dinge, wenn wir uns mit den zeitgenössischen Gesellschaften des 20. und 21. Jahrhunderts beschäftigten, die bildungspolitisch ehrgeizig genug sind, um Bildungsstrukturen mit dem entsprechenden Potential einzurichten, vielen ihrer Jugendlichen ein hohes Maß an wissenschaftlichem, technischem oder literarischem Wissen zu vermitteln.

Unterschiedliche Zivilisationen sollten so weitreichend wir möglich verglichen werden. Aufschlussreich wären zum Beispiel die Zahl wissenschaftlicher Entdeckungen, ihr Wert und ihre Tragweite oder eine Analyse der geltenden Rechtssysteme und das ihnen zu Grunde liegende Menschenbild, wobei auch der Bezug zu heiligen Texten und zum Grad der Freiheit detailliert herzustellen wäre, die dem gesunden Menschenverstand bei seiner Überprüfung, seinem Kommentar und seiner Interpretation eines Ereignisses gelassen wird. Parallel dazu müsste man auch die Form des künstlerischen Ausdrucks (Malerei, Bildhauerei) etc. vergleichen. Diese Aufgabe ist alles andere als einfach, und wir werden uns nur mühsam an sie herantasten.

Auch auf wissenschaftlicher Ebene, besonders in Mathematik, Physik und in den sogenannten Naturwissenschaften müssen wir jeden Anachronismus meiden. Was wir heute als „Wissenschaft" bezeichnen, hat sich erst vom 16. Jahrhundert an entwickelt, obwohl die ersten Schritte schon seit dem 13. Jahrhundert getan wurden. Mit den grundlegenden Arbeiten von Nikolaus Kopernikus (1473–1543), Gerolamo Cardano (1501–1576), François Viète (1540–1603), Johannes Kepler

(1571–1630), René Descartes (1596–1650) und Gottfried Wilhelm Leibniz (1646–1716) hat Europa – und nur Europa – die Basis der modernen Wissenschaft gelegt, deren gegenwärtige Universalität eine entscheidende Rolle in der Werteskala der Menschheit spielt. Sie war nur auf Grund radikaler Innovationen im Vergleich zu früheren Erkenntnissen, ob nun der Griechen, Araber, der Hindu oder der Chinesen, möglich.

Diese Innovationen schlugen sich in gigantischen Fortschritten in der Abstraktion mathematischer Wissenschaften, der Formalisierung ihrer Sprache wie auch in verblüffenden Ergebnissen bei der Beobachtung und bei Experimenten sowohl der Gestirne als auch des menschlichen Körpers oder der Naturphänomene nieder. Damals fand ein qualitativer Sprung statt, von dem wir noch heute zehren. Von einem derartigen Erkenntnissprung lässt sich hingegen bei byzantinischen oder arabischen Mathematikern – seien sie christlich oder muslimisch – bei aller Würdigung ihrer Verdienste nicht sprechen. Sie bewegten sich eher auf der Linie der antiken Griechen, Mesopotamier oder Inder. Selbst wenn sich diese Zivilisationen allesamt an der gleichen Art der Entwicklung und wissenschaftlichen Recherche beteiligten, sollte man in jeglicher Hinsicht besser von „wissenschaftlichen Kenntnissen" als von „Wissenschaft" sprechen. Weder die Griechen noch die Araber oder die indischen Gelehrten besaßen die Möglichkeit einer gesicherten Überprüfung ihrer Thesen: Sie „kalkulierten" nicht in dem Sinn, wie man in Europa seit dem Ende des Mittelalters[23] zu rechnen begann, wie das Beispiel der Algebra zeigt: Griechen, Inder oder Araber verwendeten für ihre Gleichungen nicht die abstrakte, formalisierte Sprache, die wir heutigen Europäer gewohnt sind und die zwar auf Nicolas Chuquet (1445–1500), François Viète und Descartes zurückgeht, aber zu ihren Lebzeiten noch nicht die Form angenommen hatte, die wir seit dem 19. Jahrhundert kennen. So wurden Gleichungen im Mittelalter mit sprachlichen Mitteln und Anlehnungen an das alltägliche Leben ausgedrückt – für uns eine verwirrende Form, die im Übrigen das Verständnis mathematischer Texte aus Antike und Mittelalter erschwert. Diese Feststellung bedeutet keinerlei Abwertung mittelalterlicher Gesellschaften, sondern die zutreffende Einschätzung ihres Entwicklungsstandes in dem sehr speziellen Feld, das heute in der ganzen Welt als „Wissenschaften" bezeichnet wird.

Erstes Kapitel

Kontinuität und das Streben nach antikem Wissen

Die Evangelien wurden auf Griechisch geschrieben. Das Christentum war zu Beginn eine Religion griechischer Sprache, auch wenn es rasch zur Universalität aufstieg und sich innerhalb eines Imperiums ausbreitete, dessen Amtssprache Latein war. Dass sich das Neue Testament den Gläubigen zunächst nur auf Griechisch erschloss, bevor im 4. Jahrhundert die ersten lateinischen Übersetzungen auftauchten, erklärt das Prestige der Sprache der Hellenen bei den intellektuellen Eliten des mittelalterlichen Abendlandes.[1] Dies war höchstwahrscheinlich auch der erste Grund, warum sich das lateinische Europa Griechenland zuwandte. Bevor sich die Gebildeten jedoch von Aristoteles, Archimedes oder Platon angezogen fühlten, gaben Markus, Lukas, Matthäus und Johannes die Sprache vor. Das Christentum sog die griechische Kultur übrigens von Anfang an wie ein Schwamm auf. Die Bedeutung des Heiligen Geistes und des Wortes Gottes für die damalige Zeit äußert sich in Begriffen, die von antik-griechischem Denken beeinflusst waren. Eine so fundamentale Vorstellung wie die Unverwechselbarkeit der Person des Menschen stammte aus griechischem Denken und wurde in die christliche Religion übernommen.

Das erklärt, warum gerade zu der Zeit, in der die *paideia*, die hellenische Erziehung eines Menschen zur körperlichen, intellektuellen und seelischen Tugend, die in Westeuropa zwischen 500 und 550 zu verschwinden schien, eine zaghafte Wiederentdeckung dieser Bildungsvorstellungen einsetzte, die sich im Lauf des Mittelalters verstärkten, bevor sie im Humanismus und der Renaissance des 14./15. Jahrhunderts ankamen.

Griechenland und seine Kultur: Ein Horizont für das lateinische Europa

Bevor wir sehen, wie das Mittelalter zum Teil aus eigener Kraft die antike Kultur wiedergefunden hat, sollten wir uns daran erinnern, wie und in welchem Ausmaß es sie verloren hat. Die europäische Kulturgeschichte im hohen Mittelalter wurde lange Zeit mit negativen Konnotationen dargestellt: Die Eroberungszüge der Germanen und der damit verbundene Sturz des weströmischen Reiches hätten im Verlauf des 5. Jahrhunderts n. Chr. die antike Welt brutal, wenn auch schrittweise beendet. Auflösungserscheinungen im Erziehungssektor und in der griechisch-römischen Bildung hätten den politischen Zerfall begleitet: Europa sei in seine „Dunklen Jahrhunderte“ eingetaucht.

Tatsächlich aber zeigen die jüngsten Arbeiten von Althistorikern und Mediävisten, dass diese Periode vom 5. bis zum 8. Jahrhundert gar nicht so katastrophal war und dass über den unbestrittenen Zerfall auch Elemente der Kontinuität gerettet wurden. Sogenannte Barbarenvölker wie die Franken standen der römischen Kultur nicht völlig fremd gegenüber. Darüber hinaus verstand es das Christentum, an das Erbe der griechisch-römischen *paideia* anzuknüpfen und es zu modifizieren. Und schließlich gab es ja auch noch die Kultur des Hochmittelalters.[2]

Den wahren Einschnitt zwischen Spätantike und Frühmittelalter markiert vielleicht weniger das Verschwinden des Römischen Reiches als vielmehr das Ende des Heidentums als Kulturträger.[3] In Westeuropa lösten sich die spätantiken Schul- und Erziehungsstrukturen auf, während die Kultur nur noch in den exklusiven Zirkeln um bedeutende Männer wie Boethius († 524 in Pavia) oder Cassiodor († 562 im Kloster Vivarium bei Squillace) weiterlebte. Auch die antike Mathematik und Philosophie hatten an Glanz verloren, denn Griechisch wurde immer weniger gelernt, griechische Schriften wurden immer seltener verlegt und griechisches Wissen tauchte nur noch in Form von Exzerpten oder Abschriften auf. Ende des 6. Jahrhunderts war es auch damit vorbei: Isidor von Sevilla († 636) war kein Gelehrter der Antike mehr, sondern ein Intellektueller des Mittelalters.

Die christlichen Gesellschaften an den Grenzen des Byzantinischen Reichs erlebten genau die entgegengesetzte Entwicklung. Die große Welle der Übersetzungen griechischer Werke in die syrische Sprache setzte tatsächlich erst im 5. Jahrhundert ein. Aus religiösen Gründen bevorzugten die Syrer philosophische und wissenschaftliche Texte, welche die Lücken der Bibel in Bezug auf Astronomie und Kosmologie, beispielsweise die Annahme der Kugelgestalt der Erde, ausfüllten, um so auf die Herausforderungen theologischer Debatten zu reagieren. So gelang ihnen im 6. Jahrhundert das Nebeneinander von christlichem Glauben und antiker *paideia*.

Im Abendland war die griechische Kultur zwar nicht ganz verschwunden, aber – zum Teil aus sprachlichen Gründen – nur noch rudimentär vorhanden. Die gebildeten Römer konnten Griechisch und brauchten die klassischen Werke nicht in lateinischer Übersetzung zu lesen. Aber da bald niemand mehr die griechische

Sprache beherrschte, wurden diese Werke unbrauchbar und wurden vernachlässigt. Die erneute Aneignung dieses Wissens zwischen dem 9. und dem 12. Jahrhundert ging nur langsam voran. Im 6. Jahrhundert gab es nur noch vier Bücher, die gleichsam den Kern des aus der Antike geerbten Wissens enthielten: das *Somnium Scipionis* („Der Traum des Scipio") des Macrobius, eine exzellente Einführung in den Neuplatonismus, das Werk *De nuptiis Philologiae et Mercurii* („Die Hochzeit der Philologie mit Merkur") von Martianus Capella, eine Schrift, die das Programm der Sieben Freien Künste (Arithmetik, Geometrie, Astronomie, Musik, Grammatik, Rhetorik und Logik) vorstellt und unter den mittelalterlichen Gelehrten eine beliebte Lektüre gewesen sein muss, wie aus den mindestens 241 Abschriften in den Archiven[4] abzulesen ist, Übersetzung und Kommentar des Calcidius zu Platons *Timaios*, um 400 verfasst – die einzige offene Tür zur Kosmologie der Griechen –, und schließlich die *Consolatio philosophiae* („Der Trost der Philosophie") des Boethius, der wir auch einen Teil der *Logik* des Aristoteles und Bearbeitungen der antiken Musikwissenschaft und der Arithmetik[5] verdanken.

Das Interesse an der griechischen Kultur verschwand jedoch nie vollständig, sondern nahm im Gegenteil eher zu. Am Ende des 6. Jahrhunderts verweist der Bischof Gregorius von Agrigent in den zehn Büchern seiner Kommentare über das Buch Sirach (*Ecclesiasticus*)[6] häufig auf Aristoteles. Bruchstücke des griechischen Wissens überlebten in abgeschotteten Kreisen des spätantik-frühmittelalterlichen Gelehrtentums. Vor allem aber hatte das griechische Denken auch die theologischen Werke der Christen durchdrungen und fand sich dort fast wie eingeschlossen, weniger durch Widerlegungen – obwohl es auch diese gab[7] – als vielmehr, weil es die geistige Urform des Christentums war. Die Kirchenväter dachten als Erben des *logos* in den logischen Kategorien der griechischen Philosophen. Und wenn man sie las, nahm man indirekt Grundzüge der klassischen Kultur auf.

An dieser Übermittlung der hellenischen Bildung waren auch viele Griechen und Syrer aus dem Orient beteiligt, die sich im Okzident niederließen. Dass diese Transferprozesse stattgefunden haben, ist erwiesen – auch wenn wir sie nicht präzise messen können. Angehörige der kirchlichen Eliten, Ärzte und manchmal auch Philosophen oder Mathematiker kamen in Schüben, vertrieben durch die religiösen Verfolgungen byzantinischer Kaiser oder die arabischen Eroberungszüge, nach Westeuropa. Dieser Strom hielt vom 7. bis zum 12. Jahrhundert ununterbrochen an. Und diese Flüchtlinge brachten Bücher mit, zum Beispiel „eine bestimmte Zahl von Kommentaren zu philosophischen Werken der Schule von Alexandria und [...] einige technische Traktate vornehmlich medizinischer Art".[8]

Die Beziehungen zu Byzanz, die nach den Rückeroberungen Kaiser Justinians im Jahr 532 dauerhaft gepflegt wurden, ermöglichten auch den Austausch von Handschriften mit dem Westen, ein Thema, über das derzeit geforscht wird. So berichtet J. Irigoin, dass im 7. Jahrhundert viele Manuskripte aus dem Orient nach Sizilien gelangten, darunter Texte von Strabo oder Cassius Dio. Als Kaiser Konstans II. 663 seinen Regierungssitz in Syrakus nahm, brachte er mehrere Werke dieser Art mit.

Griechen im lateinischen Europa

Im Europa des Hochmittelalters wohnten Griechen in größerer Anzahl in mehreren Regionen, zum Beispiel in Sizilien, Süditalien oder auch in Rom. Man traf sie jedoch auch weiter im Norden, in England, im Heiligen Römischen Reich oder, weiter westlich, auf der Iberischen Halbinsel. In Sizilien und Süditalien siedelten Griechen schon seit der griechischen Kolonisation (750–550 v. Chr.). Das Schicksal einiger Gelehrter illustriert das häufige Kommen und Gehen zwischen den verschiedenen Kulturzentren im Mittelmeerraum.

In Agrigent wurde 559 Gregorius geboren, der während seines gesamten Studiums in seiner Heimatstadt blieb und dann als Achtzehnjähriger nach Jerusalem reiste.[9] Dort wurde er zum Diakon geweiht, begab sich weiter nach Konstantinopel, kehrte wieder nach Italien zurück und ließ sich in Rom nieder, wo ihn der Papst zum Bischof von Agrigent erhob. Dort starb er zwischen 592 und 603. Erinnert sei auch an einige wichtige Namen im 7. Jahrhundert wie Gregorius, den Bischof von Syrakus, der während einer Missionsreise 724 von Arabern ermordet wurde, oder den Mönch Kosmas, den Lehrer des berühmten syrischen Denkers Johannes Damaszenus. Aus Syrakus stammte auch der Patriarch von Konstantinopel, Methodios, der Sieger im Bilderstreit, der die Ikonoklasten um Johannes Grammatikos endgültig entmachtete und 843 den „Triumph der Orthodoxie“ feierte. Der Mönch Johannes von Benevent, der 998 zum Abt des hochberühmten Klosters von Monte Cassino gewählt wurde, verkörperte eines der letzten Beispiele dieses Personentyps. Er kam vom Berg Athos in Griechenland und hatte zuvor auf dem Sinai als Einsiedler gelebt.[10]

Im Jahr 827 traf die griechische Bevölkerung in Sizilien jedoch ein harter Schlag durch den Arabersturm: Klöster gingen in Flammen auf, Bibliotheken wurden zerstört, Einwohner getötet oder als Sklaven verschleppt.[11] Ein Teil der sizilianischen Griechen entkam der Sklaverei oder dem Tod und emigrierte nach Kalabrien, Kampanien oder sogar bis in die Gegend von Rom. Wo sie sich niederließen, gründeten sie zahlreiche Klöster, etwa Nilus von Rossano (950–1005), der den Konvent von Grotta Ferrata in der Nähe von Rom gründete.[12] Andere wiederum blieben in Sizilien, flüchteten in die Berge oder kehrten nach der Rückeroberung des Ostteils der Insel durch die Byzantiner im 10. Jahrhundert und danach durch die Normannen im 11. Jahrhundert nach und nach wieder in die Städte zurück. So gelang es der griechischen Kultur, sich in Sizilien und Süditalien vom 7. bis zum 12. Jahrhundert trotz der arabischen Einfälle und der sich anschließenden ständigen Herrschaft der Araber[13] zu halten.

Rom war das zweite Zentrum, in dem die griechische Kultur überleben konnte, wobei man dort zu Ende des 6. Jahrhunderts kaum noch Griechisch sprach: Selbst Papst Gregor der Große beherrschte es nicht mehr. Im 7. Jahrhundert hingegen kamen Griechen und Levantiner in Massen, „die vor den Raubzügen der Perser und Araber geflohen waren."[14] Diese orientalische Präsenz hatte ein heute vergessenes, aber höchst bemerkenswertes Phänomen zur Folge: eine nahezu ununterbrochene Reihe von griechischen oder syrischen Päpsten zwischen 685 und 752.[15] Diese Päpste stammten von Flüchtlingen aus dem Byzantinischen Reich ab. Sie kamen, wie der *Liber pontificalis* ausweist,[16] aus Zentralanatolien und Syrien – hauptsächlich aus der Gegend von Antiochia – und gründeten in Rom griechische Klöster. Ihr außergewöhnlicher Erfolg beweist ihre Kultur, ihren Unternehmungsgeist und ein Bündel von Qualitäten, welche die römischen Kleriker bald zu schätzen lernten. Sie waren nicht allein gekommen; die Kleriker oder Mönche ihrer Umgebung bevölkerten sowohl die Gänge des Lateran wie auch vieler berühmter Klöster.[17]

Dieses griechische Milieu verbreitete sich weiter in Europa. Im 7. Jahrhundert trat der heilige Gislenius, ein griechischer Mönch aus Attika, der in Athen studiert hatte, in ein römisches Kloster ein und beteiligte sich unter der Führung des heiligen Amandus († 675 oder 679) an der Missionierung des Hennegaus. Weniger als ein Jahrhundert später liefert uns Papst Zacharias Informationen über eine andere Persönlichkeit von hohem Format, Theodorus von Tarsus, einen *philosophus*, der in Athen studiert und sich kurz zuvor zusammen mit anderen griechischen Gelehrten in Rom niedergelassen hatte. Er wurde 668 zum Priester geweiht, brach zur Mission nach England auf und beendete sein Leben als Erzbischof von Canterbury (669–690).[18] Diese beiden Beispiele veranschaulichen die Mobilität und die Kontakte, die im 7. Jahrhundert zwischen Athen und Rom noch bestanden.

Wir treffen Griechen vor allem seit der Mitte des 10. Jahrhunderts auch tief im Heiligen Römischen Reich an. Zwischen 973 und 1002 wurden auf Vermittlung der byzantinischen Prinzessin Theophanu, der Gattin von Kaiser Otto II., und auch durch die ihres Sohnes Otto III. einige von ihnen auf verantwortungsvolle Posten in der Reichskirche berufen. Im Jahr 982 setzte Otto II. den Kalabresen Johannes Philogathos als Abt des Klosters Nonantola in Italien ein und erhob ihn 988 zum Bischof von Piacenza ein. Johannes versuchte auch, unter dem Namen Johannes XVI. als Gegenpapst zu Gregor V. auf den päpstlichen Thron zu gelangen, wurde dafür aber hart bestraft. Otto III. ernannte mit Gregor von Cassano einen anderen griechischen Kalabresen zum ersten Abt des Reichsklosters von Burtscheid. Griechische Mönche gelangten auch nach Trier, in das große Kloster Reichenau und bis in die Abteien in den Vogesen. Zur Amtszeit von Abt Johannes, der im Übrigen der Überzeugung war, das Ideal mönchischen Lebens im Kloster Benevent auf griechischem Boden[19] gefunden zu haben, dienten mehrere Mönche griechischen Ursprungs im Reformkloster Gorze. Sie kamen aus Kalabrien, wohin sie vor den Arabern geflohen waren, und brachten wahrscheinlich mathematisch-astronomisches Wissen[20] aus der griechischen Spätantike mit.

Unter all den griechischen Mönchen im Heiligen Römischen Reich stechen zwei Persönlichkeiten besonders heraus. Beide blickten auf ein abenteuerliches Leben zurück, das sie in mehrere Länder des Mittelmeerraums verschlagen hatte.[21] Der eine war Simeon von Trier, der 970 in Syrakus geboren wurde und schon als Siebenjähriger 977 nach Konstantinopel[22] kam. Später brach er zu einer Pilgerreise nach Jerusalem auf, wo er sieben Jahre blieb und anderen Pilgern als Führer diente. Danach zog er sich in das Marienkloster in Bethlehem zurück. Im Jahr 1026 traf er auf Abt Richard von St. Vanne, der das Grab Christi besuchen wollte, und entschloss sich, ihn auf seiner Rückreise zu begleiten. Mit ihm besuchte er Rom und reiste nach Frankreich, wo er von dem Grafen Guillaume d'Angoulême empfangen wurde, der schon eine Pilgerfahrt ins Heilige Land hinter sich hatte. In Angoulême suchten die Verteidiger der päpstlichen Anwartschaft des heiligen Martial während einer berühmten Kontroverse seinen Rat und geistigen Beistand. Später begleitete er den Erzbischof von Trier, Poppo von Babenberg, ins Heilige Land und folgte ihm danach nach Trier. 1032 ließ er sich als Eremit in der Porta Nigra einmauern, wo er am 1. Juni 1035 starb. Auf Betreiben Poppos wurde er schon 1036 zum Heiligen erklärt.

Anfang des 10. Jahrhunderts nahm das Kloster Reichenau einen anderen griechischen Mönch mit dem Namen Simeon „der Achäer" auf, später bekannt als

Simeon von Reichenau. Der Mann war nicht immer Mönch gewesen, sondern hatte im byzantinischen Heer die Funktion eines „Strategen" – eine der zivilen wie militärischen Spitzenpositionen im Byzantinischen Reich – bekleidet und eine Grenzprovinz des Reiches verwaltet. Nach Kämpfen gegen Muslime in Südfrankreich (La Garde-Freinet) wählte er das mönchische Leben und beschloss nach einem Aufenthalt in Jerusalem sein Leben auf der Reichenau.[23]

Schließlich dürfen wir auch die unerwartet starke griechische Präsenz in der Grafschaft Katalonien besonders seit dem 9. Jahrhundert nicht übersehen.[24] Dort lebten viele Menschen mit griechischen Familiennamen, und es kam nicht selten vor, sie im Gefolge des Grafen oder Bischofs in hohen Ämtern als Richter, Priester und Rechtsgelehrte zu sehen. Der Terminus *grecus* tauchte relativ oft als *cognomen* auf – als Herkunftsbezeichnung zusammen mit dem persönlichen Namen – und auf Grund seiner Häufigkeit darf man vermuten, dass im 10. und 11. Jahrhundert griechische Kolonien im Nordosten der Iberischen Halbinsel bestanden.

Im Übrigen ist zu beobachten, wie das Griechische in die katalanische Schriftsprache einsickerte. Mehrere Handschriften tragen auf den Rückseiten Kopien des griechischen Alphabets oder Versuche, auf Griechisch zu schreiben. Viele Notariatsakten aus dieser Zeit enthalten griechische Begriffe – mehr als einhundert Vokabeln wurden identifiziert[25] – die in manchen Fällen echte Begriffserklärungen sind. Die schriftliche Abfassung einiger Texte verrät authentische Hellenismen, die, wie M. Zimmermann meint, von „Hellenomanie" zeugen. Die fast schulmeisterliche Verwendung dieser seltenen Begriffe begann in höchst feierlichen Akten und endete schließlich in sehr praxisbezogenen Texten für den Alltag. Dieses Gefallen am Griechischen, das sicherlich eher ein Überleben als eine Neuentdeckung bedeutete, zeigt die Wertschätzung und das Prestige, die eine antike Zivilisation umgab, über die es noch viel zu entdecken gab.

Die verschiedenen griechischsprachigen Ballungszentren sind ein Ausweis der Beständigkeit der griechischen Präsenz in Mittel-, Süd- und Westeuropa, die im Lauf der Jahrhunderte durch die vielen Neuankömmlinge noch verstärkt wurde. Diese kamen gewiss nicht immer freiwillig, wie wir an einigen Beispielen schon gesehen haben. Die orientalischen Christen wanderten mit ihren Familien und mit ihrem Gesinde aus – hier vollzog sich ein Transfer von Menschen, der dem Abendland zugute kam, das heißt zunächst Italien, dem Zufluchtsland vom 7. bis zum 11. Jahrhundert. Diese Wanderungsbewegungen sind bei den Historikern wenig bekannt, weil sich die Migration namenloser Menschen im Stillen vollzog. Eine „Brown'sche Bewegung" von Männern und Frauen[26] setzte ein, die chaotisch, von

Stößen erschüttert, von Zeiten der Ruhe unterbrochen und je nach den Gebieten, aus denen die Flüchtlinge kamen, völlig ungleich verlief – eine „Bewegung", die mehrere Jahrhundert dauerte und den Mittelmeerraum in Unruhe versetzte.

Von der Mitte des 7. Jahrhunderts an strömten Flüchtlinge aus den von Arabern und insbesondere von Syrien[27] eroberten Ostprovinzen des Byzantinischen Reiches nach Sizilien und Süditalien; zu ihnen gesellten sich Armenier und Slawen und in der zweiten Hälfte des 8. Jahrhunderts noch Bilderverehrer aus Konstantinopel, die von ihren ikonoklastischen Herrschern vertrieben worden waren. Diese bunte Mischung aus hellenischer Kontinuität mit byzantinischen „Einschüssen" drückte der sizilianischen Zivilisation bis ins 12. Jahrhundert ihren charakteristischen Stempel auf.

Im Jahr 640 kamen Mönche aus Syrien und Ägypten (Monophysiten oder Nestorianer) nach Rom, wo die Zahl orientalischer Klöster vom 7. bis zum 9. Jahrhundert von sechs auf elf anstieg. Hinzu kamen die vielen griechischen Pilger, die hauptsächlich die Gräber der heiligen Apostel Petrus und Paulus besuchten. Einige von ihnen reisten unmittelbar nach dem Ende ihrer Pilgerfahrt wieder ab, während andere sich zum Bleiben in Rom entschieden. Im Jahr 649 erwähnen die Akten des Laterankonzils die griechischen Mönche, unter ihnen Johannes, den Abt von St. Sabas in der Nähe von Jerusalem, das heißt der Stadt, die seit 638 unter islamischer Herrschaft stand.

Ein Teil namentlich der jüdisch-christlichen Kreise nordafrikanischer Städte floh nach der arabischen Eroberung 680–710 nach Spanien, das wiederum nach der siegreichen Invasion der Muslime (711–724) von seinen Eliten verlassen wurde. Das Frankenreich Karls des Großen profitierte von diesem Exil, das die mozarabischen Christen als diskriminierte Minderheit im muslimischen al-Andalus sich selbst überließ.

Jedes Vorrücken der Araber löste also die Emigration, das heißt die Flucht von Teilen der kulturell bestimmenden Kreise in den unterworfenen Städten aus. Den Bauern hingegen blieb nichts anderes übrig, als auf ihrer Scholle zu bleiben, nachdem ihre politischen Führer sie im Stich gelassen hatten. Der große griechische Theologe Maximus der Bekenner floh 645/646 aus Nordafrika nach Rom. Der Bischof von Messina berichtete auf dem Zweiten Ökumenischen Konzil von Nicäa 787, Kalif Yazid habe 721 in Syrien dem Ikonoklasmus ähnliche Maßnahmen verfügt und Christen unterdrückt. Im Jahr 975 flüchtete Bischof Sergius von Damaskus nach Rom, wo er das Kloster der Heiligen Bonifatius und Alexis gründete, das sich zu einem Ort der Begegnung zwischen Morgen- und Abendland und des

Austauschs von kulturellen und spirituellen Vorstellungen entwickeln sollte. Um das Jahr 1000 kamen armenische Christen, zum Beispiel Simeon von Polirone († 1016) oder Gregor von Narek († 1010 in Rom), die von den Kämpfen zwischen Byzantinern und Arabern in den Grenzprovinzen im Kaukasus vertrieben worden waren, nach Europa. Selbst im englischen Kloster von Ramsey stoßen wir gegen Ende des 10. Jahrhunderts auf einen gewissen „Ivo, Bischof von Persien", und um die gleiche Zeit erschien ein armenisch-lateinisches Wörterbuch.[28]

So gesehen bestand im Mittelalter eine echte Diaspora orientalischer Christen in Europa. Paradoxerweise sorgte gerade der Islam für die Übertragung der antik-griechischen Bildung ins christliche Abendland, weil er die Auswanderung derer bewirkte, die seine Herrschaft ablehnten. Aber diese Flucht wäre folgenlos geblieben, wenn sich die Griechen im Byzantinischen Reich nicht als Weiterträger der antiken Kultur gefühlt und wenn sich die führenden westlichen Schichten nicht für sie interessiert hätten. Die „Sender" begegneten ihren „Empfängern".

Königshöfe wenden sich der griechischen Kultur zu

Wir stoßen vom Hof der Karolinger bis zu den Residenzen der deutschen Kaiser im 10. und 11. Jahrhundert ständig auf Männer, die sich für die Kultur- und Bildungswelt der antiken Griechen interessierten. Entsprechende Kontakte zwischen den Franken und der byzantinischen Welt begannen mit Pippin dem Jüngeren (751–768), der zwischen 758 und 763 Papst Paul I. um griechische Handschriften bat. Der Papst erfüllte seinen Wunsch und ließ dem fränkischen Herrscher eine Reihe von Manuskripten zukommen – liturgische Werke, Handbücher über Grammatik, Orthographie und Geometrie, Werke von Aristoteles, unter ihnen dessen *Rhetorik*, und den Pseudo-Dionysius Areopagita. Alle Handschriften waren in Griechenland verfasst worden, wie der Papst in seinem Antwortschreiben betonte. Deshalb musste es am Hof Pippins Männer gegeben haben, die diese Sprache verstanden und übersetzen konnten.[30] Die Büchersendung war übrigens für die Erziehung der Tochter (!) Pippins, Gisela, und für das Kloster Saint-Denis bestimmt, eines der Hauptzentren der damals einsetzenden karolingischen Bildung.

Am Hof Karls des Großen bildete der berühmte italienische Gelehrte Paulus Diaconus Mönche zu einer Zeit im Griechischen aus, als man dort die Hochzeit der Kaisertochter Rothrude mit dem Sohn von Kaiserin Irene, dem *basileus* Konstantin VI., plante. Der Biograf Ludwigs des Frommen (814–840), Thega, notierte, dass Karl der Große kurz vor seinem Tod mit Hilfe von Griechen und Syrern an seinem Hof[31] Abschriften der Evangelien eigenhändig korrigiert habe.

Während des Bilderstreits waren die Gelehrten der Hofschule mit Theodulf von Orleans (750–821) und Alkuin (735–804) an der Spitze imstande, in den berühmten *Karolingischen Büchern* (um 790–794) eine solide Zurückweisung der ikonoklastischen Thesen, aber auch der Exzesse der Bilderverehrer zu verfassen. Ihre theologische Argumentation stand derjenigen griechischer Kirchenfürsten in nichts nach, auch sie stützten sich auf Aristoteles (vor allem auf dessen *Kategorien*), um die Verirrungen in der byzantinischen Welt anzuprangern. Sie verstiegen sich sogar zu der Behauptung, dass sich die Griechen in ihrer Philosophie nicht auskannten! Dieser Vorwurf ging zu weit und war objektiv falsch, aber er zeigt, dass der große Philosoph in der fränkischen Welt, die man hin und wieder als kulturfern und barbarisch bezeichnet, kein Unbekannter war. Sein Name war nicht im Nebel der Vergangenheit verschwunden; Aristoteles war ein Autor, dessen logischer Methode man sich zu Karls Zeiten gerne bediente.

Mit dem Karlssohn Ludwig dem Frommen (814–840) boten die Beziehungen zwischen dem Karolingerreich und dem Byzantinischen Reich die Gelegenheit zu mehreren religiös-kulturellen Anleihen. Vor allem aus politischen Gründen bildeten diese Beziehungen zunächst ein zentrales Element der Kaiserkultur. Sie kommt in der zunehmenden Identifikation des griechischen Theologen Dionysius Areopagita mit Dionysius, dem Missionar, Märtyrer und ersten Bischof von Paris, zum Ausdruck, der den Franken zu neuem Prestige verhalf. Zwei diplomatische Missionen, die der griechische Kaiser Michael II. von Byzanz 824 und 827 zu Ludwig dem Frommen schickte, brachten Schriften des Areopagiten mit, wobei mit der zweiten Reise tatsächlich das gesamte *Corpus Dionysii*[32] ins Frankenreich gelangte. Ludwig der Fromme wollte diese Werke übersetzt haben und fand in seiner Umgebung in Hilduin, dem Abt von Saint-Denis, auch mühelos einen geeigneten Übersetzer.

Den Enkel Karls des Großen, Karl II. (den Kahlen), König des Westfrankenreichs 843–877 und König der Italiener/Langobarden und Burgunder 875–877, faszinierte das griechische Denken so sehr, dass er 855 den irischen Gelehrten Johannes Scottus Eriugena (810–877) in der irrigen Meinung, dass Dionysius Areopagita den Verfassern der Evangelien nahegestanden hätte, mit der Übersetzung seines Gesamtwerks und einem entsprechenden Kommentar beauftragte.

Wie dem im Einzelnen auch gewesen sein mag: Der Kernpunkt besteht in der unwiderstehlichen Zuneigung zu den Schriftstellern der griechischen Antike und der Überzeugung, dass „der Ruhm der Griechen am hellsten scheint", wie der Chronist der *Annales* des Reichsklosters von Fulda[33] verzeichnet. Im 9. Jahrhundert genossen Gelehrte, die das Griechische so beherrschten wie Johannes Scottus Eriugena oder Sedulius Scottus die volle Unterstützung des karolingischen Hofes. Heiricius von Auxerre (841–876) erhöht in seiner *Vita S. Germani* Karl den Kahlen zum einzig fähigen Herrscher, das Morgen- mit dem Abendland zu vereinigen und spricht in diesem Zusammenhang von einer *translatio studii* von Ost nach West – eine übertriebene, aber doch erhellende Ansicht. Diese karolingische Welt betrachtete Griechenland als ihre Mutter. Sie war sich der zivilisatorischen Bedeutung der alten Griechen bewusst und kannte ihre eigenen Wissenslücken diesbezüglich, die sie zu füllen versuchte. Sie bekräftigte aber auch die für die Geschichte des Okzidents so wichtige Verbindung zwischen Philosophie und Politik. Unter Karl dem Kahlen kam das – auch antike – Idealbild eines Königs auf, der Weiser, Theologe und Philosoph in einem war. Es wird uns klar, warum sich im 12. bis zum 14. Jahrhundert, als das Mittelalter seinen Zenit erreichte, eine Reihe von Herrschern wieder den Schriftstellern der griechischen und römischen Antike zuwandten. Diese Könige und Kaiser schmiedeten das politische Denken in Europa mit: Nach dem Vorbild Platons dachte man über die Herrschaftspraxis unter Einsatz vernunftbetonter Argumente nach.[34]

Die griechische Sprache beherrschten natürlich nur Wenige, und diese Wenigen redigierten hauptsächlich Wörterbücher oder fühlten sich der Ausbildung in den Sieben Freien Künsten verpflichtet. Die Politik der Karolinger eröffnete nur einen bescheidenen Zugang zur griechischen Gelehrsamkeit, denn die tatsächlich wichtigen philosophisch-wissenschaftlichen Erkenntnisse der Antike blieben ihnen noch verschlossen. Aber eine Bresche war geschlagen: Wer wollte, konnte sich seinen Wunsch nach Verwurzelung im antiken Universum erfüllen.

Das Heilige Römische Reich unter den ottonischen Herrschern (936–1024) zeigte sich den griechischen Einflüssen aus politischen wie aus kulturellen Gründen offen. Am wichtigsten aber war ihnen, wie ihren karolingischen Vorgängern, Byzanz auf gleicher geistiger Ebene[35] zu begegnen. Der entsprechende Impuls ging von den führenden Persönlichkeiten im kaiserlichen und königlichen Gefolge aus, wie der Brief Ottos III., des Sohnes einer byzantinischen Prinzessin, an Gerbert von Aurillac zeigt:

> Wir wünschen, dass Ihr ohne Angst, unsere Freiheit zu verletzen, die sächsische Ungeschliffenheit von Uns streift und Uns die feine hellenistische Lebensart enthüllt, die in Uns ist. Denn wenn ein Mensch im Stande ist, sie Uns zu entdecken, wird er in Uns den

funkelnden Genius finden, der auch in Griechenland strahlt. Deshalb ersuchen Wir Euch, die Flamme Eures Wissens in Unserem bescheidenen Haus leuchten zu lassen und in Uns den lebendigen Genius der Griechen zu pflegen. Wir wünschen, dass Ihr Uns das Buch der Arithmetik lehrt, damit Wir durch diesen Unterricht gebildet werden und ein Stück von dem funkelnden Scharfsinn der Alten begreifen können.[36]

Es gab auch eine „ottonische Renaissance"; viele ihrer Akteure besaßen solide Kenntnisse des Griechischen, zum Beispiel Erzbischof Bruno von Köln († 965), der Bruder Kaiser Ottos des Großen, oder der Bischof und Philosoph Rather von Verona (890–974), dem nach Meinung des Verfassers der *Gesta abbatum Lobiensium*[37] „Ersten der Philosophen am Königspalast", und die hochgebildete Hrotsvith (Roswitha) von Gandersheim (ca. 935– ca. 973) oder auch die Bischöfe Liutprand von Cremona 920/922–972), Reginald von Eichstätt († 989) und Gonzo von Ebersberg († 990).

Dieser religiös und politisch geprägte Philhellenismus zwischen dem 8. und 11. Jahrhundert besitzt einen tieferen Grund: Es ist die Suche nach Wissen und Wissenschaft, die untrennbar mit dem Aufschwung Europas verbunden ist.

Kontinuität und Verbreitung griechischer Kultur im lateinischen Europa

Ich, der ich das gesamte menschliche Wissen erforscht habe, was ich für ein grundsätzliches Prinzip halte …[38]

Die *Vita des Johannes von Damaskus* im 8. Jahrhundert enthält eine bemerkenswerte Botschaft: Der Vater des großen Theologen in Damaskus traf eines Tages einen aus Italien stammenden griechischen Mönch namens Kosmas, der von Arabern gefangen und mit vielen anderen Sklaven per Schiff an die syrische Küste gebracht worden war. Der Mann sah bleich aus und wirkte entkräftet. Nach den Gründen seiner Verzweiflung befragt, antwortete er, er wisse nicht, wem künftig seine weit gespannte Bildung nützen würde, und zählte die Wissensgebiete auf, die er beherrsche:

Ich, der ich die Ethik eines Aristoteles und Ariston erforscht und alles für einen Menschen zugängliche Wissen in den Naturwissenschaften studiert habe; ich, der ich die Arithmetik und die Geometrie auch von Grund auf gelernt sowie erfolgreich Harmonielehre und Musik verbunden habe; ich, der ich die Bewegungen der Gestirne kenne und wegen meiner Kenntnisse die Größe und Schönheit der Kreaturen einschätzen und analog zum Studium des Schöpfers aufsteigen kann […] und ich, der ich von den Geheimnissen der Theologie herkomme, die uns die Griechen überliefert haben[39] …

Der Vater kauft Kosmas vom Sklavenmarkt los und beschäftigt ihn danach als Erzieher seines Sohnes Johannes. Jenseits der Rhetorik der Rede eines Mannes, der dem üblichen Los christlicher Sklaven in islamischen Ländern entkommen wollte, erahnen wir die geistige Weite der antiken Kultur, die im 8. Jahrhundert über Italien kam.

„Die Kenntnis des Griechischen", so stellt M. Zimmermann für das Abendland des Hochmittelalters[40] fest, „ist unermesslich gering; sie flackerte nur zeitweise und höchstens in einigen Randgebieten (Sizilien, Irland) auf, deren Ausstrahlung man wahrscheinlich stark überschätzte." Trotzdem verdienen diese „Randgebiete", dass wir uns mit ihnen beschäftigen. Dass sie nur so vereinzelt bestanden, spiegelt gewiss die „unendliche Leere", aber gerade die weiten Entfernungen enthüllen auch ein universelles Bedürfnis.

In Ravenna lehrten zur Zeit des byzantinischen Exarchats und selbst nach seiner Eroberung durch die Lombarden und danach durch Pippin II. (751) „Berühmtheiten von internationalem Rang"[41] wie Gregorius von Agrigent Ende des 6. Jahrhunderts, Theophanes, der spätere Patriarch von Antiochia (681–687), oder Methodios, der hier seine berufliche Laufbahn als Patriarch von Konstantinopel (842–847) beenden sollte. In der langen und wichtigen Präsenz von Griechen in Sizilien und Süditalien entstand eine Vielzahl verschiedener Dokumente in griechischer Sprache, die der Historiker J. Irigoin sorgfältig untersucht hat. Dabei konnte er nachweisen, wie weit und wie intensiv die griechische Kultur verbreitet war, indem er zeigte, dass mehrere dieser Handschriften mehr als zehn Jahre, manche sogar über Jahrhunderte nach ihrer Abfassung noch gelesen wurden, beispielsweise als Untergrundmaterial für neue Texte: Wir nennen diesen Dokumententyp „Palimpseste".[43] Irigoin weist auch nach, dass klassische Texte, die im 4. und 5. Jahrhundert entstanden, noch vom 6. bis 12. Jahrhundert Verwendung fanden. Außerdem bestanden die Verbindungen zum Byzantinischen Reich noch weiter, wie eine sizilianische Handschrift des griechischen Geschichtsschreibers Johannes Malalas (um 490–570) beweist, die nur wenige Jahrzehnte nach seinem Tod kopiert wurde. Im 8. Jahrhundert entstand in Sizilien die Abschrift eines Traktats des Arztes Dioscorides (40–90) in der für Byzanz typischen Unzialschrift (Großbuchstaben). Auch diese Handschrift beweist den von der Antike bis zum Mittelalter ungebrochenen Umgang mit der griechischen Sprache auf Sizilien. Im Übrigen stellen wir weder in Sizilien noch im Byzantinischen Reich eine Abwendung von dem gewohnten Erziehungs- und Bildungsideal fest – im Gegenteil! Das antike Schulwesen mit seiner grundsoliden Elementar- und Weiterbildung bestand auf Sizilien vom 5. bis zum 10. Jahrhundert weiter.

Auch wenn die Schreiber eher literarische und historische Schriften (zum Beispiel Diodor von Sizilien) kopierten, so genoss das medizinische Schrifttum doch besondere Hochachtung. Die Abhandlungen der großen griechischen Mediziner wurden unendlich oft kopiert, während sich ihre Lehren gleichzeitig auf der Insel und in Süditalien verbreiteten. Medizinische Abhandlungen von Dioscorides oder Galen (129– um 216) wurden aufbewahrt, denn die Anwendung der ursprünglichen griechischen Medizin, von der zu Unrecht oft behauptet wurde, der Westen hätte sie bis zu den Kreuzzügen nicht gekannt, wird durch diese Handschriften aus dem 5./6. Jahrhundert bestätigt. Man behandelte Patienten stets nach den gleichen, von Hippokrates (460–370 v. Chr.) und Galen entlehnten Prinzipien, die Dioscorides und eine Vielzahl unbekannter Jünger des Hippokratischen Eides[44] veröffentlichten. In den Archiven in Sizilien liegen bis heute Handschriften von Galen, Soranos (1. Jh. n. Chr.) und von den großen Medizinern des 6. bis 8. Jahrhunderts: In Messina existiert eine Kopie der *Iatrika* (10. Jh.), einem medizinischen Handbuch von Aetius von Amides (502–575)[45], aus dem wir von Verbindungen zwischen dem christlichen Abend- und dem christlichen Morgenland im Hochmittelalter erfahren. Eine andere Handschrift aus dem 10. Jahrhundert[46] vereinigt Exzerpte aus den Werken von Galen, Soranos, Alexander von Tralleis (im 6. Jh.), Aetius von Amides und Paulus von Aigina († 690). Wenn man weiß, wie selten Handschriften und andere Dokumente aus dem Hochmittelalter sind, zeigt die Menge der uns überlieferten Texte den tatsächlichen Stand der Verbreitung der antik-griechischen Medizin in diesem Teil Europas an, das heißt eine Verbreitung, die jahrhundertelang aufrecht erhalten wurde.

Wir kennen auch eine ganze Reihe von Handschriften über die griechische Grammatik und den Unterricht in griechischer Sprache. Sogar philosophische Texte befinden sich darunter. Wenigstens ein Text über das *Organon* von Aristoteles ist uns bekannt, während andererseits eine Schrift vom Ende des 10. Jahrhunderts mehrere Kommentare zu Einzelpublikationen des Philosophen enthält: zwei Bearbeitungen über *De interpretatione* aus dem zweiten Band des *Organon* – die eine verfasste Stephanos von Alexandria – und den Kommentar von Ammonios Hermeiou (5. Jh.) aus Alexandria über die *Ersten Analytiken oder die Lehre vom Schluss.*[47] Die Ausbildungsstätten für die antike Bildung – Medizin, Grammatik, Rhetorik, Dialektik, Dichtkunst, Geschichte und Philosophie –

lagen allesamt in Sizilien, von wo aus sie verbreitet, neu abgeschrieben und gelehrt wurden: Lassen wir alle uns bekannten Manuskripte vor unserem geistigen Auge vorüberziehen, fehlt – vielleicht abgesehen von der Mathematik – keine wissenschaftliche Disziplin.[48]

Unter der Normannenherrschaft in Sizilien vom 11. bis zum 12. Jahrhundert pflanzte sich im Schutz der neuen Landesherren, die gewiss nicht die Barbaren waren, als welche sie manche gerne beschreiben, die griechische Kultur fort. Die hochkultivierten Normannenfürsten unterstützten vielmehr seit dem Ende des 11. Jahrhunderts die Gründung zahlreicher orthodox-griechischer Klöster[49] wie 1090 das St.-Philippus-Kloster in Demenna, die Klosterkapelle Santa Maria in Mili (1092) und im gleichen Jahr das Kloster der Heiligen Petrus und Paulus von Italien sowie das Kloster San Salvatore di Bordonaro (1099). Und sie alle unterhielten Bibliotheken, kommunizierten mit Byzanz und besorgten sich von dort religiöse wie profane Texte. Dabei stand ihnen, wie die Gründungsakte (*typikon*) des Klosters 1132 deutlich sagt[50], die riesige Bibliothek des Museion in Alexandria vor Augen, die Ptolemaios I. angeregt hatte und in der das gesamte Wissen der damaligen Welt gespeichert war.

Als Fazit drängt sich auf, dass dank der kopierten Werke der griechischen Antike „Sizilien und Süditalien in der Entwicklung der Scholastik als dem Wiederaufleben der abendländischen Wissenschaft zwar weder einen exklusiven Platz noch einen von größter Bedeutung, aber doch einen wichtigen Platz einnehmen […] Lange vor der künstlerischen Explosion der Renaissance spielte der Hellenismus in Unteritalien eine bescheidene, aber entscheidende Rolle.“[51] Es ist alles eine Frage des Maßstabs: Bezogen auf die damalige Bevölkerung und die schriftliche Verbreitung der griechischen Kultur in der Welt des Hochmittelalters brauchen wir diese „Rolle“ nicht als gar so bescheiden einzuschätzen, denn – kurz gesagt – die hellenische Kultur war in Sizilien zu Hause.

Ein analoges Bild bietet Rom, wo viele gebildete Griechen und Syrer lebten. Auch diese schrieben Bücher auf Griechisch, besonders Heiligenviten, zum Beispiel die Vita des heiligen Gregorius, des Bischofs von Agrigent, oder des heiligen Gregentius von Taphar, des Missionars und späteren Bischofs der arabischen Himjariten (Omeriten) im 6. Jahrhundert. Sie übersetzten auch Werke aus dem Griechischen – Hagiographien, Chroniken und offizielle Akten – in die lateinische Sprache, aber nach Meinung von C. Mango[52] „nichts, was über den Horizont eines gewöhnlichen Mönchs hinausging“, aber ihre Arbeit trug mit dazu bei, den eigentlichen Hellenismus in das religiöse Denken im Byzantinischen Reich einfließen zu lassen. Die griechischen Klöster in Rom, die armenischen Konvente von Renati oder das syrische Kloster St. Sabas vertieften die Theologie in Italien.[53]

In Rom trafen sich Flüchtlinge aus dem Vorderen Orient und dem Byzantinischen Reich und tauschten sich aus. Man denke nur an die Brüder Anthemios und Alexander von Tralleis, die zu Beginn des 6. Jahrhunderts nach Rom kamen, der eine als berühmter Mathematiker und Architekt, der 537 die Kirche der Heiligen Sophia baute, der andere als Arzt. So gab es in Rom ein hellenenfreundliches Milieu, das für die Aufrechterhaltung einer lebendigen griechisch-christlichen Kultur sorgte. Diese Griechen und Syrer führten die Stadt aus ihrer Provinzialität heraus, so dass ausländische Besucher die Atmosphäre überraschte, die in der Umgebung des päpstlichen Stuhls herrschte. Ein deutscher Kleriker stellte bei dem Konzil von 704 fest, dass die hohe Geistlichkeit zwei Sprachen beherrschte: In den Versammlungen sprachen die Kirchenfürsten Latein und untereinander Griechisch.[54]

In Rom und besonders in der sehr umfangreichen Bibliothek des Lateran sammelten sich Mengen griechischsprachiger Bücher, deren Zahl die nachfolgenden Päpste stetig vergrößerten. Ein so berühmter Theologe wie der spätere Patriarch Methodios begann seine Berufslaufbahn in der Lateranbibliothek als Kopist.[55] Von Rom aus gelangten solche Texte in den gesamten west- und mitteleuropäischen Raum, so dass sich der Lateran geradezu zum Verteilungszentrum für griechische Literatur entwickelte.[56] Die Bestände waren so reichlich, dass Papst Paul I. (757–767), wie schon berichtet, die Bitte Pippins II. nach griechischen Büchern aller Art[57] ohne Schwierigkeiten erfüllen konnte. Diese Episode verweist wieder einmal auf den Bücherreichtum der Lateranbibliothek und die päpstliche Großzügigkeit – schließlich waren Handschriften selten und kostbar, und man trennte sich von ihnen nicht so leicht. Der Wissensdurst des Vaters von Karl dem Großen war also nicht geringer als der des Kalifen von Bagdad ein Jahrhundert später.

Unter den Angestellten des Lateran gab es einige Originale wie Anastasius „den Bibliothekar“, der sich 855 erfolglos um den päpstlichen Thron bewarb und 886 starb.[58] Als exzellenter Kenner alles Griechischen zeichnete er für die Korrespondenz und die diplomatischen Beziehungen zwischen dem Heiligen Stuhl und dem Byzantinischen Reich verantwortlich. Er übersetzte die Beschlüsse des Konzils von Konstantinopel (869–870) in die lateinische Sprache und redigierte die Kommentare zu Werken des Erigenes und schickte sie an Karl den Kahlen, wieder ein Beweis für das Interesse der Karolingerkönige an der griechischen Kultur.

Von Rom aus reisten Geistliche in verschiedene europäische Regionen, unter ihnen auch Griechen wie Theodoros von Tarsus, der in England Bedeutsames vollbrachte. Einige seiner Schüler lehrte er Griechisch, wie Beda Venerabilis bezeugt, der selbst die Apostelgeschichte auf Griechisch las und am Anfang einer Vermittlungskette stand, die Kenntnisse über die antiken Griechen auf die britische Insel brachte. Ein gewisser Hadrian aus Nordafrika begleitete Theodoros und brachte Abt Aldelm von York (640–709), selbst einer der bedeutendsten Gelehrten seiner Zeit, Griechisch bei. Der wiederum lehrte es den heiligen Bonifatius (680–754), den „Apostel der Deutschen", der im 8. Jahrhundert große Teile des Frankenreiches missionierte. Der Historiker C. Mango spricht in diesem Sinne von einer „Schule von Canterbury", die jedoch keine Bibliothek besaß.

Bleiben wir in den nordischen Regionen. Auch Irland entwickelte sich im Hochmittelalter zu einem bedeutenden Standort der Pflege griechischer Kultur. Besonders der deutsche Philologe und Paläograph Ludwig Traube wies 1912 auf dieses zu Beginn und Mitte des 9. Jahrhunderts außerordentlich dichte Phänomen hin. Und irische Mönche reisten kreuz und quer durch Europa, wo sie missionierten, die Kirche reformierten und ihre Kultur verbreiteten. Sie tauchten in Lüttich, Laon, Mailand[59] und andernorts auf.

Ihr bedeutendster Denker, Johannes Scottus Eriugena, hatte die griechischen Kirchenväter, Dionysius von Alexandria, Maximus den „Bekenner" und Gregor von Nyssa gelesen. Nach ihm kam Sedulius Scottus, ein irischer Exeget, Grammatiker und Dichter aus Lüttich, der zwischen 848 und 865 am Hof des Bischofs Hartger als weiterer Vertreter der griechischen Kultur wirkte und beispielsweise in reger Verbindung zum Kloster San Colombo in der Nähe von Mailand stand. Beide Gelehrte setzten sich für griechische Kultur und Wissenschaften so vehement ein, dass ihnen der Ruf der „Graecomanie" vorauseilte, die manchmal hart an Snobismus grenzte und den irischen Dünkel beförderte, sie seien in ihrer Bildung den Franken überlegen. Erzbischof Hinkmar von Reims, Reichsverweser des westfränkischen Reiches im Jahr 877, warf in diesem Sinne seinem Neffen Hinkmar von Laon vor, er pflege zu freundschaftliche Kontakte zu diesen Kreisen, was sein Onkel als Beweis für Stolz und Hoffart betrachtete.

Und last not least das Reich der Ottonen: Erzbischof Bruno von Köln, der Bruder Kaiser Ottos I. (des Großen), „setzte sich" nach Auskunft seines Biografen Ruotger „häufig mit griechischen oder lateinischen Gelehrten zusammen und diskutierte, da er selbst ein hervorragender Kenner der Philosophie war, mit ihnen Subtilitäten, die in dieser Wissenschaft blühen."[60] Bruno vermittelte auch den berühmten italienischen Grammatiker Gunzo von Novara an den Kaiserhof, der mehr als einhundert Schriften aus seiner Bibliothek mitbrachte, unter ihnen auch Werke von Platon, Aristoteles, Cicero und Martianus Capella. Bei Otto I. hielt sich 956 mit Bischof von Recemundo von Elvira, der eine Abhandlung über Astronomie verfasst hatte, ebenfalls ein spanischer Gelehrter auf. Auch mehrere hoch gebildete Frauen verstanden Griechisch, so die Nonne Roswitha von Gandersheim, die die aristotelische Logik kannte und sie, wie ihr Umgang mit dem Wortpaar *dynamis/energeia* beweist, anwendete; ihre Äbtissin Gerberga (940–1001) unterrichtete Griechisch in ihrem Kloster. Um 990 entstand im Kloster St. Pantaleon eine griechische Grammatik aus der Feder des Abtes Froumund vom Kloster Tegernsee (950–1006/12).[61]

Wenden wir uns weiter südlich nach Spanien, so stoßen wir zur Zeit des Westgotenreiches 569–711 auf einige, insgesamt aber relativ unbedeutende Spuren der griechischen Kultur. Die in diesem Punkt herausragende Figur ist der Bischof Isidor von Sevilla (570–636), der Verfasser einer zwanzigbändigen Enzyklopädie (*Etymologiae*), die das gesamte damalige Wissen zusammenfasste. Er war mit der griechischen Welt aber wenig vertraut, und die westgotische Zivilisation war zutiefst lateinisch geprägt.

Das traf drei Jahrhunderte später für Katalonien nicht mehr zu. Gelehrte und Mitglieder des katalanischen Adels besaßen zumindest griechische Grundkenntnisse, zum Beispiel Miro Bonfill, Bischof der Diözese Gerona (971–984), und Gerbert oder Caesar, Abt von Santa Caecilia von Montserrat. M. Zimmermann hat nachgewiesen, dass von den 18 Wörterbüchern im Handschriftenfundus des Klosters von Ripoll sechs Handschriften griechische Übertragungen sind und insgesamt zweitausend griechische Wörter enthalten.[62] Diese griechisch-lateinischen Glossare sicherten zwar „die ständige Berieselung durch die griechische Kultur", aber nur auf der Ebene von Elementarkenntnissen.[63] Die katalonischen Notare verwendeten griechische Begriffe, beherrschten aber weder die Sprache noch die Kultur der Griechen; ihnen fehlte auch der Kontakt zu Byzanz. Dieser Wortschatz genügte natürlich nicht, um sich echtes Wissen anzueignen oder gar weiterzugeben, bot aber die Voraussetzungen dazu und sollte bei der späteren Wiederentdeckung hoch elaborierter griechischer Texte gute Dienste leisten.

Bevor es aber dazu kam, schlummerten die neuplatonischen Schriften und die *Logik* des Aristoteles im 10./11. Jahrhundert in den Archiven katalanischer Klöster; die *Logik* ist dort mehrfach nachgewiesen. Das Konvolut der verschiedenen Ableitungen seiner *Logik* gehörte so „zur Grundausrüstung einer religiösen Gemeinschaft", und der Abt des großen Benediktinerklosters Santa Maria von Ripoll überließ sie dem Priorat von Montserrat, in dem nur vier Mönche[64] lebten. Insgesamt gesehen, war Katalonien also keine totale kulturelle Wüste; griechische Philosophen waren hier keineswegs völlig unbekannt.

Die griechische Medizin – eine nützliche Kultur

Die medizinischen Kenntnisse der alten Griechen erfreuten sich im lateinischen Westen besonderer Wertschätzung und wurden häufig übersetzt: Das Abendland wartete mit ihrer Entdeckung nicht bis zu den Kreuzzügen, sondern verschaffte sie sich schon im 6. Jahrhundert. Dank Cassiodor blieben die Abhandlung über die Gynäkologie von Soranos[65] sowie mindestens sechs Schriften des Hippokrates, unter ihnen *Die Winde, Gewässer und Orte, Lehrsätze, Über die Frauenkrankheiten*, mehrere Bücher von Galen, eine Schrift von Dioscorides Pedanios, *De materia medica*, und die medizinische Enzyklopädie des Oreibasios (72 Bände) erhalten. Im Kloster Bobbio übersetzte man im 7. Jahrhundert Texte von Galen und Dioscorides. Die Ärzte des 6./7. Jahrhunderts verfassten jedoch auch eigene Schriften, insbesondere ein chirurgisches Lehrbuch. Der Mühe der Zusammenstellung und Interpretation ärztlicher Texte aus der Antike unterzog man sich besonders in Ravenna, das 568–752 zum Byzantinischen Reich gehörte, so erfolgreich, dass die Karolinger nach dem Sieg Karls des Großen über die Langobarden und der Besetzung Norditaliens direkt vom medizinischen Wissen im Exarchat von Ravenna profitieren konnten. Ende des 11. Jahrhunderts übersetzte der erste Erzbischof von Salerno, Alfanus (1058–1085), ein ehemaliger Benediktinermönch von Monte Cassino, *De natura hominis* von Nemesius, dem Bischof von Emesa, der Ende des 4. Jahrhunderts in Syrien gelebt hatte[66], und die hippokratischen Schriften *Die Winde* sowie *Gewässer und Orte* vom Griechischen ins Lateinische, wie ein Fund jüngeren Datums gezeigt hat.[67] Damit wird die Verbreitung eines Teils des philosophischen und naturwissenschaftlichen Wissens aus der griechischen Antike im Abendland bestätigt. In Salerno beherrschte man das Griechische übrigens während des gesamten Mittelalters. Auf diese Weise wurde die therapeutische Tradition der Griechen wenigstens als „Splitterwissen" aufrechterhalten, was seine Verbreitung im Europa nördlich der Alpen jedoch nicht einschränkte.[68]

Medizinische Abhandlungen der griechischen Antike gelangten seit dem 8. Jahrhundert sogar bis nach England, wo die Abschrift eines Kodex über einen

Teil der *Ars medica* (oder *Tegni*) von Galen[69] entstand. In Frankreich zirkulierten im 9./10. Jahrhundert reichlich medizinische Texte aller bekannten griechischen Ärzte wie Galen, Hippokrates, Alexander von Tralleis, Rufus von Ephesus, Soranos, Oreibasios und Dioscorides Pedanios.[70] Wir stoßen dabei sogar auf veterinärmedizinische Schriften, die man in West- und Mitteleuropa also schon vor den Kreuzzügen kannte.[71]

Salerno besaß übrigens seine eigene medizinische Fakultät.[72] Wir kennen zwar weder das exakte Datum ihrer Gründung noch ihren inneren Aufbau, aber wir wissen, welche Leistungen sie erbrachte und welchen hervorragenden Ruf sie in ganz Europa genoss. Sie öffnete ihre Pforten Ende des 8. Jahrhunderts und seit 846[73] veröffentlichten die Archive des Königreichs Neapel auch die Namen der Ärzte. Adalbero II., der Bischof von Verdun, ließ sich 984 dort wegen seiner Nierensteine behandeln, während Abt Desiderius von Monte-Cassino, der spätere Papst Victor III., und Petrus Damianus Mitte des 11. Jahrhunderts von dem berühmten Arzt Gariopontus († um 1050) kuriert wurden. Im 12. Jahrhundert wirkte an der Fakultät eine Frau – Trotula (* 1097) – für Gynäkologie und Geburtshilfe und verfasste über beide Themen die Abhandlung *Passionibus Mulierum Curandorum*. Die Schule von Salerno stand mit der arabisch-muslimischen Welt nicht in Verbindung; die Gegend war nie von Arabern besetzt und die Werke von Gariopontus (*Passionarius*) oder Petrocellus (*Practica*) erschienen vor den arabischen Übersetzungen der galenischen Lehre.[74] Mit diesen drei Wissenschaften öffnete sich Salerno, das methodisch bis dahin streng dem Vorbild Roms gefolgt war, der hippokratisch-galenischen Medizin, die auch der lateinische Westen gerne aufnahm.

An der Nahtstelle von Übersetzung und neuer medizinischer Forschung steht die ein wenig rätselhafte Person Konstantins, des „Afrikaners". Der Mann war Christ, stammte aus Nordafrika, geboren zu Beginn des 11. Jahrhunderts, und hatte zweifelsohne in Kairuan, wenn nicht gar in Kairo Medizin studiert. Um 1075 ließ er sich im großen italienischen Kloster Monte Cassino nieder, wo er 1087 verstarb. Er verfügte über ein immenses Wissen, insbesondere der Medizin. Weiterhin beherrschte er mehrere Sprachen; ihm verdanken wir die Übersetzung von Schriften des größten christlich-arabischen Gelehrten, Hunayn ibn Ishaq (809–873), ins Lateinische. Gleich nach seiner Ankunft in Salerno, wo ihn der Normannenherzog Robert Guiscard (1059–1085) empfing, setzte er sich mit Abt Desiderius von Monte-Cassino und dem Erzbischof von Salerno, Alfanus, in Verbindung. Seine Reisen sollen ihn nach Äthiopien und sogar bis nach Indien geführt haben. Einer seiner Biografen, Petrus Diaconus von Monte Cassino, meint, dass sich Konstantin „in den Wissenschaften der Äthiopier gebildet“ hätte, das heißt er war mit dem medizinischen und wissenschaftlichen Kenntnisstand der griechischen Antike im Königreich am Horn von Afrika[75] vertraut. Er verstand gewiss eine Menge von Medizin, aber auch von Arithmetik, Geometrie und Astronomie. Seine Übersetzungen bildeten das medizinische Basiswissen in Süditalien, bevor es sich weiter im christlichen Abendland verbreitete, und der Monte Cassino besaß in ihm eine unschätzbare wissenschaftliche Stütze. Mochte ihm die mittelalterliche Tradition auch noch eine Reihe von weiteren Werken zuschreiben und dieser Liste manchmal auch Werke seiner Schüler hinzufügen, so wird niemand die Themenvielfalt und Bedeutung seiner Arbeit leugnen, einer für die griechische und syrische Wissenschaft im Okzident unerlässlichen Vermittlungsinstanz.

Konstantin konnte aus dem Arabischen wie aus dem Griechischen direkt ins Lateinische übersetzen. Von ihm stammte die Übertragung des *Liber Pantegrini* von Galen, die im 10. Jahrhundert der persische Arzt al-Majusi unter dem Titel *Kamil al-malakî* („Das königliche Buch“) ins Arabische übersetzte. Konstantin schlug auch vor, einen Teil des *Liber Pantegrini* unter dem Titel *Practica* herauszubringen. Von dem gewaltigen heilkundlichen Gesamtwerk Hunayn ibn Ishaqs brachte Konstantin mit dem *Liber Graduum*, dem *Megatechne*, einem Buch über die therapeutische Methodik von Galen, sowie einer Einführung in die Heilkunst von Galen unter dem Titel *Isagoge ad Tegni Galeni* die schönsten und unterhaltsamsten Bücher in die lateinische Welt mit. Die *Isagoge* diente Medizinstudenten in Kairo im 11. Jahrhundert als Kompendium und entwickelte sich zum Grundlagenwerk fur das Medizinstudium in der lateinischen Welt oder, wie D. Jacquart und F. Michaud in ihrem Buch über die arabische Medizin schreiben, „zur Wirbelsäule der medizinischen Wissenschaft im Mittelalter.“[76]

Der Einfluss Konstantins lässt sich zunächst in Italien und anschließend im Rest Europas verfolgen. Mehrere Ärzte der Schule von Salerno wie Bartholomäus, Maurus oder Ursos bedienten sich seiner Erkenntnisse, das heißt die Professoren dieser Schule lösten eine bestimmte Zahl kürzerer Abhandlungen oder Exzerpte aus umfangreichen medizinischen Schriften heraus, fassten sie in Kompendien zusammen und vertrieben sie gleichsam als medizinische Taschenbücher weit über Salerno hinaus. Diese Bücher stellten eine eigene literarische Gattung dar, die im gesamten Mittelalter beliebte „Kleinkunst“-Bücher (*Articella*). Eine solche *Articella* bestand aus den lateinischen Übersetzungen von Auszügen sowohl arabischer wie spätantiker griechischer Autoren, zum Beispiel der erwähnten *Isagoge* von Ishaq, den *Lehrsätzen*, dem *Prognostikon* oder der *Heiligen Krankheit* – alle drei Schriften von Hippokrates – oder der *Heilkunst* von Galen. Einige Fassungen gelangten Ende des 11. Jahrhunderts auch nach Frankreich.[77] In Chartres lagerten mehrere medizinische Schriften aus dem 10.–12. Jahrhundert, die im Zweiten Weltkrieg leider zerstört wurden.[78] Der Philosoph und Theologe Wilhelm von Conches († 1154), der in Chartres und Paris lehrte, verwendete die *Isagoge* von Hunayn ibn Ishaq übrigens regelmäßig im Lehrbetrieb.

Übersetzungen aus dem Griechischen (6. bis 12. Jahrhundert)

Den Transfer griechischer Bildung und Kultur verdanken wir nicht nur den im Abendland lebenden Griechen, den Bemühungen verschiedener Herrscher oder Kirchenfürsten oder dem Exodus kultivierter Eliten nach Italien beziehungsweise Sizilien, sondern auch einer lebhaften Übersetzertätigkeit, die versuchte, die Schätze der griechischen Profankultur zu heben. Dieser Prozess hatte schon begonnen, bevor die arabischen Übersetzungen bekannt wurden, die von christlichen Syrern stammten. In dem vom Ende des weströmischen Reiches noch erschütterten Abendland setzte diese Entwicklung im 6. Jahrhundert mit dem Erwerb von philosophischen und medizinischen Schriften aus dem antiken Griechenland ein. Nach J. Irigoin handelte es sich „eher um eine verzögerte Expansion des byzantinischen Hellenismus, die wir als Reaktion auf ein abendländisches Bedürfnis sehen müssen" oder – anders gesagt – um das Ergebnis freiwilliger Nachforschungen.[79]

Ihnen folgten während des gesamten Mittelalters Direktübersetzungen vom Griechischen in die lateinische Sprache, was durch den tatsächlichen, leider nur wenig bekannten Austausch von Schriften religiöser, philosophischer und sogar wissenschaftlicher Art zwischen Byzanz und dem Abendland gefördert wurde. Dieser Austausch blieb konstant und beweist die Bedeutung, die ihm die abendländische Christenheit beimaß. Europa verdankt diesen meist unbekannten Übersetzern vieles.

Als einer der ersten unterzog sich der Römer Cassiodor dieser gewaltigen Aufgabe. Er hatte an der berühmten Schule von Nisibis (heute Nisibin) an der türkisch-syrischen Grenze, etwa 100 km von Edessa entfernt, bei syrischen Gelehrten Philosophie, Mathematik und Medizin studiert und beabsichtigte die Gründung einer ähnlichen Ausbildungsstätte in Italien. Im Jahr 554 baute er in Kalabrien das

Kloster Vivarium und wies die Mönche an, griechische Schriften zu sammeln, zu kopieren und zu übersetzen, was vom 7. bis zum 10. Jahrhundert den Umlauf griechischer Abhandlungen insbesondere aus den Gebieten Arithmetik, Geometrie und Medizin begünstigte, die man bei seinem Tod in einem Schrank wiederfand.

Die Welle der Übersetzungen ließ kein Gebiet geistiger Aktivitäten aus, selbst dann nicht, wenn sich christliche Autoren dem „heiligen Nektar der Griechen“ zuwendeten, wie Erigenes schreibt, womit vor allem patristisch-theologische Literatur gemeint war; sie kam von Autoren, die ebenfalls in klassischer Philosophie ausgebildet waren.[80]

Gerade die Philosophie wurde übrigens häufig übersetzt. Vor dem Jahr 1000 war die „Ausbeute“ griechischer, direkt ins Lateinische übersetzter Werke sicherlich nur winzig, aber nicht gleich Null.[81] Boethius hatte bis dahin die *Kategorien* (*Categoriae*) und *Über die Aussage* (*De interpretatione*) von Aristoteles übertragen und Cicero die *Phainomena* und die *Prognosen* von Aratos. L. Minio-Paluello weist nach, dass zwischen 970 und 1040[82], also um die Jahrtausendwende, die griechische Kultur und besonders das Werk des Aristoteles beschleunigt wiederentdeckt wurden. Die Übersetzungen Boethius', besonders die *Kategorien*, wurden verbessert, wobei sich Gelehrte wie Gunzo von Reichenau und der Abt des Klosters Fleury († 1004) einen Namen machten. Diese Tendenz setzte sich dank des heute nur noch wenigen Spezialisten bekannten Jakob von Venedig († zwischen 1140 und 1150) zu Beginn des 12. Jahrhunderts fort. Jakob von Venedig verbrachte vielleicht einen Teil seines Lebens im Kloster auf dem Mont Saint-Michel und hat fast das gesamte Werk des Aristoteles ins Lateinische übersetzt.

Im 12. Jahrhundert erschienen viele Direktübersetzungen aus dem Arabischen oder Griechischen in die lateinische Sprache. Dabei übernahm die Stadt Toledo freiwillig und aktiv die Vermittlerrolle: Die Herrschenden verlangten Handschriften, während Bischöfe und Kleriker Bibliotheken aufsuchten, um dort aus dem Brunnen antiker Weisheit zu schöpfen. Unmittelbar nach der Eroberung der Stadt 1085 durch Alfons VI. nahm eine erste Übersetzergruppe ihre Arbeit auf; später erreichte die Übersetzertätigkeit auf Grund der Leistungen von Petrus Venerabilis (Abt von Cluny 1122–1155) und der Erzbischöfe Raymond und Johannes ihren Höhepunkt. Robert von Ketton und Hermann von Kärnten, die zuvor in Tudela gewirkt hatten, übersetzten zusammen mit Petrus von Toledo und Pierre de Poitiers den Koran ins Lateinische[83], während Johannes von Sevilla, ein zum Christentum konvertierter Jude, und Markus von Toledo von 1130 bis 1180 wissenschaftliche Werke übertrugen. Toledo galt in der zweiten Hälfte des 12. Jahrhunderts als eine Kulturhochburg innerhalb Europas.[84]

In Norditalien übersetzte Burgundino von Pisa (1110–1193) Mitte des 12. Jahrhunderts zehn Schriften von Galen, darunter sein im Mittelalter berühmtes Buch über die *Komplexionenlehre*, und legte eine Neuübersetzung der Schrift *Über die Natur des Menschen* von Nemesius von Emesa[85] vor. Aristippus von Catania, der zusammen mit anderen Untertanen des Königs von Sizilien, Roger II. (1130–1154), als Botschafter am Kaiserhof von Manuel I. Komnenos (1143–1180) in Byzanz wirkte, brachte von dort mehrere kostbare Texte mit, etwa die hochberühmte Abhandlung *Größte Zusammenstellung* (*mathematike syntaxis* oder später *megiste syntaxis*) des griechisch-hellenistischen Mathematikers und Astronomen Claudius Ptolemäus, die häufig auch unter ihrer arabischen Bezeichnung *Almagest*[86] auftaucht. Aristippus übersetzte auch einen Teil des *Timäus* und des *Phaidon* von Platon (1156), des 4. Buches der *Meteorologie* von Aristoteles und eine Neubearbeitung der *Optik* Euklids und der *Mechanik* Hierons von Syracus. Das Vorwort seiner Bearbeitung des *Phaidon* bietet „kostbare Hinweise auf die Bibliotheken von Sizilien (*Siracusam et Argolicam bibliothecam*), die sich besonders auf philosophische und wissenschaftliche Werke beziehen, die einige Jahrzehnte später wieder bei den schwäbischen Herrschern auftauchten, und die dank einer Schenkung von Karl von Anjou nach seinem Sieg über den Staufer Manfred in der Schlacht von Benevent (1266) zum großen Teil in die päpstliche Bibliothek überführt wurden."[87]

Ein anderer Gelehrter aus der Mitte des 12. Jahrhunderts, Hermann von Kärnten, übersetzte Werke des griechischen Mathematikers Euklid von Alexandria, *Data*, die *Optika* und die *Katoptrika*. Im Vorwort seiner Übersetzung der *Größten Zusammenstellung*, die er nach Aristippus vorlegte, betont er, dass er Griechisch besser verstehe als die Araber:

> Von dieser Wissenschaft (Astronomie) hat der sehr gelehrte Astronom Claudius Ptolemäus, dieser Polierer der Alten und Spiegel der Modernen, in 13 Büchern den Teil der Bewegungen der Gestirne gründlich dargelegt. Bei den Griechen hieß sein Werk *Mathematische Zusammenstellung* oder *Größte Zusammenstellung*, aber die Araber verballhornten diesen Titel in *Almagest*.[88]

Der gebürtige Engländer Adelard von Bath (1080–1160) reiste nach Süditalien, um dort Arabisch zu lernen, weil er Werke der griechischen Wissenschaft, die in arabischer Sprache vorlagen, ins Lateinische übersetzen wollte, zum Beispiel die *Elemente* Euklids, die *Größte Zusammenstellung* von Ptolemäus und mehrere astronomische Tafeln.[89] Er selbst verfasste einen Traktat über den Astrolab, ein Gerät zur Winkelmessung am Himmel. Seine wörtlichen Übersetzungen sind nicht fehlerfrei, aber sie beweisen jenen Appetit auf Wissen und Wissenschaft, der die Europäer des 12. Jahrhunderts auszeichnete.

Bücher zirkulierten also direkt von Byzanz nach Sizilien und Süditalien, aber auch nach Frankreich und ins Heilige Römische Reich. Wie dieses wissenschaftlich-literarische Hin und Her genau funktionierte, ist nur wenig bekannt und verdiente eigentlich eine eigene Untersuchung. Von seinen Auswirkungen erfahren wir nur durch vereinzelte Hinweise auf diese oder jene Übersetzung oder diese oder jene Reise. Die historische Forschung fördert regelmäßig neue Beweise dieser Verbindung zwischen den beiden christlichen Sphären zu Tage. Nehmen wir nur das Beispiel von Guillaume le Mire, Abt von Saint-Denis (1173–1186), der gegen Ende der Amtszeit von Abt Suger in das Kloster eintrat und mehrfach in den Orient reiste[90]. 1167 brachte er eine Reihe von griechischen Schriften aus Konstantinopel mit.

Wir dürfen also annehmen, dass die Verbindungen zwischen dem lateinischen Westen und dem oströmisch-griechischen Osten sehr viel bedeutender waren, als man auf Grund der aktuell verfügbaren oder bearbeiteten Quellen ahnt. Hier steht Historikern ein Forschungsfeld offen, auf dessen Undurchdringlichkeit Fernand Braudel hinweist: „Die meisten kulturellen Transfers kommen zustande, ohne dass man die Fuhrunternehmer kennt."[91]

Der Geist der Renaissancen im Mittelalter

Die angeblich so „dunklen Jahrhunderte" des europäischen Mittelalters erlebten in Wahrheit eine Reihe geistiger Höhenflüge, die von den Mediävisten seit mehr als einem Jahrhundert erforscht werden: Zuerst gab es die karolingische und danach die ottonische Renaissance, sodann die „Herrlichkeiten" des Jahres 1000 und schließlich – im 12. Jahrhundert – eine weitere geistige Wiedergeburt. Diese Epochen zeugen insgesamt von einer unermüdlichen Wissensbegierde und einer ständigen Suche nach Wissen, die wir den Christen im Mittelalter nicht abstreiten dürfen. Dieses Forschen führte zur Wiedererlangung wissenschaftlich-philosophischer Literatur der griechisch-hellenistischen Antike, ihrer Einführung in das mittelalterliche Denken und ihrer Assimilation.[92] All diese Vorgänge trugen zu einem Aufblühen neuen Wissens bei.

Vom 2. bis zum Beginn des 5. Jahrhunderts diskutierten Christen und Nicht-Christen noch miteinander, danach polemisierten sie nachdrücklich gegeneinander. Um 430 aber wurden die Christen sich ihres antiken Erbes bewusst und begannen, es sich langsam anzueignen. Dadurch gelang es dem Christentum, das biblische Erbe in das antike zu integrieren, aus dem es schließlich hervorgegangen war. Die Vergangenheit wurde im christlichen Denken also mitnichten ausgelöscht – im Gegenteil: Die klassisch-antike Kultur wurde bewahrt. Was an ihr heidnisch war, wurde künftig als nicht-kanonisch und somit als akzeptabel betrachtet. Und man war sich auch einig, dass die christliche Geschichtsschreibung in der Tradition der griechisch-römischen Historiographie stehe: Die Christen waren ganz bewusst Erben des antiken Patrimoniums und Schöpfer einer neuen Kultur, wie H. Inglebert[93] gezeigt hat.

Diese Einstellung galt offenbar auch im Mittelalter. Selbst wenn Europa im Jahr 1000 von Philosophie und Wissenschaft anscheinend noch wenig wusste, bewies es doch schon vor diesem Datum das feste Bemühen, dem Wissen der Antike näherzukommen. Dabei suchte man anfangs noch eher nach Schriften religiösen Inhalts. Aber die Natur des Christentums und die von der antiken Bildung ausgehende Anziehungskraft richteten die intellektuelle Neugier auch auf Themen, die weniger frömmigkeitsbezogen waren, und leitete in der Folge das „Erwachen des Bewusstseins“ der mittelalterlichen Zivilisation ein.[94] Am Ende einer langen Entwicklung waren sich die antike Gedankenwelt und das christliche Universum so nahe gekommen, dass daraus im 13. Jahrhundert die Anfänge moderner Wissenschaft entstanden.

Die Mediävisten bezeichnen mit dem Begriff „Renaissance“ gewöhnlich mehrere, seit der Zeit Karls des Großen bis zum 12. Jahrhundert aufeinander folgende Wellen kulturellen Aufschwungs. Diese „Wellen“ besaßen alle unterschiedliche Merkmale, die sie als Einzelfälle kennzeichnen und voneinander unterscheiden. Aber sie weisen auch gemeinsame Züge auf, die man als Etappen ein und derselben Entwicklung sehen kann, und die schließlich im Humanismus des 15. und der Renaissance des 16. Jahrhunderts münden und von dort bis zur Aufklärung und zum Erscheinen der modernen Wissenschaft reichen. Wir können diese geistige Entwicklung Europas also als zusammenhängende Bewegung von sehr langer Dauer lesen, die sich durch eine Reihe von Etappen vollzog, von denen jede die nächste auslöste.

Alle diese „Renaissance“-Schübe wurden von den politischen Eliten (Kaiser, Könige und mächtige Fürsten) ebenso wie von kirchlichen Würdenträgern

(Bischöfe oder Äbte großer Klöster in Frankreich, Italien, England oder im Heiligen Römischen Reich) unterstützt, wenn nicht sogar ausgelöst.

Diese weltlichen und geistlichen Autoritäten wandten sich der Vergangenheit zu, weil sie das Band zu den verschwundenen Welten des antiken Griechenland und des antiken Rom neu knüpfen wollten. Alle trieb das gleiche Verlangen nach antiken Handschriften oder besser: nach unverfälschten Originaltexten. Obwohl sie im christlichen Glauben erzogen worden waren, von dem sie sich nicht trennen wollten, der ihren Horizont aber gleichwohl einengte und sie manchmal sogar bremste, fanden sie genügend Handlungsspielräume, zu deren Erweiterung sie ihren Beitrag leisteten. Die Kirche konnte sich an der Kultur der Antike nicht vorbeimogeln, aus der sie entstanden war. Sie hatte diese Kultur als Patrimonium übernommen, so wie Gregor von Agrigent ausführlich Aristoteles bemüht, um das Buch Sirach (Ecclesiasticus) des Alten Testaments zu kommentieren. Im Übrigen kam die christliche Lehre nicht ohne intellektuelle Ausdrucksformen aus, um die Wunder des Glaubens zu vermitteln.

Der Appetit auf Wissen, der sich quer durch diese Jahrhunderte zieht, steht so gleichermaßen für Kontinuität, Fortschritt – jede Epoche stützte sich auf die Erkenntnisse der vorangegangenen Zeit – und Wissenserweiterung, nicht nur bezüglich der Methoden oder der eingesetzten Mittel, sondern auch in Bezug auf die Perspektiven. Der Primat der Gedankenfreiheit und mit ihr der Wissensstand setzte sich trotz aller Hindernisse, Kritik oder Verboten zäh, aber immer weiter bis zu dem Punkt durch, wo sich Bruchstücke von Wissen zusammensetzen ließen, schuf aber noch keine Wissenschaft. Der Erkenntniszuwachs vollzog sich auch eher im literarischen, theologischen oder philosophischen Bereich als in der Naturwissenschaft: Niemand wagte sich damals an Experimente, und die Wiederentdeckung der Mathematik der alten Griechen kam nur langsam voran.

Gehen wir in der Annahme zu weit, dass dieses europäische Streben nach Gedankenfreiheit und eine kritische Prüfung der Welt, zumindest teilweise in Verbindung mit der Lehre Christi, in dem umfassenden Erkenntnisanspruch der griechischen Antike wurzeln? Der Glaube diente tatsächlich als Ausgangspunkt des Nachdenkens wie der heilige Anselm (1033–1109) schreibt: „Der Glaube sucht die Erkenntnis“ (*fides quaerens intellectum*): Der Glaubende braucht die Einsicht, um die Geheimnisse zu begreifen und Häresien zurückzuweisen. Aber die Entwicklung der intelligenten Einsicht und das Wachstum des Wissens lassen sich – einmal angestoßen – nicht mehr anhalten. Wir wollen gewiss keine vollständige Kulturgeschichte des europäischen Mittelalters[95] verfassen, aber wir können die Linien am Wissenshorizont freilegen und zeigen, wie konstant sie sich an der Aneignung eines immer weiter gefassten und immer genaueren Wissens orientierten.

Die Karolingische Renaissance

Was wir gemeinhin als „Karolingische Renaissance" bezeichnen, ist ein kulturelles Ziel, das auf Pippin II. und vor allem auf Karl den Großen und die Gelehrten in ihrem Gefolge[96] zurückgeht. Der Terminus wurde 1839 von Jean-Jacques Ampère in Analogie zur Renaissance des 16. Jahrhunderts geprägt. Ampère wollte damit zeigen, dass sich die Karolinger den Erkenntnissen der Kultur der Antike in allen Bereichen der Wissenschaften und Künste so eindeutig zuwandten, dass wir von einem „Humanismus der Karolinger"[97] sprechen können. Außer Frage steht die Teilnahme der politischen Elite an diesem Prozess, der im Einklang mit dem allgemeinen, von Karl dem Großen bestätigten Streben nach einer *renovatio* (Erneuerung) stand, die den Ruhm des christlichen Römischen Reiches wieder aufleben lassen sollte. Diese kulturelle Renaissance trug einen eindeutig christlichen Stempel und bedeutete gewiss keine Rückkehr zur heidnischen Philosophie. Aber die bewusste Entscheidung für ein kultiviertes Christentum leitete zur Beschäftigung mit der Welt der Profankultur über, die man als eine Propädeutik, eine Einführung in die Religion Christi betrachtete.

Und es war ja nicht so, dass die Karolinger am Nullpunkt angefangen hätten. Selbst in der kulturell „dunklen Zeit" der Merowingerherrschaft hatte die römische Kultur hie und da überlebt, ganz besonders im südlichen Gallien. Außerdem beeindruckte diese von der Kirche aufgenommene römische Kultur – nicht zuletzt durch den Gebrauch der lateinischen Sprache – die germanischen Völker, die sie bewunderten. Gewiss, es waren nur noch ein paar Brocken von ihr übrig geblieben, Griechisch wurde immer seltener gesprochen, und es fehlte praktisch an allen materiellen Voraussetzungen für die Pflege der römischen Kultur; es gab weder Bücher noch Bibliotheken oder gar Kopisten. Ein paar Klöster in den Randgebieten des Karolingerreiches bewahrten, wie wir gesehen haben, einen Teil der antiken Kultur: in Irland, im westgotischen Spanien – bevor die Eroberung durch die Araber „eine langsame Lähmung"[98] des Landes bewirkte – und in den norditalienischen Bischofsstädten.

Aus diesem bescheidenen Erbe entwickelte Karl der Große das authentische und wahrhaft politische Projekt eines „Zurück zu den Quellen“. Er selbst wollte lesen und schreiben lernen – und erwarb darin immerhin Grundkenntnisse. Seinen Kindern ließ er eine solide Erziehung angedeihen, was Ludwig den Frommen bei seinem Regierungsantritt 814 den Übergang vom „Mitkaiser“ Karls des Großen zum Alleinherrscher im Frankenreich erleichterte. Obwohl den Karolingerherrschern nicht gerade der Ruf hoher Bildung vorauseilte, umgaben sie sich mit geistlichen Würdenträgern wie Laiengelehrten und machten sich deren Kompetenzen zunutze. Die Gesetzgebung des Frankenreiches ist, in mehreren Anläufen, deutlich von ihrem kulturellen Bemühen geprägt: Die *Admonitio generalis* von 789 und die *Epistola generalis* aus dem Jahr 800 sind aus der Notwendigkeit exakter Vorschriften für die Religionsausübung und die Praxis der Rechtsprechung entstanden. In Aachen gründete Karl der Große die Hofschule gleichen Namens und berief Alkuin und Theodulf, den Bischof von Orléans, als seine Berater dorthin. Zweifelsohne überschattete die höfische Kultur andere Aktivitäten oder gipfelte die eindeutige Dominanz der literarischen Bildung in gelehrten und manchmal pedantischen Wortgefechten zwischen den Mitgliedern der Hofschule, die sich gerne die Namen lateinischer Dichter oder Schriftsteller zulegten. Aber diese Männer übernahmen auch die Redaktion kaiserlicher Gesetzestexte sowie von Stellungnahmen des Kaisers in theologischen oder politischen Debatten. Sie bestimmten auch die Ausbildung der geistlichen Visitatoren und Stellvertreter des Königs, die später als Reichsverweser oder Kontrollorgane der Klöster in die verschiedenen Reichsteile geschickt wurden. Obwohl das Bild Karls des Großen bei der Besichtigung von Schulen Anfang des 10. Jahrhunderts entstand, also lange nach seinem Tod (814), vermittelt es doch die zu Karls Lebzeiten gültige Vorstellung von der Rolle des großen Kaisers in der Förderung eines kulturellen Grundstocks an christlicher Kultur,[99] der für alle Völker in seinem Reich gelten sollte. Dieses Bildungsziel besaß eine politische wie soziale Dimension.

Der Wunsch nach unverfälschten und guten Handschriften betraf zunächst die Liturgie, deren Funktion nicht ausschließlich religiös war. Durch eine wirksame Liturgie sollte das Heil der Völker des Karolingerreiches sichergestellt werden: Garant dafür war Karl der Große. Anders gesagt: Es ging um die Verwirklichung eines religiösen Ziels, für das die weltliche Macht die Verantwortung übernahm. Dieser Wunsch nach Wiederentdeckung und Verbreitung verlässlicher Texte auch im außerkirchlichen Bereich hielt sich in Europa bis zum 16. Jahrhundert.

Nach der Liturgie kam das Recht als zweiter, damals für ebenso wesentlich gehaltener Bereich. Die Karolinger wollten ihre uneinheitlichen, im 6. und 7. Jahrhundert[100] zusammengeschusterten Gesetze durch kanonische, vollständige und kohärente Gesetzessammlungen ersetzen. Das kanonische Recht sollte das einwandfreie Funktionieren der Kirche sicherstellen und dadurch der Gesellschaft einen wirksamen Rahmen geben. Diese weit gefasste Reform setzte nicht nur den Besitz von Handschriften voraus, sondern auch von Abschriften zur Verteilung im ganzen Reich. Daraus folgte schließlich die räumliche Ausdehnung der Schriftkultur als einer der Hauptpfeiler der karolingischen Renaissance und auch als eine der Konstanten der kulturellen Entwicklung des christlichen Europa.[101]

Es galt also, Kultur zu bewahren und weiterzugeben. Ein Vorhaben in dieser Dimension war neu. Dafür brauchte es in erster Linie eine kosmopolitische Gelehrtenschaft, zu der unter anderen die Italiener Petrus von Pisa und Paulus Diaconus, der Angelsachse Alkuin, der Westgote Theodulf und die Franken Einhard und Angilbert gehörten, die meisten von ihnen Kleriker, aber einige auch Laien wie Einhard, der Verfasser der *Vita Caroli Magni*.[102] Die Angelsachsen bildeten die Mehrheit und setzten deshalb ihre Kultursprache durch, also jenes gelehrte Latein, dessen man sich in England bediente. Zur Zeit der karolingischen Renaissance drückte man sich in einem sehr gewählten Latein aus, was die Einbindung in die Welt der Antike erleichterte und das Thema der *translatio studii* rechtfertigte, das heißt der Weitergabe jener Kultur und jenes Wissens, das von Athen ausgegangen war, in Rom verharrt hatte und schließlich in Aachen angekommen war. Obwohl der wissenschaftlich-philosophische Kenntnisstand im Frühmittelalter noch klein und dürftig war,[103] ist an dem Willen, das geistige Universum der Alten weiterzuführen, nicht zu zweifeln. Diese Entschlossenheit spielte bei der Entstehung der europäischen Identität eine wesentliche Rolle.

Ein anderer Pfeiler der karolingischen Renaissance bestand in der Unterweisung des antik-klassischen Bildungskanons. An Kathedralen angeschlossene oder von Mönchen geleitete Schulen entstanden, Gelehrte verfassten Handreichungen für den Unterricht in Form von Dialogen, um so die *a priori* undankbaren Lerngegenstände wie Grammatik anziehender zu gestalten. Auch innerhalb der Gelehrtenwelt kam bei der Weitergabe antiken Wissens über Diskussionen, Korrespondenzen oder sogar das Ausleihen von Schriften ein lebhafter Informationsaustausch in Gang. Gerade die Zirkulation solcher Traktate beweist das tiefe intellektuelle Interesse der gebildeten Kreise, die dafür gelegentlich auch echte Risiken eingingen: Bücher waren teuer, und sie abzuschreiben dauerte lange, weshalb sie im Fall von Verlust oder Diebstahl nur schwer zu ersetzen waren. Man kann nur bewundern, wie bereitwillig die Besitzer dieser seltenen Schriften sie untereinander ausliehen.

Abt Lupus von Ferrières (805–862) war offensichtlich einer der ersten Humanisten des Mittelalters, den seine unbändige Neugier umtrieb.

Die Karolinger verschafften sich so einen riesigen Textbestand, dessen Wert auch von anerkannten Gelehrten bestätigt wurde. Alkuin und Theodulf überarbeiteten die *Vulgata*; liturgisch-kirchenrechtliche Texte wurden einer peinlich genauen Prüfung und gegebenenfalls Korrektur unterworfen und 790 bat Karl der Große den Abt von Monte Cassino um den Originaltext der Regel des heiligen Benedikt, der – vielfach kopiert – im ganzen Reich verbreitet wurde. In allen möglichen Gebieten wünschte man sich unverdorbene, mit dem Original übereinstimmende Handschriften – ein erster Schritt in Richtung Textkritik.[104]

Die Schriftkultur setzte die einwandfreie Beherrschung des Lateinischen voraus – und damit das Erlernen der Sprache.[105] Das geschah, ausgehend von religiösen Texten, in Klosterschulen. Erst nach und nach entfaltete sich die lateinische Grammatik als vollwertiges Unterrichtsfach, das zum Verständnis der Schriftsprache beitrug, den Verstand des Schülers für die Fehlersuche schärfte und ihn daran gewöhnte, logischen Regeln zu folgen. Die Verbreitung der Schriftkultur wurde schließlich sichergestellt durch die „Erfindung" einer neuen Schrift, der „karolingischen Minuskel", eine kulturelle Leistung von größter Bedeutung. Diese Schrift war leichter zu lesen, leichter zu schreiben, und besaß genau definierte Buchstaben – vermutlich ist sie im Kloster von Corbie (Picardie) Ende des 8. Jahrhunderts entstanden. Unsere eigenen Druckbuchstaben gehen direkt auf die Carolina zurück, denn die Drucker im 15. Jahrhundert entschieden sich ausdrücklich für sie als Leitschrift. Die „Erfindung" der Mönche aus der Picardie überlebte so bis in unsere Zeit überall dort, wo man das lateinische Alphabet verwendet …

Auch die Arbeit der karolingischen Kopisten wurde dadurch erleichtert. In den *scriptoria* der Klöster entstanden insgesamt mehr als achttausend Abschriften, die sich bis in die heutige Zeit erhalten haben. Mehrere zeitgenössische Bibliotheken besaßen Hunderte von Codices: 260 das Kloster Saint-Riquier (Département Somme) im Jahr 831, nahezu 280 Handschriften das Kloster St. Gallen in der alemannischen Schweiz zu Beginn des 10. Jahrhunderts und mehr als 600 (vielleicht auch 800) Schriften das Kloster Bobbio, nördlich von Genua, um die gleiche Zeit. Diese Bücher reisten mindesten ebenso wie die Gelehrten. Die Schulen im Karolingerreich bildeten eine Art vieleckiges Netzwerk um die Klöster Ferrières-en-Gâtinais, Saint-Riquier, Corvey (in Sachsen), St. Gallen und Lyon. Im Osten dieses Raumes lagen als Kulturzentren die Abteien von Fulda und von der Reichenau oder die Kathedralen von Lüttich und Metz.

Natürlich besaß die karolingische Renaissance auch Schwächen. Verwaltungsvorschriften wie die *Admonitio generalis* (789), das *Capitulare* von Frankfurt (794) sowie die Weisung an die *missi dominici* (Königsboten) von 802[106] verwiesen ständig auf die Notwendigkeit, Schulen einzurichten oder deren störungsfreien Unterricht zu sichern. Mehrfach appellierten die Bischöfe im 9. Jahrhundert (829, 855 und 859) auch an die Herrscher, selbst sogenannte öffentliche Schulen einzurichten, um deren Schüler zum größten Teil zu Mönchen zu erziehen. Sie lernten dort in Etappen Grammatik, Logik, danach Arithmetik und Musik.

Die literarische Produktion in karolingischer Zeit blieb trotz dieses Bildungseifers wenig originell. Die Werke entsprachen den großen wissenschaftlichen Themen der Eliten: Pädagogische, hagiographische oder historische Bücher, Gesetzestexte oder ideologische (Streit-)Schriften sollten die politische, gesellschaftliche oder religiöse Ordnung des Reiches aufrechterhalten. Aber schon tauchten Kommentare auf – zunächst nur zu Werken grammatikalischen Inhalts. Smaragdus, Abt des fränkischen Klosters Saint Mihiel (bei Verdun) legte einen 15-bändigen Kommentar zur lateinischen Grammatik Donats vor, weil er der Ansicht war, die Grammatik regle den sprachlichen Ausdruck, vermittle unter anderem dem Denken eine Struktur und transportiere wie in den Schriften von Sedulius Scottus eine klare Theorie des Sinninhalts, mit der die Bedeutung dieses oder jenes Ausdrucks beziehungsweise dieses oder jenes Verses aus den Evangelien besser zu verstehen sei. Die Grammatik bilde die Einführung zum Verständnis des Dogmas und folglich der Spiritualität. Aus ihr entstehe auch kritisches Wissen, mithin Wissenschaft und durch ihre Weiterleitung, zum Beispiel durch theologische Diskussion, gelange die Logik mit Macht in das kulturelle Universum Europas.

In der zweiten Hälfte des 9. Jahrhunderts tauchen allmählich unabhängige Köpfe auf, die man, um mit D. Urvoy zu sprechen, als „Frei-Denker“ bezeichnen könnte, ein Gelehrtentyp, den Johannes Scottus Eriugena am besten verkörperte. Als Lehrer der Freien Künste schrieb er einen Kommentar zur Enzyklopädie des Martianus Capella, übersetzte die griechischen Kirchenväter Maximus Confessor und Gregor von Nyssa und verfasste von 864 bis 866 schließlich sein Hauptwerk *Peri physeon* („Über die Naturen“), dessen lateinischer Titel *De divisione naturae* erst im 12. Jahrhundert belegt ist und die „erste im Okzident errichtete Kathedrale für Ideen“[107] darstellt.

Obwohl von der Naturwissenschaft nur wenig und von der Philosophie auch kaum geprägt, ist die Kultur der Karolinger doch weder hohl noch vermittelt sie einen schwachen Eindruck. Namentlich um die Verteidigung und Begründung des Kaisertums entwickelte sich ein Prozess politischer Reflexion. Die Gelehrten feilten immer wieder an ihrem argumentativen Instrumentarium, das noch lange von Nutzen sein sollte. Man schrieb zum Ruhm des Kaisers und des Reichs, eines – wohlgemerkt – christlichen Reiches, und man fand solide Argumente, um seine Legitimität gegenüber dem Byzantinischen Reich zu stützen; in den Jahren 790–800 tobte ein regelrechter Streit um die Richtigkeit der je eigenen Meinung. Ebenso klar distanzierte sich das Karolingerreich vom orthodoxen Glauben, zum einen, weil die karolingische Geistlichkeit den Bilderstreit ablehnte, der aus Byzanz nach Westeuropa geschwappt war, und zum anderen, weil sie die abweichenden Positionen einiger Kleriker in der Frage der Prädestinationslehre und des Adoptianismus als häretisch betrachtete. Dessen ungeachtet aber gebot allein schon der Verstand, dass sich die karolingischen Gelehrten in der Auseinandersetzung mit den Werkzeugen der antiken Logik weiter entwickelten.[108] Deshalb fegten die Debatten um die „doppelte Prädestination“,[109] die der Theologe Gottschalk von Orbais Mitte des 9. Jahrhunderts predigte, wie ein Sturm durch die karolingische Gelehrtenwelt. Es konnte nicht sein, dass die Lehre, wonach die Auserwählten zum ewigen Leben prädestiniert sind, während auf die Sünder die ewige Verdammnis wartet, durch Gottschalk vernichtet wurde. In dieser Situation wandte sich der Erzbischof von Reims, Hinkmar, an Johannes Scottus Eriugena und bat ihn um ein Gutachten. Der kam, wie vom Auftraggeber gewünscht, zu dem Ergebnis, dass die These Gottschalks unlogisch und damit häretisch sei, das heißt er stützte sich in einem theologischen Streit auf die Logik als formale Grundlage der Philosophie.

Der karolingischen Renaissance verdanken wir durch die Abschrift vieler Bücher die Bewahrung von spätantikem Gedankengut. Obwohl führende kirchliche Kreise im 9. Jahrhundert davon kaum Gebrauch machten, wurde eine hohe Zahl antiker Zeitzeugnisse, die noch den folgenden Jahrhunderten geistige Nahrung bieten sollten, vor dem Untergang bewahrt. Umgekehrt war all das verloren, was nicht zu den Karolingern gelangt war. Somit erscheint der Begriff „Renaissance“ vollkommen gerechtfertigt, selbst wenn man sich genötigt fühlt, sie wegen ihrer geringen naturwissenschaftlichen Erkenntnisse und der Prädominanz religiöser Aspekte zu differenzieren. Auch wenn das Ziel im Bereich des Glaubens lag, kam das Mittel, um es zu erreichen, aus einem anderen, nicht-christlichen Universum. Eine Übereinkunft war möglich, weil das Christentum von der Kultur der Antike durchdrungen ist. Deshalb setzte zur Zeit Karls des Großen in Europa eine Bewegung ein, die sich ununterbrochen fortentwickelte. Das Bemühen um die genaue Wiedergabe von Texten und um die Klarheit des schriftlichen Ausdrucks, die sich zunächst in den Glaubensformulierungen als notwendig erwiesen hatte, übertrug sich auf die Rechtsprechung und am Ende auf den gesamten Bereich des Schreibens und der Kultur.

Kulturelle „Highlights um das Jahr 1000"[110]

Nach P. Riché darf man das kulturelle Treiben am Ende des 10. Jahrhunderts getrost als „dritte Karolingische Renaissance" bezeichnen, die mit der ersten Karolingischen Renaissance zwei Jahrhunderte zuvor am Hof Karls des Großen so viele Berührungspunkte hat und im 9. Jahrhundert von Ludwig dem Frommen und Karl dem Kahlen weitergeführt wurde: Drei Etappen ein und desselben Prozesses, befördert durch die Buch- und Lesekultur und die progressive Entwicklung der Freien Künste. Die Kontinuität dieser unterschiedlichen Momente unterliegt keinem Zweifel, obwohl sie Fortentwicklungen nicht ausschloss.[111] Die antiken Autoren waren immer noch gefragt, denn man betrachtete sie als Quellen der Weisheit, auf die der christliche Glaube nicht verzichten konnte. Aristoteles wurde neu entdeckt, und die Gelehrten schlugen sich mit der Argumentationstechnik der „Syllogismen" herum, wie der Bibliothekar und Leiter einer geistlichen Schule in Hildesheim, Thangwar, Ende des 10. Jahrhunderts meinte.[112]

Die lateinische Grammatik und Rhetorik bildeten noch immer das Herzstück des Unterrichts an Kloster- und Kathedralschulen, aber der Dialektik, das heißt der von Aristoteles entlehnten Logik, gelang ein beachtlicher Durchbruch. Sie wurde in Fleury-sur-Loire, in Reims, in Chartres, in Magdeburg und vielleicht auch anderswo gelehrt. Gerbert von Aurillac verfasste für Kaiser Otto III. das Vorwort für ein Mathematikbuch mit dem vielsagenden Titel *De rationali et ratione uti*.[113] In ihm breitete er mehr Gelehrsamkeit aus, als zum Beweis der schlichten Behauptung notwendig gewesen wäre: „Alles, was rational ist, braucht den Verstand."[114]

Die Bücher der *Logica vetus* und daneben die Abhandlungen von Boethius über Syllogismus (*De categoris syllogismis* und *De hypothetices syllogismis*) wurden kopiert und in weiten Teilen Nordeuropas verbreitet.[115] Die Dialektik schulte das Denken noch mehr als die Grammatik ein Jahrhundert zuvor. Die gedankliche Schärfe verfeinerte sich, und die Debatten trafen auf ein gewisses Echo, so die zwischen Gerbert und Otric von Magdeburg über die Klassifikation der Wissenschaften und ihre Hierarchie, die sie 981 einen ganzen Tag lang vor dem versammelten Hof Ottos II. austrugen. Die Theologie profitierte von der Logik, und die Schriften Odos, des Abtes von Cluny (927–942), zeugten von einem gehobenen Abstraktionsniveau und einer außergewöhnlichen Gedankentiefe.[116]

In allen Ländern wurden immer mehr Bibliotheken und Schulen eingerichtet – in Hildesheim und Magdeburg in Sachsen, in den Domen von St. Gallen und St. Emmeram in Regensburg, in den Schulen von Trier und Lüttich, das zur Zeit von Bischof Notger (10. Jahrhundert) den Beinamen „Athen des Nordens" (!) erhielt, oder von Metz und Toul etc. Das Königreich Frankreich stand dem, zum Beispiel in Reims, wo Gerbert lehrte, oder in Chartres, wo der Mönch und Historiker Richer von Reims seinen Studenten die griechische Medizin beibrachte, nicht nach:

> Ich habe die Aphorismen des Hippokrates aufmerksam studiert [...]. Ich stieß dort aber nur auf die Diagnose von Krankheiten, und weil die simple Kenntnis von Krankheiten meinen Wissensdurst nicht stillte, bat ich ihn (gemeint ist der Mönch Héribrand) das Buch *Übereinstimmungen von Hippokrates, Galen und Soranos* zu lesen. Ich bekam, was ich wollte, denn die Eigenschaften der Pharmazie, der Botanik und der Chirurgie besaßen für einen in der Wissenschaft so beschlagenen Mann wie ihn nichts Geheimnisvolles mehr."[117]

Dieses Zitat bestätigt die Verbreitung medizinischer Schriften in griechischer Sprache im 10. Jahrhundert in Nordfrankreich. Im Kloster Fleury glänzte Abt Abbo, ein echter Gelehrter, mit seinen Kenntnissen in Grammatik, Dialektik, Komputistik, Astronomie, Musik und Jurisprudenz. Einer seiner Schüler, Constantin, studierte auch bei Gerbert von Aurillac und korrespondierte mit dem künftigen Papst Sylvester II. über wissenschaftliche Fragen.

Diese eigentlich rückwärtsgewandte Strömung verzeichnete kurioserweise in den naturwissenschaftlichen Feldern des *Quadriviums*, insbesondere in der Geometrie und Astronomie Fortschritte, wenn auch sehr langsam. Gerbert widmete sich dem Gebiet der Zahlen und entfernte sich dabei immer weiter von der spekulativ-symbolischen Arithmetik des Boethius, weil ihm das mehr mathematikgestützte Rechnen interessierte. Die indo-arabischen Zahlen gelangten via Katalonien um 976 nach Europa,[118] wo man sich ihrer jedoch eher unregelmäßig bediente: In den Texten Fulberts, des Bischofs von Chartres (960–1028), tauchen sie auf, und Gerbert hat sie gelernt, verwendete sie in seiner wissenschaftlichen Korrespondenz aber nicht. Trotzdem konstruierte er ein auf dem Dezimalsystem basierendes Rechenbrett (Abakus),[119] das mit neun Rechensteinen Multiplikationen und Divisionen erlaubte. G. Beaujouan legt Wert auf die Feststellung, dass dieser Abakus vor Gerbert in keinem arabischen Mathematikbuch auftauchte und es sich deshalb allein um eine Erfindung des abendländischen Gelehrten handle, die indische Ziffern mit römischen Zahlen kombiniere. Wie seine Schüler Heriger von Lobbes und Bernelin stellte Gerbert seine neue Rechenmaschine übrigens in einer eigenen Abhandlung vor. Seine Korrespondenz zeigt, dass er sich in der Geometrie Euklids ebenfalls auskannte.[120] Auch in der Astronomie leistete Gerbert Überdurchschnittliches, denn er schnitzte Sphärenringe aus Holz, um den Umlauf der Planeten und Sterne zu studieren. Zu den Erfindungen Gerberts ist auch ein Nocturlabium zu zählen, ein rundes Instrument, das mithilfe der Sterne die Zeit bei Nacht anzeigt.[121]

Auch der Mönch Byrtferth im karolingischen Kloster Ramsey interessierte sich für Astronomie. Er bestimmte die Länge des Sonnenjahres, erklärte, wie sich die Epakte und Regularien berechnen lassen und beschäftigte sich schließlich mit der Berechnung der Dauer der Umläufe von Mars und Saturn. Seine Abhandlung enthält Abbildungen und Diagramme, ohne die eine derart komplexe Materie nicht zu begreifen ist.[122] Weiter südlich studierten die Mönche im katalonischen Kloster von Ripoll ebenfalls Astronomie, aber auch Arithmetik, und pflegten enge Kontakte zu den mozarabischen Christen und Juden der Halbinsel.[123] In der norditalienischen Abtei Bobbio besaß die Klosterbibliothek Ende des 10. Jahrhunderts mindestens 600 Handschriften überwiegend religiösen Inhalts; immerhin zählten auch um die 150 mathematisch-naturwissenschaftliche Werke aus der Antike dazu, unter anderem die *Kategorien* von Aristoteles, drei Bände über die Arithmetik und ein astronomisches Buch von Boethius. In den Episkopalbibliotheken von Reims, Laon oder Le Puy-en-Velay stoßen wir auf verschiedene Werke über Astronomie und Dialektik. Welchen Wert Bücher im 10. Jahrhundert besaßen, geht aus einem Brief Gerberts an Abt Evrad im Kloster Saint Julien von Tours hervor: „Bücher sind Geschenkgegenstände, die man sich ‚um den Preis von Gold' beschafft."[124]

Dieses lange 10. Jahrhundert setzte also die karolingische Renaissance fort; es übertraf sie sogar in seiner „einzigartigen Begeisterung" für die naturwissenschaftlich weiterführenden drei der „Sieben freien Künste" des *Quadriviums* und des wissenschaftlichen Kosmos, der die Wende des 12. Jahrhunderts ankündigte.[125]

Die „Renaissance des 12. Jahrhunderts"

> Der Student, den ich dir ankündige, hört gerne jedem zu; er liest alles und verschmäht weder ein Buch, noch eine Person noch eine Lehre. Er sucht unterschiedslos bei allen, was ihm selbst an Wissen mangelt und er blickt nicht auf das, was er schon weiß, und er weiß viel, sondern auf das, was er noch nicht weiß [...]. Du wirst ihn in deiner Weisheit über alles begeistern, so wie du bereit bist, von jedem zu lernen: Die, die von allen empfangen, sind reicher als alle."[126]

In diesen Worten aus dem *Didascalicon* Hugos von Sankt Victor († 1141) kommt das geistige Niveau des 12. Jahrhunderts mit seinen Hauptkomponenten „Wissensdurst" und „universelle Neugier" zum Ausdruck. 1927 veröffentlichte der amerikanische Historiker C. Haskins sein bahnbrechendes Werk *The Renaissance of the Twelfth Century*, in dem er dem geistigen Leben jener Zeit wieder zu seinem einstigen Ruf verhalf.[127] Seine These wurde von den Historikern aufgegriffen; später zählte sie zu den Elementen der Geschichte, die, obwohl sie sie noch weiter ausfeilten, nicht mehr in Frage gestellt wurden.[128] Der Wissens- und Gedankenreichtum des 12. Jahrhunderts war eine Tatsache, genauso wie das Aufkommen eines christlichen Humanismus, der mit dem im 15. Jahrhundert schon verwandte Elemente bot. Die Zeitgenossen fühlten deutlich, dass sie eine *renovatio*, eine Zeit der Erneuerung, erlebten, die aus der griechischen Kultur schöpfte und dabei mehr als deutlich unterstrich, was sie von ihren Altvorderen aus dem 9. bis 12. Jahrhundert trennte.

Seit dem 11. Jahrhundert hatte die kirchenrechtlich orientierte gregorianische Reform, welche die Debatte über das Wesen der politischen Macht auslöste, eine lebhafte, oft polemisch geführte Reflexion provoziert, in der sich Dialektik und Theologie miteinander vermischten. Im 12. Jahrhundert bahnte sich die Kultur ihren Weg aus dem geistlichen Universum und kam in die Städte, deren kulturelle Vitalität einen säkularen Aufschwung in vielen Gebieten erlebte. Neue Ideen und Techniken trafen in den Domschulen, bei den Weltgeistlichen, den Chorherren und Mönchen auf ein günstiges Umfeld. Die Zahl der Lehrer und Schüler schnellte nach oben, und das Anwachsen von Stadtschulen zeugt von dem um sich greifenden Wunsch nach Bildung. In Paris verteilte sich der Unterricht auf viele, einander ergänzende und miteinander konkurrierende Bildungsstätten. Die Schulen von Reims, Chartres oder Salerno, die schon im 11. Jahrhundert einen glänzenden Ruf genossen hatten, stiegen zu echten Kaderschmieden der wissenschaftlichen Ausbildung auf. Die Schule von Bologna spezialisierte sich auf die Ausbildung künftiger

Juristen, Montpellier bildete hervorragende Mediziner aus, und die Theologie eroberte die Schulen in Oxford, Laon und Paris. Parallel dazu eröffnete das Leben an den Höfen der Plantagenets, der sächsischen Herzöge und der Grafen von Champagne Künstlern und Gelehrten neue und günstige Bedingungen, um ihre Begabungen zu vervollkommnen und weiterzutragen. Die europäische Renaissance des 12. Jahrhunderts entfaltete sich als Bewegung aus sich selbst.

Latein blieb weiterhin die vorherrschende Wissenschaftssprache. Ihr Anspruch auf ein qualitativ höheres Niveau nahm zu und strebte nach einer „betörenden Perfektion" eher durch die Nachahmung klassischer Autoren als durch den Text der Bibel.[129] Das Niveau der Texte der großen zeitgenössischen Meister lag kaum unter dem der Scholastiker ein Jahrhundert danach, bisweilen übertraf es sie sogar. Eine fast schon manierierte Beherrschung von Sprache und Wissenschaft ging damals Hand in Hand. Die Grammatik behielt ihre Bedeutung bei und erlaubte in der Theologie jene vier Auslegungsmöglichkeiten, die M.-D. Chenu als „Die vier Bedeutungen der Heiligen Schrift"[130] so trefflich beschrieben hat. Auch die Dialektik entwickelte sich weiter und predigte den kunstvollen Aufbau einer vernunftbetonten Argumentation, die bestehende Widersprüche zwischen den verschiedenen Autoritäten aufzulösen imstande war. Als Höchste aller Wissenschaften bewirkte sie ein neues und vertieftes Verständnis der heiligen Texte. Auf neue Interpretationen folgten neue Kommentare, und aus ihrer Konfrontation entstand ein Wettstreit, der allen nutzte.

Widersprüche pflegten bei öffentlich abgehaltenen Streitgesprächen beigelegt zu werden, wo die Meister die Fragen ihrer Schüler beantworteten. Petrus Abaelardus (1079–1142) ragte auf dem Gebiet der Methodenlehre heraus, die er 1134 in *Sic et non* niedergelegt und dort übergreifend argumentiert hatte, dass die Gesinnung eines Menschen Vorrang vor seinen „guten Werken" besitze. Aus der Verbindung von Grammatik und Dialektik und der Anwendung beider Disziplinen in der Theologie erwuchs sprachlogisches Denken als erste Stufe eines kritischen Geistes, den Abaelard wie kaum ein anderer verkörperte.[131]

Um die gleiche Zeit nahm das akademische Wissen immer weiter zu. Man las weiterhin Martianus Capella, Makrobius und den *Timaios* von Platon – in Chartres setzte man sich geradezu leidenschaftlich mit ihm auseinander, und daran knüpfte ein namentlich so origineller Denker und Autor wie Gilbert de la Porrée an. Dank der griechisch-lateinischen und arabisch-lateinischen Übersetzungen wurden in der Astronomie und in den Teilgebieten der Mathematik Fortschritte erzielt. Noch heute erstaunt die Zahl und wissenschaftliche Breite der damaligen

Übersetzungen aus Palermo und Toledo, aber auch vom Mont Saint-Michel, aus Rom, Pisa und Venedig. Der Grund ist ganz offensichtlich im Wissensdurst der zeitgenössischen Eliten zu suchen. Buchstäblich jedermann verlangte nach lateinischen Texten: Päpste wie Eugen III. und Alexander II., Könige, Bischöfe und Magister an Universitäten und viele andere.

Die Übersetzer waren auch Denker. Jakob von Venedig schrieb beispielsweise längere oder kürzere Anmerkungen zu den Werken von Aristoteles, die er vor 1127 als Erster direkt aus dem Griechischen in die lateinische Sprache übersetzte. Der Übersetzer der *Größten Zusammenstellung* des Ptolemaeus, Hermann von Kärnten, forderte Gedankenfreiheit in Bezug auf den normativen Rahmen der Theologie und plädierte zugunsten der Wissenschaften,[132] denn die verstärkte Übersetzertätigkeit im 12. Jahrhundert entsprach einem machtvollen Wunsch, gepaart mit wissenschaftlicher Neugier.

Ein neues Bewusstsein für gelehrte Bildung entstand, wie der Versuch um eine unterrichtliche Neuausrichtung im *Didascalicon* von Hugo von Saint-Victor beweist.[133] Anstelle der üblichen Trennung der Sieben freien Künste im *Trivium* und *Quadrivium*, vertrat er eine Klassifizierung nach Theorie (Philosophie, Geometrie und Zahlenlehre) und in Richtung praxisorientierte Anwendung (Ethik), Mechanik (Technik von Menschenhand) und Logik im Sinne des ehemaligen *Triviums*. Die neue Einordnung der Wissenschaften beweist die Festigung, die einzelne akademische Lehrbereiche inzwischen erlebt hatten, und die entsprechende Wahrnehmung des Themas durch die führenden Schichten. Da wir uns aber noch in der ersten Hälfte des 12. Jahrhunderts befinden, war dieses Phänomen damals noch verfrüht, blickt aber einer vielversprechenden Zukunft entgegen. Aus den Schriften des Domherrn Hugo von Saint-Victor weht uns der Eindruck von Kühnheit, Offenheit und geistiger Freiheit entgegen, in der sich Wissensdurst mit einem neuen Verständnis von Wissensorganisation mischt: Klassifizieren heißt denken.

Die Summe dieser Einzelerscheinungen endete schließlich in der Entstehung eines für das 12. Jahrhundert spezifischen Humanismus, dessen Denkansatz und Inhalt den Historiker an den Humanismus des 15. Jahrhunderts denken lassen. Ein antiker Autor wie Cicero kam wieder in Mode, Mönche in Bec-Hollouin (Normandie) studierten seine Schriften über Moral und Philosophie ebenso wie in Cluny, Reims oder im Rheinland. Die Theologie wurde sozusagen vom Kopf auf die Beine gestellt. Sie zog aus der Welt der Kirchtürme aus und wendete sich von der allein dem Heilsversprechen verpflichteten Exegese ab; was folgte, war eher eine Weiterentwicklung in Richtung einer spekulativen Theologie. In diesem Bereich gab sich Abaelard ganz als Schüler des heiligen Anselm von Canterbury und seiner scholastischen Lehre des *fides quaerens intellectum*. Es entstand eine Form des unabhängigen Denkens – eine von der im Byzantinischen Reich und im christlichen Orient praktizierten Religionsausübung weit entfernten rationalistischen Theologie. Man wollte dem Menschenverstand die notwendigen Mittel bereitstellen, um zu den Geheimnissen des Glaubens aufzusteigen. Wenn schon keine eigene Wissenschaft, so war die Theologie doch ein System gedanklicher Vorstellungen,[134] das ein Bemühen um die rationale Entschlüsselung von Glaubensgeheimnissen und des göttlichen Wesens darstellt; darin übrigens schien sie sich für die christliche Welt zu eignen.

Wir stoßen bei Abaelard wie bei den Meistern der Schule von Chartres auf einen gewissen Optimismus in Bezug auf das analytische Vermögen des Verstandes, von dem sie sagten, er durchdringe die Geheimnisse der Natur. Die Kleriker von Chartres waren noch keine modernen Wissenschaftler, aber ihr geistiger Zuschnitt kündigte sie als solche an. Wenn der menschliche Verstand die Mechanismen der Natur erforschen kann, befreit er sich wenigstens zum Teil von der göttlichen Herrschaft und der Vorstellung einer Welt, die ihre gesamte Struktur dem ursprünglichen Schöpfungsakt verdankt. Von nun an wird er sich dem Studium von Pflanzen, Tieren und Gestirnen widmen, wie das Werk der Äbtissin Hildegard von Bingen im Rheinland so augenfällig demonstriert.[135] Dieser Naturalismus will die *Gründe* dieser Erscheinungen erkennen, das heißt das 12. Jahrhundert wendet sich von der Erklärung der Welt mittels Symbolen genauso ab wie von der im 11. Jahrhundert konstruierten Analogie von Mikrokosmos und Makrokosmos, weil es nach den physikalischen Gesetzen forscht, denen die Welt gehorcht. Genau darin besteht der Sinn der Arbeiten Wilhelms von Conches und Gilberts de la Porrée. Sie setzen bei der theologischen Überlegung des heiligen Anselm von Canterbury an, der in seinem *Cur Deus Homo* über die Inkarnation und den Platz Gottes in der Welt nachsinnt.[136] Die Vorstellung Platons von einer kosmischen Harmonie hat die wissenschaftliche Sterilität nicht verursacht – im Gegenteil: Sie trieb die Gelehrten vielmehr dazu, die Gesetze dieser Harmonie zu entdecken und das Universum anders als den geschmückten Hintergrund zu betrachten, vor dem die Heilsgeschichte abläuft. Die Natur drängt sich der wissenschaftlichen Reflexion auf und wird auch künftig im Mittelpunkt wissenschaftlicher Untersuchungen stehen – kurz: Das 12. Jahrhundert spinnt von Neuem den Faden zum Denken des antiken Griechenland, zu Aristoteles oder Archimedes.

Wilhelm von Conches merkt dazu an: „Die Kräfte der Natur zu ignorieren zwingt in einen Glauben ohne Verstand."[137]

Diesem Ansatz fehlte nur die experimentelle Praxis, um ihn in den Rang einer Wissenschaft zu heben, denn als einziger kritischer Nachweis stand nur die Dialektik zur Verfügung, das heißt die Methode, wie das Wissen erarbeitet wurde, stellte man selbst in der Medizin einem Textkommentar gleich. Aber diese Interpretation bildete auch eine Quelle des Nachdenkens, denn sie lief immer – von der Rechtswissenschaft bis zur Theologie – nach dem gleichen disputativen Schema ab: Jeder Verfasser stellte seine „Sentenzen" in Opposition zu denen seiner Vorgänger und setzte sich in diesem „Disput" furchtlos einem mündlichen oder schriftlichen Diskurs aus. Aus dieser sowohl pädagogischen wie heuristischen Methode schälte sich die Formulierung der Frage („Quaestio") heraus.[138] Diese „Quaestio" stammte aus der Scholastik, wo man die vorgelegten Texte nicht nur einer genauen Prüfung unterzog, sondern auch einer formstrengen Erörterung der Gründe und Gegengründe, um daraus den Plan und die Struktur der Arbeit zu erkennen. Diese, wie J. Paul schreibt, „nervtötende" geistige Prüfung bildete die Gelehrten in der Kunst der Synthese weiter und erzielte bei der Überlegung und Abstraktion eindrucksvolle Ergebnisse. Diese Methode mündete im 13. Jahrhundert in den *summae* der Theologen. Auf die Heilige Schrift durfte man sich immer beziehen, sie diente aber nicht mehr als grundlegender Entwurf und noch weniger als Zwangsjacke.

Wir dürfen das 12. Jahrhundert also als eine vom Humanismus geprägte Zeit betrachten, herrschten damals doch ein gewaltiger Wissensdurst und – zusammen mit einer methodologischen Erneuerung – ein universeller Forschungsdrang vor. Beides zusammen verschaffte diesem Jahrhundert einen unschätzbaren Platz in der Entwicklung Europas. Man bemühte sich um neue Formen der Wissensvermittlung und orientierte sich dabei gezielt an der Autorität antiker Autoren, dieser „Riesen", über deren Schultern sich die Gelehrtenschaft beugte, wie Bernhard von Chartres notierte; außerdem stellen wir in dieser Zeit eine geradezu exemplarische Neugier in alle Richtungen fest. Man kümmerte sich sogar begeistert um die heidnische Mythologie, da sie dank der Methode der Allegorie nun ihren bis dato verborgenen Sinn preisgab. Die gelehrten Kreise des 12. Jahrhunderts waren die Schüler der Antike und die Vorläufer der modernen Anthropologie.

Aus der Zeit vom 10. bis zum 12. Jahrhundert sind uns auch die Namen vieler wissenschaftlich oder literarisch begabter Frauen geläufig, unter anderen die Äbtissinnen Roswitha von Gandersheim, Hildegard von Bingen oder Héloïse aus dem französischen Kloster Le Paraclet (bei Nogent-sur-Seine), die aus der *Res publica* Ciceros zitierte. Sie lenken den Blick auf außerordentliche Persönlichkeiten, die sich auszudrücken verstanden und ihre schriftstellerischen und philosophischen Neigungen entwickeln konnten.[139]

Obwohl es zu Beginn des 13. Jahrhunderts noch verfrüht wäre, von „Rationalismus“ im Sinne der „Aufklärung“ im 18. Jahrhundert zu sprechen, schuf der Zeitgeist dem Verstand, das heißt jener mittelalterlichen *ratio* als der Fähigkeit zu klar strukturiertem und argumentativ begründetem Denken doch ausreichend Raum. Dieser Gedankenkosmos löste sich noch nicht vom Glauben, dem er im Gegenteil dienen wollte, aber er wendete sich langsam der Welt und der Natur als den Gegenständen einer erwachenden Wissenschaft (*scientia*) zu, die zwar noch eher der Antike folgte als der modernen Wissenschaft, wohl aber deren Fundamente legte.

Viele sorgten dafür, dass sich die Kultur der griechischen Antike in einem Mittelmeerraum verbreitete, durch den viele zogen, kreuz und quer: Griechen aus Sizilien, Süditalien oder aus dem Exarchat von Ravenna reisten zum Studium nach Konstantinopel oder nach Jerusalem, um zu beten. Griechen aus dem Byzantinischen Reich zog es wegen der Apostelgräber nach Rom oder sie flohen vor Verfolgungen dorthin. Aus allen Teilen dieses Reiches, aus Hellas wie aus Sizilien transportierte man Griechen als Sklaven in die ehemals römischen Reichsprovinzen Ägypten oder Syrien, oder Syrer aus dem Nahen Osten gelangten in den lateinischen Westen. Diese erzwungene oder freiwillige Diaspora wob am Geflecht der Übertragung der antik-griechischen Kultur. Dank der orientalischen Christen oder der Verbindungen, die zu Byzanz *via* Sizilien, Süditalien oder dem Exarchat bestanden, bewahrte oder fand das frühmittelalterliche Europa noch lange vor den Kreuzzügen zu einem Teil des Wissens der Alten. Anschließend traf die griechische Kultur auf die, die sie erwarteten.

Zu Beginn der „Renaissance“-Zeiten, die etwa mit Karl dem Großen einsetzten, kam eine Rationalisierung der Religion nicht in Frage; weltliche wie geistliche Autoritäten waren nur daran interessiert, gute Christen zu erziehen – und folglich brauchte man für Messe und Liturgie korrekte Texte. Danach wurde nach zuverlässigen Schriften des kanonischen Rechts gesucht, um das reibungslose Funktionieren des kirchlichen Lebens zu gewährleisten. Später erforderten die richtige Verkündigung der Glaubensmysterien, die niemand durchschaute, und auch weil man Häretiker widerlegen wollte, nicht nur Originaltexte, sondern auch genaue und strenge Kommentare, die zunächst nur auf Griechisch vorlagen. Wer aber passende Texte besitzen wollte, musste Latein können. Das bewirkte einen Siegeszug der Grammatik, die ja nicht nur nach Satzaufbau und inhaltlicher Logik fragte, sondern auch nach dem Sinn des Satzes. Solche Anforderungen zwangen die Gelehrten zur Erarbeitung logisch und hermeneutisch einwandfreier Kommentare auf der Basis der *Logik* des Aristoteles. Da sie als „Dialektik“ unterrichtet wurde, bildete sie immer mehr Kleriker in der Kunst des schlussfolgernden Denkens aus, unterwies sie in der logischen Fehlersuche und half ihnen beim Einbau argumentativ guter, solide recherchierter und in sich stimmiger Elemente in ihre Verkündung.

Die Dialektik wollte verbindliche Wahrheiten auf der Basis sowohl wahrer wie unwiderlegbarer Sätze begründen. Mit ihrer Hilfe konnte man wissenschaftliche, das heißt sowohl wahre wie universelle Erkenntnisse formulieren. Das gesamte Vorgehen war ein Teil von Überlegungen zur Tragweite von so einfachen Sätzen wie „Sokrates ist ein Mensch“ oder „Sokrates steht aufrecht“: In dem Maß, wie sich der Schüler bemühte, die Richtigkeit von Prädikatsnomen zu unterscheiden, lernte er denken. Aus der Dialektik ist auch der berühmte Universalienstreit entstanden, der sich bis ins 14. Jahrhundert hinziehen sollte: In dieser Auseinandersetzung unter Philosophen der Frühscholastik ging es um die Frage, ob eher den Einzeldingen oder den Allgemeinbegriffen („Universalia“) wahre Wirklichkeit zukomme, das heißt ob der Begriff „Mensch“ nur ein inhaltsleeres Wort (*flatus vocis*) sei, wie die Nominalisten (nach heutigem Sprachgebrauch: „Realisten“) glaubten, oder ob das eigentlich Entscheidende in den Alltagsbegriffen zu sehen sei, was die an Platon orientierten „Realisten“ (heute: „Idealisten“) für richtig hielten. Die Frage war nicht nutzlos: Lässt sich eine die Wirklichkeit normierende Idee auf eine große Menge unterschiedlicher Wesen anwenden? Der Universalienstreit – anfangs noch ein einfaches Problem der Logik – weitete sich in seinem Verlauf zu einer grundsätzlichen, metaphysischen Debatte um die reale Bestimmung der Universalien (hier: Lebewesen) aus, die deutlich in die Religion und Politik hineinspielte. Hinter diesem typisch scholastischen Wettstreit zeichnete sich eine Frage ab, die auch noch im Realismus und Rationalismus des 20./21. Jahrhundert eine Rolle spielt: Lebt der „Mensch“ als authentisches Wesen, oder gibt es nur Menschenwesen?[140]

Die Religion ließ dieser Erkenntnisprozess absolut unberührt, er blieb deshalb von größeren Zusammenstößen frei. Der Rückgriff auf die *Physik* und die *Metaphysik* des Aristoteles durch die Nominalisten erschütterte hingegen die Fundamente des christlichen Dogmas. Trotzdem übersetzte man auf dem Mont Saint-Michel diese und andere Werke des großen antiken Philosophen, deren Einfluss man in Nordfrankreich wie in England spürte.

Der Marsch nach vorne begann also mit einem zur griechischen Antike rückwärts gerichteten Blick, unter deren zunehmenden Einfluss man schon deshalb geriet, weil aus ihr auch das Christentum hervorgegangen war. Dieser Prozess schien stets an Ziele oder Pläne, an politische Vorstellungen oder an einen echten Willen als Basis der Erkenntnis geknüpft. Europa verdankt dieser Suche nach antikem Wissen seinen kritischen Geist, der wiederum für die Prüfung der antiken Texte selbst verantwortlich war. Europa als Erbe einer Vergangenheit, die es schrittweise entdeckte und für so kostbar hielt, dass es sie auch weiterzugeben wünschte, wollte vermeiden, dass man sie von neuem verlieren könnte; daraus erklärt sich auch die Bedeutung, die man dieser Vergangenheit durch die Bewahrung ihrer schriftlichen Zeugnisse und im Schulunterricht beimaß. Nicht aus Zufall wurden zu Beginn des 13. Jahrhunderts Universitäten in Frankreich, England und Italien gebaut: Europa hat sich von Renaissance zu Renaissance intellektuell weiterbewegt.

Dieser Prozess, dessen Einzeletappen immer auf dem Wissensstand der Vorausgegangenen aufbauten, zeigt, dass trotz der Widerstände einiger Kirchenkreise das Christentum an sich keine verstandesfeindliche Religion ist. Und weil das so war, bildete sich das europäische Bewusstsein, einschließlich seiner Menschen- und Weltkenntnis, ständig fort, um schließlich am Ende des Weges in die „offene" Gesellschaft zu münden, von der Karl Popper spricht.[141]

Zweites Kapitel

Die Ausbreitung der antiken Bildung im Mittelmeerraum

Das lateinische Europa hielt die Erinnerung an die griechische Kultur also wach und strebte weiterhin nach dem Wissen, das anderswo noch lebendig war. Im Byzantinischen Reich hatten sich nach dem Abklingen des Schreckens über das Vordringen fremder Völker vom 5. bis zum 7. Jahrhundert die Gebildeten und Gelehrten wieder so weit erholt, dass sie sich der Antike und ihrer Kultur wieder zuwendeten. Auf der anderen Seite machten sich unter den Christen im Vorderen Orient, die zunächst unter persischer und danach unter arabisch-muslimischer Herrschaft lebten, die altsyrischen Klöster auf, wissenschaftlich-philosophische Werke aus der Antike zu übersetzen und zu verbreiten – ein großes Unternehmen, das vom 6. bis zum 10. Jahrhundert, also erstaunlich lange dauerte. Beides sorgte im *Dar al-Islam* („Haus des Islam") für das Aufblühen einer arabischsprachigen Kultur, die unter Vorbehalt als Erbin der hellenischen Gedankenwelt gesehen werden kann und die für deren Übertragung beziehungsweise einiger Teile ins lateinische Europa sorgte, die verloren gegangen scheinen. In der christlichen und der muslimischen Welt wurde dieses Wissen durch unterschiedliche Filter rezipiert, sodass es später nicht die gleichen Ergebnisse erbringen sollte.

Die großen Zentren der Pflege griechischer Kultur

Das antike Wissen gelangte seit dem Bestehen des Byzantinischen Reiches zum Teil über die direkten Verbindungen zwischen Griechen und Lateinern in Sizilien, Süditalien, Rom und Venedig[1] etc. ins Abendland. Ohne die Hilfe von Byzanz, das sich gerne und freiwillig als Erbin und Wahrerin der hellenischen Kultur bis zum endgültigen Sturz des Reiches fühlte, weil es die Kultur generell schätzte[2], wäre dieser Transfer von Ost nach West kaum möglich gewesen. Genauer gesagt: Schon von Anfang an pflegte und widmete sich das Oströmische Reich dem Überleben und dem Studium der hellenischen Wissenschaft.

Die Philosophie eines Aristoteles beschäftigte Kommentatoren schon seit dem 4. Jahrhundert. In Byzanz studierte und kommentierte Themistios (317–388) die *Physik*, die *Analytica priora* und die *Analytica posteriora* (Erste und Zweite Analytik), die *Metaphysik* sowie *De anima* und *De caelo* des Philosophen. Identische Kommentare erschienen von mehreren Gelehrten – hauptsächlich aus der Schule von Alexandria. Johannes Philoponos (490–567/574), der zuvor Abhandlungen über die *Logik*, die *Philosophie* und die *Zweiten Analytiken* von Aristoteles veröffentlichte hatte, publizierte 529 eine Betrachtung über die Unsterblichkeit der Welt (*De aeternitate mundi contra Aristotelem*), die, wie schon der Titel sagt, sich mit den Positionen des Philosophen kritisch auseinandersetzt und für eine geschaffene Welt eintritt.[4] Auf ihn folgte Syrianos, der sich in seiner Kritik an der aristotelischen *Metaphysik* auf Platon stützte. Im 6. Jahrhundert profilierten sich auch Simplikios und Stephanos (550–620) als Aristoteles-Kritiker. Der erste publizierte seit 533 Abhandlungen über die *Kategorien*, die *Physik, De caelo* und *De anima* des antiken Philosophen, wobei er sich bemühte, die Positionen von Platon und Aristoteles einander näher zu bringen; der zweite brachte Kommentare zu *De anima, De caelo*, aber auch zu den *Aphorismen* von Hippokrates und die *Therapeutik* von Galen heraus.

Eine grundsätzliche Debatte entzweite die Verfechter einer nach Aristoteles ewigen Welt wie Hierokles von Alexandria und seinen Schüler Aeneas von Gaza im 5. Jahrhundert und diejenigen einer vergänglichen Welt, wie Syrianus und Philoponos, die sich wenigstens mit den Aussagen der Evangelien vereinbaren ließ. Simplikios wiederum entwickelte in seinem Kommentar zur *Physik* originelle Ansichten, in dem er sich zu der These von der Bewahrung der Materie[5] äußerte.

Byzanz hatte also weder die Lehre Platons noch die von Aristoteles jemals gänzlich aus dem Blick verloren. Wenn die Stadt in deren Werken bislang vernachlässigte Bestandteile wieder bzw. neu entdeckte, dann offensichtlich nur aufgrund eigener Anstrengungen, nie jedoch wegen denen anderer. Auf dieser Linie lag auch die Entscheidung von Kaiser Konstantin VII. Porphyrogennetos, der selbst mehrere Werke über Politik verfasst hatte, die Schulen von Konstantinopel im 10. Jahrhundert neu zu konzipieren, um das Erbe der Alten zugänglich zu erhalten.

Natürlich gab es nur selten vollständige Abschriften der Werke antiker Philosophen; sie verschlangen viel Zeit und Geld.[6] Außerdem war ein großer Teil des hellenistischen Wissenskanons weit verstreut und tauchte nur in Form von Zusammenstellungen ausgesuchter, oft thematisch ausgewählter Stücke auf.

Außerdem wurden Reflexion und Denken oft von religiösen Auseinandersetzungen gespeist. Die griechischen Kirchenväter des 4. Jahrhunderts kannten sich in der antiken Rhetorik bestens aus, und ihre Schriften bildeten die Basis der späteren Reichskultur. Mediävisten verwiesen immer wieder mit Nachdruck darauf, wie stark die religiösen Streitigkeiten vom 4. bis 10. Jahrhundert um den Monophysitismus, den Monotheismus und den Monoenergismus sowie auch der Bilderstreit in Byzanz zwischen 717 und 843 von der antiken Logik und Dialektik geprägt waren. Gerade die Krise des Ikonoklasmus versetzte die Köpfe in Wallung: Die Debatten wurden in den philosophischen Kategorien der Antike geführt und befruchteten die theologische Reflexion, wenn es um das erlaubte Maß an Gottesdarstellung ging. Man spaltete buchstäblich Haare, um die Verehrung von Ikonen zu rechtfertigen oder zu verbieten, insbesondere auf der Ebene so berühmter Bilderverehrer wie Johannes von Damaskus oder der Patriarchen von Konstantinopel, Tarasius und Nikephorus, wobei letzterer die Denkkategorien eines Aristoteles meisterlich beherrschte. Die kulturelle Elite im Byzantinischen Reich war christlich, dachte aber auch griechisch.

Byzanz brachte auch Gelehrte hervor. Unter ihnen (in der zweiten Hälfte des 9. Jahrhunderts) Leo, den „Mathematiker", dessen Kognomen (als Äquivalent des griechischen *ta mathemata)* der „Wissenschaftler" bedeutet. Leo verfasste Traktate über die Mechanik, die Geometrie und die Astronomie. Er erfand einen Lichttelegrafen, der die von arabischen Überfällen bedrohte Reichsgrenze am Taurus mit Konstantinopel verband. Der Mann kannte sich bei Ptolemäus, Archimedes und Euklid aus und verbreitete ihr Denken;[7] das Gleiche gilt auch für Porphyrios und erst recht für Platon. Leo war Autodidakt und suchte sich sein Wissen in den Bibliotheken von Konstantinopel zusammen. Von 863 an leitete er die „Universität" von Konstantinopel[8], auch als „Magnaura-Hochschule" bekannt. Seine mathematischen Fähigkeiten sollen ihm, wie ein Bericht verrät, dem die Historiker allerdings misstrauen, eine Berufung von Kalif al-Ma'mûn nach Bagdad eingetragen haben, der von seinen Arbeiten angeblich über einen von den Arabern gefangenen ehemaligen Schüler Leos erfahren hatte. Der vorsichtige Leo lehnte die Einladung jedoch lieber ab …

Photios I. (820–891), Patriarch von Konstantinopel, eine andere geistig beeindruckende Persönlichkeit, ist ein weiterer Beweis für die Vitalität der byzantinischen Kultur, die er bis zum Ende des 9. Jahrhunderts beherrschte. Er stammte aus einer angesehenen Familie, absolvierte in der kaiserlichen Verwaltung eine glänzende Karriere und umgab sich mit einem kleinen Kreis von Schülern. 858 wurde er Patriarch von Konstantinopel und schuf ein beeindruckendes theologisches

Werk, in dem sich nicht nur geistliche Schriften von hoher Qualität finden, sondern auch wissenschaftliche Titel, zum Beispiel ein *Lexikon* mit mehr als 8000 Einträgen und auch eine *Bibliothek*, das heißt eine Art Inventar mit Notizen über die Bücher, die er am meisten schätzte, insgesamt 279 Titel, davon 121 Bände mit profanem Inhalt. Ihn interessierten philosophische Debatten, wobei er sich für Aristoteles und gegen Platon entschied und die pagane Kultur geschickt für christliche Zwecke einzusetzen verstand. Mit diesem Mann von hohem Wuchs und geistigem Format begann die byzantinische Klassik, deren Glanz bis zum Fall der Stadt 1453 andauerte. Er förderte einen christlich gefärbten Aristotelismus, den sein Schüler Zacharias von Chalkedon[9] weiterführte.

Im 9. Jahrhundert weniger bekannt als Photios war der Gelehrte Niketas, auch er ein Anhänger von Aristoteles, der 855 den Auftrag erhielt, die Anklagen schriftlich zurückzuweisen, die von muslimischer Seite gegen das Christentum erhoben wurden. Dazu bediente er sich nicht nur der aristotelischen Logik, sondern auch seiner Psychologie. Im Übrigen beschäftigte er sich mit der Kosmologie, der Theorie über die Ursachen und die Zukunft, das Handeln und die Macht und mit der Argumentation des Aristoteles über die Existenz Gottes.[10]

Im 10. Jahrhundert wirkte Arethas von Caesarea als unermüdlicher Herausgeber, der mehr als die Hälfte des Werkes von Platon und fast das gesamte von Aristoteles überliefert hat. Auch er bezeichnete sich als Aristoteliker: „Ich bin bis heute ein überzeugter Bewunderer von Aristoteles und habe seine Schriften mit Begeisterung studiert."[11] Das kulturelle Leben nahm im 11. Jahrhundert an Tiefe und Dichte zu, weil es an der Reflexion und dem Schöpfertum partizipierte, welche die Wissenschaft, die Philosophie und die Theologie beflügelten, wie das Werk des Neuplatonikers Michael Psellos (1020–1079) zeigt, der sich allerdings auch in den Schriften von Aristoteles auskannte; schließlich hatte er über dessen *Physik* für den künftigen Kaiser Michael VII. einen Kommentar geschrieben.

Die Persönlichkeit von Johannes dem Italiener (1025–1082) stellte einen anderen Typus des dem aristotelischen Denken verpflichteten Gelehrten dar.[12] Im Jahr 1049 ließ er sich als Schüler von Michael Psellos in Konstantinopel nieder, bevor er gegen seinen Lehrer zu polemisieren begann. Unabhängig davon übernahm er mit Unterstützung von Kaiser Michael VII. das Amt des Konsuls (*hypathos*) von ihm. Nachdem er bei Alexios I. in Ungnade gefallen war, verurteilte man ihn 1082 wegen Häresie und Heidentum. Diese Hauptanklagepunkte lehnte er ab und weigerte sich, auch nur auf ein Jota der antiken Gedankenwelt zu verzichten. Schon 1075 hatte man die gleichen Anklagen gegen ihn erhoben, aber damals hatte ihn noch Psellos verteidigt. Trotz aller Orthodoxie hat er als Philosoph anscheinend ziemlich haarspalterische Positionen bezogen, sodass er weniger wegen seines Interesses an Aristoteles als mehr wegen seines gespaltenen Charakters aus der Philosophenzunft ausgeschlossen wurde.

Johannes der Italiener diskutierte und debattierte mit seinen Zeitgenossen über Fragen von philosophisch grundsätzlicher Bedeutung wie die Ewigkeit des Kosmos, die Existenz von Universen, die der Materie sowie über die Natur. Seinen Gegnern zufolge unterstützte er die Annahmen über die Unendlichkeit der Materie, des Himmels und der Erde. Sein Schüler Theodoros von Smyrna verfasste denn auch eine Schrift über *Die physikalischen Grundsätze und die Physik der Alten*.

Die Begeisterung für Aristoteles hielt bis ins 12. Jahrhundert an. Um Prinzessin Anna Komnena, die Tochter von Kaiser Alexios Komnenos I., eine hoch gebildete Frau[13] und Verfasserin einer *Alexiade*, entstand ein Gelehrtenkreis von Platon- und Aristotelesjüngern, unter anderen Eustratos von Nicäa, Michael von Ephesos und Johannes von Venedig. Die anderen weiblichen Mitglieder der Herrscherfamilie standen Anna in puncto Bildung in nichts nach. Kaiserin Irene Dukas, ihre Mutter, versammelte einen Zirkel berühmter Persönlichkeiten um sich, zu dem der Arzt Nikolaos Kallikles, der Dichter Theodoros Prodromos, Theophylactos, der Bischof von Ochrida, Nikolaos Kataskepenos, der Literat Manuel Straboromanos und die Witwe des 1090 gestorbenen Kaisers Michael VII., Maria von Alania, zählten und unterhielt neben anderen auch Verbindungen zu Eustratos von Nicäa und Theophylactos von Ochrida.

Diese Gelehrten lebten nicht am Hof, sondern als unabhängige Denker. Eustratos von Nicäa und Michael von Ephesos hatten je einen Kommentar zur *Nikoma chischen Ethik* von Aristoteles verfasst, Eustratos zusätzlich Abhandlungen über viele Aristoteles-Werke, unter anderem Kommentare zur *Politik, Physik, De Caelo* und den *Zweiten Analytiken*.[14] Theodoros Prodromos (1100–1170) interessierte sich hingegen eher für das *Organon*, lieferte allerdings auch Kommentare über die *Kategorien* und die *Zweiten Analytiken*. Nikolaos Mesarites beschrieb Ende des 12. Jahrhunderts die Apostelkirche in Konstantinopel als Nährboden der Kultur, auf dem viele Personen über das Wesen der Seele, über die physikalischen Mechanismen von Gefühlen oder die Zahlentheorie debattierten. Um die gleiche Zeit wurde der Gelehrte Johannes Kamateros Patriarch von Konstantinopel (1198–1206). Kurz: Byzanz wich nie von dem Pfad ab, der es mit der griechischen Klassik verband, – mehr noch: Es hat seine intellektuelle Neugier und seine Einstellung gegenüber Wissen und Bildung immer bewahrt.

Das erklärt auch, warum die Kontakte zwischen Byzanz und dem lateinischen Westen, die entweder über Migrationsbewegungen aus persönlichen Gründen zustande kamen oder über den Umweg von Abendländern vor Ort verliefen – italienischen Kaufleuten, diplomatischen Missionen deutscher Kaiser, Klerikern oder bildungswilligen Laien –, es ermöglichten, die Elemente einer antiken Kultur über Europa zu verbreiten, welche die im Byzantinischen Reich lebenden Griechen bewahrten. Zur Zeit Kaiser Manuels I. Komnenos (1143–1180) zählte sein Reich viele Lateiner, also lange bevor Konstantinopel 1204 von Kreuzfahrern gestürmt wurde. Besonders zu nennen sind um 1136 Burgundino von Pisa, Moses von Bergamo und Paschalis von Rom und danach – um 1160– Hugo von Pisa (Aetherianus) und Leo Toscanus. Beide standen Kaiser Leo nahe – der eine diente ihm als offizieller Sprecher, der andere (Hugo) als streitbarer Theologe, der sich an zahlreichen zeitgenössischen Debatten zwischen lateinischen und griechisch-orthodoxen Klerikern beteiligte.[15]

Syrische Christen als Vermittler des antiken Wissens

Nicht nur im Byzantinischen Reich lebte die hellenische Kultur weiter, sondern auch in den ehemals römischen Provinzen, die im 7./8. Jahrhundert in die Hände der „Reiterkrieger Allahs“ gefallen waren. Wenn man in diesen Gegenden für das 7. bis 10. Jahrhundert von „arabisch-muslimischer Kultur“ spricht, begeht man entweder einen Anachronismus oder man belügt sich selbst, denn diese Kultur war damals kaum muslimisch und arabisch höchstens indirekt geprägt. Hingegen war sie in weiten Teilen christlich und syrisch. Das (Alt-)Syrische (oder Syriakische), ein Zweig des Aramäischen, das in der Gegend um Edessa gesprochen wurde, diente allen christlichen Bevölkerungsschichten im ehemaligen Sassanidenreich und bis an die Grenzen des Byzantinischen Reiches als Verständigungsmittel. Heute spricht man diese Sprache in dem Streifen zwischen dem Norden der arabischen Halbinsel und der südlichen Türkei, das heißt in Jordanien, in Syrien, im Irak und im westlichen Iran. Der Begriff „syrisch“ beziehungsweise „syriakisch“ (oder alt-syrisch) bezeichnet heute sowohl die Sprache als auch die Bevölkerungen, die sie sprechen.

Einst lebten mitten im Herzen Arabiens, in der Stadtoase von Najran, auch jakobitische Christen, mit denen Mohammed sein erstes „Schutzbündnis“ (*dhimma*)[16] schloss. Trotz des hereinbrechenden Islam ging die christliche Mission in dieser Gegend unter Bischof Georgios weiter, der 686 zum Bischof arabischer Nomadenstämme monophysitischen Glaubens eingesetzt worden war und 724 verstarb. Wie bereits erwähnt, übersetzte und kommentierte er Aristoteles, insbesondere das *Organon*.

Diese Christen gehörten verschiedenen konfessionellen Richtungen an: Die Melkiten um die drei Patriarchate Antiochia, Jerusalem und Alexandria lebten wie die byzantinische Kirche gemäß den Beschlüssen des Konzils von Chalkedon 451, das die christliche Konfession gegen den Widerstand der Nestorianer oder Monophysiten definierte und beide als häretisch einstufte. Beide vertraten nämlich, wie auch die lateinischen Kirchen, die orthodox geprägte Definition Christi. Wie Jesu Zeitgenossen betrachteten sie ihn als eine Person, „wahrhaft Gott und wahrhaft Mensch, in zwei Naturen, unvermischt" oder – einfacher ausgedrückt – Christus als Träger einer menschlichen und einer göttlichen Natur, in der sich das Geheimnis der Inkarnation offenbart.

Demgegenüber akzeptierten monophysitische Religionen wie die Jakobiten – benannt nach Bischof Jakob von Edessa (640–708), einem berühmten syrischen Schriftsteller und Theologen –, die sich mehrheitlich um Edessa niedergelassen hatten, oder die Kopten in Ägypten für Christus nur die göttliche Natur und definierten ihn über seine dreifach göttliche Einzigartigkeit: eine Person, eine Natur, ein Wille. Eine völlig entgegengesetzte Christologie vertraten die Nestorianer, die in Christus zwei Wesenseinheiten erkennen – Christus als Mensch und als Gott, aber nur von dem einen – göttlichen – Willen geleitet. Die Maroniten schließlich sahen als Monotheliten Christus als eine Person in zwei Naturen – Mensch wie Gott –, aber nur Träger des göttlichen Willens.

Abseits von diesen Positionen standen die Sabäer, die heute wegen sunnitischer Verfolgungen vom Aussterben bedroht sind. Sie bildeten eine jüdisch-christliche Sekte, deren Mitglieder man hie und da auch als „Christen des heiligen Baptist" bezeichnete. Sie lebten im südlichen Irak zusammen mit den sogenannten Marsch-Arabern im Schatt al-Arab und verständigten sich in Mandäisch, einem aramäischen Dialekt.[17]

Trotz ihres ausgeprägt regionalen Charakters lebte keine dieser Religionsgemeinschaften in einer bestimmten geographischen Zone allein. Deshalb bestanden in Alexandria ein koptisches und ein melkitisches Patriarchat nebeneinander. Das vor dem Arabersturm zutiefst christliche Syrien und die ehemals römische Provinz Palästina, die Wiege des Christentums schlechthin, schlüpften während ihrer Eroberung durch die Araber unter das Dach entweder der melkitischen, der jakobitischen oder der maronitischen Konfession; Jerusalem hingegen stand damals klar unter jüdisch-christlicher Herrschaft. Im nördlichen Mesopotamien und im Irak, einst Provinzen des Sassanidenreichs, teilten sich Jakobiten und Nestorianer den starken, christlich orientierten Bevölkerungsanteil. Ende des 8. Jahrhunderts zählte man dort 50 und im 10. Jahrhundert 64 jakobitische Bischöfe. Noch im 12. Jahrhundert lebten viele Christen in der Gegend von Edessa. Die Nestorianer waren im Irak um das Patriarchat Seleukia besonders stark vertreten. Nachdem sie die Brücken zur byzantinischen Kirche abgebrochen hatten, konnten sie sich, von den sassanidischen Machthabern unbedrängt, vermehren und fortentwickeln. Sie wehrten sich lange erfolgreich gegen die Islamisierung und arrangierten sich sogar mit der muslimischen Staatsmacht: Das Oberhaupt der Nestorianer (Katholikos) zählte bis zum 11. Jahrhundert sogar zum Hof der Kalifen von Bagdad. Auch im Iran lebten, hauptsächlich in der Provinz Khusistan, Nestorianer, wo ein bedeutendes Zentrum der syriakischen Kultur entstand. Andere christliche Stützpunkte entfalteten sich in den heutigen Provinzen Fars, das heißt in der Stadt Schiras, in Khusistan und in Merw. Dennoch ging ihre Zahl vom 8. bis zum 11. Jahrhundert kontinuierlich zurück.

Vor der islamischen Eroberung bildete das nestorianische Bistum von Ktesiphon unweit des heutigen Bagdad das wichtigste christlich-konfessionelle Zentrum in Mesopotamien; hinzufügen müsste man eigentlich auch das Kloster Qessere (Qinnasrûn), im nördlichen Mesopotamien zwischen Edessa und Harran gelegen, dem „Hellenopolis“ der griechischen Kirchenväter. Unter den Sassaniden konnten die Nestorianer ab Mitte des 5. Jahrhunderts tatsächlich ungestört leben, denn seit 468 wurden sie als autokephale Kirche offiziell geduldet. Von allen christlichen Religionen entwickelten sie die lebhaftesten missionarisch-kulturellen Aktivitäten, allerdings standen ihnen die Monophysiten oder Maroniten kaum nach.[18]

Die syrischen, nestorianischen, monophysitischen oder maronitischen Kirchen konzentrierten sich stets um Klöster, die trotz ihrer vielen, teils völlig unterschiedlichen Regeln[19] eine immense kulturelle und religiöse Bedeutung entwickelten. Diese Klöster lebten von ihren Gütern, Spenden und dem Handel mit ihren landwirtschaftlichen Produkten. Bei ihrer Eroberung durch die Araber bestanden unzählige Klöster – allein mehrere Hundert in Ägypten –, aber im 12. Jahrhundert hatten nur 250 nestorianische Konvente überlebt, davon allein 130 in Palästina und mehr als 80 Klöster in Nordsyrien. Ihre kulturelle und religiöse Bedeutung bestätigte sich in der Verbreitung „häretischer“ Lehrmeinungen; so bildeten sie im

8. und 9. Jahrhundert im byzantinischen Bilderstreit die Speerspitze gegen den Ikonoklasmus der byzantinischen Kaiser – vor allem das Kloster des heiligen Sabas in Palästina tat sich dabei hervor. Aus den Klöstern der genannten Religionsgemeinschaften stammten viele Bischöfe oder Patriarchen, viel mehr als aus der jakobitischen Religionsgemeinschaft, denn es handelte sich immer um ehemalige Mönche.

Diese Mönche besaßen unmittelbaren Zugang zur griechischen Kultur, da die Christen in diesen Gegenden alle das Griechische mehr oder weniger beherrschten. Die gebildeten Schichten verkehrten sogar schriftlich wie mündlich auf Griechisch, das vom 4. bis 10. Jahrhundert im nördlichen Mesopotamien weit verbreitet war, obwohl man sich heute nur schwer vorstellen kann, dass Gegenden im nordsyrischen Bergland oder mitten in Anatolien, von Ankara bis Theodosiopolis, das heißt zwischen Ankara und Erzerum, damals idiomatisch und kulturell dem Griechischen zuneigten. Über die Araberstürme und Türkeneinfälle geriet diese Vergangenheit in Vergessenheit, die sprachlich wie geistig das Erbe der griechisch-römischen Kultur angetreten hatte. Zu Beginn der muslimischen Herrschaft blieb das Griechische bis zum Regierungsantritt von Kalif Abd al-Malik (685–705) übrigens Verwaltungssprache, besonders in Ägypten und Syrien.

Auf Griechisch wurden auch die Evangelien und die christliche Liturgie verfasst, und Griechisch prägte – wie auch das Syrische – die Kultur. Die Werke antiker Philosophen, Ärzte und Gelehrten bildeten den kulturellen Sockel der christlichen Eliten und der griechischen Kirchenväter. Die syrischen Christen lasen mit Vorliebe Aristoteles und Galen, woraus sich die Verbreitung von deren Werken zur Zeit der muslimischen Herrschaft erklären mag.

Die Kultur lebte nicht nur in den Klöstern. Im 6. Jahrhundert erlebten auch die Schulen der Nestorianer eine ausgesprochene Blütezeit: In jeder Hauptstadt und an jedem Bischofssitz treffen wir auf sie: in Ktesiphon, in Arbela, in Kurdistan, in Hira, der Hauptstadt des christlichen Königreichs der Lachmiden (und Heimat des christlich-arabischen Gelehrten Hunayn ibn Ishaq), in der heute irakischen Stadt Balad, südlich von Nisibe, in Merw, einer Oasenstadt im heutigen Turkmenistan (mit Ibrahim al-Merwasi, dessen Name schon auf seinen Geburtsort hindeutet), in Basra im südlichen Syrien und anderswo.[20] In all den Bischofsresidenzen und auch aus den Klöstern erfuhren die Wissenschaften Hilfe und so weit Unterstützung, dass sogar auf dem Lande Dorfschulen[21] entstanden! Sehr viel später, 1318, erinnerte das Konzil Timotheus' II. noch an die Notwendigkeit, Schulen für alle ostkirchlichen Strömungen zu unterhalten.

Die syrische Wissenschaft

> Alle Studenten der Naturwissenschaften brauchten nur noch die arabische Sprache in Wort und Schrift zu beherrschen, denn alle anderen Sprachen waren entweder verschwunden oder interessierten niemanden mehr.[22]

Das Syrische als Kultursprache

Die meisten orientalischen Christen drückten sich gemeinhin zweisprachig aus – auf Griechisch als Sprache der Kultur und der kaiserlichen Verwaltung von Byzanz und in Alt-Syrisch (Syriakisch). Letzteres sprach man im gesamten mesopotamischen Raum, weil es sich zur Sprache der christlichen Liturgie entwickelt hatte. Der Begriff „syriakisch“ bezeichnet deshalb alle christlichen Aramäer, wo auch immer sie leben – in Syrien, im Irak, im Iran, in Mesopotamien oder anderswo. Die Nestorianer sprachen Alt-Syrisch, und die Monophysiten verwendeten einen in Westsyrien üblichen Dialekt des Alt-Syrischen. Seine Struktur steht dem Hebräischen und Arabischen nahe, was die Aufgaben der Übersetzer später erleichterte, wenn sie eine arabische Transkription der griechischen Werke anfertigten, die bereits in ihre Sprache übersetzt waren. Das Syrische war in der Tat das wichtigste Medium für die Übertragung wissenschaftlicher Texte der griechischen Antike in die arabische Sprache, woran R. Le Coz erinnert:

> Wir sollten uns sehr genau vor Augen halten, dass islamische Gelehrte nie direkten Zugang zu antiken Texten im Original hatten und ihre wissenschaftlichen Arbeiten allesamt auf Übersetzungen aufbauten.[23]

Es ist durchaus richtig, dass muslimische Araber nie Griechisch lernten, selbst Gelehrte wie Al-Farabi, Ibn Sina (Avicenna) oder Ibn Ruschd (Averroës) kannten diese Sprache nicht: Vielleicht hielten sie es für nicht sinnvoll, sie zu lernen, verfügten sie ihrer Meinung nach doch über die schönste aller Sprachen, die ihnen das Wort des ewigen Gottes in unnachahmlicher Art übermittelt hatte. Sie kamen mit den Werken der griechischen Antike also nur über den Umweg der arabischen Übersetzungen durch syrische Christen in Berührung, so weit und so gut sich diese mit dem Erbe auskannten, mit dem sich die Muslime ausgestattet fühlten.[24] Somit standen christliche Syrer, ob nun Nestorianer oder Monophysiten, am Ausgangspunkt aller schriftlich tradierten arabisch-muslimischen Kultur.

Man muss sich einen ersten Punkt vor Augen halten: Die sogenannte kufisch-arabische Schrift wurde von christlichen Missionaren des 6. Jahrhunderts geprägt und ist mit der ältesten syrischen Schrift, dem Estrangelo, eng verwandt, wie inzwischen entdeckte Inschriften aus den Jahren 512 und 568 beweisen. Experten sind sich nur noch über die Entstehungsorte dieser Schrift nicht ganz einig: Entweder stammt sie aus Basra im südlichen Syrien, der Hauptstadt des Ghassanidenreiches, in dem arabische Jakobiten wohnten, oder aus Hira, der Hauptstadt der nestorianischen Lachmiden, die zusammen mit den Ghassaniden eines jener christlich-arabischen Völker bildeten, die man zum Schutz der Grenzen des Byzantinischen Reiches dort angesiedelt hatte.[25] Muslimische Autoren und Gelehrte wie Al-Baladuri oder der Geschichtsschreiber Ibn Challikan († 1282) erkannten diese Schrift ohne Zögern an. Bedenken wir auch, dass die ältesten Spuren diakritischer Zeichen seit kurzem auf die Mitte des 6. Jahrhunderts oder Anfang des 7. Jahrhunderts[26] datiert werden. Diese arabisch-christlichen Völker waren weit mehr als bisher angenommen in der Zivilisation der antiken Griechen verwurzelt. In Petra wurde ein Papyrus gefunden, der beweist, dass die Ghassaniden das byzantinische Privatrecht anwendeten.[27] Das Dokument zeigt, wie ein Dorfältester in einer privatrechtlichen Angelegenheit im Dorf Sadaqa, 25 km südöstlich von Petra, vermittelte.

Die Übersetzungsarbeit wurde umso mehr erleichtert, als sich die Christen außerhalb des Lachmiden- und Ghassanidenreichs wegen der Befehle der Kalifen Abd al-Malik (685–705) und Walid I. (705–715), die das Arabische zur Amtssprache bestimmten, ihrem arabischen Umfeld anpassen mussten. Diese vom Beitritt zum Islam unabhängige Arabisierung vollzog sich langsam, aber unwiderruflich. Die koptische und die alt-syrische Sprache retteten sich über diesen Prozess zwar hinweg, aber seit dem 10. Jahrhundert sprach sie kaum jemand mehr. Obwohl die Maßnahmen keinen kurzfristigen Erfolg zeitigten, weil das Arabische nicht über das notwendige Vokabular verfügte, beschleunigte Walid I. den Anpassungsprozess durch den Befehl, alle Nicht-Muslime von Verwaltungsämtern auszuschließen. Auf diese Weise schmiedete er die Identifikation von Islam und Arabertum; Omar II. (717–720) vollendete schließlich den Prozess.

Die Aneignung der arabischen Sprache wurde jedoch durch ihre Verwandtschaft mit dem Alt-Syrischen und dem Koptischen erleichtert, was sich insofern auf die Religion auswirkte, als Arabisch langsam in die Liturgie der syrischen Kirche eindrang und auch die Bibel und die Kirchenväter ins Arabische übersetzt wurden. Auch onomastisch wirkte sich der Arabisierungsprozess aus – die Christen legten sich neue Namen zu, die oft nichts anderes waren als die arabische Form biblischer Vornamen wie Yusuf (Josef) oder „neutrale“ Namen, die im Koran nicht vorkamen. Aufs Ganze gesehen passte sich die christliche Bevölkerung einem kulturell neu gestalteten Raum an, den sie in weiten Teilen mitgebaut hatte. Die Arabisierung stieß jedoch, sogar bis in die Gegenwart, an ihre Grenzen: Bis heute gibt es noch zahlreiche Kirchen, die die traditionellen Liturgiesprachen benutzen: Griechisch bei den Melkiten, Altsyrisch bei den Nestorianern oder auch das Koptische.

Christen übersetzen griechische Werke ins Arabische

Ende des 4. Jahrhunderts hatten alt-syrisch sprechende Gelehrte in Syrien begonnen, die logischen Schriften von Aristoteles in ihre Sprache zu übersetzen, weil sie sie brauchten, um die griechischen Kirchenväter zu verstehen und die Argumente der Häretiker zu widerlegen. Eines der bedeutendsten Übersetzerforen war die Stadt Nisibe, die seit 363 zum Sassanidenreich gehörte. Ihre Übersetzer übertrugen zwischen dem 4. und dem 6. Jahrhundert Werke und Schriften von Galen, Hippokrates, Ptolemäus, Aristoteles unter anderem aus dem Griechischen ins Alt-Syrische. Der berühmteste Übersetzer des 6. Jahrhunderts hieß Sergius de Res'ayna († 536). Er übersetzte 26 Schriften von Galen und unter anderem die *Kategorien* von Aristoteles.[29] Im 7. und 8. Jahrhundert entstanden unter der arabischen Vorherrschaft und dank der treibenden Kräfte von Severus Sebokt († 667) und Jakobs von Edessa († 708) weitere Übersetzungen aus dem Griechischen ins Alt-Syrische wie das aristotelische *Organon* und daraus die *Ersten Analytiken oder die Lehre vom Schluss*. Nisibe blieb bis ins 12. Jahrhundert *die* Übersetzerstadt, weil sie eine mit tausend Bänden reich bestückte Bibliothek besaß, die der Emir von Damaskus und Aleppo, Nur al-Din, freilich zerstörte.[30]

Die Übersetzungen aus dem Alt-Syrischen in die arabische Sprache setzten dann im 7. Jahrhundert ein und erreichten ihren Höhepunkt im 9. Jahrhundert. In diesen zwei Jahrhunderten wurden die wichtigsten philosophischen, medizinischen und naturwissenschaftlichen Schriften des antiken Griechenland ins Arabische übertragen; daraus erklärt sich, dass das wissenschaftliche Gesamtwerk der muslimischen Araber erst im 10. Jahrhundert erschien.[31]

Zunächst handelte es sich um Spontanübersetzungen, aber seit dem 9. Jahrhundert wurden sie von einigen muslimischen Mäzenen regelrecht bestellt. Dabei waren aus offensichtlich praktischen Gründen nur medizinische und mathematische Schriften regelmäßig gefragt. Wir sollten allerdings anmerken, dass sich die christlichen Übersetzer kaum beeilten, die Grundelemente ihrer Wissenschaft in die Hände ihrer arabischen Herren zu legen: Das Risiko, ihre privilegierte Stellung am Kalifenhof zu verlieren, war einfach zu groß.

Das mit am schwierigsten erscheinende Übersetzungsproblem bestand darin, dass die arabische Sprache damals keinerlei Wissenschaftsbegriffe kannte: Die Eroberer waren entweder Krieger, Händler oder Viehzüchter, aber keine Gelehrten oder Ingenieure. Deshalb musste man sich zuerst um ein wissenschaftlich-technisches Vokabular bemühen.

Das heißt: Die wissenschaftliche Ausdrucksform im Arabischen stammt von A bis Z von Christen! In der Heilkunde war es vor allem der christlich-arabische Gelehrte Hunayn ibn Ishaq (809–873), der die Grundlagen einer medizinischen Fachsprache im Arabischen schuf. Sein Genie bestand nicht nur darin, die griechischen Worte direkt in die sonore Aussprache des Arabischen zu übertragen – so wurde aus *philosophia* das arabische Wort *falsafa* –, sondern auch in der Erforschung von äquivalenten arabischen Begriffen, wobei er sich auf den Sinngehalt der Worte stützte: Das griechische Wort *pyloros* („Wächter“) übersetzte er beispielsweise mit dem arabischen Begriff *bawwâb* („Türsteher“).[32] Diese Art der Übertragung setzte eine unglaubliche Beherrschung der drei Idiome Griechisch, Alt-Syrisch und Arabisch voraus. Nur wer je wissenschaftliche Texte übersetzt hat, kann diese Begabung Hunayn ibn Ishaqs ermessen. Ferner arbeitete er allein, ohne den Beistand der islamischen Gelehrten, die das Verfassen von Geschichtsbüchern, juristischen und militärischen Abhandlungen sowie Korankommentaren vorzogen.

Die Übersetzer stammten aus den Kreisen melkitischer, nestorianischer und monophysitischer Gelehrter mit unterschiedlichen Befähigungen. Oft übersetzten Ärzte selbst medizinische, aber auch philosophische und mathematische Schriften. Die Melkiten übertrugen aus dem Griechischen direkt ins Arabische, die Nestorianer und Jakobiten übersetzten hingegen aus dem Alt-Syrischen in die arabische Sprache. Aus den Übersetzern mit melkitischem Hintergrund ragten der Philosoph, Arzt, Astrologe und Historiker Qusta ibn Luqa und Istifan ibn Basill, der erste Übersetzer der *Materia medica* des Dioskurides,[33] heraus; auch Abu Yahya al-Bitriq und sein Sohn Yahya al-Bitriq machten sich als Galen-Übersetzer in diesem Kreis einen Namen. Von der Gruppe der nestorianischen oder jakobitischen Übersetzer sollten wir uns die Namen Ayyub al-Abrash von Edena, Ibn Shadi von Bagdad oder Yusuf al-Khuri merken.

Insgesamt wurden 139 Bücher von Galen und Hippokrates sowie 43 Schriften von Rufus von Ephesos übersetzt. Trotz dieser inhaltlichen Weite ist dieses Werk noch lückenhaft. Niemand übertrug die Werke der griechischen Anatomen Erasistratos und Herophylos, noch die Schriften eines Arethos von Kappadokien, besonders nicht seine einmalige Beschreibung von Krankheiten und ihrer Symptome, noch eine einzige Schrift des Soranos von Ephesos aus seinem Werk über Frauenkrankheiten. Es ist bekannt, dass Soranos in Italien zwar einen herausragenden Ruf genoss, aber für die Gynäkologie hat sich die muslimische Welt offenbar nicht interessiert.

Auch mit den Übersetzungen philosophischer Schriften antiker Autoren ging es zügig voran. Das übersetzerische Werk des Sergius von Res'ayna und des Araberbischofs Georg wurden bereits erwähnt, die Galen und das *Organon* von Aristoteles übersetzten und kommentierten. Von den 61 bekannten Übersetzern, die im 9. und 10. Jahrhundert die Werke griechischer Philosophen ins Arabische übertrugen, stammten 48 aus alt-syrischen Kreisen, und davon wiederum waren 38 Personen Nestorianer. Die griechischen Mathematiker wurden häufig von Sabäern aus Harran übersetzt. Zu dieser rein intellektuellen Leistung trugen die Christen praxisorientiertes Handeln bei, insbesondere auf dem Gebiet der Medizin.

Die griechisch-christliche Medizin

Die syrisch-christliche Medizin leitete sich direkt aus der griechischen Heilkunst eines Hippokrates oder Galen her – ergänzt durch die Erkenntnisse einzelner Ärzte aus späterer Zeit sowie die Beiträge aus der indischen und iranischen Heilkunde. Zwischen Indien, dem Iran und Griechenland bestanden vor der arabisch-muslimischen Herrschaft nämlich enge und häufige Verbindungen. Die Kontakte zwischen Griechen und Indern sollen ja bis ins fünfte vorchristliche Jahrhundert zurückreichen[34] … Man kann sich oft nur schwer vorstellen, dass die indische und griechische Welt vor den Eroberungszügen Alexanders des Großen und noch viel mehr danach in Verbindung gestanden haben. Aber nestorianische Christen wanderten bis Indien und China, wo man noch auf die Nachfahren derer trifft, die sie bekehrten. Umgekehrt zogen indische Händler, Yogajünger, Anhänger der indischen Medizin oder Vertreter der zahlreichen philosophischen Richtungen über die Straßen, die von Nordindien durch die Provinzen Baktrien und Sogdiane des Sassanidenreichs führten und die Hochebenen oder Gebirgszüge des Iran überquerten.[35]

Nicht nur die Griechen hatten also ihr medizinisches Wissen an die syrischen Ärzte weitergegeben, sondern, wie das *Buch der Medizinen*[36] bestätigt, auch die Ägypter und deren persische wie indische Zeitgenossen. Letztere praktizierten die ayurvedische Heilkunde, die wegen ihrer Erfolge auf den Gebieten Chirurgie, Augenheilkunde und Geburtshilfe berühmt war. Ihre Werke handelten vom Sezieren, von inneren Blutungen oder der Anatomie des Auges. Die arabischen Eroberer sollten von diesen Strukturen und dieser medizinischen Wissenschaft profitieren.

Sie wurde lange in der Schule von Alexandria gelehrt, deren Wurzeln tief in die Vergangenheit reichten: Im dritten vorchristlichen Jahrhundert hatten dort Herophilos und Erasistratos die Unterschiede zwischen Venen und Arterien erkannt, Nerven und Nervenfunktionen nachgewiesen und die Rolle des Herzens im Blutkreislauf beschrieben.[37] Zwischen dem 4. und 6. Jahrhundert überstrahlte der Ruf der medizinischen Forschung an der Schule von Alexandria den gesamten östlichen Mittelmeerraum. Oreibasios, einer ihrer bekanntesten Vertreter, stellte auf Wunsch des römischen Kaisers Julian Apostata (361–363) eine 70-bändige medizinische Enzyklopädie zusammen, die ins Alt-Syrische übersetzt wurde.

Die in Alexandria ausgebildeten Ärzte kehrten nach dem Studium wieder in ihre Heimatländer zurück und verkündigten dort ihre neuen Kenntnisse oder übersetzten die Schriften von Hippokrates oder Galen selbst ins Alt-Syrische. Im 6. Jahrhundert führten Ammonios, Simplikos und Johannes Philipon, den die Araber Yahya al-Nawhi, das heißt „Johannes Grammatikos" nannten, übrigens Aristoteles als neuen Studienschwerpunkt ein. In Alexandria also entstand der neue Gelehrtentyp des Mediziner-Philosophen, jahrhundertelang das Vorbild syrischer Akademiker.[38]

Aus einem Brief Hunayn ibn Ishaqs[39] wissen wir, dass in Alexandria eine Gruppe von Ärzten eine Synopse aus 16 Originalschriften von Galen und 4 Schriften von Hippokrates unter dem Titel *Summaria Alexandrinorum* zusammenstellte, die für den medizinischen Lehrbetrieb der Schule gedacht war. Dieser Kanon wurde umgehend ins Alt-Syrische übersetzt und daraus ins Arabische übertragen. Auf ihm baute das Grundstudium der arabischen Medizin auf, das auch verschiedene Bereiche der Mathematik und Philosophie umfasste. Als Pflichtlektüre hatten sich die Studenten mit dem *Organon* von Aristoteles und darin vor allem mit den *Kategorien* und der *Ersten* und der *Zweiten Analytik*, das heißt mit der Anwendung des Syllogismus und der Kunst der Darstellung eines Beweises auseinanderzusetzen.

Nach der Eroberung Alexandrias durch die Araber, 642, hielt sich die medizinische Fakultät der Schule noch eine Zeit lang, was wohl dem Wirken des Paulus von Aegina (625–690) zu verdanken war, und auch die ersten Kalifen von Damaskus suchten den ärztlichen Rat der griechisch-christlichen Mediziner von Alexandria. Omar II. schloss die Schule jedoch zwischen 717 und 720. Die medizinische Ausbildung mit ihren philosophischen und mathematischen Beifächern zog danach nach Antiochia um, wo sie die Unterstützung des Patriarchen und der Übersetzer im Kloster Qennesre genoss, bis sie sich in Bagdad etablierte, wo der Nestorianer Yuhanna ibn Quaylan seinen gleichfalls nestorianischen Kollegen Ibrahim al-Marsawi und Abu Bishr Matta ibn Yunus und dem Muslim Al-Farabi (872–950) die aristotelische Philosophie nahebrachte.

Die in Alexandria gelehrte Medizin ist eigentlich im Perserreich entstanden. In Nisibe bestand eine Universität mit den drei Fakultäten Philosophie, Theologie und Medizin, die vom 5. bis 10. Jahrhundert im gesamten Byzantinischen Reich einen hervorragenden Ruf genoss und sogar den Arabersturm 639[40] überlebte. Das unbestritten berühmteste Wissenschaftszentrum blieb jedoch Gundishapur mitten im iranischen Khusistan, nicht weit vom Persischen Golf, gegenüber von Nisibe an der persischen Grenze. Zwischen 256 und 260 siedelten sich in der Stadt Griechen an, die der Sassanidenherrscher Schapur I. (der mit einer griechischen Prinzessin verheiratet war) aus ihrer Heimat vertrieben hatte, und diese Griechen verfolgten in Gundishapur ihr wissenschaftlich-kulturelles Erbe weiter. Die Gründung einer Hochschule durch Schapur I., zu der er indische und iranische Gelehrte eingeladen haben soll, wird bis heute jedoch bezweifelt. Diese Männer sollten, wie er sich wohl dachte, die Übermittlung der indischen Medizin in den Vorderen Orient und ihre Begegnung mit der griechischen Heilkunst gewährleisten. Diese Annahme – wahrscheinlich nur ein Mythos – ist durch nichts bewiesen und taucht auch erst sehr spät auf (bei den arabischen Geschichtsschreibern im 13. Jahrhundert und einem jakobitischen Priester, dem alt-syrischen Historiker Bar Hebraeus).

Die medizinische Ausbildung in Gundishapur unterstand, wie es scheint, vollständig der nestorianischen Kirche der Stadt.[41] Alle Ärzte waren Alt-Syrer und die Unterrichtssprache war Syrisch. Die Akademie nahm ihren Lehrbetrieb im 6. Jahrhundert auf. Sie vergrößerte sich im 7. und 8. Jahrhundert und erhielt ihn bis zum Ende des 9. Jahrhunderts aufrecht. Ihr Lehrkörper erneuerte und verfeinerte die griechischen, iranischen und indischen Medizintechniken, wie wir von dem arabischen Geschichtsschreiber Ibn al-Qifti im 13. Jahrhundert wissen. Die Akademie war um die Mitte des 8. Jahrhunderts so bekannt, dass der abbassidische Kalif Al-Mansur (754–775) den Arzt Jurjis ibn Bakhtishu an seinen Hof berief, und ihm folgte danach eine lange Reihe nestorianischer Ärzte in der Kalifenresidenz von Bagdad.

Ein anderer wichtiger Punkt, den wir nicht übersehen dürfen, sind die Übersetzungen medizinischer Literatur durch die Ärzte von Gundishapur, aus denen die großen arabischen Mediziner ihr Wissen direkt bezogen: Al-Razi (865–932) verwendete den „Kleinen Abriss von Khusistan" (*Kunnash al-Khûz*) und zog wie Avicenna auch häufig den *Aqrâbadin* zu Rate, eine von dem Christen Sâbur ibn Sahl in Gundishapur zur Zeit des Kalifen al-Mutawakkils (847–861)[42] ins Arabische übersetzte Arzneimittelliste. Dieses Buch genoss bis ins 12. Jahrhundert eine hohe Anerkennung, bis es von der Schrift eines anderen Christen, Ibn al-Timidh, im 12. Jahrhundert verdrängt wurde. Die wissenschaftlichen und praktischen Ergebnisse der Akademie von Gundishapur bildeten also den Grundstock der arabisch-muslimischen Pharmazie.

Die christlichen Ärzte der Muslime

Der Aufschwung der syrischen Medizin illustriert den langsamen Akkulturationsprozess zwischen Eroberern und Eroberten auf das Beste. Diesem Prozess konnten sich die neuen arabischen Herren nicht verschließen, wollten sie doch aus pragmatischen Gründen an das medizinische Wissen der Griechen herankommen. Die Kalifen von Bagdad konsultierten mit Ausnahme einiger jakobitischer und sabäischer Kollegen mehr als 300 Jahre, vom 8. bis zum 11. Jahrhundert, zum größten Teil nestorianische Ärzte.

In Damaskus praktizierten zur Zeit der Omaijaden-Dynastie viele Ärzte christlich-arabischer Herkunft, angefangen bei Ibn Athal und Abu Hakam, der den ersten Omaijadenkalifen Mu'awija pflegte, und weitergeführt durch den von al-Razi erwähnten, berühmten Arzt Tayadhuq, dessen melkitisch-christlicher oder nestorianischer Name eigentlich Theodokos lautete, und der aus Kufa stammte. Der jüdische Schüler Tayadhuqs, Furat ibn Shanata, war Ende des 7. Jahrhunderts bis zu dessen Tod im Jahr 714 der Leibarzt des strengen und unerbittlichen Statthalters der Omaijaden im Irak, Al-Haddschadsch ibn Yusuf, der wesentlich zur Verbreitung der arabischen Sprache und Schrift beitrug.

Furat ibn Shanata betreute auch Abd al-Malik, einen der bedeutendsten Omaijadenkalifen, der seinen eigenen Korankodex durchsetzte und alle anderen verbot.

Diesem Kalifen machte es auch nichts aus, die Kaaba in Mekka zu erstürmen, um seinen Konkurrenten, Kalif Abdallah ibn az-Zubair, zur Flucht zu zwingen. Es bestätigt die bereits anerkannten Fähigkeiten des jüdischen Arztes nur noch einmal, dass man ihm die Gesundheit einer derart wichtigen Persönlichkeit anvertraute. Ein anderer christlicher Arzt, ein gewisser Isra'il, starb 750 hingegen den Märtyrertod, wie der nestorianische Geschichtslehrer Sliwa anmerkt.

Unter der Abbasiden-Dynastie beherrschten die nestorianischen Ärzte in Bagdad ihr Fach meisterhaft, denn sie setzten auch dort um, was sie schon in Nisibe, Gundishapur oder Ktesiphon praktiziert hatten: Sie gründeten – allerdings nicht immer nach dem Geschmack der Behörden – Klosterschulen, in denen Philosophie, Medizin und Theologie unterrichtet wurde. Politisch bedeutungslos und demographisch eine Minderheit, werteten diese Christen ihre Stellung auf, weil sie Berufe besetzten, die ihnen zwar Wertschätzung und Schutz seitens der Kalifen eintrugen, sie aber auch dem Hass der Bevölkerung aussetzten. In mehreren Familien kam der Arztberuf über Generationen hinweg vor, zum Beispiel bei den Sarafiyun mit ihrem berühmtesten Spross Yuhanna ibn Sarafiyun[43], bei den Bakhtishu, den Masawayh und anderen. Diese Arztdynastien bildeten eine reiche Aristokratenschicht, die – von den Muslimen eifersüchtig beäugt – wegen ihrer Fähigkeiten für die Kalifen einen unschätzbaren Wert besaßen. Der Abbasidenkalif Aba Dschabur al-Mansur konsultierte 765 den Arzt Jurjis ibn Bakhtishu, und der christliche Ophthalmologe Jibra'il al-Kahhal behandelte den Kalifen al-Ma'mûn (813–833).

Die Nestorianer kümmerten sich auch aktiv um die Neubelebung der langen, vielleicht bis in die Zeit Kaiser Justinians in Konstantinopel zurückreichenden Tradition des Krankenhauswesens (griechisch *nosokomeion*[44]) das sie beträchtlich verbesserten. Sie gründeten Spitäler, wo immer sie sich auch niederließen, in Nisibe, Gundishapur, Damaskus, Alexandria und in Jerusalem. Deshalb war es auch nur logisch, dass Kalif al-Rashid die Leitung des ersten muslimischen Krankenhauses Jibrail ibn Bakhtishu, dem Enkel Jurjis ibn Bakhtishus, anvertraute, der es 806 zum Leibarzt des Kalifen gebracht hatte. Diese Neugründung erhielt den Namen *bimaristan*, die wörtliche Übersetzung von *nosokomeion*.

Die berühmteste dieser Arztdynastien war die Familie Bakhtishu, denn sie stellte 300 Jahre lang die Leibärzte der Kalifen von Bagdad. Diese mindestens acht Generationen umfassende Langlebigkeit – noch dazu in dieser Funktion – ist höchst ungewöhnlich. Den Namen der Familie kennen wir zwar nur in arabisierter Form, aber in Wahrheit ist er eher christlichen Ursprungs, denn er bedeutet

„Jesus hat befreit" (*bokht* = „hat befreit"; *isha* = „Jesus"). Ihre Existenz und ihre Erfolge prangerte Amr ibn al-Jahiz (776–868/869), Verfasser einer heftigen Schmähschrift gegen die Christen, vor allem aber gegen die Kreise der Nestorianer in Bagdad[45], lautstark an. Der letzte große Arzt dieser Dynastie, Abu Said, starb 1058. Er war Mediziner, Theologe und als Philosoph einer der Kommentatoren von Schriften des Aristoteles, weil er die muslimischen Kommentare strikt ablehnte. Mitglieder der Familie Bakhtishu hatten sich neben ihrer Tradition als Leibärzte muslimischer Herrscher auch als Leiter von Krankenhäusern in Bagdad, als Verfasser von Standardwerken über Augen- oder andere Krankheiten sowie als praktizierende Philosophen und Theologen Ruhm erworben und trotzdem ihren christlichen Glauben nie verlassen.

Ibn Masawayh – der Name ist persischen Ursprungs, denn seine Familie stammte aus Gundishapur –, seine beiden Söhne und sein Enkel zählten ebenfalls zu den christlichen Medizinerfamilien im Bagdad des 9. Jahrhunderts und praktizierten hauptsächlich als Augenärzte. Der jüngere Sohn Yuhanna ibn Masawayh, im Westen unter dem Beinamen Johannes Mesue (776/780–855?) bekannt, bildete Hunayn ibn Ishaq aus und lebte als sehr geschätzter Arzt am Kalifenhof; auch er war Theologe und Philosoph. Er besaß das Vertrauen mehrerer Kalifen, al-Ma'mûn (813–833), al-Mutasim (833–842), al-Wathiq (842–847) und nach dessen Tod das seines Bruders al-Mutawakkil (847–861). Yuhanna ibn Masawayh leitete ebenfalls das Krankenhaus von Bagdad und lehrte Medizin. Von ihm wusste man, dass er gerne Leichen obduziert hätte, aber nicht konnte, weil ihn ein formelles Verbot der Kalifen und der Juristen (*fuqahâ*), der Spezialisten für muslimisches Recht (*fiqh*),[46] daran hinderte.

Diese griechisch-christliche Medizin, die übrigens auch die byzantinischen Ärzte praktizierten, übermittelte Konstantin der Afrikaner ins Abendland. Auch einige Kaufleute aus Amalfi, Venedig oder Pisa, die ihre Kontore im Byzantinischen Reich eröffneten, lernten sie im 11. Jahrhundert kennen, wohl nachdem flämische Händler wie der berühmte Roussel de Bailleul im Dienst von Konstantinopel ihre Wirksamkeit in der zweiten Hälfte des 11. Jahrhunderts am eigenen Leib erprobt hatten. Sabäer und Juden verbreiteten diese „neue Medizin" im arabischen Teil Spaniens, denn Ende des 10. Jahrhunderts gelangte der aus Bagdad gebürtige Sabäer al-Harrani nach Toledo, wo er umgehend eine medizinische Fakultät gründete. Wenn wir die arabischen Geschichtsschreiber richtig verstehen, waren die großen Mediziner von Al-Andalus im 10. Jahrhundert mozarabische Christen oder Juden wie Jawad, Khalid ibn Yazid ibn Ruman und der Chirurg Ibn

Maluka Ishaq.[47] Und genau auf diese griechisch-syrische Medizin stießen die Kreuzfahrer. Wenn deshalb im 12. und 13. Jahrhundert und später muslimische Ärzte praktizierten, wurden sie von ihren christlichen Gesinnungsgenossen als zweitrangig betrachtet: Die besten Ärzte konnten immer nur Christen sein.[48]

Die großen Gelehrten der griechisch-christlichen Wissenschaft

Der „König der Übersetzer": Hunayn ibn Ishaq (803–873)[49]

Hunayn ibn Ishaq (im gesamten Mittelalter „Johannitius" genannt) wurde als arabischer Nestorianer in Hira geboren. Er beherrschte drei Sprachen perfekt, Arabisch, die Sprache seiner Geburtsstadt, Alt-Syrisch, die Sprache seiner Mutter, und Griechisch, das er in Alexandria lernte – ein echter Wanderer zwischen drei Kulturen, der seiner eigenen aber ganz klar die Treue hielt, weil er den christlichen Glauben glühend verteidigte. Er wurde als Übersetzer, Philosoph, Theologe und auch als Arzt berühmt, weil er den Abbasidenkalifen al-Mutawakkil (847–861) von einer schweren Krankheit heilte.

Ihm werden über einhundert Schriften aus den verschiedensten Gebieten inklusive der Philologie zugeschrieben: Er verfasste ein griechisch-syrisches Wörterbuch und ein Handbuch für Übersetzer aus dem Griechischen ins Arabische.[50] Medizin und Philosophie waren seine Hauptarbeitsgebiete, und ein großer Teil seiner medizinischen Schriften ist in Syrisch verfasst. Hunayn ibn Ishaq kannte sich auch in allen medizinischen Arbeitsgebieten bestens aus, besonders jedoch in der Augenheilkunde und Zahnpflege. Von ihm stammen drei augenärztliche Traktate, darunter *Die Zehn Schriften über das Auge*, eine echte Enzyklopädie, die einen detaillierten Leitfaden zu Operationen am Grauen Star[51] enthält. Auch ein Werk über Zahnheilkunde stammt von ihm, das al-Razi neu bearbeitete und Avicenna in seinen *Kanon* aufnahm, ohne es allerdings zu zitieren. Selbst ein origineller Autor, übersetzte und kommentierte er Werke von Galen und Hippokrates, das heißt er gilt als der wichtigste Überbringer des antik-griechischen Medizinwissens in die arabische Welt.

Dieser Mann überragte alle anderen Übersetzer um Längen, wie sich aus seinem Kognomen „König der Übersetzer" erschließt: Er übertrug 140 Schriften von Galen, darunter die über die Muskeln, Arterien, Venen und den Uterus, und seine Abhandlungen über die Anatomie des Auges.[52] Nach der Gründung einer Übersetzer-Akademie umgab sich Hunayn ibn Ishaq mit einem Heer von Mitarbeitern, fast samt und sonders Nestorianer wie Hubaysh ibn al-Hasan und al-Asam (der den Hippokratischen Eid übertrug, auf den al-Razi immer wieder zurückgriff), sein Sohn Ishaq ibn Hunayn, Verfasser von Schriften philosophischen und mathematischen Inhalts, Isa ibn Yahya ibn Ibrahim, Ibn Shadhi, Yusuf al-Khuri, Ibrahim ibn Salt unter anderen. Nebenbei bemerkt, tat sich Ishaq ibn Hunayn mit Thabit ibn Qurra für eine gemeinsam erarbeitete, korrekte arabische Übersetzung der euklidischen *Elemente* zusammen, von der nur eine alt-syrische Zusammenfassung aus der Zeit Harun al-Raschids[53] bestand.

Im Bereich der Philosophie übersetzte Hunayn ibn Ishaq fast das Gesamtwerk von Aristoteles sowie die *Gesetze*, den *Timaios* und die *Politeia* Platons! Er hat also mehr als 200 Werke und Schriften veröffentlicht.[54]

Hunayn ibn Ishaq verband Quantität mit Qualität. Die griechisch-arabischen Übersetzungen vor ihm waren wegen ihrer Fehler und Lücken fast unbrauchbar. Natürlich wird das Übersetzen umso schwieriger, je größer der Unterschied zwischen zwei Sprachsystemen ist, und die Übersetzer vor ihm begnügten sich meistens mit einer Wort-zu-Wort-Übersetzung, was fast immer in einem Wust unverständlicher Texte endete. Für die Alt-Syrer stellte das Übersetzen weniger ein Problem dar, denn ihre Sprache war mit dem Arabischen verwandt, außerdem hatten sie mit dem Übergang vom Griechischen ins Alt-Syrische schon Erfahrung gesammelt. Hunayn ibn Ishaq scheint jedoch der erste Übersetzer gewesen zu sein, der in ganzen Sätzen übersetzte und sich bemühte, den Inhalt eines Satzes zu verstehen und ihn so wiederzugeben.[55]

Thabit ibn Qurra (826–901)

Thabit war Sabäer und genoss als Philosoph und Mathematiker einen bemerkenswerten Ruf. Er verfasste 34 Bücher in Mathematik, etwa 30 Titel aus dem Gebiet der Astronomie, acht aus der Astrologie sowie fünf Schriften mit meteorologischem Inhalt.[56] Er zählte gewiss zu den besten Mathematikern des Mittelalters, kommt aber in unseren Schulbüchern nicht vor – leider. Als Jugendlicher schon traf er den älteren der Banu Musa Brüder, den Mathematiker und Astrologen Mohammed bin Musa. Von ihm lernte er die Grundlagen der beiden Wissenschaftsdisziplinen. Diese drei Muslimbrüder waren von einem Lehrer offenbar christlich-arabischer Herkunft ausgebildet worden. Thabit übernahm nach ihnen die Leitung der Schule, die sie gegründet hatten, und eröffnete selbst eine Gelehrtendynastie von Mathematikern, unter ihnen sein Enkel Ibrahim ibn Sinan († 946).

Thabit ibn Qurra war sowohl Übersetzer wie Forscher. Zu seinen vielfältigen Übertragungen zählen die Schrift *Kugel und Zylinder* von Archimedes, die Bücher V und VII der *Conica* von Apollonius sowie die *Einführung in die Arithmetik* von Nikomachos von Gerasa. Darüber hinaus unterzog er die Übersetzungen der Werke von Euklid und Ptolemäus durch andere christliche Gelehrte einer gründlichen Durchsicht.

Seine Mathematik setzte insbesondere in der Geometrie, Algebra und in der Zahlentheorie neue Akzente, wobei er eine Reihe glänzender Resultate erzielte. Bekannt ist sein Satz über die befreundeten Zahlen[57], ein Theorem, das er als Erster aufgestellt hat. Ebenfalls als Erstem gelang ihm auch die Berechnung des Integrals der Funktion „Wurzel von x", weil er eine der Stammformen dieser Funktion als „$^2/_3 \times {}^3/_2$" bezeichnet hat.

Außerdem vertiefte er sich in die Infinitesimalrechnung, wobei er die Oberflächenberechnung eines Parabelsegments mit einer Methode löste, die sich von der archimedischen[58] unterschied. Er berechnete auch die Oberfläche eines Paraboloiden abweichend von der Technik, die Archimedes in seiner Abhandlung über Kegel und Paraboloide dargelegt hatte.

Seine Methode ist an der Art seiner Bestimmung der Oberfläche einer Ellipse oder eines Zylinders zu erkennen. Nehmen wir als Beispiel die Ellipse: Zur Abmessung ihrer Oberfläche setzte er die Grenzwertberechnung ein, wonach die Oberfläche der Ellipse an ihren Enden mit der Summe der Vielecke innerhalb der Ellipse gleichzusetzen ist, das heißt er berechnete einerseits die Summe der Oberflächen der Vielecke innerhalb der Ellipse und auf der anderen Seite die Summe der Vielecke an den Berührungspunkten der Tangenten an der Ellipse. Dabei nahm er eine Methode wieder auf, die schon die Griechen zur Kreisoberflächenberechnung entdeckt hatten. Der Unterschied zwischen den beiden Summen erbrachte eine gute Annäherung an die Ungenauigkeit, die bei der Oberflächenberechnung der Ellipse entsteht.[59] Natürlich bewegte er sich im Rahmen der geometrischen Methoden, aber die Einbeziehung des Grenzwerts stammt aus der Analysis. Das brachte auf dem Gebiet der Infinitesimalrechnung bis Gottfried Wilhelm Leibniz, der im 17. Jahrhundert diesen Zweig der Analysis revolutionierte, niemand besser fertig als Thabit ibn Qurra.

Johannes Mesue/Yuhanna ibn Masawayh (776/780–855?)[60]

Yuhanna ibn Masawayh, alias Johannes Mesue kam zur Zeit des Kalifen Harun al-Raschid als Sohn nestorianischer Christen zur Welt. Als Erwachsener unterrichtete er Hunayn ibn Ishaq und verfasste selbst ein gewaltiges literarisches Werk. Obwohl Arzt, Philosoph und Schriftsteller, interessierte er sich für die Grundlagen der Geometrie und Algebra. Er soll auch selbst übersetzt haben, aber davon ist nichts überliefert, und Experten zweifeln seine Übersetzertätigkeit generell an.[61] Auf jeden Fall aber war er der erste nestorianische Arzt, der ausschließlich arabisch schrieb und seine 40 oder sogar 60 Abhandlungen[62] in dieser Sprache veröffentlichte, darunter ein Buch über die Sektion von Leichen. Unter dem Titel *Die Verschlechterung des Auges* veröffentlichte er das erste arabischsprachige Werk über Augenheilkunde und durch das *Das Buch über die Sauberkeit von Lebensmitteln*, den ersten ernährungswissenschaftlichen Text in arabischer Sprache sowie eine – ebenfalls arabische – Abhandlung über die Mineralogie.[63] Sein populärstes Werk, die *Axiome der Medizin*, beschreiben in Form von 132 Aphorismen die Abhängigkeit der körperlichen von der seelischen Verfassung des Menschen.

Man würde es sich zu einfach machen, wollte man die Vielzahl jüdischer oder christlicher Gelehrter auf diese drei Namen beschränken. Viele, viele andere machten sich als Mediziner, Mathematiker oder Astronomen und – nicht zu vergessen – als Philosophen ebenfalls einen Namen. Allein sämtliche Kommentare zur *Logik* von Aristoteles, Werk einer „Großfamilie" alt-syrischer Gelehrter, sind in einer Handschrift aus dem 11. Jahrhundert zusammengefasst, die heute in Paris aufbewahrt wird. Schon der Blick auf die schriftstellerische Produktivität allein nestorianischer Autoren ergibt eine beeindruckende Liste. Deren Einzelnamen aufzuzählen wäre zwar mühsam und nervtötend, aber ihre Aktivitäten einfach zu übergehen, würde die historischen Perspektiven verfälschen. Deshalb enthält der Anhang dieses Buches eine Synopse des gewaltigen kulturellen Schaffens der Nestorianer. Ihre Angaben stammen aus den Arbeiten von Fachhistorikern wie R. Le Coz über diese Frage.

In diese Aufzählung gehört eigentlich auch die Erwähnung der Namen mehrerer jüdischer Gelehrter wie vor allem des Arztes Masarjawayh, der Anfang des 7. Jahrhunderts unter Kalif Omar II. lebte, das heißt, er soll schon um 636 in Basra, im südlichen Irak, zur Welt gekommen sein. Ihm wird die Autorenschaft der ersten, auf Arabisch erschienenen Schrift, eine Übersetzung des *Kunnash*[65] des

Ahrun, zugeschrieben, der offenbar zur Zeit Kaiser Justinians als Arzt in Alexandria lebte. Seine beiden Söhne und sein Enkel übersetzten alle drei mehrere medizinische (Augenheilkunde und Ernährungswissenschaft) und pharmazeutische Werke. Ein anderer jüdischer Gelehrter namens Masha'allah, ebenfalls aus Basra gebürtig, diente den Kalifen von Bagdad Ende des 8. beziehungsweise Anfang des 9. Jahrhunderts als Astronom und Astrologe. Er sprach Persisch, Indisch und Griechisch und entwickelte zusammen mit anderen die arabische Astrologie.

Wenn das Wissen der antiken Griechen und ihre Wissenschaft in den Grenzprovinzen des Byzantinischen Reiches bewahrt wurden, so ist dies auch dem grenzenlosen Bemühen christlicher Kommunen und Klöster zu verdanken, zu denen auch die Kopten in Ägypten zählen. Diese Christen, obgleich von den Arabern besiegt und beherrscht, hielten dennoch an ihrem Willen fest, in ihrer Kultur weiterzuleben und sie weiterzuvermitteln. Nicht zuletzt ihnen gegenüber steht der lateinische Westen in einer gewaltigen Schuld.

Die aus politischer wie administrativer Notwendigkeit arabisierten christlichen Gelehrten vollbrachten mit der Übertragung wissenschaftlicher und philosophischer Titel griechisch-antiker Autoren tatsächlich ein inhaltlich weit gespanntes übersetzerisches Werk, das sie zum Teil auch noch beträchtlich erweiterten. Obwohl diese Gelehrten zunächst nur für ihre eigenen Zwecke kommentierten, verbreitete sich klassisch-griechisches Gedankengut in alt-syrischen Texten weiter, bevor es sich in einer riesigen Übersetzungslawine in die arabische Sprache auflöste und bei dieser Gelegenheit erst das notwendige wissenschaftliche Vokabular entstand.[66] Mindestens drei Jahrhunderte lang, vom 7. bis zum 10. Jahrhundert, war die „arabisch-muslimische Wissenschaft" nichts anderes als – von Inhalt und Inspiration her gesehen – griechische Wissenschaft, die über das Alt-Syrische schließlich auf Arabisch vorlag. Die Schlussfolgerung liegt auf der Hand: Der muslimische Osten verdankt fast alles dem christlich besiedelten Vorderen Orient. Und gerade diese Tatsache wird heute in der muslimischen wie in der europäischen Welt häufig und gerne verschwiegen.

Drittes Kapitel

Mönche als Pioniere auf dem Mont Saint-Michel

Jakob von Venedig als erster Aristoteles-Übersetzer

Aristoteles-Übersetzungen im Mittelalter

Die Geschichte der Aristotelesrezeption im Abendland wird normalerweise als lineares Schema dargestellt, das einige wichtige Etappen auslässt.

In der Antike wurde ein großer Teil der Werke Platons und Aristoteles' nicht ins Lateinische übersetzt, weil die gebildeten Römer sie auf Griechisch lasen. Die Menschen im Frühmittelalter sahen sich also mit einem schriftlichen Wissen konfrontiert, dessen Sprache sie nicht beherrschten. Im lateinischen Westen gab es nur einige Texte aus dem Gesamtwerk Platons, zum Beispiel den *Timaios* und seine Kosmologie, und von Aristoteles kannte man auch nur einige Bücher oder Kapitel aus dem *Organon (De interpretatione)* oder der *Logik*, im Mittelalter *Logica vetus* genannt – genauer: die *Analytica priora* über die Technik der Beweisdemonstration und den Syllogismus. Die Bücher der *Analytica posteriora* gab es im Westen noch nicht. Aufs Ganze gesehen, stellte die *Logica vetus* eher eine philosophische Grammatik[1] als eine Logik dar. Die ersten Übersetzungsentwürfe dieser Texte stammten von Boethius (470/480–525), dem man auf Grund einiger handschriftlicher Anmerkungen eine Übersetzung der *Metaphysik* andichtete, von der bis heute jedoch keine Spur aufgetaucht ist. Fachleute meinen, dass diese Übersetzung nie geschrieben wurde, selbst wenn sie Boethius geplant haben mochte.[2] In Europa besaß damals auch niemand die beiden Hauptwerke von Aristoteles, die *Physik* und die *Metaphysik*, so wenig wie mehrere kleinere Lehrschriften von ihm, etwa die *Meteorologie* oder die *Kleinen Schriften zur Naturgeschichte*.

Zu einem ersten und zaghaften Versuch der Neuentdeckung des Aristoteles kam es um 970, wobei sich die Zahl der Übersetzungen damals sehr in Grenzen hielt. Aber das Ansehen von Aristoteles veränderte sich, wie von R. Lemay anmerkt, im 12. Jahrhundert, als sich die „Physiker" und Naturphilosophen für seine wissenschaftlichen Werke zu interessieren begannen, in erster Linie Wegbereiter wie

Johannes von Salisbury, Wilhelm von Conches oder Raimund von Marseille. Aristoteles erreichte die gelehrten Köpfe im lateinischen Westen zwischen 1130 und 1180 zum Teil über seine Naturphilosophie. Aber dafür brauchte es Übersetzungen, entweder solche wie die der syrischen Christen im Vorderen Orient oder solche, die lateinische Kleriker[3] direkt aus dem Griechischen in die lateinische Sprache übertrugen.

Die syrischen Übersetzer hatten fast das gesamte Werk von Aristoteles zunächst in die altsyrische und dann in die arabische Sprache übersetzt, das heißt alle diejenigen Schriften, die im Westen fehlten. Ein Teil der *Logik* – im Mittelalter *Logica nova* –, die wissenschaftlichen Schriften und die *Metaphysik* gelangten dank ihrer Arbeit in den Westen, einmal – auf Betreiben des Erzbischofs von Toledo (1152–1166) – in einer aus dem Lateinischen ins Spanische übersetzten Fassung, während Gerhard von Cremona (1114–1187), ein Kanoniker am Domkapitel von Toledo, unter anderem die *Physik* und die *Meteorologica* von Aristoteles aus dem Arabischen ins Lateinische übersetzte und auf diese Weise für die Weiterverbreitung seiner Werke[4] in Europa sorgte. Von 1220 bis 1235 übertrug der scholastische Übersetzer Michael Scotus am Hof Friedrichs II. andere Werke des Stagiriten, zum Beispiel dessen zehn Bände der *Geschichte der Tiere.*

Erst im 13. Jahrhundert wurde Europa mit den politisch-moralischen Werken des Philosophen bekannt, welche die Araber entweder nicht kannten oder nicht beachtet hatten, weil sie sich mit dem Inhalt des Koran[5] nicht vereinbaren ließen, das heißt seine *Politik* und seine *Nikomachische Ethik.* Wilhelm von Moerbeke (1215–1286), der Hauskaplan des Papstes, übersetzte sie aus dem Griechischen direkt in die lateinische Sprache, und revidierte dazu auch noch alle in Spanien angefertigten Aristoteles-Übersetzungen.

Dieses Szenario zeigt, dass Europa die griechischen Texte kannte, weil es selbst nach ihnen gesucht hatte, und nicht, weil man sie ihm überbracht hat.[6] In einem Punkt allerdings stimmt das Gesagte nicht: Toledo war nicht die erste Schule für Übersetzer, denn einige Dutzend Jahre früher waren schon zwei andere, hoch bedeutende, aber weit voneinander entfernte Übersetzungszentren entstanden: Antiochia und der Mont Saint-Michel.

Neuere Arbeiten verweisen auf die hohe Bedeutung Antiochias für die Verbreitung von griechischem Wissen in Europa seit Ende des 11. Jahrhunderts, vor dem Ersten Kreuzzug, denn unmittelbar nach ihm besuchten viele Lateiner die Stadt, in der wie in Tripoli, im Libanon und in Jerusalem mehrere Übersetzer griechischer Werke arbeiteten. Der kulturelle Reichtum von Antiochia leitete sich direkt aus seiner langen Zugehörigkeit zum griechisch-byzantinischen Kulturkreis ab.[7] Obwohl Zielobjekt lebhafter Rivalitäten und vieler Kriege zwischen Byzantinern und Arabern, blieb die Stadt bis Ende des 13. Jahrhunderts eine echte Kulturmetropole. Einer ihrer lateinischen Patriarchen, Aimery von Limoges (1139–1196), sprach Griechisch und Hebräisch.[8] Er korrespondierte mit dem Übersetzer Burgundis von Pisa, mit dem wissenschaftlich gebildeten Erzbischof von Toledo, Raimund, und mit verschiedenen byzantinischen Gelehrten. Der englische Benediktiner und scholastische Philosoph, Adelard von Bath, hielt sich sechs Jahre, von 1110 bis 1116 in Antiochia auf, und sein Zeitgenosse Etienne von Pisa übersetzte im zweiten Viertel des 12. Jahrhunderts (entweder 1127 oder 1154?), eine medizinische Abhandlung aus der arabischen in die lateinische Sprache. Er war nicht der einzige Pisaner, der nach Syrien reiste: Innerhalb von knapp zwei Jahrhunderten sammelten seine pisanischen Mitbürger griechische oder arabische Handschriften und brachten sie nach Italien. In ihrer lateinischen Fassung zirkulierten diese Schriften quer durch Europa. Wir kennen auch den aus der Picardie stammenden Rorgo Fretellus, der, 1119 von Antiochia kommend, einige Zeit in Galiläa verweilte und dort mit vielen griechischen Gelehrten Kontakte knüpfte. Übrigens reisten im 12. Jahrhundert auch Christen aus dem Orient in die entgegengesetzte Richtung[9] nach Antiochia, Tripoli und Jerusalem, den Zentren der griechischen Kultur, die seit Beginn des 12. Jahrhunderts direkte Kontakte zur lateinischen Welt unterhielten. Diese Städte spielten bei der kulturellen Renaissance Europas zu Anfang des 12. Jahrhunderts eine mindestens ebenso wichtige Rolle wie Toledo oder Palermo.

Verlassen wir den Nahen Osten in Richtung Normandie. Das beeindruckende Kloster Mont Saint-Michel war, wie wir wissen, vom 10. bis zum 13. Jahrhundert ein Ort hochwissenschaftlicher Betätigung. In seinem großen *scriptorium*, das heute noch zu besichtigen ist, entstanden Hunderte von Übersetzungsmanuskripten, zum großen Teil literarische oder wissenschaftliche Texte aus der oder über die Antike.[10] In diesem Kloster oder in seiner Umgebung übertrugen mehrere, heute leider fast alle unbekannte Übersetzer in der ersten Hälfte des 12. Jahrhunderts die Schriften und Bücher von Aristoteles aus dem Griechischen direkt ins Lateinische – und das mehrere Jahrzehnte vor ihren Kollegen in Toledo. Sie waren die Pioniere, welche die Philosophie des Aristoteles im lateinischen Westen verbreiteten. Wichtig an ihnen war auch, dass sie seine Werke nicht nur übersetzten, sondern im Abendland auch die ersten Kommentare dazu verfassten.

Unter den Mönchen lebte ein gewisser Jacobus Veneticus Graecus, heute der Bequemlichkeit halber „Jakob von Venedig“[11] genannt. Dieser Kleriker italienischer Abstammung, der vermutlich in Konstantinopel gelebt hatte und auf dem Mont Saint-Michel arbeitete, schuf ein gewaltiges Werk von beträchtlicher Wirkung. Deshalb soll hier eine Revision der historisch allgemein anerkannten Fakten versucht werden.[12]

Jakob von Venedig: Aristoteles-Übersetzer im 12. Jahrhundert

Jakob von Venedig bildet das bis dato fehlende Endglied der Kette in der Geschichte des Transfers der aristotelischen Philosophie aus der griechischen in die lateinische Welt. Eigentlich müsste man seinen Namen in Großbuchstaben in den Handbüchern der Kulturgeschichte vermerken. Obwohl die Philosophen dank der Arbeiten von L. Minio-Paluello seine Bedeutung längst erkannt haben, findet er bei den Historikern kaum Aufmerksamkeit.[13] Dabei ist es ihm zu verdanken, dass die bedeutendsten Köpfe des Abendlandes Zugang zu Aristoteles fanden, denn er hat ihn schon aus der griechischen Sprache direkt in die lateinische übersetzt, als man in Toledo noch gar nicht begonnen hatte, ihn aus der arabischen Fassung zu übertragen. Die Chronologie liefert die entscheidenden Beweise: Jakob von Venedig begann mit seinen Übersetzungen vor 1127 und blieb dabei bis zu seinem Tod zwischen 1145 und 1150, während Gerhard von Cremona seine Übersetzungen erst nach 1165 publizierte. Die *Physik* von Aristoteles übersetzte Gerhard 1187, das heißt 40 Jahre nach Jakob von Venedig.

Ein venezianischer Kleriker aus Konstantinopel ...

Über Jakob von Venedig ist fast nichts bekannt, außer dass er in der Dogenstadt geboren wurde und einen Teil seines Lebens, wahrscheinlich bis Ende der 1120er-Jahre, auf dem Mont Saint-Michel verbracht hat, wo seine sämtlichen Übersetzungen entstanden. Die Bezeichnung „Jakob von Venedig, der Grieche“ legt seine Herkunft nicht mit letzter Sicherheit fest. Sein Latein jedenfalls ist mit Gräzismen gespickt, aus denen man sowohl Spuren seiner Nationalität als auch Indizien einer noch nicht voll ausgebildeten Übersetzungsmethode erschließen könnte.

Vielleicht muss man annehmen, dass er ein Venezianer war, der sich in Konstantinopel niedergelassen hatte? Immerhin genossen venezianische Bürger in Konstantinopel wichtige Privilegien, die ihnen Kaiser Alexios I. Komnenos 1082 eingeräumt hatte. Vor allem venezianische Kaufleute ließen sich daraufhin in der byzantinischen Hauptstadt nieder; die Kleriker und Gelehrten folgten ihnen jedoch bald nach. Ein wichtiges Indiz könnte diese Hypothese bestätigen: Bischof Anselm von Havelberg, der 1136 in offizieller Mission nach Konstantinopel geschickt worden war, lernte dort drei Gelehrte kennen, „drei gebildete Männer, die sowohl griechisch wie lateinisch sprachen und sich in den Geisteswissenschaften hervorragend auskannten."[14] Einer der drei griechisch sprechenden Männer war „Jakob, den man wegen seiner Nation[15] den ‚Venezianer' nannte." Dazu muss man wissen, dass der Begriff „Nation" sehr oft zur Bezeichnung von Menschen in einem Land verwendet wurde, das nicht ihr Vaterland war, wie im Fall der Venezianer, die in Konstantinopel lebten.

Die Sprachkenntnisse Jakobs von Venedig erklären vermutlich, warum ihn der Heilige Stuhl als Beobachter der Debatte zwischen Anselm von Havelberg und dem Erzbischof von Nikomedia, Niketas, am 3. April 1136 im pisanischen Viertel von Konstantinopel[16] an den Bosporus geschickt hatte.

Es wurde auch die Annahme geäußert, Jakob hätte in Konstantinopel dem byzantinischen Kaiser gedient und damit vor Ort seine Übersetzungsmethode ausgebildet, deren literarischer und fast rigider Charakter tatsächlich dem Stil der byzantinischen Reichskanzlei entsprach.[17] Es ist auch nicht unmöglich – aber eben auch nicht erwiesen –, dass er in Konstantinopel zu einer Zeit Philosophie studierte, als man sich auf Grund der Anregungen des prominenten Johannes von Italien (1025–1082) wieder stark mit dem Studium des großen antiken Philosophen beschäftigte.

Wie dem auch sei: Jakob lebte sicher eine Zeit lang in Konstantinopel. Kanonisches Recht studierte er jedoch in Italien, und zwar so gut, dass man ihn wegen seiner Talente zur Lösung gewisser Probleme heranzog. Ein von ihm eigenhändig geschriebener Brief an Erzbischof Moses von Ravenna aus dem Jahr 1148, in dem er sich nebenbei als „Philosoph" bezeichnet, lässt solide kirchenrechtliche Kenntnisse erkennen. In ihm gibt er dem Kirchenfürsten Ratschläge, wie er seine protokollarischen Rechte in der Frage geltend machen könnte, ob ihm als Erzbischof von Ravenna bei Versammlungen hochgestellter Kirchenvertreter das Recht zustehe, unmittelbar zur Rechten des Papstes zu sitzen, und wie dem Erzbischof von Cremona in dieser Sache zuvorzukommen sei, der das gleiche Vorrecht verlangte.[18]

An Moses, durch Gottes Gnaden Erzbischof von Ravenna, von Jakob von Venedig, genannt der Grieche, Philosoph.

Ebenso wie ich bei den Griechen gelesen und schon oft mit im Konvent versammelten Griechen diskutiert habe, erröte ich nicht, wenn ich mit Lateinern und mit Euch und dem Kapitel diskutiere [...].

Und ich glaube, dass nachdem ich diese und viele andere Dinge bei den Griechen gelesen habe, diese auch den Lateinern bekannt sind und von ihnen genutzt werden.[19]

Jakob von Venedig erhielt seine wissenschaftliche Ausbildung also in Konstantinopel und hatte von ihr genug behalten, um vor dem Erzbischof und seinem Kapitel zu diskutieren. Die kirchenrechtlichen Quellen, die er bei den Griechen gelesen hatte, schienen in Italien zur gleichen Zeit noch nicht verfügbar gewesen zu sein. Dabei bezog er sich auf die *consuetudines antiquae* der Konzilien von Nicäa (325) und Konstantinopel (381). Sein Brief ist in jenem hellenisierten Latein geschrieben, das auch in seinen späteren Aristoteles-Übersetzungen vorherrschte, wo er für den Begriff *kephalaion* („Kopf") das lateinische *capitulum* („Kapitel") verwendet, es also transkribiert und nicht übersetzt hat. Manche seiner Sätze sind übrigens nur zu verstehen, wenn man sie zuvor auf Griechisch wieder rekonstruiert hat. Außer seiner Übersetzertätigkeit liegt sein Leben im Dunkel.

Die Übersetzungen Jakobs von Venedig

Jakob von Venedig übertrug eine ganze Reihe von Aristoteleswerken direkt aus dem Griechischen in die lateinische Sprache und war insofern Pionier. Seine Aufmerksamkeit weckten insbesondere die Schriften des Philosophen zur Physik und Metaphysik oder – anders ausgedrückt – alles, was im lateinischen Europa von ihm noch nicht erschienen war und dann als Basis von dessen wissenschaftlicher Entwicklung diente. Heute schlummert das übersetzerische Gesamtwerk Jakobs in mehreren Bänden im Handschriftenmuseum des Mont Saint-Michel in Avranches.

Aus dem *Corpus Aristotelicum* stammen von ihm direkt die lateinischen Übersetzungen der folgenden Werke: die erste Gesamtübersetzung der *Analytica posteriora*[20], die Jakob um 1128 beendete, die Schriften *De anima* und *De memoria*[21], ein großer Teil der Schriften der *Parva naturalia*[22], der *Sophistischen Widerlegungen* (*Elenchus Sophistici*[23]), der *Physik*[24], die er etwa 1140 vollendete (und die seine

Verleger in *Physica vetus* umtauften), die acht Bände der *Topik* (ein anderer Teil der aristotelischen *Logik*[25]) und die vollständige *Metaphysik*[26].

Von ihr sind nur die Bücher I bis IV erhalten, aber die Wortanalyse, die Thomas von Aquin mit ihnen durchführte, zeigt, dass sie auf *alle* Bücher der ursprünglichen Metaphysik der gleichen Übersetzung zutrifft, das heißt, da Thomas die ersten vier von Jakobs Übersetzung noch vorliegenden Bücher unbestritten mit derselben Methode getestet hat, ergibt sich, dass er den Originaltext vollständig übersetzt hat.

Er übersetzte auch *De longitudine et brevitate vitae*[28], die Schrift *De generatione et corruptione* und die *Ethica vetus*[29], wie man die Bücher II und III der *Nikomachischen Ethik* bezeichnete, die er ebenfalls als Erster aus dem Griechischen ins Lateinische übertragen hat. L. Minio-Paluello wies anhand seines sehr sorgfältigen Vergleichs nach, wie griechische Begriffe ins Lateinische[30] übertragen wurden, dass alle diese Werke vom gleichen Mann übersetzt wurden. Wir besitzen übrigens Übersetzungsfragmente anderer Bücher von Aristoteles, von denen Minio-Paluello ebenfalls nachwies, dass sie von Jakob von Venedig stammen.[31] Die unter wissenschaftlichem, theologischem und philosophischem Aspekt wichtigsten Werke hat also dieser Kleriker aus Italien, der die Schulen von Konstantinopel besucht hatte, übersetzt. Seine Leistung unterscheidet sich deutlich von den Leistungen seiner wenigen Vorgänger (Boethius) oder seiner Zeitgenossen (Aristippos).

Den Hauptteil dieser Übersetzungen enthalten die beiden Folianten mit den Nummern 221 und 232 aus dem 12. Jahrhundert in der Bibliothek von Avranches. Die Handschrift 221, die auf dem Mont Saint-Michel kopiert wurde[32], enthält die lateinische Übersetzung der *Physik*, von *De memoria* und *De anima*, der ersten Einführung in die aristotelische Psychologie in ihrer ältesten lateinischen Fassung. Die Handschrift 232 stammt aus Nordfrankreich und enthält die *Physik*, die *Metaphysik* und die Bücher *De longitudine et brevitate vitae, De generatione et corruptione* und die *Ethica vetus*.

Zeitgenössische Urteile zur Übersetzungsarbeit Jakobs von Venedig

Der große Abt des Mont Saint-Michel, Robert de Torigny (1154–1186), fügte in seine *Chronique* eine Beurteilung der übersetzerischen Schaffenskraftkraft Jakobs ein. Diese Handschrift, die in der Gemeindebibliothek von Avranches aufbewahrt wird, enthält eine Bemerkung, die zwischen diejenigen Zeilen eingeschoben ist, welche den Jahren 1128/1129 gewidmet sind. Sie bezieht sich auf die Übersetzungen und Kommentare Jakobs von Venedig „einige Jahre früher“ und siedelt sie um das Jahr 1125 an. Diese Anmerkung, höchstwahrscheinlich von Robert de Torigny selbst, stammt aus den Jahren 1154–1157. Vermutlich verspürte der Abt das Bedürfnis, sich an die Tüchtigkeit Jakobs zu erinnern, was wiederum die Bedeutung unterstreicht, die er dessen Leistung zumaß – eine erstaunliche Würdigung seines Gastes auf dem Mont Saint-Michel. Robert zufolge widmete sich Jakob von Venedig seiner Aufgabe unter Einsatz aller seiner Fähigkeiten, „obwohl ihm eine frühe Übersetzung dieser Bücher zur Verfügung stand.“ Der Name des Übersetzers dieser „früheren“ Ausgabe ist allerdings nicht bekannt. Die fraglichen Bücher schließen Boethius als Übersetzer auf jeden Fall oder mindestens teilweise aus, sodass die Bemerkungen des Abtes als ein weiteres Zeichen für den sehr frühen Einsatz der westeuropäischen Christenheit in Sachen Übersetzung von Aristotelestexten zu werten sind.

Der Bischof, Theologe und Philosoph Johannes von Salisbury kommentierte in seinem *Metalogicon* von 1159 als erster Europäer die aristotelische *Logik* und die *Analytica posteriora*, denn er besaß eine komplette Ausgabe des *Organon*. Das setzt aber voraus, dass es schon vor den toledanischen Übersetzungen[33] eine Übertragung gegeben hat. Obwohl Johannes von Salisbury das Werk Jakobs nicht ausdrücklich zitiert, stammte der von Johannes benützte Text gleichwohl von ihm, mochte Johannes auch eine andere – anonyme – Übertragung der beiden Handschriften der *Analytica posteriora* gekannt haben.

Der englische Bischof bemerkte natürlich den qualitativen Unterschied zwischen den beiden Fassungen, die er besaß. In einem wahrscheinlich 1167 an seinen Freund Richard, Archidiakon von Coutances (und ab 1170 Erzbischof von Avranches), der wiederum mit Robert von Torigny befreundet war, adressierten Brief bat er um eine Abschrift der aristotelischen Werke und auch der Anmerkungen für deren schwierige Textstellen. Offenbar hegte er einige Zweifel an der Genauigkeit der Übersetzungen:

> Ich wiederhole, um was ich Euch schon seit langer Zeit bitte: Lasst mir Abschriften der Bücher von Aristoteles zukommen, die Ihr besitzt, sowie der Anmerkungen über den heiligen Markus. Schaut bitte auch nicht auf meine Kosten, was immer der Grund dafür sein mag. Ich bitte und flehe Euch erneut an, mir eine Abschrift der Anmerkungen über besonders schwierige Textpassagen in den Aristoteleswerken fertigen zu lassen, die Ihr besitzt, umso mehr als mich gewisse Zweifel am Text meines Übersetzers beschleichen, denn er scheint, wie mir oft versichert wurde, trotz seines eloquenten Stils in der Grammatik weniger bewandert zu sein.[34]

Wie man übrigens weiß, sind Jakob von Venedig bei seiner Arbeit tatsächlich einige Fehler unterlaufen; außerdem ist auch bekannt, dass ihm die griechische Mythologie nicht sonderlich geläufig war.[35] Prüft man seine Texte schließlich genau, so zeigt sich, dass Jakob auch Werke anderer griechischer Autoren als Aristoteles besessen hat, denn bei seinen Randglossen oder Anmerkungen zwischen den Zeilen bezieht er sich auf sie. Das fällt besonders in den beiden Folianten 221 und 232 von Avranches und in einem dritten, der in Oxford aufbewahrt wird.[36] Alle drei Bände stammen aus dem 12. Jahrhundert und strotzen nur so von Anmerkungen, die das Wissen Jakobs von Venedig und die Mannigfaltigkeit der griechischsprachigen Bände beweisen, die ihm im ersten Drittel des 12. Jahrhunderts zur Verfügung standen.

Die Verbreitung der Übersetzungen Jakobs von Venedig

Den Übersetzungen Jakobs war ein umso verblüffenderer Erfolg beschieden, als wir von bestimmten anderen Chroniken aus dem Mittelalter nur drei oder vier, manchmal sogar nur ein einziges Exemplar kennen;[37] das Gleiche gilt auch für eine ganze Reihe von Universitätsschriften. Die Übersetzungen Jakobs zeigen hingegen ein bemerkenswertes Profil, wie die wichtigsten unter ihnen, die *Physik*, die *Metaphysik* und die beiden *Analytiken*, deutlich machen.

Bezüglich der *Physik* wurden außer den beiden Handschriften in Avranches aus dem 12. Jahrhundert allein im 13. Jahrhundert um die 100 (!) Abschriften gezählt, ungeachtet der etwa 15 Abschriften, die Ende des 13./Anfang des 14. Jahrhunderts entstanden sind.[38] Diese Texte sind quer durch ganz Europa, hauptsächlich aber in Frankreich und England verstreut.

Jakobs Übersetzung der *Metaphysik* findet sich in den drei Bänden von Avranches, Bologna und Oxford,[40] die nur diesen einen Text enthalten. Sehr gut möglich, dass Johannes von Salisbury zu dem Oxforder Exemplar Zugang hatte, was auf die Verbindungslinien zwischen dem Übersetzungswerk Jakobs und dem englischen Episkopat im 12. Jahrhundert hindeutet. Im 13. Jahrhundert entstanden 39 Handschriften, die sogenannten *Composita*, welche die Übersetzung Jakobs mit der eines anderen – unbekannten – Autors verbinden.[41] Auch bei der Verbreitung dieser *Composita* im 13. Jahrhundert tat sich Nordeuropa hervor, obwohl sich der Vatikan von ihnen distanzierte.[42]

Die Verbreitung der beiden *Analytiken* (*priora* und *posteriora*) gestaltete sich geradezu spektakulär. Allein für das 13. Jahrhundert zählte man 150 der insgesamt 289 Abschriften. Diese Zahlen sind erstaunlich, zumal für ein so komplexes Werk wie das aristotelische. Für das 12. Jahrhundert ist ein Exemplar dieser Schrift im Vatikan nachgewiesen,[43] was wiederum die rasche Verbreitung der Übersetzung Jakobs seit ihrem Erscheinen auf dem Mont Saint-Michel zeigt und auch ein neues Indiz für das früh erwachte Interesse des Abendlandes an Aristoteles ist. In Chartres wurde auch eine Abschrift aus dem 12. Jahrhundert aufbewahrt, aber sie verbrannte zwischen 1942 und 1944.[44] Der Löwenanteil der 150 Abschriften ist in Nordfrankreich verblieben[45], die beiden Kopien, die es im 13. Jahrhundert am weitesten nach Süden schafften, liegen in Toulouse und Lyon. Nur zur Erinnerung sei erwähnt, dass die lateinische Übersetzung der *Sophistischen Widerlegungen* in zehn Abschriften[46] auftaucht.

Es scheint, dass Frankreich, England und die Kurie in Rom bei der Verbreitung der griechisch-lateinischen Übersetzungen von Aristoteleswerken als Hauptverteilungszentren fungierten. Angesichts solcher Zahlen bricht die Behauptung, der lateinische Westen hätte sich für die griechische Philosophie nicht interessiert beziehungsweise die griechisch-lateinischen Übersetzungen im 12. Jahrhundert seien nicht mehr als ein Randphänomen, schlicht in sich zusammen.

Die Übersetzungen Jakobs von Venedig zirkulierten in ganz Europa. In England stellte das, bezugnehmend auf das achte und zehnte Buch der *Physik*[47], ein Freund von Johannes von Salisbury, Herbert von Boseham, in seinem *Liber melorum* aus der Mitte des 12. Jahrhunderts eindeutig fest. Der Text Jakobs wurde wahrscheinlich auch in Salerno verwendet, denn ein gewisser Barthelemy verweist in den Jahren 1150–1160 und dann noch einmal 1170 darauf, dass ihn zwei Ärzte der Stadt namens Urso von Lodi und Mauro in ihrer Praxis einsetzten.[48]

Im Jahr 1179 verfasste der deutsche Kleriker in kaiserlichen Diensten, Hugo von Honau, eine philosophisch-theologische Schrift, den *Liber de homoysion et homoeysion*, den er mit den ersten Zeilen der von Jakob übersetzten *Physik* beginnen lässt und sich auch noch viele andere Textpassagen von ihm – insgesamt etwa 40 Zeilen – „entleiht", was eigentlich nur bedeuten konnte, dass er ein Exemplar dieser *Physica* selbst besaß.[49] Dieser Hugo von Honau hielt sich 1170–1173 und 1179 mehrfach in offizieller Mission für Kaiser Friedrich I. Barbarossa in Konstantinopel auf. Er verkehrte häufig mit anderen, dort akkreditierten Gelehrten aus dem lateinischen Westen und mit den Übersetzern am Kaiserhof. Als großer Verehrer der antiken Griechen sah er in ihnen „die Quelle aller Weisheit."[50]

Etwa um 1200 würdigte der englische Gelehrte Alexander Neckam die *Zweiten*

Analytiken (*priora* und *posteriora*) von Aristoteles mit einem Zitat aus der Übersetzung Jakobs,[51] und später setzte der englische Theologe und Philosoph Robert Grosseteste (1170/1175–1253) das gleiche Werk 1230 bei seinen Studenten an der Universität Oxford ein. P. Rossi, der Herausgeber dieses Textes, stellte „mit Sicherheit" fest, dass der Franziskanerpater die Übersetzung Jakobs einschließlich seiner Anmerkungen[52] in seine Vorlesungen einbrachte. Im Übrigen führt die Bibliothek von Avranches ein sehr schönes Exemplar der *Nikomachischen Ethik*, versehen mit vielen Randbemerkungen in einer sehr feinen und sehr lesbaren Handschrift, die wir Robert Grosseteste zuordnen müssen.[53] Ende des 13. Jahrhundert unterzog sich schließlich Wilhelm von Moerbeke der Mühe einer Revision der beiden, von dem Kleriker aus Venedig[54] übersetzten *Analytiken* von Aristoteles.

Auch die beiden großen Kirchenlehrer und Philosophen Albertus Magnus und Thomas von Aquin beschäftigten sich mit den Übersetzungen der *Physik*, der *Metaphysik* und der *Analytica priora/posteriora* Jakobs. Albertus Magnus benutzte die beiden „Analytiken" in der „Übersetzung Johannes'"[55], wie er sagt, und auch L. Minio-Paluello stellt fest, dass die sehr häufig vorkommenden Zitierungen griechischer Worte exakt nach der Art Jakobs übersetzt sind. Er wies im Übrigen den Gebrauch einer Handschrift Jakobs und der *Composita*[56] durch Thomas von Aquin nach. Noch bis Ende des 14. Jahrhunderts fand man Spuren der Übersetzungen Jakobs von Venedig und wenn wir L. Minio-Paluello glauben wollen, verdanken wir ihm einen erheblichen Anteil unseres philosophischen Wortschatzes.

Andere griechisch-lateinische Übersetzungen

Jakob von Venedig war nicht der Einzige, der Werke von Aristoteles übersetzt hat. Die *Physik*, die *Metaphysik*, die *Analytiken* (*priora* und *posteriora*) und sogar die *Topik*[57] weckten auch die Aufmerksamkeit anderer Übersetzer. Sie blieben zwar anonym, aber ihre Projekte bestätigen die Bedeutung von Übersetzungen vom Griechischen ins Lateinische.

Die *Physik* beispielsweise tauchte auch in einer anderen Übersetzung unter dem Titel *Translatio vaticana* auf, deren einziges Exemplar heute in den Archiven des Vatikans ruht.[58] Ihr erster Herausgeber, A. Mansion, behauptete, dass diese Fassung noch älter sei als die Jakobs von Venedig, weil dieser sich von ihr inspirieren ließ und sie wiederholt korrigiert habe.[59] Die Herausgeber aus jüngerer Zeit, F. Bossier und J. Brams, äußerten jedoch eine gegenteilige Meinung. Ihnen zufolge beeinflusste der Text Jakobs den Übersetzer der *Vaticana*, ohne dass man behaupten könnte, dieser Unbekannte hätte die Übersetzung Jakobs etwa revidiert.[60] Im Übrigen zeigt die Analyse des verwendeten Wortschatzes, dass Albertus Magnus die *Physik* in ihrer *Vaticana*-Übersetzung[61] gelesen hat.

Auch die beiden *Analytiken* übersetzte neben Jakob wahrscheinlich auch ein Unbekannter unter dem Pseudonym „Johannes" direkt vom griechischen Urtext aus in die lateinische Sprache, der diese im Auftrag eines Gelehrten, eines „Doktors", verfasste, wie er es in seinem Vorwort angibt.[62] „Jean" taucht auch in allen Briefen um eine Abschrift der Übersetzung Jakobs in Paris und in einer Randbemerkung auf, welche den Text Jakobs unter Hinweis auf die *Translatio Johannis*[63] korrigiert.

Die Übersetzung des „Johannes" muss aus der Zeit vor 1159 stammen, denn Johannes von Salisbury spielte in diesem Jahr kurz auf sie an, als er sie mit der Jakobs verglich und sie als die jüngere (*novam*)[64] bezeichnete. Von ihr existiert nur die Urfassung, in deren Vorwort der Übersetzer „Johannes" sein Vorhaben erklärt:

> Die Übersetzung von Boethius ist uns nicht vollständig überliefert, und was von ihr noch besteht, ist rätselhaft und nicht mehr zu gebrauchen.[65] Im Übrigen beweisen die Herren von Francia durch ihr Schweigen, dass die Übersetzung Jakobs von Venedig in das Dunkel ihrer Unverständlichkeit gehüllt ist. Obwohl sie dieses Buch und die Kommentare jenes Jakob besitzen, wagen sie nicht, ihre Kenntnis davon weiterzuverbreiten.[66]

Die Anspielung auf die „Herren in Francia" – gemeint ist Nordfrankreich – zielt auf die beiden großen Zentren Chartres und Paris, von deren Schulen im 12. Jahrhundert ein hoher geistiger Einfluss ausging. In Chartres wirkten Wilhelm von Conches († 1154), der Lehrer von Johannes von Salisbury, der aus mehreren Übersetzungen Hunayn ibn Ishaqs, darunter besonders aus dessen *Isagoge* des Porphyrios, schöpfen konnte, und um 1140 Thierry von Chartres, dem eine komplette Sammlung aller logischen Werke von Aristoteles gehörte, nur eben nicht die *Analytica priora* und die *Analytica posteriora*. Das wiederum bestätigt das hohe Interesse, das Aristoteles Mitte des 12. Jahrhunderts im Norden des französischen Königreichs entgegengebracht wurde. „Johannes" hat, wie er selbst sagt, diese beiden *Analytiken* direkt aus dem Griechischen übersetzt:

> Als ich zahlreiche Geschäfte zu erledigen hatte, fiel Eure Entscheidung auf mich und veranlasste mich, die *Analytica priora* und die *Analytica posteriora* aus der griechischen in die lateinische Sprache zu übersetzen. Eurer Bitte kam ich umso leichter nach, als ich wusste, dass diese Übersetzung Einblick in eine Welt des wissenschaftlichen Überflusses gestatten

würde und es mir ganz offenkundig war, dass ihre Schätze den Lateinern unserer Epoche nicht mehr verborgen bleiben durften.[67]

Dieses, wahrscheinlich von einem Abt oder Bischof bestellte Werk beweist, dass in Nordfrankreich Leute lebten, die Griechisch konnten, und dass man in der Region bestimmte Werke von Aristoteles im griechischen Urtext besaß, das heißt gerade solche, von denen man allgemein annahm, dass sie der lateinische Westen nur aus den arabisch-lateinischen Übersetzungen in Toledo kannte. Die Bemerkung des „Johannes" lässt auch das Interesse am Inhalt der *Zweiten Analytiken* erkennen, weil sie eine Fülle an wissenschaftlichen Erkenntnissen enthielten und man nun endlich verbreiten sollte, was die „Lateiner wissen müssen."

Diese neue Übersetzung der *Zweiten Analytiken* entfaltete mehr Wirkung, als man sich von einem einzigen vollständigen Manuskript allein vorstellen konnte. Sie wurde als Randbemerkung tatsächlich in die Fassungen Jakobs von Venedig notiert oder genutzt, um jene zu modifizieren. In diesem Sinne wies die in Salamanca[68] verbliebene Jakob-Fassung 150 derartige Glossen auf. In einem Oxforder Exemplar ersetzte ein Wort aus der „Johannes"-Übersetzung ein fehlendes Wort in der Übersetzung Jakobs, wobei man sie bei dieser Gelegenheit als Referenzübersetzung von „Johannes" erkannte[69] ... Auch bei etwa 50 anderen Jakob-Handschriften bediente man sich der „Johannes"-Übersetzung, um eine Lücke zu füllen oder eine Anmerkung einzuschieben.[70] Das alles zeigt, dass die „Johannes"-Handschrift, obwohl sie nur in einem einzigen Exemplar existierte, einen großen Bekanntheitsgrad erreichte, und es beweist die Sorge der Kopisten und der Nutzer um die bestmögliche Übersetzung. Diese Forderung nach Qualität besaß -darauf wurde bereits hingewiesen – in der Kulturgeschichte des europäischen Mittelalters eine eminente Bedeutung.

Von der *Metaphysik* des Aristoteles sind neben der Übersetzung Jakobs von Venedig zwei weitere Übertragungen aus dem 12. Jahrhundert bekannt. Die Experten bezeichnen die eine als *media* oder *anonyma* und die andere als *composita.*

Die ebenfalls griechisch-lateinische Übertragung der *anonyma*[71] datieren Kenner auf die zweite Hälfte des 12. Jahrhunderts, also kann es sich nicht um die Übersetzung Gerhards von Cremona handeln, in dessen Werkverzeichnis, nebenbei gesagt, die *Metaphysik* gar nicht vorkommt, und auch nicht um die aus der Feder von Michael Scotus, die aus dem ersten Drittel des 13. Jahrhunderts stammt. G. Vuillemin-Diem wies in einer sehr genauen Untersuchung der Übersetzungstechniken und der Wortwahl in der *anonyma* darauf hin, dass ihr Übersetzer auch die *Physik* in der *Translatio vaticana* übertragen hat.[72] Seine Übersetzung der *Metaphysik* müsste vollständig gewesen sein, von den vierzehn Büchern fehlt nur das elfte. Dennoch erreichte auch die unvollständige Fassung eine erstaunlich hohe Zahl von Abschriften – 80 im 13. und 14. Jahrhundert, wobei 16 ganz sicher im 13. Jahrhundert[73] kopiert wurden. Schade, dass uns die Geschichte den Namen dieses Mannes nicht überliefert hat, der sowohl die *Metaphysik* wie die *Physik* von Aristoteles übersetzt hat – gleichsam ein zweiter Jakob von Venedig …

Die Übersetzung der sogenannten *composita* stützt sich klar auf Jakob von Venedig. Auch sie stammt aus der zweiten Hälfte des 12. Jahrhunderts[74], und auch ihr Autor ist unbekannt. Seine griechischen Sprachkenntnisse sind nicht besser als die Jakobs von Venedig, aber sein Latein ist reiner und liest sich flüssiger.[75] Wir wissen nicht, ob er einer griechischsprachigen Vorlage folgte und die Übersetzung Jakobs nur hilfsweise in Anspruch nahm oder ob er, was für ihn einfacher gewesen wäre, den Text des Venezianers nicht einfach ganz übernahm und ihn nur hie und da je nach seinem Geschmack veränderte. Anders gesagt: In diesem Fall ist nur schwer zu erkennen, ob es sich bei der *composita* nur schlicht um eine Korrekturfassung oder um einen ganz eigenen Text des namenlosen Übersetzers handelt. Sein Griechisch zumindest scheint nicht perfekt gewesen zu sein, weshalb man seine Fassung vielleicht auch als Plagiat ansehen könnte, zumal sicher ist, dass Jakob die *Metaphysik* vollständig übersetzt hat. Trotzdem verzeichnete die *composita* einen achtbaren Erfolg, denn sie brachte es im 13. Jahrhundert immerhin auf etwa 30 Abschriften.

Diese ersten Übersetzungen der *Metaphysik* von Aristoteles kamen auch Petrus Lombardus vor Augen, denn der Verfasser der *Sentenzen* spricht in der Randbemerkung in einem seiner Manuskripte tatsächlich davon, dass er 1175[76] den Aristotelestext gelesen hätte. Wilhelm der Bretone bemerkte 1220, dass man zehn Jahre früher „in Paris gewisse Bücher von Aristoteles las, die man als ‚Kompositen' bezeichnete und die in die *Metaphysik* einführten; diese Bücher hätte man jüngst aus Konstantinopel herangeschafft und von der griechischen in die lateinische Sprache übersetzt.[77]

Wahrscheinlich hing die „Einfuhr" dieser Bücher mit der Erstürmung Konstantinopels durch die Kreuzfahrer 1204 zusammen. Die Bemerkung Wilhelms zeigt zweierlei: Erstens gelangten weiterhin griechische Handschriften nach Europa, und zweitens wurden dort weiterhin griechischsprachige Bücher direkt in die lateinische Sprache übersetzt. Der griechische Pfad für die Übermittlung der Werke von Aristoteles (oder von Platon) in den Westen existierte also sehr wohl.

Im Jahr 1210 verbot der Vatikan die Lektüre der naturwissenschaftlichen Werke von Aristoteles mit Ausnahme seiner *Metaphysik*, die 1215 allerdings doch noch auf dem Index landete.[78] Diese Maßnahmen wirkten sich in der Wirklichkeit überhaupt nicht aus, und die inkriminierten Texte wurden in Toulouse noch 1229 gelehrt.

Die Rolle des Mont Saint-Michel

Dem Mont Saint-Michel kommt im Prozess der Durchdringung der aristotelischen Gedankenwelt eine ganz erhebliche Bedeutung zu. Der Zweite Weltkrieg hat dem Kloster erhebliche Schäden zugefügt, aber der Schrank, in dem die Handschriften aufbewahrt wurden, rettete dennoch einige griechisch-lateinischen Übersetzungen in der damals zeitgenössischen oder wenig späteren Transkription.[79] Abgesehen von einem heute verschwundenen Manuskript aus dem 10. Jahrhundert, das eine Zusammenfassung der *Kategorien* enthielt, reichen einige dieser Quellen bis ins 12. Jahrhundert, also in die Zeit von Robert de Torigny zurück. Diese Übersetzungen wurden alle aus der griechischen Originalfassung gefertigt.

Die Stadtbibliothek von Avranches bewahrt neun Bände von Aristoteleswerken in lateinischer Übersetzung auf, das heißt insgesamt 31 Texte des Philosophen.[80] Die älteste dieser Handschriften datiert aus dem 10./11. Jahrhundert und vereinigt Abschriften aus dem aristotelischen *Organon*, besonders die *Kategorien* – sie beweist das sehr frühe Interesse der Mönche des Klosters an den Schriften des Stagiriten. Diese Zuneigung weckte wahrscheinlich ein griechischstämmiger Mitbruder namens Anastasius der Venezianer, der sich vom Ruf des Klosters und seiner Nähe zur Benediktiner-Abtei Bec-Hellouin mit deren gelehrtem Abt Lanfranc, dem späteren Erzbischof von Canterbury[81], angezogen fühlte. In Bec-Hellouin studierte der heilige Anselm, der, wie bekannt, von Aristoteles das Konzept des unbewegten Bewegers übernahm und es als Grundbegriff in seine frühscholastische Theologie einführte.[82] C. Viola meint, „obwohl Anselm den Namen Aristoteles nur ausnahmsweise erwähnt, so unterliegt dessen Einfluss als Wissenschaftler auf Anselm doch keinerlei Zweifel."[83] Die Benediktiner von Bec besaßen übrigens sämtliche Boethius-Übersetzungen, wie ein Inventar ihrer Klosterbibliothek beweist.[84] Robert de Torigny, einst selbst Mönch in Bec und dort auch zum Wissenschaftler ausgebildet, bevor er am 27. Mai 1154 zum Abt des Mont Saint-Michel gewählt wurde, kam schon in seinen jungen Jahren mit dem Werk des Aristoteles in Berührung. An seiner neuen Wirkungsstätte richtete er ein *scriptorium* ein, aus dem eine sehr bedeutende Bibliothek von 140 Bänden[85] entstand, wie er selbst sagte. Leicht verständlich, dass er 1157 eine Anmerkung zur Übersetzertätigkeit Jakobs von Venedig in seine *Chronik* einfügte.

Auf dem Mont Saint-Michel wurden natürlich auch die bereits erwähnten Bände 221 und 232 von Avranches kopiert, wie ihre Herkunftszeichen beweisen.[86] Foliant 232 diente den Kopisten wahrscheinlich als Vorbild für weitere Abschriften von Aristoteles. Drei seiner Abhandlungen, die *Metaphysik, De generatione et corruptione* und die *Ethica vetus* finden sich in einer Handschrift in der Bibliothek von Oxford wieder, die ebenfalls in Nordfrankreich entstanden ist.[87] Abgesehen vielleicht von *De generatione et corruptione*, deren Oxforder Abschrift älteren Datums zu sein scheint, bilden die in Avranches gelagerten Handschriften die ältesten Dokumente, die wir von den ersten lateinischen Aristoteles-Übersetzungen besitzen.

Die sieben anderen Handschriftenbände von Avranches, die neben den Schriften anderer griechischer Autoren ebenfalls Aristoteles-Traktate enthalten, sind ausnahmslos auf dem Mont Saint-Michel entstanden und auf der klösterlichen Inventarliste *armarium* vermerkt. Diese spektakuläre Ansammlung von Aristoteles-Schriften im Kloster und in Avranches beweisen das Interesse der Mönche an der antik griechischen Philosophie und Wissenschaft Mitte des 12. Jahrhunderts.

Im Übrigen übersetzte man Aristoteles nicht nur, sondern kommentierte ihn in den meisten Handschriften von Avranches auch in zahlreichen Randbemerkungen oder Einfügungen in und zwischen den Zeilen. Sie füllen oft die ganzen Seitenränder aus, bei manchen Seiten sogar auch noch von oben bis unten, sodass meist längere Texte entstanden sind als die, die sie kommentierten.[88] Diese Glossen, manchmal in sorgfältiger Schrift ausgeführt, stellen die älteste lateinische Exegese von Aristoteles-Schriften dar; es wäre ein Verdienst, sie zu übersetzen und herauszugeben.

Und wer verfasste diese Kurzkommentare? In Bezug auf die *Metaphysik* ganz unleugbar Jakob von Venedig. Die Technik der Übersetzung dieser Einfügungen ist mit der des ins Lateinische übersetzten Textes identisch. Auch Robert de Torigny war dieser Meinung, der Jakob nicht nur als Übersetzer beurteilte, sondern auch als Kommentator. Wir sollten außerdem festhalten, dass in einem toledanischen Exemplar dieser Handschrift vermerkt ist: „Die Übersetzung und die übersetzten Kommentare stammen von dem gleichen Jakob.“[89] Unbekannt ist, ob die anderen Annotationen von unbekannten Kommentatoren der griechischsprachigen Fassung stammen, die ihre Meinung ebenfalls auf den Randspalten der Manuskripte notierten, oder ob es sich um Anmerkungen der Übersetzer selbst handelt. Trifft Letzteres zu, könnten sie aus dem Umfeld des Archidiakons Richard von Coutances stammen, den Johannes von Salisbury ausdrücklich um erläuternde Hinzufügungen für Aristoteles-Texte gebeten hatte.

Auf dem Mont Saint-Michel entstanden in der ersten Hälfte des 12. Jahrhunderts nicht weniger als die ersten Kommentare des lateinischen Westens zu den Aristoteles-Schriften *Analytica priora* und *posteriora, De anima, De generatione et corruptione, Ethica vetus, De memoria, Physica* und *Metaphysica vetustissima*. Diese Kommentare waren nur möglich, weil zum ersten Mal die lateinischen Übersetzungen der griechischsprachigen Fassungen vorlagen.

Folglich sind die Übersetzungen Jakobs von Venedig, von „Johannes", von der Übertragung im Vatikan mit ihrem unbekannten Übersetzer und der *Metaphysica Composita* allesamt vor den Übersetzungen von Aristoteles-Schriften aus Spanien erschienen und hatten einen enormen Erfolg.

Diese Übersetzer hätten sich ohne Bitten oder Aufträge von Äbten oder Theologen aus Nordfrankreich oder England nicht so bemüht. Die Handschriften, Fachkorrespondenzen und Fremdanmerkungen in den griechisch-lateinischen Übersetzungen demonstrieren das geballte Interesse eines harten Kerns berühmter Gelehrter wie Jakob von Venedig, Johannes von Salisbury, Herbert von Bosham unter anderen, die sich nicht nur für die Philosophie Platons, wie schon bekannt, sondern auch für die aristotelische Philosophie interessierten. Damit ist ein Punkt nicht mehr zu widerlegen: In Nordfrankreich, in England, auf dem Mont Saint-Michel, in Coutances, Chartres, Paris und in Oxford begann eine breite Bewegung, die -getragen von Auftraggebern, Lesern, begüterten geistlichen Kreisen und Philosophen – vor allem eines gemeinsam hatten: die leidenschaftliche Liebe zum griechischen *logos*.

Das übersetzerische Bemühen und das Nachdenken über philosophische Fragen, die vom Mont Saint-Michel ausgingen und zusätzlich noch dadurch befeuert wurden, dass nicht übersetzte griechischsprachige Handschriften noch auf ihre Übersetzung warteten, stellten den Mont Saint-Michel auf eine Ebene mit den ersten Orten des geistigen Aufschwungs im hochmittelalterlichen Europa. Um dieses große Kloster entstand in der ersten Hälfte des 12. Jahrhunderts eine Front von geistigem Pioniertum in der europäischen Kultur. Europa wurzelt wahrscheinlich eher dort als an den Ufern des Euphrat.

Viertes Kapitel

Der Islam und das Wissen der Griechen

> Unsere Religion und unser Reich sind arabisch und wie Zwillinge [...]. Die wissenschaftlichen Erkenntnisse aus allen Ländern wurden in die arabische Sprache übersetzt und sind deshalb verschönert [...]. Ich werde lieber in Arabisch beschimpft als auf Persisch gelobt.[1]

Die Frage ist: Dürfen wir aus der Flut syrischer Übersetzungen schließen, dass sich die rationalistische Denkweise der antiken Griechen in der muslimischen Welt ausbreitete? Sie wurde schon häufig gestellt – und wurde immer gleich beantwortet: Der Islam sei dadurch hellenisiert worden. Als die Abbasiden 751 an die Macht gelangten, kam es in den Augen mehrerer Historiker zu einer weitreichenden Veränderung: Der Islam hätte sich dem Wissen der antiken Griechen begeistert geöffnet und vieles aus ihm geschöpft, weil es ihm eine neue Dimension vermittelt hätte.[2] Daran mag sogar ein wahrer Kern sein, denn immerhin verwiesen muslimische Autoren nur selten auf Schriften aus Iran oder aus Indien – ganz anders als bei wissenschaftlichen Erkenntnissen aus der griechischen Antike, die sich, selbst auf die Gefahr einer scharfen Diskussion hin, bei arabischen Gelehrten eines hohen Ansehens erfreuten: Avicenna ließ sich von Platon – genauer gesagt: von den Neuplatonikern – inspirieren, während Averroës einen umfänglichen Kommentar zum Gesamtwerk von Aristoteles verfasste. Bestätigen diese Fakten aber die These von einem „Aufgeklärten Islam", der sich wissbegierig der altgriechischen Wissenschaft und Philosophie zuwendete und von aufgeklärten Kalifen geführt wurde, die niemand so gut verkörperte wie al-Ma'mûn (813–833), oder verhielt es sich in der Realität doch nicht ganz so glatt?

Allein schon der Begriff „muslimische Welt" befriedigt nicht so recht, weil bei den vielen Aktivitäten, die wir als „wissenschaftlich" bezeichnen (Astronomie, Algebra/Geometrie und Medizin), eher Nicht-Muslime wie Christen, Juden und Sabäer die Spitzenpositionen besetzten. Die gebildeten Kreise sprachen Arabisch, aber hinter der Fassade der „muslimischen Welt" verbargen sich komplexe und differenzierte Strukturen. Obwohl eine Reihe von gelehrten Köpfen, zum Beispiel Hunayn ibn Ishaq, als Araber geboren wurden oder aus einer arabisierten Familie stammten wie Yuhanna ibn Masawayh, erwarben sich auch zum Islam konvertierte Perser als Mathematiker, Ärzte, Philosophen (Avicenna) oder Historiker (al-Tabari, al-Baladuri) einen Ruf als Wissenschaftler. Für die damalige Zeit muss in Bezug auf das antike Erbe zwischen den Einstellungen von Arabern und Nicht-Arabern unterschieden werden, um den Grad, die Art und Weise und die Grenzen der Hellenisierung der islamischen Welt abzuschätzen, die ein politisch-zivilisatorisches Universum, in dem der Islam herrschte, Arabisch als gemeinsame Sprache gesprochen wurde, wo aber die gelehrten Kreise aus unterschiedlichen Völkern und Glaubenstraditionen stammten.

Schließlich lebten vom 8. bis zum 12. Jahrhundert weder in Damaskus und Bagdad noch in Byzanz viele Gebildete vom Typ des „lesenden Schriftstellers". Die große Mehrheit der islamischen Bevölkerung bildeten Analphabeten, genau wie im gleichen Zeitraum im christlichen Abendland.[3] Wer also nach der hellenischen Durchdringung der arabisch-islamischen Welt fragt, kann nur eine Handvoll Personen meinen, deren Zahl wegen der ungenügenden Quellensituation zudem nur schwer einzuschätzen ist. Auf jeden Fall beherrschten im *Dar al-Islam* die Juristen, die Religionsgelehrten des Islam (*'ulamâ'*), die Imame, die in der Moschee das Gebet leiteten, ein Teil des höheren Offizierskorps, die Steuereintreiber und sogar die Bauern das Lesen und Schreiben, die es in der Schule gelernt hatten ... Und wie viele in diesem Personenkreis beschäftigten sich mit Wissenschaft, Mathematik oder Philosophie? Sicher nicht mehr als im Byzantinischen Reich zur gleichen Zeit – aus politisch-kulturellen Gründen vielleicht sogar noch weniger. Das Studium des Koran und seiner Auslegungen (*tafsir*) oder der Aussprüche des Propheten Mohammed (*hadithe*) und ihrer Überliefererketten beschäftigten viele Köpfe.

Aufnahme, Gleichgültigkeit oder Zurückweisung?

Mit dem Wissen der griechischen Antike konfrontiert, konnten sich die neuen Herren des Vorderen Orients zwischen vier Wegen entscheiden: Entweder dieses Wissen anzunehmen, es zurückzuweisen, es nicht zu beachten oder es unter Einschaltung eines kulturell-religiösen Filters gelegentlich zu verwenden. Hier siegte in vielen Fällen die Gleichgültigkeit, aber es gab auch radikale Ablehnungen. Man entschied sich im Allgemeinen für den vierten Weg und übernahm aus dem antiken Wissenskanon nur Erkenntnisse, die nicht im Widerspruch zu den Lehren des Koran standen. Ein grundsätzlich unvoreingenommener Kontakt kam trotz solcher Ausnahmegelehrter wie al-Farabi, Avicenna, Abu Ma'shar oder Averroës nur sehr selten zustande und auch diese Zustimmung war ohne religiöse Anpassung nicht möglich.

Griechenland, eine ferne Welt

Die Christen in Europa durften sich mehr oder weniger als Erben des antiken Griechenland fühlen. Sie kannten von ihm einige historische Figuren, schlecht zwar, denn einige Klöster besaßen nur gekürzte Fassungen der *Ilias*[4], und auch die griechischen Kirchenväter waren manchen Europäern nicht ganz unbekannt. Die römische Kultur hingegen lebte in den Klöstern fort, wo man Vergil, Ovid, Cicero, Lucan oder Seneca studierte, aufbewahrte und kopierte.

Im Gegensatz dazu präsentierte sich Griechenland – wie auch Rom – für den Islam aus religiösen, aber auch politischen Gründen als eine total fremde Welt, denn das Byzantinische Reich setzte dem arabischen Expansionsdrang im Mittelmeerraum und in Kleinasien wie immer seit Jahrhunderten Grenzen. Die Muslime pflegten sich für die Sprachen der eroberten Völker nicht zu interessieren – und dies aus gleich mehreren logischen Gründen. Auf der einen Seite betrachteten sie Arabisch als die heilige Sprache der Offenbarung. Deshalb hatten sich die anderen Völker gefälligst nach ihr zu richten und nicht umgekehrt die Araber nach den Sprachen der Ungläubigen oder „Büchermenschen". Zumal die griechische Sprache ja christliche und, wenn man bis zu den antiken Philosophen zurückgeht, sogar heidnische Auffassungen stützte. Deshalb hatte Mohammed in seinen Predigten die Gläubigen gewarnt, alles zu meiden, was sie vom wahren Glauben abbringen könnte. Die griechisch-antike Welt war für ihn also mindestens so verwerflich wie der Zustand der arabischen Unwissenheit (*Jahiliyya*), als in Mekka und im Hedschas Heiden herrschten. Schließlich begannen die Eroberer als die neuen Herren unendlicher Weiten ihre neuen Untertanen aus Gründen der administrativen, militärischen und politischen Effizienz[5] nach und nach zu arabisieren.

Obwohl die Kalifen oder Emire kein Griechisch sprachen, lebten an ihren Höfen selbstverständlich Übersetzer hellenischen, koptischen oder alt-syrischen Ursprungs, was sich durch die Zeiten hinzog. Das bezeugt ein Brief des byzantinischen Humanisten und Metropoliten von Cäsarea, Arethas, den er im 10. Jahrhundert an den Emir von Damaskus schrieb. Arethas schrieb damals schon nicht mehr in klassisch reinem Griechisch, sondern benutzte die griechische Umgangssprache, „Demotike" genannt, damit ihn die Sarazenen lesen konnten, wie einer Anmerkung zu entnehmen ist.[6] Es kann durchaus sein, dass die vermutlich christlichen Übersetzer des Emirs das klassische Griechisch auch nicht mehr beherrschten, das damals eigentlich kaum noch in Syrien gesprochen wurde.

Da sich weder die arabischen Imame oder Ulamas darum bemühten, Griechisch zu lernen, blieb seine Beherrschung ein Privileg der Christen, und weil den arabischen Eliten die griechische Sprache fremd blieb, besaßen sie nur indirekt Zugang zur griechischen Gedankenwelt und Wissenschaft.

Von den Omaijaden zu den Abbasiden

Die Profanwissenschaften wurden zur Omaijadenzeit (661–751) kaum gefördert,[7] was aus politisch-militärischen und religiösen Gründen einsichtig ist. Die Hauptsorge der omaijadischen Kalifen bestand nach dem schlimmen Schock der *fitna*[8] und der Bürgerkriege zwischen den Anhängern und Gegnern von Ali, dem Vetter und Schwiegersohn des Propheten (656–680), in der Festigung des Korantextes und der Vermeidung jeglicher Abweichung, die den ewigen Wortlaut im Buch Gottes hätte beeinträchtigen können. Es wäre in dieser Situation auch strategisch äußerst ungünstig gewesen, das rationalisierende griechische Denken zu einem Zeitpunkt im Araberreich einzuführen, wo es dort vor allem um die Stärkung der religiösen Orthodoxie ging. Deshalb bedeutet die Herrschaft von Kalif Abd al-Malik (685–705), den der Imam al-Hajjaj unterstutzte, eine Schlüsselperiode für die Zusammenstellung der Korantexte, die Stärkung des islamischen Bewusstseins und die Arabisierung der Sprache.[9]

Die Eroberung von Teilen des Byzantinischen Reiches (Syrien, Palästina, Ägypten, Nordafrika) brachte die Araber mit einer Welt in Berührung, der sie misstrauten: Die Sieger schlugen ihre Zelte außerhalb der Städte in befestigten Lagern auf und mieden den Kontakt mit den kulturellen Eliten des griechischen Reiches, von denen übrigens einige vor ihnen flohen.[10] Obwohl nicht gesichert ist, dass Amr ibn al-As, dessen Siegel das Bild eines Stiers[11] trugen, als General des Kalifen Omar I. die Bibliothek von Alexandria 646 in Brand steckte – viel wahrscheinlicher ist, dass er ein zufälliges Feuer nicht löschen ließ – zeigt ein ihm zugeschriebener Satz den geistigen Zustand der Eroberer: „Wenn diese Bücher schon das enthalten, was im Koran steht, sind sie überflüssig. Wenn sie Dinge enthalten, die ihm zuwiderlaufen, sind sie schädlich." In beiden Fällen war es unerheblich, dass die Bücher und Schriften verbrannten.

Die Zurückweisung oder die Gleichgültigkeit gegenüber allem Griechischen zeigte sich auch durch die Zerstörung der Klöster als kulturelle Stützpunkte, wobei die Araber nicht anders handelten als die Wikinger. Selbst der Berg Athos hatte unter heftigen Angriffen zu leiden. Auf dem „heiligen Berg" der Orthodoxen wurde das Kloster Moni Vatopediou, das so reich und berühmt wie Moni Megistis Lavra oder Moni Iviron war, 862 zur Hälfte ausgeraubt. Die Vorstöße der Kalifen durch Anatolien, zum Beispiel des berühmten Harun al-Raschid, der in den Jahren 782, 805 und 806 weit ausgreifende, bewaffnete Streifzüge durch den gesamten Norden Kleinasiens, insbesondere durch Paphlagonien und Bithynien bis unter die Mauern von Nicäa unternahm, waren nicht gedacht, um wissenschaftliche Literatur aus dem antiken Griechenland zu rauben; es ging viel mehr um die Beute aus den großen Landgütern der Klöster oder reichen byzantinischen Großgrundbesitzer. D. Jacquart spricht zu diesem Thema von einer „Zeit der zerstörerischen Auswahl in den Bibliotheken."[12]

Im Mittelmeerraum erfolgten die Sarazeneneinfälle fast jährlich, und die Inseln fielen eine nach der anderen: Rhodos im Jahr 807, Kreta zwischen 825 und 827, die Kykladen 826–828. Süditalien wurde mehrfach angegriffen – Brindisi im Jahr 828, Capua wurde 840 eingenommen, und in Bari entstand ein Sarazenenemirat. Sizilien, das Hauptziel der arabischen Angriffe (Palermo fiel zwischen 830 und 834, Messina 839), war seit 854 fast vollständig in der Hand der Araber; Syrakus wurde schließlich 878 gestürmt. Auch den berühmtesten Orten des Abendlandes blieben diese Einfälle nicht erspart. Im Jahr 846 ging nach einem plötzlichen Sarazeneneinfall in Rom die konstantinische Basilika St. Peter in Flammen auf, was den Heiligen Stuhl zwang, eine Schutzmauer um den berühmten Bezirk zu errichten. Im Jahr 881 wurden die Mönche des Klosters zum heiligen Vinzenz in Volturno von Sarazenen ermordet, die zwei Jahre später auch die großen Abteien Farfa und Monte Cassino zerstörten. Die Unsicherheit wegen der immer wiederkehrenden Überfälle erreichte derartige Dimensionen, dass die St.-Vinzenz-Abtei in Volturno ihren Betrieb erst 914 wieder aufnehmen konnte und der Monte Cassino als eines der berühmtesten Klöster des Abendlandes erst 949 wieder Mönche beherbergte. Wollte man die von Arabern zerstörten Kirchen und Klöster in Süd- und Mittelitalien aufzählen, wäre die Liste ebenso lang wie die der versklavten Bevölkerungen in Sizilien, Kalabrien, Dalmatien und anderswo.

Obwohl die arabischen Eroberungen eine lange Spur von Zerstörungen hinter sich herzogen, wirkten sie sich in bestimmten Fällen auch ganz „segensreich“ aus, zum Beispiel, wenn Bücher erbeutet und dadurch in der arabischen Welt bekannt wurden, was immerhin von mehreren islamischen Autoren wie al-Mas'udi, al-Qifti (1172–1248) oder Ibn Abi Usaybi'a (1194/1203–1270)[13] berichtet wird. Das Buch al-Qiftis (*Kitab Ikhbar al-ulama bi akhbar al-hukama*, das sich an „die Klugen und die Weisen“ richtet) enthält die meisten Hinweise zur Geschichte der griechischen Tradition im Islam, aber weil es erst im 13. Jahrhundert verfasst wurde und Fakten oder Umstände aus dem 8. bis 10. Jahrhundert berichtet, ist bei seiner Lektüre Vorsicht geboten.

Die arabischen Religionsgelehrten konnten sich nicht über die Verwendung der beschlagnahmten Werke einigen. Als allgemeine Richtlinie galt: Zerstörung der Schriften mit religiösem Inhalt, aber Prüfung der wissenschaftlichen Texte. In seltenen Fällen zählten Bücher auch zu den Tributzahlungen der besiegten Byzantiner an die Araber, wie Sâ'id al-Andalusi (1029–1070) über den Kalifen al-Ma'mûn berichtete, der sich auf diesem Weg eine Reihe philosophischer und medizinischer Schriften[14] besorgte. Dazu muss man allerdings wissen, dass Sâ'id al-Andalusi mit dem Ziel schrieb, die Abbasiden aufzuwerten und ihre omaijadischen Vorgänger in Verruf zu bringen. Die Machtübernahme der Abbasiden kommentierte er denn auch mit den Worten: „Die Menschen schüttelten ihre Lethargie ab und die Gebildeten ihre Schläfrigkeit.“[15]

Kein anderer Abbasidenherrscher außer al-Ma'mûn hat je auf diese Art griechische Bücher erworben.[16] Einige Mäzene lancierten die Übersetzungen von Ärzten aus der griechischen Antike und unterstützten dadurch Hunayn ibn Ishaq gewissermaßen als stille Teilhaber. Die Christen im arabischen Reich interessierten sich für Übersetzungen aus dem alt-syrischen Sprachraum, und wer nach den arabischen Fassungen fragte, stammte entweder aus der arabischen Beamtenschaft oder war Gelehrter persischer Abstammung, denn dieser Personenkreis strebte, wie F. Micheau schreibt, mit aller Macht nach dem fast monopolartigen Kenntnisstand der Christen.[17] Zu den gebildeten Persern zählten im Übrigen die drei Brüder Banu Musa, die jedoch eher nach Schriften von griechischen Mathematikern suchten.[18]

Einige Kalifen wendeten sich auf ihrer Suche nach wissenschaftlichen Schriften aller Art auch an Byzanz, wie von Kalif al-Mahdi (775–785) berichtet wird. Er soll den nestorianischen Katholikos Timotheus gebeten haben, ihm ein Exemplar der aristotelischen *Topik*[19] zu besorgen. Auch der wissbegierige Kalif al-Ma'mûn schien es neben seinen direkten Buchkonfiskationen qua Tributzahlungen auf diesem Weg versucht zu haben – zumindest erzählen es die allerdings später geborenen Geschichtsschreiber al-Nadim († zwischen 995 und 998) und Ibn Abi Usaybi'a. Beide beziehen sich auf die Nachricht, dass um 815 eine eigens dafür zusammengestellte Mission nach Byzanz geschickt wurde. Aber das passierte offenbar nur einmal. Im Übrigen brauchte man die byzantinischen Herrscher nicht offiziell um Wissenschaftswerke zu bitten; man musste sie nur in den Klosterbibliotheken suchen, die zum *Dar al-Islam* gehörten, das heißt unter muslimischer Vorherrschaft standen. Hunayn ibn Ishaq erzählt in diesem Sinn, dass er auf der Suche nach einem unbedingt benötigten Werk von Galen nach Syrien, Palästina und Ägypten[20] reiste.

Das Wissen der antiken Griechen erlebte dadurch erneut Anerkennung seiner Bedeutung; in manchen Fällen wollte man beweisen, dass Muslime diesen Abstraktionsgrad erreicht hatten. Dabei spielten natürlich auch polemische Hintergedanken eine Rolle, die aus den internen Konflikten innerhalb des *Dar al-Islam* stammten. Gerade das Werk Sâ'id al-Andalusis bietet dafür ein hübsches Beispiel. Al-Andalus, das heißt den muslimisch besetzten Teil der Iberischen Halbinsel, preist Sâ'id als Ort der höchsten Vollendung der antik-griechischen Wissenschaft, denn dort hätten sich alle griechischen Wissenschaftler versammelt, und ihre führenden Köpfe (Aristoteles, Galen und Ptolemäus) würden dort gelehrt. Daraus entwickelt er die Idee, dass Wissenschaften als kulturelles Vermächtnis der einen Zivilisation auf die andere übertragen werden können, und lobt in diesem Sinn die antiken Griechen in höchsten Tönen, die alle Wissenschaftszweige entwickelt hätten, deren Kenntnis „für alle Menschen" nützlich sei. Diese Eloge sank aber in eine tiefe Klage über den Niedergang der Wissenschaften im Islam ab, der im 9. Jahrhundert einsetzte: „Ständig verachtete man die Wissenschaften, die Unruhen hörten nicht auf", um dann den Neuaufschwung zu würdigen, der Ende des 10./Anfang des 11. Jahrhunderts im arabischen Osten einsetzte, allerdings nicht ohne kräftige Nachhilfe von Al-Andalus. Als Beleg seiner Behauptung zitiert Sâ'id die Namen von 69 Gelehrten aus der Taifazeit.[21]

In Al-Andalus trennte man nicht so streng zwischen den traditionellen oder religiösen Wissenschaften und den Naturwissenschaften, die von außen kamen, und auf deren Klassifizierung der Mathematiker al-Khwarizimir im Osten so peinlich genau achtete. Möglicherweise verfügten die Araber in Al-Andalus über – abgesehen von der Medizin – keine starke, von außen an sie herangetragene Wissenschaftskultur und verspürten deshalb auch gar nicht das Bedürfnis, sich vor ihren Auswirkungen zu schützen und dementsprechend zu sieben. Dieses Gefühl der Überlegenheit reichte so weit, dass Ibn Abi Usaybi'a Avicenna misstraute und das Gerücht in Umlauf brachte, dass der Arzt Abu al-Ala Zuhr († 1130), dem man ein Exemplar der „Richtschnur der Medizin" (*Qanun*) Avicennas gebracht hätte, es nicht in seine Bibliothek stellte, sondern seine Seitenränder nutzte, um seine Rezepte und ärztlichen Anordnungen darauf zu kritzeln.[22]

Der Geist Griechenlands im „Haus der Weisheit"?

Wie von mehreren Geschichtsschreibern berichtet, gründeten die Abbasiden im 9. Jahrhundert ein „*Bayt al-Hikma*", ein „Haus der Weisheit", in dem Gelehrte aller Konfessionen und Wissenschaften zusammenwohnten.[23] Dieses „Haus" sei von einem Dreimännerkollegium – einem muslimischen Perser, einem Juden und einem Christen (Yuhanna ibn Masawayh) – geleitet worden und hätte sämtliche Übersetzungen altgriechischer Texte geführt, was auf einen Eintrag al-Nadims in seine monumentale Enzyklopädie, *Kitab al-Fihrist*, zurückgeht, Aristoteles sei al-Ma'mûn im Traum erschienen, und daraufhin hätte der Kalif beschlossen, die griechische Wissenschaft in die arabische Sprache zu übertragen[24] ... Wie weit darf man einem Autor trauen, der von Beruf aus Buchhändler und Buchliebhaber war, und dessen Einfügung den Tatsachen, die er berichtet, mehr als 150 Jahre nachhinkt?

M. Arkoun verglich diese Anekdote, auf die sich al-Nadim beruft, mit dem Loblied Sâ'id al-Andalusis auf al-Ma'mûn und dem Erscheinen der griechischen Werke mit der Errichtung des *Bayt al-Hikma*, die, wie folgt, beschrieben wird:

> In diesem „Haus der Weisheit" arbeiten und treffen sich Astronomen, Mathematiker, Philosophen, Gebildete und Übersetzer [...]. Die Buchbestände dieser geradezu fürstlich ausgestatteten Bibliothek stehen zusammen mit den griechischen Texten, die vor kurzem übersetzt wurden, einer aufgeklärten Elite zur Verfügung. Das *Bayt al-Hikma* ist ein Ort der Beratung und Begegnung, in dem Texte kopiert werden, die dazu beitragen, das klassische Wissen eines Aristoteles, Platon, Hippokrates, Galen, Ptolemäus, Dioscorides und eines Euklid, das heißt aller großen Namen der antiken griechischen Philosophie und Naturwissenschaften weiterzutragen und in den Herrschaftsbereich des Islam einzuführen. Diese Einführung wird die Kraft freisetzen, die einen neuen Wissensdrang auf allen Gebieten sowie eine spektakuläre Förderung des Verstandes als Mittel und Garant von Wissen bewirkt.[25]

Genauere Studien korrigierten diese Vision, deren Enthusiasmus durch die Rückkehr zu den zeitgenössischen Quellen deutlich gedämpft wird. In dieser Hinsicht ist es aufschlussreich, die Lobrede Sâ'id al-Andalusis auf Kalif al-Ma'mûn näher zu betrachten. Sie schildert einen Herrscher im Kreis seiner „Gelehrten", die er „in seine Privatgemächer einlud oder in Sonderaudienzen empfing, die er gerne um Rat fragte und an deren Unterhaltungen er sich ergötzte." Sâ'id führt aus, um welche Gelehrten es sich handelte:

> So leutselig verkehrte der Kalif bis an sein Lebensende mit allen Gelehrten, allen Rechtsberatern, den Traditionalisten, den Weltgeistlichen, den Lexikographen, den Geschichtsschreibern, den Geometern und den Genealogen.[26]

In dieser Aufzählung sind die akademisch ausgebildeten, rechtgläubigen Muslime leicht zu erkennen, die Ulamas, Kadis und Geschichtsschreiber. Unter „Traditionalisten" verstand Sâ'id die Interpreten der Hadithe, der Aussprüche Mohammeds, die durch eine lange Reihe von schriftlichen Überlieferungen bezeugt sind. Die „Weltgeistlichen" bei Sâ'id sind die Mutaziliten, eine Strömung von Koranexegeten, die sich eher der Vernunft als dem religiösen Fundamentalismus verbunden fühlten. Die „Lexikographen" waren für die korrekte Lesweise des Korans zuständig, während von den „Genealogen" die Biographien (*Tabaqat*) von bedeutenden Religionslehrern seit Mohammed stammten, die im Islam so verbreitet sind. Also scharte al-Ma'mûn die Vertreter der arabischen Theologie (*'ilm*) um sich und nicht die der altgriechischen Wissenschaft. In der Beschreibung Sâ'ids kommen weder griechische Philosophen noch Mathematiker oder Physiker vor.

Der Ruf des *Bayt al-Hikma* bestand folglich zu einem großen Teil aus einer Legende, die von den Bewunderern der Abbasiden, insbesondere der Mutaziliten, in Umlauf gesetzt wurde, und in deren Fallstricken sich der Historiker nicht verfangen darf. Vielmehr sollte er den Rat von R. Marchand beherzigen, „die Wirklichkeit hinter dem Glanz der Geschichtsklitterung zu erkennen."[27]

Welches Bedürfnis stillte das *Bayt al-Hikma* und wie war es beschaffen? Diese Fragen beantwortete M.-G. Balty-Guesdon genau und kenntnisreich.[28] Zur Zeit Harun al-Raschids war das „Haus" die Privatbibliothek des Kalifen und seiner Hofleute. Erst al-Ma'mûn öffnete sie darüber hinaus für akademische Kreise, unter ihnen aber auch nur für Korangelehrte und Astronomen wie Yahya ibn Abi Mansur, al-Khwarizmi und die Gebrüder Banu Musa. Christen und Juden blieb der Zugang immer verwehrt. Von einem Ort der Begegnung zwischen den Religionen oder des Erwerbs von philosophischem Wissen kann also keine Rede sein. Vielmehr wurde dort über die Grundwahrheiten des Koran vor allem von der Zeit an nachgedacht, als sich die Mutaziliten durchgesetzt hatten. Selbst nach der Aussage des *Kitab al-Hayda* von Abd al-Aziz al-Kinani versammelten sich im „Haus" arabische Traditionalisten, strenggläubige Religionswächter, Lexikographen und mutazilistische Geistliche.[29]

Wahrscheinlich wurde seit Harun al-Raschid im „Haus der Weisheit" auch übersetzt, besonders unter der Ägide des Persers Salm, des ersten Leiters der *Bayt al-Hikma*, der persische Wissenschaftsliteratur ins Arabische übersetzte. Aber das „Haus der Weisheit" hat nie den ernsthaften Versuch unternommen, sämtliche Übersetzungen aus dem Abbasidenreich an einem zentralen Ort zusammenzutragen, die in Wahrheit überall im Land als Grundlage für das Medizin- und Philosophiestudium dienten, oder von den Gelehrten privat in ihren Häusern gelesen wurden. Die Kalifen mischten sich in diesem Feld wenig ein, auch wenn al-Ma'mûn Hunayn ibn Ishaq beauftragte, die Korrekturen anderer Interpreten zu prüfen.[30] Nie jedenfalls ließen sich im *Bayt al-Hikma* die großen Übersetzer der Christen oder Sabäer vereint blicken. Hunayn ibn Ishaq verlor darüber kein einziges Wort, und nichts stützt die immer wiederkehrende Behauptung, dass er das „Haus der Weisheit" geleitet hätte.[31] Das wiederum bestätigt die Einschätzung, dass die Institution für die Übersetzung von wissenschaftlichen und philosophischen Texten aus dem antiken Griechenland keinerlei Rolle spielte, noch sie je irgendeine Zusammenarbeit zwischen den Spitzen der drei monotheistischen Religionen angestrebt hätte.

Noch weniger als ein Ort der Begegnung war das *Bayt al-Hikma* etwa eine Universität: Nur die drei Brüder Banu Musa, die nach dem Tod ihres Vaters in die Obhut des Kalifen kamen, fanden dort Zuflucht und durchliefen ihre wissenschaftliche Ausbildung. Nach dem Machtantritt des Kalifen al-Mutawakkil 847 und dem endgültigen Verbot aller Diskussionen über das Wesen des Koran sank das „Haus der Weisheit" wieder in die Bedeutungslosigkeit einer einfachen Bibliothek zurück; im 10. Jahrhundert scheint seine Aktivität erloschen zu sein.[32] Das *Bayt al-Hikma* war von Anfang an nicht mehr als ein Märchen, ein sehr hübsches zwar, aber eben nur ein Märchen.

Ausdrucksformen und Denkweisen – die Sprachbarriere

Tritt eine Zivilisation das kulturell-wissenschaftliche Erbe einer anderen an, lässt das entweder auf eine gemeinsame sprachliche Basis schließen, oder es sind gewaltige Übersetzungsbemühungen zu erwarten. Um sich eine fremde Denkweise anzueignen, genügt eine simple Wort-zu-Wort-Übersetzung ja nicht. Die Übersetzung muss also mehr leisten, das heißt sie muss vor allem Denkstrukturen transparent machen, damit diese, obwohl aus einer anderen Kommunikationswelt kommend, entwicklungsfähig bleiben.

Bei der Übertragung von altgriechischen Texten ins Arabische bestand für die Übersetzer als eines der größten Probleme der Wechsel von einer indogermanischen Sprache in eine semitische und umgekehrt. Hätte kein Wörterbuch für die eine oder andere Sprache zur Verfügung gestanden, wäre die Behinderung noch größer ausgefallen, denn es zwang zur Aufmerksamkeit hinsichtlich Syntax und Morphologie der beiden Sprachsysteme, die ihrerseits wieder in bestimmten mentalen Repräsentationen wurzeln, wie D. Urvoy[33] jüngst gezeigt hat. Besonders in einer Sprache der semitischen Sprachfamilie kommt die semantische Bedeutung direkt aus dem Wortinneren, sowie aus ihren Assonanzen und Resonanzen, während sie sich in indogermanischen Sprachen zunächst aus der Zusammensetzung des ganzen Satzes und seiner grammatikalischen Struktur erschließt. Diese Unterscheidung erwies sich für die Philosophie als wesentlich, und nicht aus Zufall war die arabische Halbinsel vor dem Islam ein Land der Dichterinnen und Dichter. Von ihrer Struktur her eignet sich die arabische Sprache tatsächlich hervorragend für die Poesie: Jedes Wort besteht aus einer Wurzel von drei Konsonanten, die sich durch die Hinzufügung weiterer Konsonanten und von drei Vokalen zum vollständigen Wort erweitert. Diese Art der Aussprache erleichtert natürlich die Wiederholung von Tönen und erzeugt harmonische, durch den Sprachrhythmus von abwechselnd stimmhaften und stimmlosen Konsonanten noch verstärkte Effekte. Das Arabische ist eine Sprache der *Religion* im etymologischen Sinn des Begriffs: Sie „verbindet" [lat. *religio*, von *religare* = anbinden, zurückbinden (Anm. d. Übers.)], und dies umso mehr, als sie dem indoeuropäischen Tempussystem (Präteritum/Präsens/Futur) das der beiden Aspekte (vollendet/unvollendet) gegenüberstellt, was das Erkennen ihrer Ursprungsbedeutung erleichtert. Insgesamt gesehen erschweren die Unterschiede zwischen den beiden Sprachsystemen fast jeden Übersetzungsversuch; manche Begriffe geraten in Gefahr, ihren Sinn zu verändern, wenn sie von der einen in die andere Sprache übersetzt werden.

Die Zeitgenossen wussten um diese Schwierigkeit, wie die Anekdote von der berühmten, in freundschaftlichem Ton 1026 ausgetragenen Kontroverse zwischen Bischof Elias von Nisibe und dem Wesir Abu al-Qasim über die Position der Wissenschaften im Islam und im Christentum beweist. Der Bischof argumentierte unter Berufung auf das Unvermögen der arabischen Sprache, abstrakte Begriffe auszudrücken …[34] Damit wollte er zwar nur das Wesen des Christentums und sein

Existenzrecht verteidigen, aber er hatte das Argument sicher nicht zufällig gewählt. Indem er nämlich die Debatte auf die Ebene der Sprache, das heißt auf die mentalen Strukturen der beiden Konfessionen lenkte, hatte er einen der wichtigsten Unterschiede zwischen den beiden Zivilisationen berührt.

Selektive Aneignung des griechischen Wissens

> Die Muslime, die von den anderen Völkern lernen wollen, eignen sich deren Kenntnisse durch Übersetzungen an, die sie jedoch ihren eigenen Ansichten anpassen …[35]

Der Islam unterzog das griechische Wissen einer sehr genauen Prüfung, in der nur das durch das Sieb fiel, was für die Religion keinerlei Gefahr darstellte, wie D. Jacquart unterstreicht:

> Es wurde eingehend geprüft, was zum Verständnis der Welt beitragen und das philosophische Denken mit den islamischen Vorstellungen in Einklang bringen konnte[36]

Galt das auch für die Naturwissenschaften? Alles ist zunächst eine Frage von Worten und Inhalten, die man ihnen unterstellt.

So selbstverständliche Begriffe wie „Wissenschaft“, „Philosophie“ oder „Gelehrter“ verbergen je nach Zivilisation manchmal völlig unterschiedliche Inhalte und Bedeutungen. Noch einmal: Wir müssen jegliche ethnozentrische Herangehensweise vermeiden, die wesentliche Unterschiede missbräuchlich verkleinern würde. Der Wortinhalt muss ganz nah fixiert werden. Hat das, was wir unter „Wissenschaft“ und „Philosophie“ verstehen, die gleiche Bedeutung wie in einem arabischen Wörterbuch aus dem Mittelalter?

Der Begriff „Wissenschaft“

Ein Hadith des Propheten sagt: „Die Tinte der Gelehrten ist dem Blut der Märtyrer vorzuziehen.“ Mohammed soll sogar empfohlen haben „die Wissenschaft bis nach China zu suchen.“ Überfliegt man seine Empfehlungen, könnte man zum Eindruck gelangen, als würde hier das Lob auf wissenschaftliches Streben im abendländischen Sinn gesungen: Unabhängigkeit der Wissenschaft von der Religion und Lust auf Erkenntnis und am Wissen als Synonym für eine auf humanistische Werte gegründete Gesellschaft. Das ist in der Tat die europazentrierte Lesart von „Wissenschaft". Sie unterstellt, dass das moderne arabische Begriffsverständnis dieser Auszüge aus der Hadithenliteratur unserem Wort „Wissenschaft" und dem Konzept entspricht, das wir mit ihm verbinden. Der dafür adäquate Begriff lautet *'ilm*, der sehr genau umschrieben ist.

'Ilm bezeichnet die „Koranwissenschaften", also die Rezitation des Koran, die Grammatik seiner Sprache, die Umstände der Offenbarung der Koranverse, das Leben Mohammeds usw. Auf diesen Gebieten arbeitet der Glaubenskundige (*alim*), heute eher bekannt unter der Bezeichnung *'ulamâ'*, der auch muslimisches Recht (*fiqh*) studiert haben muss. Bezeichnenderweise ist, wenn von *der* Wissenschaft (*al-'ilm*) gesprochen wird, die Auslegung der überlieferten Aussprüche (*hadith*) des Propheten gemeint, in der Wissenschaftsdisziplinen wie Medizin, Philosophie oder Mathematik nicht vorkommen.[38] Es kam Mohammed also nicht darauf an, diese Wissenschaftsgebiete, die für Korangläubige als dem Islam „fremd", das heißt außerhalb der Offenbarung des Koran stehend[39] gelten, zu pflegen und „bis nach China zu laufen, um sie zu suchen." Für ihn stand vielmehr alles im Vordergrund, was sich für die Aufklärung der geoffenbarten Wahrheit[40] eignete. Die Korantexte sprechen in diesem Sinn von „Pilgerfahrt auf der Suche nach der Wissenschaft", meinen damit jedoch hauptsächlich das Studium der Hadithen.

Unter diesem Aspekt ist die Grammatik eine gleichsam religiöse Teilwissenschaft, denn sie fixiert exakt die Sprache des heiligen Korantexts. Ähnlich verhält es sich mit der Astronomie, die genau festlegt, wann der Fastenmonat Ramadan beginnt. Ein Gelehrter ist unter diesen Umständen vor allem ein Mann, der den Koran[41] studiert. Wie könnte es auch anders sein? Schließlich ist das heilige Buch der Muslime die authentische Inkarnation des Wortes Gottes und demzufolge der Ort aller Wahrheit.

Das Universum der Eroberer war also weit von dem der Völker entfernt, die sie eroberten.

Verstand und Rationalismus

Die Griechen im 5. vorchristlichen Jahrhundert erfahren noch heute Anerkennung dafür, dass sie mit ihrem Verstand Höchstleistungen in Mathematik und Philosophie außerhalb und unabhängig von ihrer Götterwelt vollbrachten, wie die Dialoge eines Sokrates, die Werke Euklids und die Erfindungen eines Archimedes mehr als hinreichend verdeutlichen. Die Erfindung des unumstößlichen Beweises, der eine Reihe notwendiger Gedankenverknüpfungen voraussetzt, macht die schriftliche und mündliche Erinnerung als Hilfe entbehrlich – ein beachtlicher Vorteil. Seither braucht man sich nicht mehr zu erinnern, wie diese oder jene Erfindung genau zustande kam, denn wer ihr technisches Prinzip beherrscht, kommt immer wieder zum gleichen Ergebnis – oder wie Jacques Brunschwig und Geoffrey Lloyd in ihrer Enzyklopädie „Das Wissen der Griechen" feststellen: „Schlimm, wie sich der Unwissende täuscht, wenn er sich beim theoretischen Beweis auf die Erinnerung verlässt", oder: „Die Geometrie bleibt die gleiche, auch wenn die Buchläden brennen."[42] Griechenland schuf also den wissenschaftlichen Geist, den wir geerbt haben. Noch weniger gab es ein dionysisch angehauchtes Griechenland, in dem eine *Metis* sich stets listenreich verwandelte.[43] Die koranische Offenbarung bewegte sich hingegen am Anfang in einem anderen, jeglicher wissenschaftlichen Perspektive fernen Universum. Diese Verstandesferne ist nicht erstaunlich, denn der Islam gründet auf eine Offenbarung, die ein Festhalten am Glauben unterstellt und sich damit auch begnügt. Die religiöse Wahrheit beweist sich durch ihre Manifestation selbst – wie im vorliegenden Fall dadurch, dass die Verse des Koran auf die Erde gelangten (*tanzil*) und sich dem Propheten als direkt aus dem Mund Allahs kommend offenbarten. Fügen wir dem noch ein weiteres wichtiges Element hinzu: Nach D. Urvoy kommt das arabische Wort *'aql*, das „Verstand" bedeutet, als Substantiv im Koran nicht vor. Dort finden sich nur Ableitungen der Wurzel *'-q-l* im Zusammenhang mit Verstehen.[44]

Im Gegensatz zum Christentum, in dem die Wundertaten Jesu – in erster Linie seine Auferstehung – eine nicht unbeträchtliche Rolle spielen, pocht der Islam auf die Rationalität seines Glaubens unter anderem mit der Behauptung, am Wirken Mohammeds sei nichts Außergewöhnliches oder Übernatürliches: Geoffenbarte Religion – ja, aber auf natürlichem, für jeden einsichtigen Wege[45], und deshalb sei der Islam in den Augen aller Muslime vollkommen logisch. Daraus folge, dass der Islam für seine Gläubigen eine rationale Konzeption der Welt biete. Aber dieser Rationalismus war nicht der griechische. Ein und dasselbe Wort bezeichnete bei den antiken Griechen zwei unterschiedliche Dinge. Deshalb kann ich Alain de Libera nicht folgen, der am Islam schätzt, dass ihm die „erste Konfrontation zwischen Hellenismus und Monotheismus" gelungen sei – wobei er die griechischen Kirchenväter vergisst! – und die Meinung vertritt, dass Europa Vernunft, Verstand und rationales Handeln dem Islam verdanke: „Die Vernunft, die unpassenderweise mit dem Etikett ‚abendländisch' versehen wird, kommt in Wahrheit wie das

Licht aus dem Osten."[46] Wenn die Ausübung der Vernunft auch universell ist, so stammt die Handhabung des schlussfolgernden Denkens doch aus Griechenland.

Seit dem 8. Jahrhundert etablierte sich der Begriff *Kalam* im Islam, der hin und wieder mit „Philosophie des Islam" übersetzt wird. M. Arkoun erinnert aber daran, das *Kalam* wörtlich übersetzt „Rede", „Worte", „Gespräch" (mit religiösem Inhalt) bedeutet und per Ableitung für „Predigt" („Reden über das Wort Gottes") oder den Koran selbst[47] steht. Aus dem semantischen Verständnis von „Wort" oder „Rede" ergeben sich also die Bedeutungen von Vorstellung/Idee und Argument. Das erklärt, warum mit *Kalam* der Begriff *logos* übersetzt wurde, obwohl sich beide Worte nicht vollgültig entsprechen. In der Praxis sind Kalamtexte entweder eine Predigt oder ein religiöser Disput, beide eng verbunden mit der islamischen Rechtswissenschaft (*fiqh*)[48], in der überall die Vorstellung herrscht, dass der Verstand im Dienste des Glaubens steht und kein Instrument der Nachforschung über den Glauben ist. Die Kontroversen drehen sich um essentielle Aspekte der Lehre des Islam und besonders um seine Auffassung von einem einzigen Gott, der, selbst unerschaffen, der Schöpfer von allem ist: Sie befassen sich mit Existenz und Wesen der göttlichen Attribute – zum Beispiel die 99 Namen und Bezeichnungen für Gott –, mit der Unterscheidung zwischen dem Wort Gottes und Gott, mit der Möglichkeit oder Unmöglichkeit, Determinismus und Freiheit des menschlichen Handelns zu vereinen, mit der Einführung einer Abstufung zwischen Logik und Grammatik, deren herausragender Platz durch den heiligen Charakter der arabischen Sprache als Vehikel des unerschaffenen Buches gerechtfertigt ist.

Die systematische Theologie trat im Islam schon häufig hinter die Rechtswissenschaft zurück. Die Aschariten im sunnitischen Lager, deren Gründer Abu Hassan al-Asch'ari († 935) in seiner Eigenschaft als schafitischer Rechtsgelehrter die Theologie der Mu'tazila und anderer rationalistischen Schulen bekämpfte, wendete sich auch gegen die hanbalitische Rechtsprechung. Über die Anwendung des Syllogismus, den die Aschariten von Aristoteles übernommen hatten, reichte ihr rationalistischer Horizont nicht hinaus. Die anderen systematisch theologischen Strömungen stützten sich, weil sie sich aus den Traditionalisten der Hadithengläubigen entwickelt hatten, nur auf den Koran und die Sprüche der Propheten. In diesem traditionalistischen Umfeld gewann die Schule der Hanbaliten unter Ibn Taymiyya (1263–1328) die Oberhand, der den Rationalisten jegliche Möglichkeit absprach, Allah auf rationalem Weg zu erkennen.

Im Übrigen hatte schon al-Ghazali (1058–1111) gepredigt, dass der Koran als ewiges Wort des ewigen Gottes außerhalb jeglicher Interpretation stehe – nur die

Erläuterung und Kommentierung (*tafsir*) seien erlaubt, beides hatte im 10. Jahrhundert der brillante, und darin wahrscheinlich unübertroffene Prediger Tabari[49] praktiziert. Sehr viel später knüpfte der ebenfalls begabte Historiker und Korangelehrte Ibn Chaldun in dem für ihn typischen soziologischen Ansatz daran an: „Die dialektische Theologie (*'ilm al-Kalam*) ist die mit rationalen Argumenten operierende Wissenschaft zur Verteidigung von Dogmen und die Zurückweisung von religiösen Innovationen."[50] Gerade in den in innovatorischer Absicht vorgetragenen Änderungsvorschlägen erblickte er eine der Hauptsünden des Islam, die man problemlos mit Häresie gleichsetzen könnte („Wer immer auch für unsere Religion etwas Neues vorschlägt, das nicht aus ihr selbst kommt, muss abgewiesen werden", wie ein Hadith sagt[51]). Damit war jedem überdeutlich klar, dass jegliche Änderung am Buch des unerschaffenen Gottes Allah, das heißt am Koran, suspekt war. Da der Koran als solcher ewig ist, enthält er alle Wahrheit, und wer ihn auch nur im Kleinsten zu ändern versucht, lästert Gott. Für Ibn Chaldun war es auch gar keine Frage, Ansprüchen der Vernunft mit aller Energie entgegenzutreten, zumal wenn sie etwa den Vorrang vor dem Glauben anstreben sollte; nicht einmal das Eindringen in die Mysterien gestattete er ihr. Diese könnte nur ein „Gesetzgeber", wie ihn Ibn Chaldun bezeichnete, das heißt ein Rechtsgelehrter,[52] erklären. Nichts könnte besser erklären als dieser Satz, dass der Islam in erster Linie Gesetz ist.

Auch Hamid al-Ghazali als glühender Verteidiger islamischer Orthodoxie geht in diese Richtung: „Das Ziel des *Kalam* ist die Bewahrung des rechten Glaubens und sein Schutz vor den Störungen der Erneuerer."[53] Damit spricht er die Wächterfunktion des Dogmas an. al-Ghazali wird auch die Verantwortung für die angebliche „Schließung der Pforten des *idjtihad*" auf den Gebieten der Religion und Metaphysik, das heißt das Ende der „freien Erörterung" zugeschrieben – ein, in der Tat, Widersinn, denn der *idjtihad* ist ein Rechtsbegriff und bezeichnet allein das Recht der Auslegung von unveröffentlichten juristischen Lehrmeinungen.[54] Die eventuelle „Wiedereröffnung der Pforten des *idjtihad*" träfe also nur für die Rechtsprechung zu, aber gewiss nicht für die freie Erörterung von Meinungen.

Anpassung und Neuorientierung als Funktion von Glaubensbedürfnissen

Eine Anpassung der griechischen Wissenschaft und der Philosophie an die im Islam herrschenden Bedingungen war notwendig – einige Historiker haben in diesem Sinn geradezu von einer „Einbürgerung der griechischen Wissenschaft" gesprochen.[55] Während die Mathematik und die aristotelische Logik ohne größere Angleichungen übernommen werden konnten – allerdings nicht ohne dass mehrere arabische Gelehrte die griechische Logik[56] kritisch betrachteten – war dies nicht der Fall bei der *Physik* sowie der *Metaphysik* von Aristoteles, weil sie sich nicht mit dem Text des Koran in Übereinstimmung bringen ließen. Wie R. Lemay erinnert, trat Aristoteles für eine „natürliche Theodizee" ein. Diese Vorstellung konnte bei den Muslimen aber nur den Schrecken auslösen, den jede Form von Idolatrie hervorrief.[57] Deshalb wendeten sich die gebildeten Kreise entsetzt von den aristotelischen Theorien ab oder bezogen, wie der Alchemist Geber[58], offen gegen sie Stellung.

Die Übernahme der griechischen Medizin durch den Islam hat in der Forschung lebhafte Debatten ausgelöst. Nach R. Le Coz ist es schwierig, die Existenz einer „Medizin gemäß dem Koran" anzunehmen, auch wenn der Koran „Ratschläge zur Gesundheit" gebe, unter dem Vorwand, den Gläubigen Waschungen vor den Gebeten zu empfehlen (genauso gut könnten diese sich auch mit Sand „waschen"). „Tatsächlich", so schreibt Le Coz weiter, „enthält der Koran fast nichts, was sich irgendwie mit echter Medizin in Verbindung bringen lässt."[59] D. Jacquart und F. Micheau hingegen vertreten die Meinung, es habe eine genuin islamische Medizin gegeben. Koran wie Hadithen erwähnten eine „Medizin des Propheten" (*al-tibb al-nabawi*) in Konkurrenz zur antik-griechischen Medizin, eine Meinung, die heute noch in einigen Ländern des Islam verbreitet ist:

> Ganz ohne ärztliche Tradition waren die Araber nicht. Aus Zufall und Beobachtung, Instinkt und Überlegung haben sie einige Arzeneien erfunden. Der Koran und die islamische Tradition verlangen die Befolgung einer Reihe von Hygieneregeln. Das Verbot alkoholischer Getränke und von Schweinefleisch, das verlängerte Fasten im Ramadan und die Ratschläge über eine vernünftige Ernährung sind von anerkanntem diätetischen Wert.[60]

Trotzdem ist aus ärztlicher Sicht noch nicht nachgewiesen, ob sich das Verbot von Schweinefleisch, das die Christen an allen Ufern des Mittelmeers ohne gesundheitliche Schäden verzehren, und das Fasten im Ramadan vorteilhaft auf den Organismus auswirken. S. Ammar bemerkt, dass in der Hadithensammlung von al-Bukhari (Mitte des 9. Jahrhunderts) „wenig Anmerkungen zur Medizin, Chirurgie oder Therapie einzelner Krankheiten im Sinn der heutigen Bedeutung stehen. Und wenn dort doch von ärztlichen Heilmitteln gesprochen wird, dann sind damit größtenteils geistliche Tröstung, Talismane, der „böse Blick" und hygienisch-diätetische Regeln gemeint."[61] Im 10. Jahrhundert gewann die „Medizin des Propheten" wieder die Oberhand – wahrscheinlich als Reaktion auf den Einfluss christlicher Leibärzte der Kalifen –, während die Rechtsgelehrten oder Theologen die Errungenschaften der griechischen Medizin flugs auf die „Ägide der Offenbarung“ zurückführten.[62]

Insgesamt gesehen, übernahmen die Muslime (al-Razi, Avicenna) das ärztliche Wissen der Griechen in der Antike, das die Christen praktizierten, ohne deshalb ganz auf die traditionellen Volksmittel zu verzichten, welche der Lehre des Propheten mehr konform erschienen.

Die Astronomie ist ein zweites Beispiel für den Filter, durch den das griechische Wissen gepresst wurde. Die Kosmologie war im antiken Griechenland in einem durch und durch wissenschaftlich-rationalistischen Denken entstanden. Die Araber interessierten sich dafür aufs Höchste, weil sie sie brauchten, um den Beginn des Fastenmonats exakt zu bestimmen. Ihr Mondkalender, der jährlichen Schwankungen unterlag[63], erwies sich in dieser Hinsicht als unzuverlässig. Aber jenseits aller technischen Elemente war es unmöglich, die Theorien der griechischen Stern- und Himmelsdeutung, zum Beispiel die Lehre des Aristoteles vom „ersten Beweger“ mit dem Text des Korans in Einklang zu bringen. Künftig wurde die Astronomie, obgleich von der ptolemäischen *Syntaxis mathematike* stark beeinflusst, die Anfang des 9. Jahrhunderts in arabischer Sprache vorlag (*Almagest*), besonders unter dem Druck persischer Sterndeuter, die vom Ende des 8. bis zum Ende des 11. Jahrhunderts in Bagdad lebten, zur Erklärung astrologischer Fragen herangezogen. Der Besuch indischer Sterndeuter am Hof von al-Mansur (754–775) im Jahr 775 zeigte die Anziehungskraft des Orients auf das Abbasidenreich. In diesem Sinn finden sich Spuren der persischen Astronomie bei al-Khawarizimi in seinem Werk *Zij al-sindbind* (*Tafel des Sindbind*), das er um 830 verfasste und in der er die indische Lehre der Berechnung der Planetenkonstellationen wieder aufnahm.

Zur Zeit al-Mansurs wurde der jüdische Astrologe Masha'allah (ca. 740–815), der übrigens mehrere Abhandlungen astronomisch-astrologischer Art verfasst hatte, beauftragt, den günstigsten Zeitpunkt für den Bau von Bagdad zu nennen (30. Juli 762)[64]. In seiner Zeitbestimmung ließ sich der Einfluss griechischer Astronomen und Astrologen nachweisen, den er wahrscheinlich über die sassanidische Astrologietradition erhalten hatte. Aber hier endete, was er sich von den Griechen entlehnt hatte; eine weitergehende philosophisch-epistemologische Fragestellung ist bei dieser Zeitbestimmung nicht zu erkennen.

Unter Kalif al-Ma'mûn kam es zum Astrologenstreit zwischen seinen eigenen Anhängern, zum Beispiel dem Mu'tazilisten an-Nassam († um 845) und seinen Gegnern um Abu l-Hudayl († 840/841) oder al-Jahiz, denn seit Mitte des 9. Jahrhunderts weckte der Glaube an den Einfluss der Sterne auf das Leben der Menschen das Interesse von vielen. Diese Einstellung durchzieht die Schriften der Philosophen al-Kindi (796/80–866) wie ein roter Faden, der sich von der aristotelischen *Metaphysik* und *Physik* wegen dessen Prinzip der Bewegungslehre distanzierte. Auch sein Rivale Abu Ma'shar († 886) – latinisiert „Abumasar" – wendete sich von Aristoteles ab, weil ihn der Glaube an die Astrologie beeindruckte. Weit entfernt vom Verständnis der aristotelischen Vorstellungen über Notwendigkeit und Zufälligkeit ergab sich der arabische Philosoph in Fatalismus und absoluten Determinismus. Er war wie Aristoteles von der Unaufhaltsamkeit der Sternbewegungen am Himmel überzeugt und wollte sie auch aus der aristotelischen Naturphilosophie herleiten, aber die rationalistische Begründung des Griechen schlug er aus.

Selbst ein so bedeutender Mathematiker wie der Sabäer Thabit ibn Qurra respektierte die astrologischen Amulette und legitimierte sie unter Bezug auf Aristoteles. In seiner Schrift *Maqala di altilasmat* setzte er sich ausdrücklich für die Wirksamkeit von Amuletten ein, die unter bestimmten Sternzeichen angefertigt wurden. Auch ein Mathematiker kann abergläubisch sein … Diese Amulette erfreuten sich am Hof al-Ma'mûns großer Beliebtheit und noch mehr bei der Bevölkerung von Bagdad. Auch der bedeutendste jüdische Gelehrte des Mittelalters, Moses Maimonides (1135–1204), teilte diese Überzeugung Jahre später in seinem Hauptwerk *Führer der Unschlüssigen*, und auch Averroës bekannte sich zu dieser Amulettgläubigkeit in *De substantia orbis* in einer nach R. Lemay „nur notdürftig verhüllten Apologie des Einflusses der Sterne auf die menschliche Gehirntätigkeit."[65] Juden und Araber verließen sich also gleichermaßen auf einen Determinismus der Sterne, den die Griechen in der Antike stets weit von sich gewiesen hatten und den die christliche Kirche immer wieder unter dem Vorwurf anprangerte, eine solche starre Denkweise zerstöre jegliche Willensfreiheit, die zur Erlangung des Heils unerlässlich sei.[66]

Diese konsequente Hinwendung zu einer hellseherischen Astrologie erklärte sich zum Teil aus den schweren politischen Unruhen im 9. Jahrhundert; sie erzeugten den Wunsch, mit allen Mitteln die Zukunft ergründen zu wollen: die Ermordung Kalif al-Mutawakkils 861 durch seinen eigenen Sohn; der Bürgerkrieg zwischen al-Muntasir (861–862) und al-Mustain (862–866), die vielen und schnellen Thronfolgen neuer Kalifen zwischen 866 und 870; der Aufstand der Zanj von 869 bis 883 und die Einfälle der Karmaten, die einen Teil der Kaaba und andere Bauwerke in Mekka zerstörten.

Mit der griechischen Kosmologie verfuhren die Muslime ähnlich, zum Beispiel der Ägypter Abu Gafar ibn Yussuf, ein Mathematiker und Astrologe, der 942 starb. Er zählte zu den herausragendsten Geistesgrößen im 10. Jahrhundert und verfasste eine Schrift, die er Ptolemäus widmete und die später im Westen unter dem Titel *Centiloquium* („Sammlung von 100 Aphorismen über die Astrologie") erschien. Das kleine Werk, eigentlich eher ein „Werkchen", hatte in der arabischen und dann in der lateinischen Welt großen Erfolg, obwohl es eigentlich nur ein Zerrbild des altgriechischen Erbes hinsichtlich Epistemologie, Medizin, Astronomie, der Natur der Gestirne und der Kometenbahnen bot. Obwohl sich das *Centiloquium* auf die Definition von Kometen in der aristotelischen *Meteorologica* stützte, dehnte es ihre Bedeutung auf die menschlichen Geschicke aus, und genau dies spielte in der Philosophie des Aristoteles nie eine Rolle. Auch unterstellte das *Centiloquium* der Seele ein eigenes Erkenntnisvermögen astrologischer Einflüsse, was weder bei Ptolemäus noch bei Aristoteles nachzulesen ist. Diese Fähigkeit der Seele übersteigt sogar die Intuition, da ihr die Kompetenz zur Erkennung von spezifischen Fakten zugeordnet wird. In diesem Punkt entfernt sich das *Centiloquium* auch weit von Hippokrates und Galen, denen es eine ausgeprägte Astrologiegläubigkeit unterstellt.[67]

Wir stellen also fest: Der Islam passierte die säkulare Astronomie und Kosmologie der griechischen Antike durch das Sieb religiöser Orientierungen. Obwohl man sich auf arabischer Seite auf die Namen Ptolemäus und Aristoteles berief, blieben die Aussagen der griechischen Denker von denen ihrer arabischen „Kollegen" weit entfernt.[68] Diese eher spiritualistisch als wissenschaftlich geprägte Denkweise setzte sich auch in Europa fest, wo Astronomie und Astrologie seit langem zusammengehören. Der Filter des Islam hat also ganze Arbeit geleistet und gebremst, was eine gründliche und nachhaltige Hellenisierung hätte bewirken können.

Die Philosophie (falsafa) wird argwöhnisch beäugt

Der *Ilm al-Kalam* legt Worte des Koran und die Hadithen des Propheten aus. Etwa um die Mitte des 8. Jahrhunderts befruchteten zwar Teile der griechischen Logik den Aufbau seiner Argumentationsformen, aber solange der griechische Einfluss auch dauern mochte, diente er auf arabischer Seite nur schlicht als Werkzeug. In gewisser Weise ermöglichte erst die gedankliche Strenge der Griechen die Verkündigung der universellen Wahrheit, die der Koran predigt.

Demgegenüber entstand in der ersten Hälfte des 9. Jahrhunderts unter der Bezeichnung *falsafa* – der Begriff ist direkt aus dem Griechischen transliteriert – eine Bewegung, die sich offen auf die griechische Philosophie bezog und bei deren Vertretern sie philosophische Wahrheit und Wahrhaftigkeit suchte. In der *falsafa* versammelten sich die islamischen Köpfe, die der griechischen Gedankenwelt am nächsten standen; ihre Philosophie verlängerte sozusagen das griechisch-antike Denken. Dennoch hielt die große Mehrheit der islamischen Philosophen (*falâsifa*) aufgrund ihres Glaubens einen gewissen Abstand zum griechischen Denken.

Die Theologen des *kalam* sowie die Rechtsgelehrten des 8. bis 12. Jahrhunderts hegten ihrerseits echte Vorbehalte gegenüber der hellenischen Philosophie, weil sie deren „heidnischer" Prägung misstrauten und weil sie von christlichen Denkern verbreitet wurde. Beides erschien ihnen für die Unversehrtheit ihres eigenen Glaubens (*iman*) gefährlich. Die orthodoxen Sunniten lenkten die *falsafa* über die Ulamas in eine von der aristotelischen Naturphilosophie gänzlich entfernte Richtung. Die islamischen Mathematiker, die für die Religion keine Gefahr bedeuteten, genossen dagegen einen wesentlich größeren Spielraum.

Erst unter Kalif al-Ma'mûn gelang der griechischen Philosophie ein etwas tieferer Einbruch in die arabische Welt. Diese Öffnung war jedoch nur von kurzer Dauer.[69] Unter der Herrschaft von al-Mutawakkil (848–861) setzte eine weltanschauliche Gegenbewegung ein, und diese Reaktion schlug die Tür für jede Einflussnahme des griechischen *logos* auf das islamische Denken zu. Als Folge wurde auch die *falsafa* höchst kritisch beäugt. Die herrschende Elite im Abbasidenreich bezeichnete sie zunehmend als *hikma*, als „Weisheit", die auf der Beherrschung der Koranwissenschaften beruhte.[70] Den Christen wurde sogar unterstellt, die arabischen Übersetzungen von Platon und Aristoteles mit dem Ziel eines Angriffs auf den Koran zu verbreiten.[71] So bedeutende islamische Philosophen wie al-Kindi, al-Farabi, Avicenna, Averroës oder Ibn Baggain in Spanien, welche die antiken Philosophen der Griechen begeistert kommentierten, bildeten nur eine Minderheit, obwohl keiner von ihnen die griechische Philosophie und die griechischen Philosophen über die Offenbarung oder ihre Propheten stellte.[72] Al-Farabi bezog wahrscheinlich am deutlichsten Position: Für ihn standen Religion und Ratio auf gleicher Stufe, und sein Versuch einer Synthese der beiden enthält erstaunlich rationalistische Forderungen.[73] Es scheint, dass in seinen Augen Offenbarung und Entstehung der Vernunft im Grunde identisch sind, nur in der Art und Weise ihrer Rezeption unterscheiden sie sich. Nach ihm sind der Philosoph wie der Prophet Empfänger der göttlichen Inspiration. Der Philosoph profitiere von ihr über seinen Verstand, der Prophet hingegen durch die „Kraft seiner Vorstellung". Trotzdem steht der Prophet für al-Farabi gesellschaftlich über dem Philosophen, weil er die höchste Voraussetzung für einen Führer erfüllt: Er muss alles kennen, was Glück bringt – eine schöne Parabel auf das Vorbild, das in Mohammed verkörpert ist.[74]

Dass sich die *falsafa* nur eine marginale Rolle spielte, erklärt sich vermutlich daraus, dass sie keine gewachsenen Verbindungen zur politischen Macht oder zu den Religionsschulen besaß, die sie für die Durchsetzung ihrer Vorstellungen innerhalb der politisch-administrativen Eliten des Abbasidenreichs gebraucht hätte.

Der Elementarunterricht für arabische Kinder bestand im Auswendiglernen des Korans und der Serien der Hadithen, danach schwenkten sie übergangslos zum *fiqh* und zur *Sira* um, das heißt zur Geschichte vom Leben des Propheten Mohammed. Anschließend standen den Studenten die *madrasas* offen, das heißt die Hochschulen für sogenannte Islamwissenschaften, die jedoch keine „fremden" Fächer lehrten. Ansonsten war das Lehrpersonal ziemlich frei, die Betrachtungsweise des Stoffes blieb jedoch eingeschränkt.

Im Übrigen war die Philosophie für ihre Repräsentanten – Juristen oder Mediziner – kein Broterwerb, sondern eher eine Art Hobby, was ihre geistige Weite in ein noch beeindruckenderes Licht rückte.

Die Muslime im Allgemeinen und die Araber im Besonderen, die sich für griechische Philosophie interessierten, wendeten sich außerdem eher der „mystischen" Lehre des Neuplatonismus zu, dessen Göttlichkeitsbegriff als schöpferische Einheit sich wie im Fall Avicennas mit ihrem Glauben in Einklang bringen ließ. Avicennas philosophisches Werk – die meisten seiner Schriften sind im *Kitab al-Insaf* („Das Buch des gerechten Urteilens") zusammengefasst – atmet den Geist des Neuplatonismus, obwohl es sich auch der aristotelischen Logik eng verbunden fühlte und der persische Gelehrte die damals vorliegenden arabischen Übersetzungen der *Metaphysik* bestens kannte.[75] Trotz seiner intensiven Auseinandersetzung mit Aristoteles, dessen Überlegungen er in großartig logischer Strenge durchleuchtete, lag Avicenna weniger daran, die Ratio in die Sphäre der Religion einzuführen als seinen Glauben den mystisch-unitaristischen Vorstellungen des Neuplatonismus anzupassen. Deshalb ist bei der Rede über den Neuplatonismus Vorsicht geboten, denn in gewisser Weise ist er selbst schon „islamisiert", rückt er doch nicht mehr die Einheit als oberstes Prinzip in den Vordergrund, sondern die Einzigartigkeit Allahs.[76] Daraus folgend setzte sich der persische Philosoph, Arzt, Physiker, Mathematiker und Astronom auch mit dem zeitgenössischen Verständnis von Aristoteles sehr gründlich auseinander, das in den Kreisen der Nestorianer in Bagdad gepflegt wurde.

Die wirkungsvollste Kritik an der griechisch geprägten arabischen Philosophie stammte allerdings von al-Ghazali[77], einem der berühmtesten islamischen Theologen und Verfasser von 300 bis 400 Schriften. Seine Haltung zur *falsafa* war zwiespältig: Auf der einen Seite verteidigte er sie, nur um sie auf der anderen Seite wieder einzuschränken. In seinen Augen durfte sie nur von Gelehrten betrieben werden, die ohne Wenn und Aber zum Wort Allahs standen.[78] In seinem Buch *Die Widerlegung der Philosophen* („Tahâfut al-falâsifa") unterschied er zwischen nützlichen und unnützen Wissenschaften und meinte damit alle wissenschaftlichen Bemühungen, die weder für das irdische noch das jenseitige Leben irgendeinen Sinn besaßen. Den Philosophen warf er vor, das göttliche Wissen um die einzelnen Dinge und die Auferstehung der Toten zu leugnen und stattdessen auf die Ewigkeit von Zeit und Welt zu pochen.[79] Die religiöse Richtung, unter der er das griechische Erbe der *falsafa* ansiedelte, wurde schließlich zur gesellschaftlichen Norm.[80]

Im 14. Jahrhundert verwarf Ibn Chaldun die Wissenschaftszweige, die er, weil dem religiösen Gesetz entgegenstehend, als „rationalistisch" oder „philosophisch" bezeichnete, obwohl er für seine Betrachtungen der gesellschaftlichen und sozialen Konflikte durchaus bestimmte aristotelische Kategorien heranzog. Den Einfluss dieser „rationalistischen Wissenschaften" auf den Islam hielt er für verhängnisvoll, was er auch in den Überschriften einiger Kapitel seiner „Zurückweisung der Philosophie und ihrer falschen Ansichten"[81] ausdrückte. Er ging sogar so weit, das Studium der Physik gänzlich zu verdammen, die, wie er schreibt, „vom religiösen Standpunkt her absolut unbedeutend ist."[82] Von den „rationalen" Wissenschaften ließ er lediglich die Mathematik und die Medizin gelten. Alle anderen Naturwissenschaften erschienen ihm nutzlos oder sogar gefährlich.

Die Geschichte über den Briefwechsel zwischen Kaiser Friedrich II. und dem Sufi-Gelehrten von Ceuta, Ibn Sabin (1217–1269/1272), zeigt den Abstand zwischen der Welt des Islam und der Metaphysik von Aristoteles. Friedrich II. befragte den Kalifen al-Kamil schriftlich nach seiner Meinung über die Unsterblichkeit der Seele, die Ewigkeit der Welt und die Attribute Gottes. Da der Kalif nicht antwortete, wandte sich der Kaiser an Ibn Sabin. Natürlich hatte nicht er die Frage auf Arabisch formuliert, sondern ein Geistlicher aus seiner Kanzlei. Der Sufi antwortete jedoch nicht sachlich, sondern mit einer gewissen Entrüstung; vermutlich hatte er sich über die unpräzisen und auf Arabisch unkorrekt formulierten Fragen geärgert. Die Kleriker der Kanzlei Friedrichs II. waren eben keine guten Arabisch-Experten, obwohl man ihnen das hin und wieder nachsagte. In seiner Antwort wies der islamische Jurist die aristotelischen Theorien über die Ewigkeit der Welt und dementsprechend über die Abwesenheit einer göttlichen Schöpfung zurück und erklärte die Seele für unsterblich. Obwohl Friedrich II. in seinen Fragen wahrscheinlich eine feste Position vertrat, zeigt die verärgerte Reaktion des Sufi über deren Rationalismus, wie beunruhigend sie auf ihn gewirkt hatten.[83]

Die eingeschränkte Hellenisierung

Der Islam im Abbasidenreich verfügte über vorzügliche Denker, Mediziner oder professionelle Rechtsgelehrte, die die Neuplatoniker oder Aristoteles kommentierten. Diese Männer entwickelten eine Form der Philosophie, die sich aus zwei Gründen als „islamisch" bezeichnen lässt. Erstens entstand sie mitten in der muslimischen Welt und zweitens verleugneten diese Autoren niemals ihren Glauben. Aber wenn wir das Wissen und Denken eines al-Farabi, Avicenna und Averroës bewundern, müssen wir sie noch nicht zu Rationalisten in unserem Sinne erklären. Ihre Wahrheitssuche sollten wir eher mit der eines Anselm von Canterbury vergleichen.

Die *falsafa* stand tatsächlich vor einem gewaltigen Problem: Die Idee der Kausalität, wie sie die antiken Griechen entwickelt hatten, entsprach nicht der Idee der Schöpfung im Koran.[84] Es war einfach nicht möglich, den Gebrauch des Verstandes, wie ihn die Griechen in der Antike praktiziert hatten, mit der muslimischen Perspektive in Einklang zu bringen, mochten sich auch noch so geniale Denker wie al-Kindi und al-Farabi ernsthaft darum bemühen. Ließ sich der Neuplatonismus mit dem Koran noch in Einklang bringen, so standen sich die metaphysischen Auffassungen von Aristoteles und die Koranaussagen über die Offenbarung doch unüberbrückbar gegenüber. Da der Islam weit mehr darstellt als eine einfache Religion, gelang es dem griechischen Rationalismus nicht, in die politisch-soziale Welt des *Dar al-Islam* einzudringen.

Der Mutazilismus – eine griechisch inspirierte Strömung des Rationalismus?

Zeitgenössische Kommentatoren und Historiker nutzen den Mutazilismus häufig als Beweis, dass der Islam von der hellenischen Kultur geprägt wurde.[85] Deshalb sollten wir einen Augenblick bei dieser ganz eigenen geistigen Strömung verweilen, denn eine Verwechslung verstellt den heutigen Blick auf deren Authentizität. So wird eine zutiefst religiöse Gruppe, die sich für die im Islam am meisten orthodoxe Bewegung hielt, in eine rationalistische Strömung umgedeutet.

Der Mutazilismus tauchte zu Beginn des 8. Jahrhunderts n. Chr. unter den Omaijaden auf[86] und breitete sich zur Regierungszeit von Kalif al-Ma'mûn aus, der ihn 827 sogar zur Staatsreligion erklärte, was er auch unter dessen Nachfolgern al-Mutasim (833–842) und al-Wâthiq (842–847) blieb. Dennoch war die mutazilistische Episode nur von kurzer Dauer. Unter al-Ma'mûn erreichte sie ihren Höhepunkt, schuf 833 eine Art Inquisition (*mihna*) für die Ausschaltung ihrer Gegner, um danach von den sunnitischen Glaubenswächtern unter Kalif al-Mutawakkil selbst hinweggefegt zu werden. Die *mihna* zwang Muslime, der Lehre des ewig-gültigen Korans offen abzuschwören und die Mutaziliten verweigerten sogar muslimische Gefangene aus Kerkern des Byzantinischen Reiches freizulassen, wenn sie diesem Glauben nicht abschworen. Diese starre Haltung erklärt wahrscheinlich den allgemeinen Widerstand gegen ihr Regime, das seinerseits durch die Anwendung der *mihna* gegen die eigenen Führungskreise zu Fall gebracht wurde. Im 10. und 11. Jahrhundert schien sich die Bewegung unter dem Schutz der schiitisch-buyidischen Emire wieder zu erholen; damals lebte und lehrte Abd al-Jabbar (935–1025), der letzte ihrer Theologen.

Der Begriff *Mutazila* leitete sich von dem Verb *i'tazala* ab, das „beiseite legen", „entfernen" bedeutet. Man mag darin eine politische Grundbedeutung erkennen, denn die Mutaziliten ließen sich nicht in die Konflikte ihrer Zeit hineinziehen, aber die ethymologisch-philosophische Interpretation des Begriffs scheint wahrscheinlicher: Die Mutaziliten bemühten sich entsprechend den Anweisungen des Koran, sich von allem Falschen fernzuhalten. Abd al-Jabbar erinnert entsprechend an einen *hadith*, der erklärt, die *Umma* teile sich in 73 Sekten auf, unter denen die der *Mutazila* die gläubigste sei. Das heißt, schon bei der Gründung der Bewegung bestand die Forderung nach strikter Strenggläubigkeit: Ihre sunnitischen Gegner verfälschten den Wortsinn und behaupteten, dass die *Mutazila* sich nicht vom

Falschen, sondern von der islamischen Orthodoxie abwenden wollte – ein tödlicher Vorwurf, denn dadurch erschienen die Mutaziliten auf einmal als Häretiker. Hilfe kam von Sharastani, der in seinem Buch *Milalwa Nihal* („Das Buch der Religionen und Sekten“) die *mu'tazila* angemessen als „Bewahrer von Gerechtigkeit und Einheit“, ihren beiden Hauptgrundsätzen, definierte.[87] Sie erhielten auch den Spitznamen *qadariyya.* So hieß eine Strömung zu Beginn der Omaijaden-Herrschaft in der 2. Hälfte des 7. Jahrhunderts, die leugnete, dass Gutes wie Böses gleichzeitig aus dem Göttlichen (*al-qadar*) hervorgehen konnte, d. h. die *qadariyya* predigte den freien Willen des Menschen.[88] Der Zusammenhang zwischen den beiden Bewegungen wurde offenbar nicht überprüft, obwohl Sharastani auf die Verbindung hinwies.

Die Mutaziliten verliehen ihrem letzten großen Denker Abd al-Jabbar den Beinamen Qadi al-Qudah („Richter der Richter“).[89] Der rechtswissenschaftliche Beiklang der Ehrung braucht nicht zu erstaunen, denn der Gelehrte stammte aus Basra und genoss das Renommee des größten Theologen der Stadt und eines Meisters, „der bei einzelnen und bei den großen Fragen des *Kalam*[90] das Unvergleichbare erkennt.“ Des *Kalam*, wohlgemerkt, und nicht der *falsafa* …

Unter seinen zahlreichen Werken sticht die gewaltige Enzyklopädie des *Mughni* heraus, die das Konzept des Mutazilismus[91] vermutlich so komplett wiedergibt wie kein anderes wissenschaftliches Werk und die zwischen 970 und 990 entstand. Die zwanzig Bücher dieser Enzyklopädie teilen sich in zwei umfängliche Teilbände auf, der eine ist der Einzigartigkeit Allahs gewidmet und der andere seiner Gerechtigkeit. Das Wort *Mughni* steht nur an erster Stelle des Titels, das Gesamtwerk heißt: *Al Mughni fi abwâh al-tawhid wa al-'ad* („Alles, was für das Verständnis von Allahs Unvergleichlichkeit und die Gerechtigkeit unerlässlich ist“). Möglicherweise erklärt sich die Fokussierung auf die beiden Themen Allahs Unvergleichlichkeit und Allahs Gerechtigkeit aus der Abgrenzung zu den Christen, die man wegen ihres Glaubensbekenntnisses zur Trinität Gottes des Polytheismus verdächtigte, und aus Distanz zu den Juden, die aufgrund ihrer anthropomorphen Lehre an einen rächenden Gott glauben. Der polemische Ton, der den *Mughni* durchzieht und an die Disputierfreude des *Kalam* erinnert, mag diese Annahme stützen.

Die Mutaziliten erhoben den Anspruch, perfekte Monotheisten zu sein: Ihr Glauben an die Einzigartigkeit Allahs bestimmte ihr Handeln, und aus dieser tief innersten Überzeugung leugneten sie alle Ähnlichkeit zwischen dem Göttlichen und dem Menschen. Deshalb trennten sie rigoros beide Bereiche und akzeptierten als Folge dieser Trennung auch die Vorstellung der freien Entscheidung. Der

Mensch ist Schöpfer und somit verantwortlich für sein Tun (*Muskallaf*), ganz wie es Allah wollte. Aus dem freien Willen leiteten sie die für sie enorm wichtige Bedeutung der Gerechtigkeit ab, denn nur sie garantierte die Freiheit des Menschen.

Der Islam kannte in Bezug auf radikale Gottesverehrung keine derart entschiedene Strömung wie den Mutazilismus, der natürlich auch die Vorstellung eines aus dem Nichts entstandenen Koran ablehnte. Dieser Glaube beruhte indes auf den Koransuren, die von einer neben Allah thronenden „Mutter des Buches", einer Art Urschrift aller göttlichen Bücher berichten, die Mohammed vom Erzengel Gabriel übermittelt worden und die im Koran selbst enthalten sei.[92] Die Mutaziliten lehnten diese Koraninterpretation jedoch entsetzt ab, bedeutete sie doch eine versteckte Zweisamkeit des All-Einen. Abd al-Jabbar schrieb dazu: „Der Ewige ist der Einzige in der Ewigkeit, es gibt keinen zweiten."[93] Die von aller Äußerlichkeit entkleidete, reine Einzigartigkeit eines Gottes bot für die Mutaziliten den Grund, die Ewigkeit des Koran anzuzweifeln, aus Furcht, einem Gott das Attribut eines in alle Ewigkeit geltenden Wortes anzuvertrauen, der selbst gar nicht ewig ist – eine klassische Debatte im *Kalam*. Für sie galt nur das Eine: „Der Koran *ist* das geoffenbarte Wort Gottes; es ist geschaffen und erschaffen."[94] Deshalb lehnten die Mutaziliten auch das geringste Attribut Allahs ab, inklusive die „99 Namen Gottes", die sie als Zugeständnis an götzendienerische Tendenzen betrachteten.

Entgegen manchen Behauptungen ist die Vermutung, der Mutazilismus sei von der griechischen Philosophie beeinflusst worden, schon deshalb falsch, weil er zu Beginn des 8. Jahrhunderts auftauchte, also noch bevor es die schon erwähnten alt-syrischen Übersetzungen aus dem Griechischen gab. Allenfalls lassen sich in der mutazilistischen Lehre winzige Spuren des Platonismus oder Neuplatonismus nachweisen, aber gewiss nicht der geringste Abdruck aristotelischer Theorien. Der Mutazilismus ließ nur „die mit den Prinzipien des Koran vereinbaren Denkweisen der Griechen zu."[95] Schließlich bestand sein Ziel definitiv darin, die kreationistische Interpretation des Koran zu entschlacken, ohne ihn selbst anzugreifen. In diesem Sinn zögerten die Mutaziliten keinen Augenblick, sich der atomistischen Vorstellung der antiken Naturphilosophie anzuschließen, die sie indes allein dem Wirken Allahs in der Natur[96] zuschrieben.

Die Ratio spielte bei ihnen dennoch eine wichtige Rolle, denn nur Denken bot in ihren Augen dem Menschen die Möglichkeit, seinem freien Willen zu folgen, Gut von Böse zu unterscheiden und schließlich Gott zu erkennen. Die Sittlichkeit des Menschen, das heißt sein Gehorsam gegenüber den Geboten des Korans, gebietet sein Verstand: „Die Bitte an Gott ist nur gut, wenn der vernunftbegabte

Mensch um die göttliche Unerforschlichkeit und Gerechtigkeit weiß."[97] Der Mensch ist einsichtig, weil er die Verantwortung für sein Tun trägt, nicht nur sich selbst gegenüber, sondern auch im Hinblick auf die Gemeinschaft der Gläubigen und das göttliche Gesetz. Die Ratio muss die Willensfreiheit des Menschen in vollem Bewusstsein um sie garantieren, damit er unter Beachtung der Anweisungen des Koran letzten Endes sittlich handeln kann.

Unter diesem Aspekt erscheint der Verstand im Dienst der koranischen Offenbarung, die eine natürliche und zeitlose Wahrheit enthüllt.[98] Widerspricht die Ratio dem Koran, verlässt sie die Natur, den Bereich des freien Willens und der Verantwortlichkeit; sie wird dann unvernünftig und zerstört sich selbst. Folglich ist die Vernunft selbst nur ein Derivat der Pflicht der Treue gegenüber der Offenbarung. Unter dieser Perspektive lassen sich philosophische Überlegungen zu den Begriffen Substanz, Zufall, Endlichkeit der Welt unter anderem geschickt ausbreiten. Die Mutaziliten wollten sich dem Kreationismus des Korans auf rationalem Weg nähern, ohne mit ihm noch mit der Vernunft in Konflikt zu geraten. Beispielsweise bestätigt der Korantext über die Grundfrage der göttlichen Exklusivität und ihrer Gerechtigkeit, was dem „Verstand offensichtlich ist",[99] tatsächlich. Den zentralen Begriff des Islam, nämlich die absolute Einsichtigkeit des geoffenbarten Buches, könnte man nicht besser formulieren.

Wir begreifen also, dass sich die Mutaziliten nicht wegen eines Rationalismus abendländischer Prägung gegen das Dogma eines unerschaffenen Koran auflehnten, sondern aus Frömmigkeit. Man ginge auch fehl in der Annahme, sie etwa als frühe Vertreter einer „thomistischen" Theologie, als Verkünder eines Rationalismus à la Descartes oder gar des Freidenkertums zu sehen: Alles, was die Mutaziliten wollten, war, ihre Pflicht als getreue Diener des Koran zu erfüllen.

Averroës (Ibn Ruschd) – „ein umsichtiger Reformator"[100]

Obwohl Averroës bisher immer als Rationalist dargestellt wurde, ist sein Fall doch viel komplexer.[101] In erster Linie muss er als großer Religionsgelehrter aus malekitischer Schule, dann als Richter (*cadi*) und schließlich als Arzt gesehen werden. Diese beruflichen Elemente sind für sein Verständnis mindestens ebenso wichtig wie seine Aktivitäten als Philosoph. Averroës kam aus der Welt des muslimischen Rechts (*fiqh*), und seine Ausbildung zum Juristen befähigte ihn zur Beurteilung vieler Themen. Als Religionsgelehrter predigte er in der großen Moschee von Córdoba den „Heiligen Krieg“ gegen die Christen, und unter Heranziehung aller Rechtsquellen erinnerte er die Muslime an ihre Pflicht, gegen die Christen in den Krieg zu ziehen.[102] Sein damaliges Verhalten entsprach genau dem, was er in seinem Kommentar zu Platons *Staat* geschrieben hatte: „Es gibt zwei Wege, die zu Gott führen: Der erste Weg führt über die Rede, der zweite über den Krieg.“ In diesem kleinen Satz spiegeln sich gleich mehrere Verse des Koran.[103]

Man kann Averroës sicher unterstellen, dass er die Offenbarungslehre des Koran mit dem Rationalismus eines Aristoteles in Einklang zu bringen versuchte, aber gleichzeitig schützte er den Koran vor der Kritik des Rationalismus. Ihm ging es hauptsächlich um den Beweis der Überlegenheit des Koran über die Vernunft, die, wie er meinte, weder dessen Wesen noch die Natur des unerschaffenen und ewigen Buches, noch gar die oberste Weisheit anzugreifen imstande war. Deshalb konnten Korangeistliche in seinen Augen gefahrlos Philosophie studieren. Seine eigene Entscheidung zum Philosophiestudium hatte offenbar mit persönlichen Interessen zu tun, aber er studierte Philosophie auch, weil sein Beruf es verlangte und nicht wegen einer aus seiner Sichtweise unwahrscheinlichen Kritik an der Religion. Er hatte in der griechischen Philosophie das Mittel gefunden, um sich aus der übertriebenen Gesetzestreue der Melkiten zu befreien, die damals die almohadische Gesellschaft von Cordoba beherrschte, und deren Feindseligkeit gegen alle griechischen Einflüsse bekannt war.

Im Jahr 1195 fiel Averroës in Ungnade und Kalif al-Mansur verbannte ihn nach Elisena in Nordafrika, das auch jüdischen Exilanten als Unterschlupf diente, was er als besondere Erniedrigung verstand. Seine Lehren wurden verflucht und seine philosophischen Werke verbrannt. Die genauen Umstände dieser Verbannung sind unbekannt. Offensichtlich befand sich der Kalif damals selbst in einer schwierigen Situation und versuchte, den orthodoxen Verleumdern Ibn Ruschds entgegenzukommen, die in der Bevölkerung einen enormen Rückhalt besaßen und wild entschlossen waren, sein Streben nach Gedankenfreiheit zu beenden. Die Verbannung dauerte nur zwei Jahre (1197), aber Averroës überlebte sie nicht lange. Nachdem ihn Kalif al-Ya'qûb I. wieder nach Marrakesch zurückgerufen hatte, starb er 1198.

Averroës war bei seinem Tod nicht mehr der Atheist oder Agnostiker, sondern der tolerante Denker, an dessen offenen und kritischen Geist man sich bis heute erinnert. In allen seinen Schriften tritt uns ein zutiefst vom islamischen Glauben geprägter Autor entgegen, dessen Glaubensbekenntnis nie hinter seiner Wahrheitssuche als Philosoph verschwand, aber dessen ärztliche Erfahrungen ihn die Nützlichkeit des Verstandes bei der Darlegung grundsätzlicher Naturgesetze[104] gelehrt hatten. In seiner *Entscheidenden Rede* über das Verhältnis von Philosophie (*hikma*) und Religion (*shari'a*) zeigte er, dass sich die Philosophie konform zu den Vorschriften des Koran verhielt. Als Religionsrichter veröffentlichte er die „Rede" in Form einer *Fatwa*, um zu ermitteln, ob das Philosophiestudium nach islamischem Recht „erlaubt", „verboten" oder „empfohlen" sei. Diese Prüfung erklärt sich aus seiner Ausbildung und aus dem zutiefst am Glauben orientierten Rechtswesen der muslimischen Welt, in der jeder Gedanke und jedes Handeln an der Rechtmäßigkeit der vom Propheten etablierten und vom Koran peinlich genau beachteten Tradition (*sira*), den Hadithen und dem *fiqh* gemessen wird. Obwohl sich Averroës absolut als Philosoph fühlte, urteilte er als *cadi*, denn das Recht als Basis des muslimischen Zusammenlebens bestimmte sein Tun und Handeln von Grund auf.

So viel zum persönlichen Hintergrund seiner Antwort auf die Vorwürfe seiner Gegner, die jegliche Lektüre von Werken philosophischen Inhalts oder gar jede erkenntnisgeleitete Fragestellung verbieten wollten, weil sie befürchteten, sie wecke religiöse Zweifel oder führe in religiöse Irrtümer. Er erwiderte ihnen, ihre Forderung sei ebenso unpassend wie einen Durstigen am Trinken zu hindern, aus Furcht er könne daran ertrinken (man beachte den gesunden Menschenverstand des Arztes). Seine Argumentation war durch und durch klassisch, denn sie stützte sich auf die im Islam traditionelle Abstufung von unerlaubten (*haram*), tadelnswerten (*makruh*), erlaubten (*mubah*), verdienstvollen (*mustahib*) und obligatorischen (*wajib*) Handlungsweisen, die alle gesellschaftlichen Verhaltensformen ohne Ausnahme regulierten und normierten. Aus dieser Aufzählung wird deutlich, dass das Studium der *falsafa* zu den Pflichtstudien (*wajib*) eines Moslems zählte, das heißt es war ihm erlaubt (*mubah*), altgriechische Texte unter der Voraussetzung zu studieren, dass er dabei nie die Grundsätze der *Scharia*, das religiöse Gesetz des Islam, anzweifelte. Diese Schlussfolgerung ergab sich für Averroës nach seiner gründlichen Prüfung des Koran: Der Koran ist das heilige Buch der Muslime und wirkt als oberste Instanz allen muslimischen Handelns und als Quelle jeglicher Legitimation.[105] Nicht der Verstand begründet oder rechtfertigt den Glauben, sondern das heilige Buch gestattet den Gebrauch des Verstandes für die Philosophie, um den Sinn des Koran jedem begreiflich zu machen, dem er sich nicht von allein erschließt.

Auf jeden Fall konnte es für Averroës keinen Zwiespalt zwischen Philosophie und Offenbarung geben, denn der Koran verkörpert die absolute Wahrheit.

> Da nun diese Religion wahr ist und zur Reflexion aufruft, die zur Erkenntnis der Wahrheit führt, wissen wir Muslime definitiv, dass die demonstrative Beweisführung nicht [zu den Ergebnissen] führt, die mit den Lehren der Heiligen Schrift in Konflikt stehen. Denn die Wahrheit widerspricht der Wahrheit nicht, sondern stimmt mit ihr überein und legt Zeugnis für sie ab.[106]

Wenn laut Averroës also bewiesene (!) Aussagen der Philosophie oder Wissenschaft mit dem Wortlaut des Gesetzes, das heißt des Koran, nicht übereinstimmen, dann müssen diese Aussagen interpretiert werden (*ta'wil*), wobei die Sätze des Koran als Metaphern aufgefasst werden.[107] An diesem Punkt trifft Averroës nach Dominique Urvoy[108] eine entscheidende Präzisierung: Da aus der Lösung theoretisch-wissenschaftlicher Fragen zu damaliger Zeit nichts Konkretes abgeleitet werden konnte, war die Wissenschaft die einzig maßgebliche Autorität, aber auch nur, weil ihr der Koran diese Autorität zuschrieb. Über die aus wissenschaftlichen Erkenntnissen abgeleiteten Normen der muslimischen Lebenspraxis entschieden die Scharia ganz allein und deren offizielle Ausleger *('ulamâ')*. Sie hatten das erste und das letzte Wort, und philosophische Interpretationen interessierten sie nicht. Also: Denk- und Forschungsfreiheit für die „Scientific community", die im Gegenzug jedoch auf jede öffentliche Wirksamkeit verzichtete. Die „Masse" sollte einfach glauben, was ihr die Religionsgelehrten darlegten. Diese muslimische Exegese hatte mit der christlichen Auslegung der Heiligen Schrift nichts zu tun, die sich im 12. Jahrhundert mit der Entdeckung der vier Evangelien des Neuen Testaments beschäftigte.

Und ein Letztes: Philosophische Bücher durften „von den Führern einer Gemeinschaft dem gemeinen Volk auch verboten werden." Tatsächlich verfügten viele nicht über den Zugang zum notwendigen Instrumentarium, um diese Schriften richtig zu verstehen und hätten bei deren Interpretation nur Unheil riskiert. Averroës unterteilte die Menschen in drei Kategorien – in die Gelehrten, die Theologen und das gemeine Volk. Diese Unterscheidung zwischen unterschiedlichen Kultur- und Verständnisebenen schränkte den Zugang zum wissenschaftlichen Studium ein und ermöglichte, dass viele davon abgehalten wurden.[109]

Fazit: Der Koran sagt immer die Wahrheit, und wenn die Philosophie den Zugang zu seinen versteckten Wahrheiten öffnet, steht nur einer intellektuellen Elite das Recht zu deren Interpretation zu. Im Widerspruch zu ihrem Hingezogensein zur griechischen Philosophie verhinderte gerade der Elitismus eines Averroës und anderer *falâsifa* eine echte Hellenisierung der führenden Kreise der muslimischen Gesellschaft.

„Freidenker"?[110]

Unterstützte der Islam Meinungen, die mit dem Koran nicht übereinstimmten, oder duldete er sie ganz einfach nur? Das angesichts der christliche Dogmenlehre doch recht einfach strukturierte islamische Dogma bot wenig Anlass für Abspaltungen geistiger Art noch reizte es zu theologischen Debatten, solange es nicht um die Einzigartigkeit und Einheit Allahs ging oder die Verbindungslinien zwischen seiner Existenz, seiner Substanz und den unterschiedlichen Formen seiner Schöpfung berührt wurden.[111] Dem schließt sich als weitere Frage an: Gab es denn in dieser offensichtlich konformistischen und in das Korsett der *Scharia* gepressten Welt niemand, der abseits der vorgegebenen religiösen Linie dachte? Diese Frage durchzieht die Monographie von M. Chebel aus dem Jahr 1992 als roter Faden. Der Autor bemerkt dazu: „Das allmächtige muslimische Dogma lässt dem kritischen Denken und besonders der Vorstellung wenig Raum, den Menschen das belebende Gefühl der Freiheit zu vermitteln."[112] Dominique Urvoy ging hingegen von einer anderen Perspektive aus. Er verglich die Zahl der „Frei"-Denker im Islam mit der Zahl der Schriften kirchenferner Autoren im Europa des 18. Jahrhunderts und stellte fest, dass sich das Interesse der Historiker weniger auf den ideologischen Wert der Schriften von Diderot und Voltaire richtete, sondern vielmehr auf deren Anzahl, die, wie er konstatiert, weit unterhalb der Zahl der apologetischen Schriften zugunsten der Kirche lag. Die islamischen Schriftgelehrten verhielten sich umgekehrt: Sie unterschätzten die Zahl der korankritischen Denker am Rand des religiösen Spektrums zugunsten der zahlenmäßig natürlich viel stärkeren Gruppe der Religionstreuen.[113]

Aus Urvoys Untersuchung bleibt festzuhalten: Schätzt man den Wert systemkritischer Schriften als innovativer ein, dann ist die muslimische Gesellschaft diesem Urteil nicht gefolgt, wohingegen sich die Ideen der Aufklärung in allen Ländern Europas durchsetzten. Es ist auch bezeichnend, dass Urvoy nicht nach islamischen „Freidenkern" sondern nach „freien", das heißt unabhängigen „Denkern" suchte, die sich der Versuchung der Unfreiheit entzogen. Die Personen, die er dabei der Vergessenheit entriss, erfüllen das Kriterium der geistigen Unabhängigkeit ganz ohne Zweifel – es waren Christen wie Hunayn ibn Ishaq, spät zum Islam Konvertierte wie der Perser Ibn al-Muqaffa, († 757/759), der offensichtlich am Manichäismus seiner Jugendjahre festhielt, oder Muslime, die zu den kleinen Sekten am Rande des Islam gehörten oder gar der Häresie zuneigten. Al-Warraq († 861/862) beispielsweise glaubte aufgrund historischer Zeugnisse an die Kreuzigung Christi und wagte dem Koran sogar so weit zu widersprechen, dass er öffentlich „den Zwang der Offenbarung" bestritt[114], oder sein Schüler und Freund ibn al-Riwandi († zwischen 864 und 912), der seine Aufsässigkeit gegenüber dem Koran noch deutlicher zeigte. Aber all diese Personen blieben noch innerhalb des religiösen Rahmens. Al-Muhasibi (781–852) zögerte hingegen nicht, sich von gewissen Koransuren zu distanzieren oder sich der Überlieferungsketten der Hadithen[115] nach eigenem Gutdünken zu bedienen. Der berühmte Arzt Abu Bakr al-Razi (865–932) ging nicht so weit, obwohl von ihm bekannt war, dass er keine von Propheten verkündigte Religionen ausstehen konnte, aber das steht oft nicht in den Handbüchern, die nur seine Fähigkeiten als Arzt erwähnen. Al-Razi gebührt deshalb eine besonderer Erwähnung, weil er sich „entgegen allen muslimischen Autoren, denen die Perfektion über alles ging"[116], an fortschrittlichen Ideen orientierte und sich dadurch als Schüler von Sokrates herausstellte, den er übrigens gut zu kennen schien, während seine Zeitgenossen diesem Sokrates Worte der arabischen Zivilisation in den Mund legten.[117] Solche unabhängigen Geister kamen im Islam höchst selten vor, vielleicht gerade mal ein Dutzend im Verlauf von ungefähr 500 Jahren. Obwohl interessant, bleibt das Thema der unabhängigen Köpfe im Islam wegen des Gewichts der Orthodoxie, der Orthopraxie, die sich allein am richtigen Handeln orientiert, und der festen Verbindung zwischen Politik und Religion, auf der das Abbasidenreich gründete,[118] marginal.

Dem griechischen logos bleibt die Tür zur Politik verschlossen

Der politischen Weisheit eines Aristoteles blieb bei den Abbasiden jeder Einfluss verwehrt, was zum Teil sicher auch daran lag, dass seine *Politik* nicht ins Arabische übersetzt wurde und man sie deshalb dort nicht kannte.[119] Andere Gründe können wir nur vermuten. Vielleicht legten die Kalifen in falscher Einschätzung des Inhalts gar keinen Wert auf die Lektüre eines Textes, von dem sie ahnten, dass er in einem muslimischen Staat ohnehin nicht anwendbar sei. Oder lag der Fehler bei den alt-syrischen Übersetzern, die kaum zur politischen Reflexion neigten? Was auch immer zutreffen mag, entsprechend der Organisation der muslimischen Urgemeinde (*Umma*) in Medina waren die Felder „Politik", „Rechtsprechung" und „Religion" nie getrennt. Religion und Politik, Moschee und Richtstuhl des Kadi waren eins.

Die Abbasidenherrscher veränderten weder ihre Staatsauffassung noch ihre Regierungsweise und dachten gar nicht daran, vom „schönen Vorbild“ des Propheten und seiner Gemeinde abzuweichen. Der berühmte Rechtsgelehrte Abu Hasan al-Mawardi (975–1058) erinnerte daran, dass die *Umma* von einem Meister regiert werden muss, der das göttliche Gesetz und die göttlichen Rechte[120] respektieren wird. Der Einfluss Mawardis hielt sich jahrhundertelang bis er dem wesentlich rigoroseren Ibn Taymiyya weichen musste, der die „Rückkehr zur anfänglichen Reinheit und der mythisch-egalitären Theokratie von Medina“[121] predigte.

Die europäischen Könige und ihre juristischen Berater hingegen wandten sich wahrscheinlich aus Furcht vor einem erstarkenden Papsttum wieder den politischen Vorstellungen der antiken Griechen zu, die im 12./13. Jahrhundert auch bei den Geschlechtern der großen italienischen Städte Eingang gefunden hatten. Fast am Ende des 13. Jahrhunderts verfassten die Legisten Philipps des Schönen den Brief *Antequam essent clerici*, in dem sie den Vorrang der weltlichen Macht vor den Ansprüchen der Papstkirche verlangten.[122] Im „Haus des Islam“, wo man die Schriften von Aristoteles schon seit vier Jahrhunderten kannte, hätte niemand eine solche Kühnheit gewagt. Im 15. Jahrhundert zog der Kanzler der Universität von Paris, Jean Gerson, unter anderem die aristotelische *Metaphysik* für seine Konzeption der Königsmacht heran, die er in seiner Abhandlung „Für die Reform des Königreichs“ (1403)[123] niederlegte. Seine Argumente bezog er neben Aristoteles aus dem Alten Testament, von Homer und Platon – ein klassisches Beispiel für den im mittelalterlichen Europa typischen Synkretismus.

Während die aristotelische Lehre in der europäischen Politik also Früchte trug, lehnte man sie im Islam ab; es gab auf muslimischer Seite keinen Thomas von Aquin, der eine Staatsidee aus Laiensicht entwickelte. Mochte Aristoteles das politische Denken in Europa eine Zeitlang befruchten, war ihm das weder im Abbasiden- noch im Seldschukenreich möglich. Bei der Geburt des von den Historikern so bezeichneten „modernen Staates“ im christlichen Abendland standen die römisch-germanische Welt und das altgriechische Denken Pate. Seine Wurzeln reichen bis hinab in die Evangelien und im Hinblick auf Wahlregeln und Wahlpraxis zum Beispiel bis ins kanonische Recht.

Es ist bezeichnend, dass sich im „Haus des Islam“ keine Menschenseele je mit dem griechisch-römischen Recht beschäftigt hat, nicht einmal Averroës.[124] Nur der Universalgelehrte im Reich von Cordoba, Ibn Hazm (994–1063), versuchte sich vor dem Hintergrund der Vorschriften des islamischen Rechts einmal an einer Neubearbeitung der *Logik* von Aristoteles. Die Frage, ob römisches Recht auf das islamische je in irgendeiner Weise eingewirkt hat, lässt sich mit dem Hinweis beantworten, dass die arabische Sprache kein Wort für „Person" kennt – und man daneben ermessen kann, welche Bedeutung dieser Begriff im abendländischen Recht besitzt.[125]

Das Rechtssystem (*fiqh*) wird eine rein islamische, in sich geschlossene Sonderform der Rechtsprechung bleiben, denn alle vier anerkannten Rechtsschulen des Islam (Hanbaliten, Malekiten, Schafiten und Hanfiten) stehen diesbezüglich auf dem gleichen Standpunkt: Verbleiben in dem Kreis, der von Koran, *Sira* und den Hadithen vorgezeichnet wird, und sich davor hüten, eine neue Rechtsprechung aufzubauen, die von dieser „Dreieinigkeit" entfernt oder – noch weniger – sich ihr in den Weg stellt. Das *fiqh* besteht in der Anwendung der *Scharia*, deren Vollzug in den Händen von Richtern liegt, die letzten Endes immer dem Koran und den Aussprüchen Mohammeds[126] verpflichtet sind. Das heißt im Klartext nicht, dass das muslimische Recht nicht auch bestimmte Entwicklungen erlebt hat, aber eben nur innerhalb der engen, an den Ursprüngen fixierten Grenzen. Für dieses Recht wäre es absurd gewesen, sich am römischen oder gar kanonischen Recht zu orientieren, denn es unterscheidet nicht zwischen Rechtsauslegung, Religion und Kultur: Alles Tun und Treiben von Muslimen hängt an einem einzigen normativen System.

Der Islam ist in erster Linie eine Orthopraxie, in der das richtige Handeln im Mittelpunkt steht, das heißt eine Konformität mit Regeln und Riten, die jeder Moslem respektieren muss. Man braucht nur Sure 9,71 zu lesen: „Und die gläubigen Männer und Frauen sind untereinander Freunde. Sie gebieten, was recht ist, und verbieten, was verwerflich ist, verrichten das Gebet, geben Almosensteuer und gehorchen Allah und seinem Gesandten."[127] Das *fiqh* soll also die Maßstäbe setzen für das, was verboten und verwerflich ist, und die Moral besteht nicht darin, das Gute im Sinn des griechisch-römischen oder christlichen Weltbilds zu tun, sondern nach dem islamischen Gesetz zu handeln, das heißt Gott zu gehorchen[128]: Moralisch handelt, wer sich dem Gesetz Allahs unterwirft.

Eine Zivilisation definiert sich wenigstens teilweise über die Rechtsprechung in ihrem Land, denn darauf basiert schließlich ihr gesellschaftlich-soziales System. Unter diesem Aspekt verband Christen und Muslime im Mittelalter nichts. Die *Scharia* und das christlich-abendländische Recht rieben sich an zu vielen Grundsätzen und Entscheidungen.

Die fehlgeschlagene Hellenisierung des Islam

Das tiefere Eindringen der griechischen Kultur in die arabische Welt scheiterte zunächst daran, dass die Araber Griechisch weder kannten noch konnten; griechisches Denken übermittelte sich eben zuallererst über die griechische Sprache. Im Übrigen vertraten christliche und muslimische Gelehrte unterschiedliche Positionen gegenüber der altgriechischen Bildung. Das Christentum hat die antike Kultur übernommen und dabei die entlehnten Elemente genau ausgewählt: die Epikureer wurden eher abgelehnt, der griechische Geist jedoch integriert. Die Römer kannten die griechischen Grundlagen ihrer Rechtspflege und Politik auch nicht genau, und trotzdem wirkte sich ihr Recht auf die abendländische Rechtsprechung im Mittelalter, insbesondere auf das italienische Stadtrecht und die Reichsidee[129] aus. Der Islam verhielt sich da doch deutlich „opportunistischer" – er wählte aus der griechischen Bildungswelt nur aus, was ihm nützlich schien, die dahinterstehende geistige Orientierung interessierte ihn nicht. Weder die klassische Literatur der Griechen, inbegriffen die Gattung „Drama", noch die griechische Philosophie bereicherten die arabische Kultur. Nur die Logik fand dort ihren Platz, wenn auch in unterschiedlichen Milieus und mit einigen Einschränkungen.[130] Denn „der Rekurs auf die Logik verlangt für Argumentation und Begründung die strenge Einhaltung der Form, aber keinerlei Rationalismus" – dieser Satz von Anita Guerreau-Jalabert in Bezug auf das Abendland des 12./13. Jahrhunderts lässt sich auch auf den Islam im Abbasidenreich anwenden.[131]

Was der Islam aus dem Hellenentum übernahm, wurde zuvor sorgfältig gesiebt und in eine religiöse Richtung eingebunden, damit das Neue als Forderung des Koran durchgehen konnte. Die beiden Kulturen des antiken Griechenland und des klassischen Islam vermischten sich nicht. Als Aristoteles im Orient schließlich akzeptiert wurde, begann dort eine Art Zivilisation, die man in Europa schon seit der karolingischen Renaissance auftauchen fühlte, und die im Lauf der Zeit sowohl an die Inhalte der griechischen Kultur wie auch ihren Geist anknüpfte. Demgegenüber präsentierte sich die *falsafa* als eine „Summe von Kenntnissen, aber nicht als Frage- oder Problemkonstrukt".[132] Bei den Christen durchdrang die Philosophie nach und nach die Theologie und bewirkte deren Veränderung. Im mittelalterlichen Islam besaß die *falsafa* nie Einfluss auf den *Kalam*: Griechische Philosophie und arabische Theologie blieben zwei getrennte Welten. Fazit: Im Mittelalter hellenisierte sich der Islam so wenig, wie sich das Abendland islamisierte.

Das muslimische Raster arbeitete, wie gesagt, sehr selektiv. Mochten arabische oder persische Gelehrte auch mathematische Schriften oder Werke aus der Optik verfassen, der griechische *logos* blieb aus dem theologischen, politischen oder juristischen Denken des Islam verbannt. Nach Avicenna bezog sich mit Ausnahme von Averroës kein arabischer Philosoph mehr auf Aristotelestexte: Nach Avicennas „Metaphysik" spielte Aristoteles für arabische Gelehrte ohnehin keine Rolle mehr. Rémi Brague bringt diese Entwicklung auf den kurzen Nenner: „Der Aristotelismus wird ganz einfach Avicennismus."[133]

Obwohl syriakische Übersetzungen den Weg zur arabischen Sprache gebahnt hatten, blieb das kulturelle Universum der Araber mit ihrer Religion engstens verbunden. Als Westeuropa im 12./13. Jahrhundert Aristoteles wieder entdeckte, wurde sein Weltbild, seine Wissenschaft und seine Politik buchstäblich vom Kopf auf die Beine gestellt. Im *Dar al-Islam* blieb der aristotelische Einfluss überaus unterschiedlich: Stark auf dem Gebiet der Logik und der Naturwissenschaften, schwach bis gar nicht vorhanden hingegen in der Politik, Moral oder Metaphysik. Auf diesen Feldern waren dem griechischen *logos* die ewigen und göttlichen Suren des Koran zuvorgekommen. Aristoteles wurde zwar gelesen, kommentiert und gelobt, aber er entrann diesem Filter nicht; auch war er außerhalb eines begrenzten Zirkels von Juristen oder Medizinern mit Hang zur Philosophie kaum bekannt, während die griechische Philosophie sehr viel weiter und stärker die führenden Schichten im lateinischen Westen durchdrang.

Ist es der Stellung des Koran als Entscheidungsträger des Islam zuzuschreiben, dass sich der griechische Rationalismus in der arabischen Welt nur so beschränkt entwickelte? Tatsächlich ist die arabische Denkweise sehr eng mit der koranischen Offenbarung verbunden, sehr im Unterschied zum griechischen Vernunftglauben. Was wir heute unter „Rationalismus" verstehen, besaß im mittelalterlichen Islam keinerlei Entsprechung und war auch im modernen Christentum nur im Keim angelegt.[134] In muslimischen Augen ist es schlicht unvernünftig, sich nicht zur Religion Mohammeds zu bekennen oder dem Koran nicht zu glauben. Deshalb bedeutet, was man in Europa „Vernunft" nennt, im Islam nur eine, dem göttlichen Wesen des Koran unterliegende Möglichkeit. Die Ratio steht, nebenbei gesagt, in enger Verbindung zur arabischen Sprache, der Sprache der Offenbarung des Koran, und wird deshalb mit absoluter Intelligenz gleichgestellt.

Vielleicht trug auch der Elitismus der *falâsifa*-Kreise dazu bei und das Fehlen von Bildungsstrukturen, Schulen zum Beispiel, die sich imstande sahen, die Lehren antiker Philosophen aus Griechenland zu verbreiten. Die Kalifen stellten die dazu unentbehrlichen Verbindungen zur politischen Macht nicht her, und die Religionsgelehrten blockierten jegliche Verbreitung altgriechischen Gedankengutes an größere Teile der Bevölkerung. Das staatliche Schulsystem und die Koranschulen kannten weder die Philosophie der alten Griechen noch deren Wissensfundus, den sie zur Erklärung des Koran ja auch nicht brauchten. Das abendländische Christentum hingegen begrüßte den Zugang zum wissenschaftlichen Fundus der griechischen Antike, um einerseits Unklarheiten der Bibel zu korrigieren oder als willkommenen Beitrag zur Lösung theologischer Fragen.

Es wäre also ungerecht und gegen die Natur der islamischen Zivilisation, von „Hellenisierung" zu sprechen, weil wir ihr damit, vielleicht aus ethnozentrischen Gründen, eine Art Verwestlichung zumuten, die – unter Vorbehalt des *beneficium inventarii* – in Wahrheit nur auf einige Universalgelehrte zutrifft. Wenn überhaupt, dann beschränkte sich die Hellenisierung der arabischen Welt auf jene Kreise in Bagdad, die sich mit Aristoteles beschäftigten und die sich im Übrigen auch wieder von allem Griechischen verabschiedeten: Die Hellenisierung bleibt damit ein intellektuelles Phänomen; sie veränderte weder die kollektive arabische Mentalität der Glaubensbindung, noch brachte sie die politischen, gesellschaftlichen oder juristischen Strukturen des Abbasidenreiches ins Wanken.

Als letztes Thema unseres Leitfadens durch die unterschiedliche Entwicklung der beiden Zivilisationen bleibt uns noch der Blick auf die Inhalte der beiden Religionen und den Stellenwert ihrer heiligen Bücher.

Fünftes Kapitel

Probleme der Kultur im Mittelalter

> Die Neugier auf den anderen ist eine typisch europäische Einstellung, sie kommt außerhalb von Europa selten vor und im Islam nur ausnahmsweise.[1]

Eine harte, aber wahre Aussage. Man kann es allerdings abschwächen, wenn wir uns an die Namen al-Masudi († um 956), den Verfasser des *Buches der goldenen Wiesen*, das zu zwei Fünfteln nicht-muslimische Völker beschreibt, oder al-Biruni erinnern, den einzigen Muslim, der sich für die Welt der Hindu interessiert zu haben scheint.[2] Abgesehen davon, entwickelte der mittelalterliche Islam – ähnlich wie andere große Kulturnationen (Indien oder China) – auch keine echte Neugier auf andere Völker. Die Frage ist, ob seine Verbindung zu anderen an religiösen Geboten scheiterte oder an historischen Umständen? So erschien die Übersetzung Antoine Gallands von *1001 Nacht*, einem der Hauptwerke der persischen Literatur, in Europa zwischen 1704 und 1717 und damit erst relativ spät. Gleiches trifft im Orient, zumindest bei den Gebildeteren, für die *Ilias* und die *Odyssee*[3] nicht zu. Diese fehlende Neugier erklärt zum Teil, dass das Mittelalter während eher heftig als friedlich verlaufender Jahrhunderte ein angespanntes Einander-Gegenüberstehen dieser beiden Kulturen bot, deren Monotheismus sie eher trennte als annäherte. Denn in ihrem Glauben an einen einzigen Gott entwickelten Christentum und Islam zwei extrem weit voneinander entfernte Denksysteme und gesellschaftliche Normengefüge.

Nun gibt es die Meinung, Christen und Muslime hingen im Grunde genommen dem gleichen Gott an. Aber wer derlei behauptet und meint, er hätte einen beachtenswerten Diskussionsbeitrag geleistet, weiß nicht, wie oberflächlich er argumentiert. Er verkennt, dass der christliche Gott und Allah weder die gleiche Sprache sprechen noch die gleichen Werte vertreten, ihren Gläubigen nicht das gleiche Schicksal bescheren und sich auch höchst unterschiedlich um das politische Zusammenleben und die Rechtsprechung unter den Menschen kümmern. Ein Blick in die Evangelien des Neuen Testaments und in den Koran zeigt, wie ungleich Christentum und Islam sind.[4] Christus beispielsweise weigert sich, die Ehebrecherin zu bestrafen und sie zu steinigen. Mohammed hingegen befiehlt im gleichen Fall, die untreue Frau zu töten.[5] Man kann nicht Jesus und Mohammed gleichzeitig nachfolgen. Die heftigen Polemiken zwischen Christen und Arabern im Mittelalter öffnen nur den Blick für eine radikale, als unerbittlich empfundene Feindschaft. Diese Gegensätzlichkeit wirft die Frage nach der jeweiligen Identität der beiden mittelalterlichen Kulturen auf.

Diese Art Überlegung gehen die Historiker behutsam an, weil sie befürchten, ihr Urteil über die Strukturen beider Lager könnte sich, obwohl Momentaufnahme, ohne Berücksichtigung der Veränderungen, Brüche und Verwerfungen als endgültig verfestigen. Die Manöver und Winkelzüge quer durch die Jahrhunderte oder Kontinente wirken sich auf die wissenschaftliche Erkenntnisbildung meist sehr verhängnisvoll aus. Sie wird von der Gefahr eines „Essentialismus" begleitet, der nach Lucien Febvre direkt in die schlimmste Falle führt, in die ein Historiker geraten kann: den Anachronismus. Trotzdem bleiben Verhaltensweisen, Sitten und Gebräuche erhalten oder wenigstens die Anzeichen ihrer langen, in diesem Fall sehr langen Dauer. Wir werden versuchen, solche Phänomene aufzudecken. Zivilisationen sind nicht unbeweglich, aber sie passieren das Drehkreuz der Geschichte auch nicht ständig, und der Historiker ist nicht weniger gerüstet als der Philosoph oder der Anthropologe, um diese Fragen anzugehen. Die Geschichte, die sich gewiss nicht allein in langen und langweiligen Reihen von Jahreszahlen erschöpft, denkt im Grunde auch anthropologisch, denn sie beschäftigt sich mit der Zeit, der Dauer, der Gleichzeitigkeit und der Abfolge menschlichen Handelns. Wer das Wesen des Menschen begreifen will, muss beobachten, wie es sich in der Zeit entfaltet. Dann kann er, wozu Fernand Braudel einlädt, entdecken, was an diesem Handeln dem Zufall, der wirtschaftlichen Entwicklung oder viel schwerer wiegenden und tiefer liegenden – in einem Wort: essentiellen – Tendenzen unterliegt.

Identitäten auf dem Prüfstand

> Für eine zivilisierte Gesellschaft bedeutet leben, dass sie gleichzeitig geben, empfangen und aufnehmen kann […]. Eine große Zivilisation ist nicht zuletzt daran zu erkennen, was sie an potentiell Übernehmenswertem zurückweist, wie sie sich gewissen Anpassungen widersetzt und nach welchen Kriterien sie – an einem Kreuzweg ohne Warntafeln über zu erwartende Konsequenzen angekommen – entscheidet oder ganz einfach ablehnt, weil etwas nicht zu ihrem Naturell passt oder weil sie keinen Appetit darauf hat.[6]

Zuerst muss eine Verwechslung ausgeräumt werden: Die arabische Kultur ist nicht die Kultur des Islam! Das wurde zwar schon oft gesagt, aber der Vergleich der beiden Seiten des Mittelmeers hält sich hartnäckig, in manchen Fällen sogar ganz bewusst. Von der einen Seite kommt, was Araber aller möglichen Konfessionen in arabischer Sprache produzierten, und von der anderen Seite stammt, was den Stempel des Islam trägt. Wo sich die beiden Welten schneiden, besteht zwar kein Hohlraum, da sich auch die muslimische *scientific community* auf Arabisch ausdrückte. Aber der Platz, der arabischen Christen oder Sabäern bei der Entstehung eines kulturellen Sockels zwischen dem 7. und 10. Jahrhundert im *Dar al-Islam* zukommt, zeigt auch, worin sich beide Teile unterschieden. Im Mittelalter war der Islam die vorherrschende Religion an der Spitze einer genau geregelten Hierarchie. Er bestimmte über die Normen der Politik, der bildenden Kunst, die Stellung der Frauen oder den gesellschaftlichen Status der „Buchgelehrten". Deshalb darf die muslimische nicht mit der arabischen Zivilisation gleichgestellt werden. Man kann auch nicht die entscheidende Rolle der zum Islam konvertierten Perser in den Hintergrund drängen, die trotzdem in ihrer tradierten Kultur weiterlebten. Gleichzeitig war die arabische Zivilisation Teil des politischen Herrschaftsbereichs des Islam[7], der sich in den Beziehungen zu Europa als Hauptakteur durchsetzte. Die Kalifen von Bagdad beschäftigten an ihrem Hof zwar christliche Leibärzte, aber ihre Außenpolitik gegenüber Byzanz oder den Kreuzfahrern führten sie in ihrer Eigenschaft als Muslime. Deshalb muss die Frage nach dem kulturellen Austausch von Ost nach West eher unter dem Aspekt der Beziehungen zwischen dem Islam und Europa gesehen werden denn als einer Verbindung zwischen Europa und der arabischen Welt. Dem entspricht auch die vom Islam etablierte Teilung in das „Haus des Islam" (*Dar al-Islam*) und das „Land des Krieges" (*Dar al-Harb*), das nicht von der *Umma* kontrolliert wurde. Die Theorie der beiden „Häuser" bildete bekanntermaßen die Hauptachse der politischen Konzeption im klassischen Islam. Man sollte auch noch das „Haus des Vertrages" (*Dar as-Sulh*) hinzufügen, das die Länder bezeichnete, die sich nicht zum Islam bekehren wollten, aber so lange in Ruhe gelassen wurden, wie sie ihre Tribute entrichteten.[8]

Jede Zivilisation lebt zunächst in einem Raum – auf einem Territorium –, das ihr gehört, weil es ihre Angehörigen bevölkert, geformt und verteidigt haben. Der Mittelmeerraum der Zeit Karls des Großen oder Friedrichs II. wartet noch immer auf seinen Historiker, der über ihn ein ähnliches Werk wie Fernand Braudel über die Zeit Philipps II. von Spanien vorlegen würde.

Das Mittelmeer ist wie jedes Meer unbewohnt, es wird nur durchfahren. Keine

Zivilisation entsteht auf den Wellen des Meeres; nur auf seinen Inseln oder an seinen Ufern entstanden Völker und Kulturen, die sich gelegentlich trafen, austauschten oder gegeneinander kämpften. Fernand Braudel bemerkt dazu: „Das Mittelmeer ist durchzogen von Kulturscheiden, wichtigeren oder unwichtigeren Grenzen, alles vernarbte Wunden, die nicht heilen und doch von Bedeutung sind.“[9]

Am und um das Mittelmeer herrschte im Mittelalter keine Zivilisation allein, sondern mehrere hoch entwickelte Kulturen. Nach dem Untergang des Römischen Reiches und den letzten Versuchen Justinians, es wieder herzustellen, gab es zwar eine mediterrane Welt, aber keine Mittelmeerzivilisation mehr, sondern Kulturvölker, die direkt ans Mittelmeer grenzten.[10] Der maritime Raum wurde zur Bühne ungezählter militärischer Konflikte wie auch lebhafter Handelsbeziehungen. Diese Mittelmeeranrainer schwankten ständig zwischen Krieg und Handel, manchmal fiel beides sogar zusammen wie während der Kreuzzüge oder in den vier Jahrhunderten des Heiligen Krieges, die ihnen vorausgingen.

Wie Henri Pirenne meinte, spaltete das Auftauchen des Islam den Mittelmeerraum, der Europa den Weg zu den südlichen Ufern des ehemaligen *mare nostrum* der Römer abschnitt und so das Abendland von Byzanz trennte.[11] Danach hätte die Neuorientierung des karolingischen Europa verstärkt eingesetzt, während die Omaijaden von Damaskus aus das erste muslimische Imperium schufen.

Viele Historiker und Archäologen widersprechen zwar Pirennes Standpunkt,[12] der internationale Handel im Mittelmeerraum war nämlich schon vor dem Ausschwärmen der „Reiter des Islam“ zu Beginn des 7. Jahrhunderts zusammengebrochen. Seine völlige Zerstörung in der zweiten Hälfte des 7. Jahrhunderts bewirkten tatsächlich die arabischen Eroberungszüge unter al-Mo'awija, dem ersten Kalifen der Omaijaden, der zwischen 649 und 653 Zypern angriff und einnahm. Darunter litten die Handelsstädte in Kleinasien, Nordafrika und zum Teil in Süditalien bis ins 10. Jahrhundert.[13]

Trotzdem verwandelte sich das Mittelmeer nicht in eine „muslimische See“: Ihren in viele Regionalgewalten zerstückelten Raum verunsicherten Piratenzüge, die zunächst von der byzantinischen Flotte im 9. Jahrhundert und danach von den Kriegsschiffen der Städte Amalfi und Pisa unterbunden wurden. Pirenne hat trotzdem Recht mit seiner Meinung, dass sich Europa nach Norden orientierte: Tatsächlich verzeichnete der Handel zwischen zunächst dem Merowingerreich sowie danach den karolingischen Reichsteilen Neustrien und Austrien, den Angelsächsischen Inseln und den Wikingern im 8. und 9. Jahrhundert hohe Umsätze. Was Pirenne aber unterschätzt hat, war die Bedeutung der Handelsbeziehungen in jener Zeit, denen man fast das Prädikat „Welthandel" zubilligen müsste. Die Skandinavier brachten arabische Münzen wieder in den karolingisch beherrschten Handelskreislauf zurück, die sie bei ihren Geschäften besonders via Dnjepr, Ostsee oder Kaspische See[14] oder – vereinfacht – über die „Route Bagdad – Birka" eingenommen hatten. Von diesem Fernhandel blieb der Mittelmeerraum ausgeschlossen, genauso wie sich das pulsierende Leben mindestens bis zum 10. Jahrhundert außerhalb von ihm entwickelte. Als im 10. Jahrhundert das Abbasidenreich von vielfältigen Krisen erschüttert wurde, fiel das östliche Mittelmeer wieder unter byzantinische Herrschaft zurück, während die westliche Hälfte noch von den Flotten verschiedener muslimischer Küstenemirate beherrscht wurde.

Deshalb überzeugt der Begriff „Mediterrane Kultur" im Singular nicht so recht; Europa lässt sich eigentlich weder im 9. noch im 13. Jahrhundert dem Mittelmeerraum zuordnen.[15] Geographisch gesehen, grenzten nur Teile Europas an ihn – wie das byzantinisch beherrschte Griechenland, der größere Teil Italiens, Südfrankreich sowie der Süden und Osten Spaniens. Das gesamte Resteuropa lag, ausgehend von Portugal bis England oder Norwegen, von Frankreich über das Heilige Römische Reich bis zu den slawischen Ländern, weit von ihm entfernt, wobei das Handelsimperium der Hanse oder die russischen Fürstentümer von Kiew und Nowgorod noch nicht einmal mitgezählt sind. Auch unter dem Aspekt seiner künstlerischen und geistigen Leistungen war Europa nicht mehr mediterran. Oder will man ernsthaft behaupten, Abaelard, Albertus Magnus, Wilhelm von Ockham oder später Erasmus von Rotterdam, Descartes, Kopernikus oder Leibniz seien dem Mittelmeer in irgendeiner Weise verbunden? Im philosophisch-religiösen Bereich wurzelt Europa, wenn auch mit Ausnahmen, aber tief im Mittelmeerraum, das heißt in Griechenland und im Christentum, aber das steht auf einem anderen Blatt. Auf der anderen Seite hat Europa nicht alles von dem übernommen, was Zivilisationen rund um das Mittelmeer schufen: Selbst das Christentum hat sich durch den Kontakt zunächst mit dem Römischen Reich und dann mit dem gesamten Europa verändert – aus einer Sekte entstand eine kampferprobte Religion.

Die griechischen Wurzeln der europäischen Identität

Wer die Wiederentdeckung des klassisch-griechischen Bildungshorizonts durch die Europäer im Mittelalter in Frage stellt, muss natürlich die mentale Verbindung zwischen dem antiken Griechenland und der mittelalterlichen Christenheit hinterfragen: Darf man das Mittelalter zu Recht als Erben dieses Griechenlands betrachten? Halten die Begriffe „Erbe“ und „Wurzel“ ihrer historischen Realität stand oder sind sie nur Fiktion?

Um beide Fragen wurde schon heftig gestritten. Kenner der griechischen Klassik diskutierten über die Kontinuität der altgriechischen Zivilisation in der europäischen, während manches jüngere Werk die Idee der Wurzel, angewendet auf menschliche Gesellschaften, überhaupt anzweifelt. Die Liste der zu dieser Frage erschienenen Publikationen ist zu lang, um sie hier abzuarbeiten. Deshalb beschränken wir uns auf die Positionen des Gräzisten und Anthropologen Marcel Detienne. Im Jahr 2003 veröffentlichte er eine kurze Abhandlung über die Autochthonie, in der er das Gefühl, an einem Ort oder in einer Region verwurzelt zu sein, kritisiert.[16] Zwei Jahre später kehrte er jedoch zurück zu der Idee, Europa habe „griechische Wurzeln“ und sei Erbin der altgriechischen Zivilisation.[17]

Wir verdanken den Griechen nichts ...

Dieser Standpunkt umschließt zwei Aspekte. Erstens: Die Europäer verdanken den Griechen nichts oder nur wenig; zweitens: Unter dem Aspekt der vergleichenden Anthropologie verlieren die Griechen jede eigene Originalität. Marcel Detienne verneint als Konsequenz daraus, dass unsere Geschichte mit den Griechen beginne und betrachtet diese Theorie als eine Art Entstehungsmythos, eine „Mythenideologie“, die von Ernest Lavisse entwickelt und von Fernand Braudel aufgenommen worden sei:

> Es ist allgemeine Überzeugung, in Griechenland die Wiege des Abendlands und seiner Werte zu sehen, die von allen Konservativen auf der Welt auch stets mit dem gleichen Nachdruck verteidigt werden.[18]

Er fügt hinzu, dass der Alltag im klassischen Griechenland nicht anders verlief als in anderen Zivilisationen. Auch Eingeborenenstämme in Afrika hätten sich immer wieder zu politischen Diskussionen versammelt.[19] Deshalb hätten die Griechen die Demokratie nicht erfunden:

> Den Historikern, die sich den Ordnungszwängen, denen sie unterliegen, entziehen, machten die Anthropologen klar, dass verschiedene Kulturen in Afrika und in der slawischen Welt in Versammlungen stets und immer „demokratische“ Formen pflegten, um „gemeinsame Angelegenheiten“ der Gruppe zu diskutieren. Demokratie ist also ebenso-

> wenig ein Ochollo-Wunder wie ein griechisches oder kosakisches Wunder, wie man es auch immer nennt.[20]

Das Gleiche gilt nach Detienne auch für die Mythen der Polynesier oder der indianischen Stämme in Amerika. Sie stehen der griechischen Mythologie an Reichtum, Schönheit und Komplexität in nichts nach. Die vergleichende Anthropologie erlaube, sich von dem zu verkürzten Blickwinkel Frankreichs zu befreien, das andere Kulturen stets mit größeren Vorbehalten betrachte als seine eigene.

Dieser These stehen aber doch einige historische Fakten entgegen. Schließlich erschöpfte sich das für die griechische *polis* typische politische Handeln ja nicht nur in der Abhaltung von Versammlungen, die über das Gemeinwohl berieten, noch in Wahlen für verschiedene politische Ämter, und natürlich pflegten auch andere, nicht-europäische Gesellschaften diese demokratischen Elemente. Mehr noch: Sie ritualisierten oder institutionalisierten ihr politisches Tun geradezu. Aber die Griechen hatten für die politische Mitwirkung des Volkes wohlüberlegte und logische Begründungen entwickelt und sie in Verfassungen schriftlich festgehalten, die alle Fragen zur Politik, zur *polis* und die Organisation der Macht in der Gesellschaft regelten, wie Jacques Brunschwig und G. Lloyd anmerken:

> Auch außerhalb von Griechenland gab es Institutionen und Herrschaftsfunktionen, die Suche nach der richtigen oder notwendigen Politik, Überlegungen über den Staat, die Gestaltung der Beziehungen zwischen Regierenden und Regierten und über die Art der politischen Ordnung. Was aber die Griechen auszeichnete, waren die Gründung und Organisation eines städtischen Gemeinwesens, öffentliche Debatten, Verfahrensweisen einer gemeinsamen Entscheidung, schriftlich fixierte und öffentlich zugängliche Gesetze zur politischen Ordnung, abgefasst in einem Stil, der auch in ihren philosophisch-wissenschaftlichen Texten zum Ausdruck kommt.[21]

Gerade dieses konzeptionelle Denken in Politik, Philosophie und Mathematik machte eben das klassische Griechenland aus. Und es wurde jahrhundertelang weitergetragen, zunächst durch das Römische Reich und nach ihm durch das europäische Mittelalter. Diese Filiation ist nicht zu leugnen. Griechenland hat die Politik erfunden, und Europa ließ sich davon inspirieren.[22]

Man könnte auch an die Zwänge der Geschichte und der Geografie erinnern. Europa konnte gar nicht von der politischen Praxis in Gesellschaften beeinflusst werden, mit denen es überhaupt keine Berührung hatte. Bei aller Schönheit der „amerikanischen" Mythen – die Europäer hatten Zugang zur *Ilias*, aber nicht zu den mythologisierenden Erzählungen von Prärieindianern. Sie wurden von den

Tragödien des Dramatikers Aischylos und den Komödien eines Aristophanes mehr beeinflusst als von den Debatten afghanischer *loya jirga*.

Die politische Praxis des antiken Griechenland stützte sich auf eine bestimmte Anzahl manchmal verschiedener oder sogar widersprüchlicher Wertvorstellungen: Athen, Sparta oder Theben pflegten gewiss unterschiedliche Demokratiemodelle.[23] Aber unter den Idealen, auf die sich alle Griechen der Antike – zumindest eine ganze Reihe von ihnen – beriefen, standen Freiheit, Vernunft und Demokratie[24] an herausragender Stelle, und – alles in allem – erreichten diese „Orte gemeinsamen humanistischen Handelns" mehr Niveau als die Eigentümlichkeiten der Barbaren. Die Behauptung, die Griechen hätten uns ihre Werte weitergegeben, vereinfacht sicher, und deshalb unterstreicht Marcel Detienne mit Recht den Missbrauch dieser verkürzenden Betrachtungsweise, die die Unterschiede zwischen Epochen und Städten der griechischen Antike nicht kennt. In Wahrheit wählten die Europäer im Lauf der Geschichte aus der Antike nur aus, was ihnen passte, das heißt sie wollten weder die Krypteia der Spartiaten noch die Knabenliebe als Initiationsritus, um nur zwei ausdrucksstarke Beispiele herauszugreifen. Und, was die Suche nach seinen geistigen Vorfahren betrifft, so entschied sich Europa eher für Sokrates als für Athen, das ihn in den Tod schickte …

Mit Hilfe der Anthropologie können wir das „griechische Wunder" nuancieren, besonders die Vielfalt seiner mittelhelladischen Epoche und deren „barbarische" Elemente. Sie zeigt uns auch andere, außereuropäische und zauberhafte Zivilisationen oder sie zieht unsere Aufmerksamkeit auf andere Formen des religiösen Lebens. Dennoch ist die Behauptung falsch, auch andere Kulturen hätten sehr wohl zu den Fragen gefunden, mit denen sich die Griechen beschäftigten. Dafür bietet schon die Mathematik ein hinreichendes Gegenbeispiel. Die Mythen der Polynesier mögen unsere Bewunderung wecken, aber das ändert doch nichts an der Feststellung – und da tut man ihnen sicher nicht Unrecht –, dass ihre Rechenkünste nicht auf der Ebene der altgriechischen Mathematik angesiedelt sind. Nirgendwo sonst, nicht einmal in Indien, hat sich diese Disziplin so konsequent entwickelt und ähnliche Ergebnisse erreicht wie die griechischen Mathematiker. Eigenartigerweise und überraschend erwähnt Marcel Detienne die Namen Euklid, Thales, Pythagoras oder Archimedes nicht – zu überraschend, um nicht den Verdacht zu wecken, das sei so gewollt. Algebra und Geometrie sind auch die Voraussetzung für die gedankliche Weite jener typisch griechischen Erfindung des abstrakten Denkvermögens. Es gibt keine Mathematik ohne die enge Verbindung all ihrer Annahmen und Beweise. Auf diesem Gebiet führten die Griechen durch ihre Überlegungen zwei Innovationen von beträchtlicher Tragweite ein, zum einen eine abstrakte Begrifflichkeit für nicht reale Objekte, die auf symbolische Ausdrucksformen verzichtet, zum anderen bedurfte die Argumentation keiner Bestätigung mehr durch einen praktischen Beweis, denn sie enthielt bereits in sich die kohärente Beweisführung. Das heißt, sie vollbrachten einen zweifachen und substantiellen Fortschritt des abstrakten Denkens.

Das bedeutet indes nicht, dass nur die Griechen ihren Verstand nutzten, denn Menschenverstand gibt es überall! Aber sie konnten ihn zum Instrument ihres Denkens und ihrer Weltkenntnis formen, und dieses „Instrument" produzierte in der Philosophie, in der Mathematik und schließlich in der Architektur sichtbare Ergebnisse. Die konsequente Anwendung ihrer geistigen Kapazität ist auch in ihren politischen Debatten zu spüren, die die *polis* als Ort des freien Gedankenaustauschs und der Kunst voraussetzt, zu überreden und zu überzeugen.[25]

Aus dieser Einstellung entwickelte sich auch ein anderer Wesenszug des griechischen Denkens, der heute noch in Europa präsent ist, nämlich der kritische Geist und die Selbstkritik. Letztere verlangt das Nachdenken über sich selbst als Ausgangspunkt für Selbsterkenntnis. Die kritische Überlegung ist sicher nicht nur in der Politik von Nutzen, sondern auch in der Wissenschaft angebracht, denn sie fördert die Nachdenklichkeit über die Voraussetzungen von Wissensproduktion und die Glaubwürdigkeit der erreichten Resultate.[26] Was die Griechen der Antike am meisten auszeichnet, ist vielleicht gerade diese Bereitschaft zur Nachdenklichkeit über das Wissen und die Welt.

Die vergleichende Völkerkunde erhellt also, kann vielleicht Analogien aufzeigen, aber sie erklärt nichts. Vor allem vermittelt sie keine Kenntnisse über die spezifischen Eigenheiten jeder Kultur. Treibt man diesen Ansatz zu weit, nivelliert er alle kulturellen Unterschiede und umgeht mehr oder weniger geschickt die Frage nach dem Fortschritt einer Ethnie in den Sektoren, wo dieser durchaus messbar ist, zum Beispiel in ihren wissenschaftlichen Leistungen oder in der Rechtsstellung von Männern und Frauen.[27]

Wer also außer dem antiken Griechenland hat „den Geist unserer Kultur im Abendland"[28] so nachhaltig geprägt? Wir müssen zwar zugeben, dass in Europa keine abendländische Kultur besteht oder dass Zivilisationen keine Wurzeln haben. Aber dieser Ausdruck, dessen früherer politischer Missbrauch heute dazu führt, ihm jeden Sinn abzusprechen, kehrt wider besseres Wissen wieder zurück.

Was bedeutet „Wurzel“ in der Realität?

Der Begriff „Wurzel“ im geschichtswissenschaftlichen Sinn war anfangs eine schlichte Metapher, die man zu Recht als zu bildhaft und ungenau empfand, um als geeignetes Werkzeug im wissenschaftlichen Diskurs zu dienen. Dessen ungeachtet birgt dieser Begriff eine konkrete Realität: Jede menschliche Gesellschaft und ihre Kultur kennt Beständigkeiten von langer Dauer. Die offenkundigste unter ihnen ist wahrscheinlich die Sprachentwicklung, die, wie man weiß, langsam verläuft. Sie ist ein Vorgang von so essentieller Bedeutung, dass sie ein Historiker nicht vernachlässigen kann, zumal sich anhand der Sprachgeschichte und tradierter Sprachstrukturen gemeinsame Kulturräume, einschließlich ihrer Verbindungen und Unterbrechungen, identifizieren lassen. So gesehen beleidigt man keinen Japaner mit der Feststellung, dass die französische Sprache nicht aus der japanischen entstanden ist und umgekehrt.

Andererseits beruht jeder kulturelle Austausch- und Übertragungsprozess mindestens teilweise auf institutionellen, also politischen Vektoren, die die Bewahrung, Wiederherstellung und Verbreitung des je nationalen Kenntnisstands ermöglichen. Kulturen entstehen ja nicht auf einen Schlag, sondern entwickeln sich mit der Zeit. Folglich besitzen sie Ursprünge und eine Geschichte. Sie lassen sich auch nicht auf das Weiterbestehen dieser Ursprünge begrenzen. Kulturen führen diese Ursprünge zwar weiter, aber sie verleihen ihnen auch eine andere Bedeutung oder entfernen sich gänzlich von ihnen. Wer leugnet, dass eine Nation Wurzeln besitzt, gibt auch ihrer Entwicklung quer durch die Zeit keine Chance – mit anderen Worten: er gesteht ihr keine Geschichte zu. Die im Begriff „Wurzel“, so unbefriedigend er auch sein mag, mit enthaltene Vorstellung von Zeit zurückzuweisen, zwingt dazu, die Zeit zu verlassen … und das führt ganz klar in eine wissenschaftliche Sackgasse.

Wird der Begriff „Wurzel“ hingegen akzeptiert, darf der Historiker im Gegenzug nicht daran gehindert werden, zwischen den echten Ursprüngen und den von Gesellschaften vielleicht fälschlicherweise selbst geschmiedeten Ursprungsmythen zu unterscheiden, denn diese Geheimnisse erlangen manchmal eine vitale Bedeutung. Eine Nation kann auf Dauer nur unter der Voraussetzung leben, dass ihre Mitglieder auf eine gemeinsame Vergangenheit zurückblicken – oder sich zuerkennen – und dadurch jenseits aller ihrer inneren Differenzen eine gemeinsame Zukunft akzeptieren. Trifft das nicht zu, bricht die Nation auseinander, manchmal sogar in einem Bürgerkrieg. Dass bestimmte „Wurzeln“ in den Augen des Wissenschaftlers nichts mehr als Mythen sind, hindert sie nicht an ihrem echten Einfluss auf die Angehörigen dieser Nation. Die psychischen Realitäten wiegen, selbst wenn sie falsch sind, nicht geringer als die materiellen Realitäten.

Gewisse Wurzeln zurückzuweisen kann auch im endgültigen Abschied von spezifischen Zügen einer Kultur oder Zivilisation enden, weil sie durch von außen kommende Elemente einer Kultur ersetzt werden. Es kommt vor, dass dabei eine ideologische, vielleicht politische Kraft wirkt, die eine neue Kultur anstelle einer anderen pflanzt, das heißt die Vergangenheit deformiert. Auch das kann ein Mittel sein, um eine neue Zukunft zu bauen …

Was ist „kulturelle Identität"?

So also trifft die Thematik der „Wurzeln" auf die der kulturellen Identität. Der Historiker darf nicht zögern, zwischen den spezifischen Besonderheiten dieser Kultur oder jener Zivilisation zu unterscheiden. Vielleicht liegt gerade darin ein Ziel und das grundsätzliche Interesse seiner Forschungsarbeit: Er will in allen Zivilisationen und ihren Konstrukten das Potential der gesellschaftlichen, kulturellen und religiösen Leistungen des Menschen entdecken, die er, gleichgültig an welchem Ort und zu welcher Zeit, erbracht hat. Identität ist also ein legitimes Objekt historischer Forschung. Kein menschliches Gemeinwesen hat nur flüchtige Spuren hinterlassen. Alle zivilisierten Völker bestanden so lang, bis sie ihren Siedlungsgebieten ihren Stempel aufgedrückt und ihre zivilisatorischen Werte, Mythen und ihre technischen Fähigkeiten weitergegeben hatten. Alle hatten ihre Geschichte und ihre Vergangenheit. Alle wurzelten in Zeit und Raum, und auch das gehört zum Begriff „Identität". Diesen zu leugnen, was fast unvermeidlich geschieht, wenn man die Vorstellung von „Wurzeln" nicht akzeptiert, bedeutet klar getrennte Bereiche zu verwechseln, und das behindert die klare Überlegung.

Heute provoziert ein so verstandener Identitätsbegriff lebhafte Reaktionen, zu deren Wortführer sich Marcel Detienne erklärt:

> Identität? Warum eher als Einzigartigkeit oder Wesentliches? Identität ist doch ganz klar eine gedankliche Ablage. Identitätskrisen der großen Länder? Aber wie lässt sich kulturelle Identität definieren?[29]

Die Frage ist unter der Voraussetzung relevant, dass ihre Lösung nicht sogleich für unmöglich erklärt wird. Das vorausgeschickt, ist es tatsächlich schwierig, „kulturelle Identität" zu definieren. Zunächst kann man sich fragen, was passiert, wenn der Begriff nicht klar beschrieben und erklärt wird oder wenn man proklamiert, eine kulturelle Identität existiere nicht. Aber gehen wir einmal davon aus, dass jede menschliche Gemeinschaft nur ein Konglomerat isolierter Individuen ist, die nichts gemeinsam besitzen, nicht einmal eine Muttersprache, denn eine gemeinsame Sprache zu sprechen, schafft die Voraussetzungen einer raschen und einfachen sprachlichen Kommunikation und trägt damit schon die Züge einer Kultur. Kulturelle Identitäten aber lassen sich wie alle anderen Forschungsobjekte des Historikers aufdecken, einordnen oder anhand von Quellen als Spuren oder Zeugnisse nicht mehr bestehender Gesellschaften erschließen.

Es genügt, wenn wir uns für einige Augenblicke eine chinesische Tuschezeichnung ansehen, einem japanischen Gedicht lauschen, uns mit mittelalterlicher Theologie beschäftigen oder die Berichte der *Bhagavadgita* lesen, um etwas zu erkennen, das auf der Hand liegt: Kulturelle Identität ist keine Fiktion. Man sollte sie nicht unter dem Vorwand leugnen, dass sie sich erst im Lauf der Zeit herausbildet, denn das würde wieder die These unterstützen, dass ein Phänomen nur deswegen nicht besteht, weil es sich verändert. Könnte man dann sagen, dass die menschliche Identität nur ein Zerrspiegel ist, weil ein 90-jähriger Greis nicht mehr dem Kleinkind ähnlich ist, das er mit sechs Monaten war? Identität bedeutet nicht Unveränderlichkeit, wer sie aber deshalb leugnet, setzt sich der Gefahr aus, Ähnlichkeiten nicht mehr von Unterschieden trennen zu können. Der alte Mann ist nicht mehr das Kind, das er war – aber er ist doch der gleiche Mensch und kein anderes menschliches Wesen ... Identitäten und Trennungen bestehen zwischen Menschen wie zwischen Räumen und Kulturen. Und nicht jede Abgrenzung ist die Frucht oder der Ausdruck einer Ablehnung.

Alles in allem sind wissenschaftliche oder gesellschaftliche Fortschritte messbar und dürfen vom Vergleich der Zivilisationen nicht ausgeschlossen werden; es gibt Übertragungen vielerlei Art, und der Komparatismus hat umso mehr Interesse und Gewinn an ihnen, wenn er sie nicht in einem verallgemeinernden Relativismus durcheinanderbringt. Wenn er Verwurzelungen von Gesellschaften leugnet, entzieht er ihnen die Chance, sich in ihren Siedlungsräumen zu entwickeln und sich mit der Zeit zu verändern. Wenn er nicht gelten lässt, dass die eine Zivilisation, ob echt oder eingebildet, das Erbe einer oder mehrerer anderer Kulturen antritt, verleugnet er auch die Möglichkeit von kulturellen Transferleistungen. Die Anthropologie kann nur gewinnen, wenn sie die Geschichte in ihre Forschung integriert, wenn es beispielsweise um die Frage geht, wie der Mensch in einer Zeit handelt und ihren Einfluss erträgt oder nicht, oder ob er – unter dem Aspekt der Geografie – sich den Raum, in dem er lebt, aneignet und verändert. Menschen schlagen Wurzeln in Räumen, die für sie manchmal das Vaterland bedeuten. Sie sind auch Mitglieder der gleichen Spezies, was vielleicht erklärt, dass ihr Handeln unter deren direktem Einfluss oder unter unbewusst wahrgenommenen spezifischen Schemata dieser Spezies steht. Der Psychologe und Psychiater C. G. Jung bezeichnete diesen Zusammenhang als „kollektives Unterbewusstsein", ein Zustand, den wir besser begreifen, wenn wir ihn als „kollektive Strukturen des individuellen Bewusstseins" betrachten.

Christentum und Islam: Durchlässigkeit?

Der Umfang von Wechselbeziehungen zwischen unterschiedlichen Zivilisationen hängt zum einen von ihrer Ausstrahlung und vom Grad ihrer Bereitschaft ab, von außen kommende Einflüsse aufzunehmen; zum anderen muss materiell auch die Möglichkeit für einen Kulturtransfer gegeben sein. Lässt sich die Messlatte dieser Elemente an die beiden großen Zivilisationen des Mittelalters, Islam und abendländische Christenheit, anlegen und ist es möglich, die Durchlässigkeit zweier Kulturen, die jede für sich universelle Bedeutung einfordern, besonders im Hinblick auf ihre Aufnahmebereitschaft für Anreize von außen zu messen?

Der expansionistische und zentripetale Islam

Der Islam ist kein Raum, den Völker nacheinander besetzt oder sich dort gegründet hätten, sondern im Gegenteil eine Kultur, die über ihre Eroberungszüge von einem Ursprungsort aus entstanden ist. Diese Kultur rankt sich insgesamt um ein Modell, dessen religiöse, politische und juristische Teile eng miteinander verwoben sind, selbst wenn sie in der Religionsgemeinschaft des Propheten Mohammed in Medina so noch nicht bestanden. Deshalb hat die muslimische Religion eine grundsätzlich neue Gesellschaft geprägt, der sich welches Volk auch immer anschließen konnte, in der jedoch das Eindringen fremder kultureller Einflüsse an Bedingungen geknüpft war. Sie mussten zuerst die rechtliche und religiös-konzeptionelle Hürde überwinden. Den Persern gelang es, ihre Miniaturmalerei oder ihr Geschick als Geschichtenerzähler in dieser Gesellschaft zu etablieren (auch die großen Historiker der Abbasidenzeit wie Tabari oder Baladhuri waren Perser), aber, wie es den Anschein hat, nicht das Erbe des Zoroastrismus. Die altgriechische Bildungswelt wurde jedoch durch ein sehr viel engeres Sieb gepresst als im Christentum. Das ist insofern nicht verwunderlich, als die christliche Religion ja in das griechische Universum hineingetragen wurde. Dadurch gelang es ihr auch viel leichter als dem Islam, dessen Erbe zu übernehmen, vor allem aber auch, weil im Lauf der Zeit das islamische Netz für altgriechisches Gedankengut eher enger als weiter geknüpft wurde. Das Osmanische Reich verschloss sich der europäischen Renaissance im 16. Jahrhundert genauso wie das Abbasidenreich gegenüber der aristotelischen Metaphysik und Politik. Die Größe des Denkens eines Mannes ehrt zwar die Kultur, aus der er stammt, aber das impliziert nicht, dass sie diese Kultur verändert: Die Bücher eines Averroës wurden verbrannt, und seine Schüler waren Juden und Christen.[30]

Insgesamt charakterisiert sich die islamische Kultur durch ihre zugleich expansionistischen wie zentripetalen Tendenzen, was kein Widerspruch zu sein braucht. Sie war weniger durchlässig als das Christentum, das selbst ein heidnisches Erbe assimilierte, dem der Islam misstraute.

Die „kulturelle Transmission" – ein Begriff, der hier wieder auftaucht

Eine Zivilisation überträgt ihre Werte, Ideen, ihr Rechtssystem oder ihr Wissen entweder durch Eroberung auf eine andere Kultur, indem sie den Unterworfenen wie ein Kolonialherr ihr Wissen oder ihre Einstellung zur Welt aufzwingt. Sie kann aber auch ganz einfach Texte ihrer geistigen Elite weitergeben, ihre Gelehrten schicken oder auf die Fragen antworten, die an sie gestellt werden. In diesem Fall vollzieht sich die Transmission als Dialog. Eine Zivilisation kann schließlich überhaupt nichts aktiv weiterverbreiten … und die Neugier ihrer Nachbarn wecken, die ihre geistigen und künstlerischen Schätze gerne rauben oder sich von ihr gerne inspirieren lassen würden. Umgekehrt kann eine Zivilisation die Aufnahme von außen kommender Anreize akzeptieren oder nicht.

Was den Kulturtransfer des antiken Griechenland ins Abendland betrifft, handelten die Araber nicht als Kolonisatoren – weil sie es mit Ausnahme der Iberischen Halbinsel und einiger Mittelmeerinseln nicht erobert haben. In den Gebieten jedoch, die in ihre Hände fielen (Syrien, Ägypten oder Nordafrika), kamen sie in Kontakt mit dem Wissen der Eroberten, von dem sie einige Elemente übernahmen, andere aber verwarfen.

Im Übrigen wirkte sich die lange Dauer der Konflikte, in denen Islam und Christentum einander gegenüberstanden – von den ersten arabischen Raubzügen gegen das Byzantinische Reich im 7. Jahrhundert bis zu dem beeindruckenden Arabersturm im 8./9. Jahrhundert gegen Spanien oder Italien, der bis ins 10. Jahrhundert dauerte –, nicht günstig auf einen wissenschaftlichen Dialog aus. Die Gegenoffensive, die durch die spanische *Reconquista* eingeleitet und durch die Kreuzzüge des Papsttums weitergeführt wurde, machte die Dinge nicht besser.

Es ist also weder zu erkennen, dass der Islam dem Abendland sein Wissen angeboten hätte, noch dass er ihm seine Mathematiker oder seine Ulamas schickte, die den Ungläubigen ihre Wissenschaft beigebracht hätten. Alles, was das Abendland an geistigen Schätzen entdeckte, hat es auf direktem Wege gesucht. Europa profitierte aber auch von den Handschriften, die ihm die von den Almohaden vertriebenen mozarabischen oder jüdischen Eliten mitbrachten, lange bevor es sich der arabischen Schriften in Saragossa und Toledo bemächtigte. Und Europa profitierte schließlich auch von den Übersetzungen Geistlicher, die wie Jakob von Venedig das Griechische beherrschten, und die im Auftrag von Äbten oder Bischöfen entstanden sind. Jede dieser Entdeckungen und Übertragungen zeugt von dem tiefen Wunsch nach Wissen, das die kirchlichen Eliten in Europa umtrieb.

Dass der Islam einen großen Teil des altgriechischen Wissens dank der Übersetzungen alt-syrisch sprechender, arabischer oder arabisierter Christen bewahrt hat, ist unbestritten. Dass der lateinische Westen davon profitierte, ist ebenfalls richtig, obwohl dies nicht der einzige Kanal war, über den das Abendland an dieses Wissen herankam. Aber dass die Muslime dieses Wissen freiwillig den Christen überbracht hätten, ist eine weltfremde Vorstellung. Jene Zeiten von Djihad und Kreuzzügen schlossen jede kulturelle Zusammenarbeit der beiden verfeindeten Welten aus. Das einzige Indiz, das den Wunsch nach einem derartigen Zusammenwirken ausdrückte, besteht in dem Hinweis auf einen zweifellos legendären Brief. In ihm soll al-Mansur die Kooperation mit Leo, dem Mathematiker, gesucht haben, aber dieser lehnte sie ab. Im Jahr 1100 warnte der Sufi-Rechtsgelehrte Ibn Abdun in Sevilla vor dem Verkauf wissenschaftlicher Bücher an Juden und Christen, die davon am Ende profitieren können[31] … Das Abendland suchte den Wissenskosmos der griechischen Antike jedoch auf eine Weise, die die „arabische Überlieferung“, von der oft die Rede ist, nur passiv erscheinen lässt.

Nicht, dass sich die islamische Welt angesichts des griechischen Wissens passiv verhalten hätte. Aber sie mutete ihm einen Filter zu und deutete ihn in religiösem Sinn. Sie nahm diesen Kosmos auf und forschte in einigen seiner Disziplinen wie

Mathematik und Medizin sogar weiter. Eindeutig passiv verhielt sich der Islam jedoch gegenüber dem Abendland. Kein Araber klopfte an die Tür von Christen und brachte ihnen die Werke des Aristoteles mit dem Auftrag, sie aus dem Arabischen in die lateinische Sprache zu übersetzen. Die Araber hatten auch nicht die Absicht, die Christen ihre eigenen kulturellen Wurzeln entdecken zu lassen, noch sie zu „zivilisieren". Die europäische Welt musste die notwendigen und ausreichenden Ressourcen für die Übersetzung, Kommentierung und wissenschaftliche Nutzung der griechischen Werke selbst aufbringen. Es ist sogar möglich, dass die für mittelalterliche Christen so charakteristische Abneigung, selbst schriftstellerisch in Erscheinung zu treten, einige ihrer Gelehrten veranlasst hat, die eigenen Fähigkeiten zu verschweigen und die eigenen Erkenntnisse anderen in den Mund zu legen. Der Auszug aus einem Brief Adaelards von Bath liest sich unter diesem Aspekt recht aufschlussreich:

> Unserer Generation haftet der tief verankerte Fehler an, dass sie alles, was von Jüngeren kommt, lieber ablehnt. Wenn mir beim Schreiben eine persönliche Erkenntnis durch den Kopf schießt und ich will, dass sie veröffentlicht wird, lege ich sie einem anderen in den Mund und sage: „Sie stammt von dem und dem, aber nicht von mir." Wenn ich die Peinlichkeit vermeiden will, dass andere glauben, dass ich, der ich nichts weiß, meine Ideen aus mir selbst entwickle, dann tue ich so, als seien sie eine Frucht meiner arabischen Studien.[32]

Übersetzungen – Quelle des Fortschritts oder der Irrtümer?

Die Transmission kultureller Standards setzt deren Übersetzung voraus, die wiederum ihre eigenen Klippen bereit hält. Wenn wir uns die immense Anstrengung vor Augen halten, die die Übertragung griechischer Texte in die syrische, arabische oder lateinische Sprache erforderte, taucht ganz unwillkürlich die Frage nach der Qualität dieser Übersetzungen und ihrer unvermeidlichen Verformungen auf. Wie sehen zum Beispiel Texte von Aristoteles, Euklid oder Archimedes am Ende aus, die aus dem Griechischen in die syrische, von der syrischen in die arabische und dann schließlich in die lateinische Sprache übersetzt wurden? Selbst die Direktübersetzungen vom Griechischen ins Lateinische sind trotz deutlich weniger Zwischenstationen und deshalb weniger Fehlerquellen nicht fehlerlos. Beklagte sich Johannes von Salisbury nicht über die Qualität der Übersetzungen eines Jakob von Venedig? Die Nutzer dieser Übersetzungen standen manchmal vor unlösbaren Problemen. Danielle Jacquart beleuchtete die Hindernisse, auf die eine Wissenschaft trifft, deren Fachwortschatz von einer, manchmal sogar von mehreren

Sprachen vorgegeben und geprägt wird. Ein Arzt im Mittelalter, so schreibt sie, sah sich angesichts der verschiedenen Fassungen desselben Werkes aus dem Griechischen oder Arabischen gezwungen, es, bevor er es konsultierte, erst einmal einer „echten Textkritik" zu unterziehen.

Die Verbindung zwischen Übersetzung und Übertragung von Wissen aus einem anderen Kulturgebiet hängen sowohl von den Sprachkenntnissen des Übersetzers ab, die im Fall seltener Sprachen höheren Anforderungen genügen müssen, als auch von seinem Fach- wie historischen Wissen ab – eigentlich eine Aufgabe für ein Expertenteam. Aber die Arbeiten von Fachwissenschaftlern vermitteln einen Vorgeschmack der Ergebnisse, zu denen man gelangen könnte. In diesem Sinn spießt Marie-Thérèse d'Alverny einige Irrtümer in der Übersetzung Jakobs von Venedig auf[34]: Die Stelle, wo Aristoteles über die Sklavennatur des Menschen schreibt, taucht bei Jakob als „Die Natur ist die Dienerin des Menschen …" auf. Das Wort *logos*, das im Griechischen so viele Bedeutungen hat, übersetzte er immer nur mit dem lateinischen *ratio* – und er übertrug, wie viele seiner Kollegen im Mittelalter, nur nach der Wort-zu-Wort-Methode. Marie-Thérèse d'Alverny vermerkt aber auch, dass die arabischen Übersetzer oder Gerhard von Cremona auch keine genaueren Übersetzungen vorlegten.[35]

In die gleiche Richtung weisen auch die Untersuchungen von Richard Lemay. Sie beweisen, dass die in Toledo gefertigten Übersetzungen – wie jene arabische eines altgriechischen Textes über Astronomie von Johannes von Sevilla und Hermann von Kärnten – Fehler im Überfluss enthalten, die auf Lesefehler im arabischen Text oder auf Widersprüche, Vermengungen oder Interpolationen kultureller Art[36] zurückgehen. Die lateinischen Übersetzer glätteten also nicht nur deutlich den arabischen „Fatalismus" der Sterne – der ganze arabische Übersetzungstext passte überhaupt nicht zum altgriechischen Original. Richard Lemay bemerkte außerdem, dass die qualitativen Unterschiede zwischen den arabischen Texten und ihren altgriechischen Ursprungstexten beträchtlich frei seien.[37]

Lorenzo Minio-Paluello wiederum beklagte die „Weitschweifigkeit der arabischen Sprache", die für einen nüchternen philosophischen Diskurs[38] kaum geeignet sei. Dieser Mangel fiel ihm insbesondere an der Übersetzung der *Analytica posteriora* durch Gerhard von Cremona auf, deren Titel – ausgehend von der arabischen Übersetzung – im Lateinischen *De demonstratione*[39] heißt. Gerade an diesem Titel lässt sich die „Übertragungskette" bestens demonstrieren: Hunayn ibn Ishaq übersetzte den griechischen Urtext dieser „Zweiten Analytik" ins Alt-Syrische. Aber auch sein Sohn Ishaq fertigte eine Übersetzung, die zweite, an, die dem

Übersetzer Abu Bishr Matta ibn Yunus ab 960 als Vorlage für die erste arabische Fassung des Werkes diente[40] und von einer weiteren arabischsprachigen Ausgabe gefolgt wurde. Ihr Übersetzer ist unbekannt, aber seine zweite arabische Fassung ist viel aufgeblasener und gewundener als das zweite syrische und erste arabische Exemplar von Abu Bishr[41].

Gerhard von Cremona legte seinen Bemühungen um eine Ausgabe in lateinischer Sprache gerade diese beiden arabischen Fassungen zugrunde und – wie sich später herausstellte – eher die des unbekannten Übersetzers als die Abu Bishrs. Man stelle sich nun die Vielzahl von Verzerrungen, Irrtümern oder Ungenauigkeiten vor, die in den vier vorausgegangenen Übersetzungen von so ungleicher Qualität entstanden sind. Was zu befürchten war, bestätigt sich, wenn man den griechischen Originaltext neben die endgültige lateinische Übersetzung Gerhards von Cremona[42] hält: Hielt sich die erste Übersetzung der Hunayns noch klar an den aristotelischen Urtext, entfernte sich die Fassung Abu Bishrs schon von ihr, blieb aber noch überzeugend. Erst die Arbeit des anonymen arabischen Übersetzers schweifte weit ab und weist gewaltige Unterschiede zum Originaltext[43] auf. Deshalb steht die Wort-zu-Wort-Übersetzung Jakobs von Venedig qualitativ weit höher als die Gerhards von Cremona. Man mag es drehen und wenden wie man will – es war auf jeden Fall besser, den griechischen Urtext direkt ins Lateinische zu übertragen. Wie wahr diese Feststellung ist, zeigte sich auch an dem Auftrag Wilhelms von Moerbeke Ende des 13. Jahrhunderts[44], sämtliche lateinischen Übersetzungen griechischer Urtexte, die auf arabischsprachiger Basis entstanden waren, systematisch durchzusehen.

Schließlich lag es auch an den Übersetzern selbst, wenn sie qualitativ unterschiedliche Übersetzungen ablieferten, wofür Hunayn ibn Ishaq ein gutes Beispiel bietet: Hielten sich seine Übersetzungen ins Syrische noch streng an die griechische Vorlage, so legen seine arabischsprachigen Fassungen deutlich mehr Wert auf stilistische Eleganz als auf Klarheit.[45] In seiner *Risala* gibt er selbst zu, dass Person und Alter des Auftraggebers die Qualität seiner Übersetzung bestimmten …

Antagonismen der beiden mittelalterlichen Kulturen

Eingeschränkte Initiativen für einen Austausch

Der Kulturaustausch zwischen Christentum und Islam im Mittelalter füllt inzwischen eine reiche Bibliographie. Niemand unterschätzt die lebhaften Handelsbeziehungen oder weiß etwa nicht, dass beide Zivilisationen über ihre Grenzen ausstrahlten, zumal beide einer Religion mit universellem Anspruch anhängen.

Auf kulturellem Gebiet hingegen kam, wie es scheint, der eine oder andere Transfer eher aus Zufall zustande, der auch für den Historiker nur schwer wahrnehmbar ist. Christen und Muslime konnten sich über Bewässerungstechniken, Handelsmethoden und Wortbedeutungen austauschen, ohne ihre Identität zu verleugnen: Die arabischen Wörter für die Münzen *dinar* und *dirham* leiten sich beispielsweise entweder vom lateinischen *denarius*, einer Silbermünze, oder der griechischen *drachme* ab, und es kam gelegentlich auch vor, dass sich die Krieger beider Zivilisationen fast verbrüderten – zumindest eine Zeit lang. Aber wie man weiß, kommen kulturelle Beziehungen so flüchtig zustande, wie sie sich auch wieder lösen können. Gewisse Wissenschaftstransfers waren möglich. So übernahm das Abendland von den Arabern die Fähigkeit der navigatorischen Bestimmung des Schiffsstandortes und das arabische Zahlensystem, obwohl die Araber es nach allem, was man weiß, via Syrien[46] vom Vielvölkervolk der Hindus übernommen hatten. Auch einige literarische Texte wurden „ausgetauscht", aber eben nur in eine Richtung. Die arabische Erzählung von Sindbad dem Seefahrer gelangte über Byzanz in den griechischen Märchenschatz, nachdem sie unter dem Titel „Syntipas" von Michael Andreopoulos[47] neu erzählt wurde und Sindbad zum Philosophen mutierte. Ein vergleichbarer Vorgang in umgekehrter Richtung ist nicht bekannt. Dürfen wir daraus also schließen, dass es der Islam nicht für nötig hielt, ein Werk aus dem christlichen Umkreis bei sich zu etablieren, oder lag es nur an seiner Gleichgültigkeit gegenüber anderen Kulturen oder gar an einem Überwertigkeitskomplex, den ihm manche attestieren?[48] Andere Dinge wurden in den islamischen Machtbereich übernommen, wenn auch eher in ablehnender Form, wie der griechische Wochenkalender, aber erst nachdem man ihn von allen Verknüpfungen mit Planeten und aus islamischer Sicht heidnischen Göttern entrümpelt hatte.

Kam jedoch die Rede auf Themen der Vorstellungen von der Welt, auf religiöse Riten, Glaubensvorstellungen und den Bezug zum Göttlichen, so gestaltete sich der ideelle Austausch sehr viel schwieriger. Diese Elemente sind nicht nur zu verschieden, sondern auch zu widersprüchlich, um durch eine von außen kommende Zivilisation assimiliert zu werden, die Gefahr liefe, aufgesaugt zu werden. Schon Fernand Braudel hob hervor, dass es „keiner Zivilisation gelingt, wirklich in den Kern einer anderen einzudringen"[49]. Er hielt es auch für unmöglich, Religionen zu vermischen:

> Man muss schon Utopist sein, um davon zu träumen, Religionen miteinander zu vermischen, weil sie zum Persönlichsten und Unangreifbarsten in dem ganzen Komplex von Gütern, Kräften und Systemen zählen, die eine Zivilisation ausmachen.[50]

Der Islam durfte keine Statuen modellieren oder Personen abbilden, ohne gegen seine religiösen Fundamente zu verstoßen, während die christliche Welt von der Mehrfachehe nichts wissen wollte und Mohammed nicht „als das Siegel der Propheten" akzeptierte, weil daraus folgend Moses und Jesus in die Reihe der muslimischen Propheten gestellt worden wären. Wenn sich die beiden Zivilisationen im Mittelalter heftig stritten, dann ging es immer wieder um diese Grundsatzfragen.

Man kann sich von einer Technik zugunsten einer anderen abwenden, aber von seinen Vorstellungen über Familie und Kosmos trennt man sich nicht so leicht. Man bricht auch nicht so schnell aus dem gewohnten politischen Rahmen oder der gewohnten Rechtsprechung aus, zumal dann nicht, wenn wie im Islam eine stark zentripetale Tendenz die Gläubigen immer wieder auf die ursprüngliche *Umma* als reine Glaubensgemeinschaft zurückführt, die ihren Nimbus noch nicht verloren hat.[51] Daraus erklärt sich der Aspekt der Involution, den gewisse Kommentatoren so sehr betonen, weil er den Islam in seinem ursprünglichen Zentrum verankert, von dem sich der Gläubige nur unter dem Vorwurf der schweren Sünde der Innovation entfernen kann.

Komplexe und tief verwurzelte Strukturen lassen sich nicht von der einen auf die andere Zivilisation übertragen, höchstens wenn sie sich in einem Akkulturationsprozess gegenüber bisher geltenden Strukturen durchsetzen, wofür die langsame Bekehrung der Völker Ägyptens oder Nordafrikas zum Islam zwischen dem 8. und 11. Jahrhundert eine Reihe guter Beispiele liefert. Aber alles in allem galt: Christentum und Islam verhielten sich wie gegeneinander geimpft.

Dialog – im Mittelalter unmöglich?

Wenn sich schon Anleihen nur als begrenzt möglich erwiesen, so war ein echter Dialog, der ja sehr viel mehr ist als eine Entlehnung, erst recht nicht möglich, nicht einmal ohne die unkriegerischen Phasen der arabischen Expansion oder die *Reconquista* in Spanien. Die beiden Welten konnten sich, weil an ihre universalistischen Religionen gekettet, nur als Rivalen sehen.

In Wahrheit entstanden nur in extrem seltenen Fällen und auch dann nur auf persönlicher Ebene echte Dialoge mit Fragen und Antworten, aber sie besaßen keinerlei politische und gesellschaftliche Tragweite.[52] Ein Dialog setzt unter anderem die Gleichberechtigung des Gesprächspartners und dessen Bereitschaft voraus, dem anderen die gleichen geistigen Fähigkeiten und das gleiche Recht auf freie Rede einzuräumen wie sich selbst; außerdem verlangt der Dialog auch eine gemeinsame Grundlage – und da schon wurde es schwierig. Die Christen betrachteten den Islam als Häresie oder eine Art Heidentum, wohingegen der Islam seinen Gläubigen das Gefühl seiner klaren Überlegenheit vermittelte. Im Koran heißt es: „Die an Gott [...] und im Guten eifrig sind, diese sind die Rechtschaffenen."[53] Man konnte sich bekämpfen – auch militärisch –, ohne sich wirklich zu kennen, noch sich kennen zu wollen. Der Nachbar war wie unsichtbar.[54]

Der Graben zwischen Islam und Christentum vertiefte sich im Mittelalter immer mehr. Er bestand seit den Anfängen des Islam, und schon lange vor den Kreuzzügen erhob sich heftige Kritik an den Christen, hauptsächlich, weil man sie aufgrund dessen, was der Koran Jesus in den Mund legt, als Polytheisten wahrnahm, die drei Göttern dienten, dem Vater, dem Sohn und Maria. Diese Trinität entsprach gewiss nicht der christlichen Auffassung, sondern war das koranische Verständnis von Jesus, der als islamischer Prophet nie etwas anderes verkündigt hätte als die reine muslimische Lehre.[55] Folglich klagte der Koran als Buch der ewigen Wahrheit die Christen als Anhänger einer „Dreigötterlehre" an, verbunden mit dem Vorwurf der schweren Sünde des Assoziationismus (*shirk*). Man verdammte sie als *mushrikun*, als „Assoziationisten" oder Polytheisten.

Mehr noch: Der Islam durfte, wenn er sich nicht selbst zerstören wollte, den Evangelien des Neuen Testaments nicht die geringste Gültigkeit zusprechen: Ihr Text musste von den Christen verfälscht worden sein, und die Offenbarung des Islam – die Unterwerfung unter den einzigen Gott – die sie ursprünglich enthielten, musste unterdrückt werden, damit die Botschaft des Koran authentisch sei.

Viele Verse des Koran schleudern den Vorwurf der Entstellung der Evangelien gegen Juden und Christen[56]. Wurde anfänglich von ihrer „Verfälschung" (*tahrif*) gesprochen, weil Juden und Christen die Bibel bewusst falsch gelesen hätten, so tauchte mit al-Jahiz (776–868/69) die noch heute bestehende Kritik ihrer materiellen Manipulation auf.[57] Einer der gängigsten Vorwürfe an die Christen lautet, die Evangelien hätten unterschlagen, dass Jesus das Kommen Mohammeds[58] verkündigt hätte. Wenn Jesus tatsächlich der Sohn Gottes ist, dann kann Mohammed nicht sein Prophet sein – eine Meinung, die beide Lager teilen.

Die ersten Polemiken gegen die Christen stammten von Dirar ben Amr (728–796) und Abu l-Hudayl in der zweiten Hälfte des 8. Jahrhunderts, während Johannes Damascenus (650–749?) und der Bischof von Harran, Theodoros Abu Qurra (750–820/25) auf christlicher Seite an der Widerlegung der islamischen Hauptvorwürfe bezüglich der Inkarnation Christi, der Auferstehung und der Dreieinigkeit gegen das Christentum arbeiteten. Sie stellten den Islam als Häresie der christlichen Lehre dar und prangerten Mohammed als falschen Propheten[59] an. Unter den – neben einigen Versen des Koran („Gott vernichte die Götzendiener! Sie verstehen nicht!“[60]) – heftigsten Schmähschriften auf islamischer Seite findet sich das Pamphlet von al-Jahiz im 9. Jahrhundert, dass „die Untreue der Christen widerlich ist, weil sie das schmutzigste Volk sind.“ In seiner „*Rede über die Christen*“ sprach der Literat und Jurist Ibn Hazm (994–1063) in Cordoba von „Absurdität“ und „Perversion“ und qualifizierte ihre Ausdrucksweise über die Dreieinigkeit als „niederträchtig, gemein und widerlich“.[61]

Unter diesen Umständen ist klar, dass die nur für Juden und Christen geltende *dhimma* eher diskriminierend wirkte als Toleranz ausstrahlte, wobei „Toleranz“ im Mittelalter ohnehin als Anachronismus zu betrachten ist. Die *dhimmis*, etymologisch „Übereingekommenen“, führten als „Menschen zweiter Klasse“ am Rande der Gesellschaft[62] ein erbärmliches Leben, denn sie unterlagen vielerlei zivilrechtlichen Einschränkungen und Verboten. Sie mussten an ihren Kleidern farbige Erkennungssteine oder einen breiten Gürtel (*zunnar*) tragen, um sich von den Rechtgläubigen zu unterscheiden. Sie zahlten auch eine Sondersteuer (*djizya*), damit die politische Macht sie schützte, was die Vermutung nahelegt, dass sie sich wie die Christen bedroht fühlen mussten[63]. Die *dhimmis* durften keine Waffen tragen oder Pferde besitzen; es war ihnen untersagt, einen Moslem vor Gericht anzuklagen oder muslimische Frauen zu heiraten. Ihre Gottesdienste mussten sie an verschwiegenen Orten abhalten. Insgesamt gesehen, durften sie ihr Leben nicht eigenverantwortlich gestalten.[64] Deshalb strebten sie für die Gesellschaft unverzichtbare Berufe, zum Beispiel den des Arztes, an oder waren im Gegenteil gezwungen, ihre Kulturzugehörigkeit zu verschleiern oder gar völlig zu verleugnen. Nur so konnten sie ihr mühseliges Leben führen oder sich vor den Kapriolen der politischen Macht schützen.[65]

Mehrere Islamologen der Gegenwart, zum Beispiel Claude Cahen, schätzen diese Lebensbedingungen jedoch als sehr viel weniger gravierend ein:

> Die muslimische Welt bietet bis zum 11. Jahrhundert das Bild einer bemerkenswert multikonfessionellen Gesellschaft […], in der ein beachtlicher Teil von Andersgläubigen oder Angehörigen anderer Berufe unbeschadet in einer Symbiose lebt, deren Gleichstellungsmerkmale man in anderen Gesellschaften vergeblich sucht.[66]

Aber der „beachtliche Teil“ der „Andersgläubigen“ in den arabisch besetzten Gebieten resultierte bekanntlich aus den arabischen Eroberungen christlicher Siedlungs- und Wohngebiete. Im Übrigen klaffte zwischen der behaupteten „multikulturellen Symbiose“ und der tatsächlichen Gleichstellung in einem Gebiet schon eine gewaltige Lücke, in dem unterschiedliche Gesellschaften mit unterschiedlichen Bürgerrechten lebten. Deshalb lese man lieber die feiner abgewogene Beurteilung von M. Fierro: „Juden und Christen litten zwar unter Diskriminierungen, aber im Prinzip nicht unter religiöser Verfolgung.“[67]

Strukturelle Gegensätzlichkeiten und Diskontinuitäten in Zivilisationen

Die Gegenüberstellung von christlicher und islamischer Welt können wir als eine der Möglichkeiten der Betrachtung von Beziehungen zwischen Zivilisationen sehen oder Jacques Soustelle mit seiner sicher noch verbesserungsfähigen, aber für den Augenblick ausreichenden Typologie Licht in die Debatte bringen lassen.[68] Jede große Zivilisation weist Züge, Themen und eigene Strukturen auf. Die „Züge“ äußern sich in sehr einfachen und persönlichen Elementen, beispielsweise Kleider- oder Kochgewohnheiten, Höflichkeitsformen, landwirtschaftlichen Anbaumethoden etc., und genau genommen werden diese „Züge“ eher von der Kultur als vom Zivilisationsgrad vorgegeben. Obwohl einfacher Natur, sind sie nicht weniger aufschlussreich als jedes formale Element; sie können tendentiell schwerer wiegen und auch mehr in die Tiefe gehen. Die „Themen“ sind schon komplexerer Art und betreffen die Wahrnehmungsformen der Welt, des Lebens und der Verhaltensweisen, die sich aus den „Zügen“ ableiten. Jedes dieser „Themen“ ist, wie Soustelle schreibt, eine Ansammlung kultureller Elemente, die irgendwie das Gesicht jeder Zivilisation formen. Die „Strukturen“ schließlich definieren „die institutionellen, juristischen und mentalen Beziehungen, die die ‚Züge‘ und die ‚Themen‘ auf kulturellem Gebiet einrahmen.“[69] Sie verleihen jeder Zivilisation die ihr eigene Dynamik.

Die Einschätzung, ob die Verbindungen zwischen diesen Ordnungskategorien von Phänomenen zwingend, sogar notwendig, zufällig oder unwesentlich sind, ist heikel. Ist eine Zivilisation solide und kräftig gebaut, in sich ausgeglichen und hierarchisch intakt oder muss sie als lose Anhäufung von Manifestationen gesehen werden, deren Interaktionen nicht so harmonisch sind wie notwendig? Mit anderen Worten: Sind die verschiedenen Ordnungskriterien, Züge, Themen und Strukturen einer Zivilisation durch Kausalitäten verbunden, wo die einen – die Strukturen – nur die Bedingungen sind, damit sich die anderen in einem gewissen Freiraum entfalten können? Besteht im Innersten jeder Zivilisation ein notwendiger Mechanismus oder ein rigoroser Determinismus oder besteht die Möglichkeit, sich von Strukturen und Normen zu entfernen – kurz: Erhält die Freiheit genügend Freiraum?

Die europäische Zivilisation gibt die juristischen, religiösen und politischen Rahmenbedingungen vor, sie greift aber nicht in alle kulturellen Aspekte ein. Dem mentalen Universum des Christentums entgehen viele Formen und besondere Arten des Denkens und Fühlens, so wie die Ausdehnung des römischen Rechts das Überleben von Gebräuchen ausgesprochen lange nicht verhindert hat, die teilweise bis in die Rechtsvorstellungen der Germanenvölker im Hochmittelalter zurückgehen: Kohärenz impliziert keinen Determinismus.

In der islamischen Welt liegen die Dinge anders. Dort sind wir mit wichtigen wirtschaftlichen und gesellschaftlichen Unterschieden konfrontiert und gelangen im 12. Jahrhundert, wenn wir uns von Damaskus nach Cordoba oder von Bagdad nach Kairo begeben, in eine andere Gesellschaft. Wir wissen auch, wie hartnäckig die religiösen Eiferer aus Medina nach dem Tod Mohammeds die Wahl Abu Bakrs zum ersten der „rechtsgeleiteten" Kalifen bekämpften. Seine ersten Aufgaben bestanden in den sogenannten *Ridda*-Kriegen, die er gegen aufständische Araberstämme führte, die zur Vielgötterei oder zum Christentum zurückgekehrt waren, oder im Bürgerkrieg (*fitna*), den Ali und seine Getreuen gegen die künftigen Omaijaden führte. Aber die Verbindung von Religion, Politik und Rechtsprechung – man konnte sogar von Fusion sprechen – vermittelt dem *Dar al-Islam* einen straffen inneren Zusammenhalt, eine kompakte Struktur, wie sie anderswo kaum zu beobachten ist. Diese so machtvolle Verbindung steuert zum großen Teil der Koran als buchstäblich in der Schrift inkarniertes Wort Gottes – unverfälschbar, unabänderlich und unbestechlich; weder das Alte noch das Neue Testament halten für ihre Gläubigen eine derart göttliche Essenz bereit. Aus dieser unglaublich starken Position des Wortes Gottes und der göttlichen Schrift, im Islam der sich die gesamte mohammedanische Gesellschaft unterwirft, leitet sich eine Kette von Notwendigkeiten ab. Eine vergleichbare Kette verläuft über die arabische Sprache, die die Worte des Koran nicht durch ihre Syntax, sondern über das Ohr des Gläubigen vermittelt, dem sie sich im sonoren Klang ihrer Aussprache mitteilt.[70]

Für die Muslime war Mohammed nur ein Mensch, die Christen hingegen verehren Jesus als Sohn Gottes. Dennoch wirkten sich Mohammeds Taten und

Handlungen auf das Alltagsleben seiner Anhänger unvergleichlich stärker aus als Jesu irdisches Wirken auf die Christen. Mohammed schreibt vor, wie Kriege zu führen sind, oder legte die Regeln für Ernährungs- oder hygienische Gewohnheiten oder das Verhalten von Verliebten fest: Für alles im Leben ist der Prophet Vorbild. Das Christentum ist wenig ritualisiert, der Islam hingegen im Übermaß: Daraus resultieren in der gesellschaftlichen Organisation von Islam und Christentum zentrale Unterschiede. Identische Worte beinhalten nicht mehr den gleichen Sinn. Unter „Pietät" versteht ein Christ die stille Andacht, barmherzige Taten oder den Besuch der Messe in einer Kirche. Für den Muslim bedeutet die gleiche „Pietät" Gehorsam gegenüber dem Gesetz Allahs. Gute Werke wie Almosen sind Handlungen, die genau vorgeschrieben sind und deshalb von allen befolgt werden. Die muslimische Spiritualität besteht in erster Linie darin, sich vor auch der geringsten äußeren Verschmutzung und von aller Unreinheit zu bewahren, um die schon ganz zu Anfang gesetzten Regeln der *Umma* zu respektieren. Der Islam ist eine Orthopraxie.

Genauso ist der Islam eine Religion, viel mehr aber eine Art organisierter Gesellschaft, aus der ein Rechtssystem, eine Politik und präzise, spezifische und miteinander verwobene Lebensweisen entstanden sind. Das ist wahrscheinlich so, weil der Islam und zu allererst der Koran von der fundamentalistischen Vorstellung eines einzigen und alleinigen Gottes und der absoluten Gehorsamspflicht der Gläubigen[71] beherrscht werden. Jesus verkündigte auch eine Religion, aber er setzte sich über die Vorschriften des Alten Testaments hinweg („Des Menschen Sohn ist Herr auch über den Sabbat"[72]). Mohammed hingegen verkündigte ein göttliches Gesetz, das neue Vorschriften schuf, und der Wert eines Gläubigen bemisst sich daran, wie eindeutig er es befolgt. So erklärt sich, dass ein Glaubenswechsel im Islam mit dem Tod bedroht wird. Man verlässt den Islam nicht, so wenig wie man die *Umma* verlässt. Deshalb ist die härteste Strafe der christlichen Kirche, die Exkommunikation als Ausschluss von der Gemeinschaft der Gläubigen, für den Islam unannehmbar, weil der Christ, wenn er Buße tut, in die Gemeinschaft wieder aufgenommen wird.

Bei der Gegenüberstellung von abendländischer Christenheit und Islam im Mittelalter stoßen wir wieder auf diesen, wahrscheinlich allen Zivilisationen gemeinsamen Prozess, dass eine Zivilisation als Mischung aus den Gütern, die sie herstellt, aus dem Erbe, das sie empfangen hat, und aus äußeren Einflüssen, die sie akzeptiert oder ablehnt, entsteht. Zwischen Kulturen besteht eine Diskontinuität, ohne die sie nicht existieren würden. Genauer gesagt: Die Strukturen der einen

Zivilisation entstehen im Vergleich zu einer anderen Zivilisation zeitlich versetzt, obwohl die Züge oder sogar gewisse Themen von beiden austauschbar sind. Eine Kultur, verstanden als Gesamtheit von Verhaltensweisen, von Kulturtechniken oder sogar von Institutionen, mag sich wandeln, aber eine Zivilisation kann nur an die Stelle einer anderen treten. Man spricht heute in Europa und zumindest auch in den USA von einer „Kreuzung der Kulturen" als neue Etappe auf dem Weg des menschlichen Fortschritts, was bedeutet, dass der Westen seine festgefügte abendländische Zivilisation aufgibt und in ein neues, noch kaum definiertes Gebilde aufbricht. Gesetzt den Fall, ein Individuum unterstellt sich den Einflüssen mehrerer Kulturen, spricht mehrere Sprachen und kann sogar seinen eigenen religiösen Synkretismus ausleben, muss doch noch geklärt werden, ob das Ganze überhaupt möglich ist und auf zivilisatorischer Ebene Sinn macht. Man kann sich entscheiden, die Gerichte aus aller Herren Länder zu essen oder die unterschiedlichsten Kleidermoden zu übernehmen, aber man kann kaum davon ausgehen, dass sich einander entgegengesetzte Rechtsordnungen „kreuzen" lassen, in dem Sinn, bestimmte Gesetze zu befolgen, andere wie Körperstrafen hingegen nicht; es scheint auch ziemlich ausgeschlossen, einander widersprechende religiöse Bekenntnisse und Ehepraktiken zu befolgen, die zwischen Monogamie und Polygamie angesiedelt sind …

Der gesellschaftliche Stufenwechsel vom Individuum zur Gemeinschaft und zur Zivilisation ist ein qualitativ entscheidender Sprung, der das „Einkreuzen" zu weit voneinander entfernter Kulturen unwahrscheinlich macht, was sich gewiss nicht gegen eine „Multikulti-Gesellschaft" auf gleichem Territorium wendet. Aber Zivilisationen verschmelzen nicht. Fernand Braudel schrieb, dass ihm gerade das bunte Durcheinander von Menschen an Mittelmeerhäfen zeige, dass die Völker, aus denen sie stammen, nicht in eine einzige Bevölkerung verschmolzen sind.[73]

Die Zeitgenossen im Mittelalter wussten um die Unterschiedlichkeit von Zivilisationen, wie ein Satz al-Sadjassis aus dem Anfang des 13. Jahrhunderts zeigt:

> Als die Weisheit aus den himmlischen Höhen auf die Erde herabstieg, hat sie sich auf vier Lager verteilt und sich in vier Bleiben niedergelassen: im Gehirn der Griechen, auf der Zunge der Araber, in der Hand von Chinesen und im Herzen der Perser.[74]

Zusammenfassung

Die Sonne Apollos erhellt das Abendland[1]

Auf der Suche nach dem griechischen Wissen

Im Mittelpunkt unserer Untersuchung stand die Geschichte der Übersetzungen wissenschaftlicher Werke aus dem antiken Griechenland. Orientalische Christen übertrugen diese Texte fast alle vom griechischen Originaltext in die syrische Sprache und von dort in die arabische. Die Europäer hingegen machten sich zunehmend selbst auf die Suche nach diesen Werken; niemand hat sie ihnen gebracht, sie verschafften sie sich selbst. Die große Epoche der europäischen Übersetzungen beginnt Anfang des 12. Jahrhunderts, zunächst direkt aus dem Griechischen ins Lateinische, bevor arabische Gelehrte in Spanien oder Sizilien mit ihren Übersetzungen begannen. Im 13. Jahrhundert setzten die komplementären Übersetzungen und eine breit angelegte Revision der vorliegenden arabischen Übersetzungen ein. Die muslimischen und europäischen Gelehrten standen also bei ihren syrischen Kollegen gewissermaßen „in der Schuld“ und die Europäer hatten zusätzlich ihren eigenen christlichen und jüdischen Gelehrten zu danken, die für sie entweder direkt aus dem Griechischen übertrugen oder sich der Mühe unterzogen, Arabisch zu lernen.

Abgesehen von der Verbreitung der übersetzten antiken Texte bestand so gut wie kein kultureller Austausch zwischen der mittelalterlichen Christenheit und dem Islam. Von ihm als Religion hat die europäische Zivilisation nichts übernommen, weder einen religiösen Text noch ein theologisches Argument. Ebenso verhielt es sich mit der muslimischen Politik oder dem islamischen Recht. Europa blieb seinem Recht und seinen Institutionen treu. Hingegen stützten sich europäische Geistliche mehrfach auf die philosophischen Kommentare arabischer oder persischer, muslimischer, jüdischer oder christlicher Gelehrter. Ihre eigenen Arbeiten blieben nicht ohne Einfluss, obwohl sie im Machtbereich des Islam erst nach einer genauen Kontrolle durch die Filter des Koran oder anderer religiös-juristischer Vorschriften gepresst und anschließend einer entsprechenden Neubearbeitung unterzogen wurden. Aber selbst nach den Kommentaren eines Avicenna oder Averroës kann niemand behaupten, dass spezifisch arabische Begriffe oder islamtreue Konzepte die „kulturellen Revolutionen“ im Europa des 12. und 13. Jahrhunderts ausgelöst hätten.

Die Fortschritte arabischer Gelehrter in Algebra, Geometrie und Optik, die durch die Fortentwicklung der altgriechischen Mathematik und Physik oder durch eigene Entdeckungen zustande kamen, waren nicht alle in Europa bekannt, das weiterhin seine eigene Marschroute verfolgte. So ist man sich beispielsweise noch heute nicht sicher, ob Fibonacci im 13. Jahrhundert allein zu seinen arithmetischen Entdeckungen gelangte oder nur mit Hilfe entsprechender Abhandlungen und Schriften aus der islamischen Welt.

Die Hellenisierung Europas im Mittelalter gelang den Europäern aus eigener Kraft. Die Epoche, die sich von Karl dem Großen bis zu Abaelard spannte, war keine „dunkle Zeit“, sondern wurde zunehmend durch den wachsenden Besitz von griechischen Schriften und die Dynamik erhellt, mehr und mehr davon zu bekommen. Die Europäer holten sich aus der Antike die Bildung, die Beziehung zur Welt und zur Wissenschaft, die einen der charakteristischen Züge ihrer Zivilisation ausmachen. Der Leitfaden, der die Europäer durch die Jahrhunderte und über alle die Kräfte hinaus vereinte, welche die tiefen Veränderungen in Religion, Politik und Technik bewirkten, begann in den *poleis* des antiken Griechenland und schloss im Abendland Veränderungen und Neuerungen nicht aus. Der lateinische Westen im Mittelalter verdankte seine Entwicklung zum Teil auch seiner Anhänglichkeit an eine Religion, die Selbstbeobachtung, Gewissensprüfungen und somit die psychologisch-kognitiven Fortschritte förderte, die für die Verbindung zu sich und zur gesellschaftlichen Umwelt notwendig sind.[2]

Auf jeden Fall scheint der Prozess des kulturellen und wissenschaftlichen Werdens, den das mittelalterliche Europa zwischen dem 8. und 12. Jahrhundert erlebte, endogen bedingt. Es ist deshalb sehr wahrscheinlich, dass Europa im Mittelalter, von der Dynamik einer mehrhundertjährigen Suche nach dem Wissen der antiken Denker in Griechenland angetrieben – der Strom von Übersetzungen rund um den Mont Saint-Michel zeigt dies deutlich –, auch ohne Kontakt zum Islam einem identischen Weg gefolgt wäre. Die arabische Vermittlung bestand zwar, aber sie hatte bestimmt nicht die entscheidende Tragweite, die man ihr zuschreibt, und wer gar von einem „Aufgeklärten Islam“ spricht, verwestlicht das Denken einiger *falâsifa* und ihrer Anhänger viel zu sehr und traut ihnen mehr Einfluss zu, als sie je hatten.

Dieses Buch endet ganz bewusst im ausgehenden 12. Jahrhundert, denn im

13. Jahrhundert begann etwa in der Zeit zwischen Thomas von Aquin und Ludwig dem Heiligen mit dem Beginn der modernen Wissenschaft eine neue Etappe der europäischen Geschichte, und diese Wissenschaft ist den Europäern allein gutzuschreiben. In der Mathematik und in den Naturwissenschaften wurden entscheidende Schritte gemacht: Albertus Magnus verfasste den *Liber de vegetalibus*, den *Liber de animalibus* und sezierte als Erster Tiere. In der Astronomie korrigierte Campanus von Novara gewisse Fehler von Ptolemäus und stellte ein eigenes Planetenmodell vor. In der Physik studierte und lehrte Petrus Peregrinus de Maricourt den Magnetismus und veröffentlichte 1269 sein Lehrbuch *Epistola de Magnete*. In der Geometrie der Optik beschrieb der Mönch und Naturphilosoph Witelo die sphärische Aberration von Linsen und Hohlspiegeln und berechnete den Eintritts- und Austrittswinkel von Lichtstrahlen an den lichtbrechenden Oberflächen von Wasser, Luft und Gläsern … Nicht-Scholastiker wie der berühmte Roger Bacon und der Franziskuskonvent in Oxford begannen schon, sich von Aristoteles abzuwenden und predigten die Tugenden der experimentellen Erfahrung. Aber insgesamt blieb das Renomee der antiken Griechen erhalten: Die Universität von Paris genoss Ende des 13. Jahrhunderts sogar den Ruf eines „neuen Athen".

Ein Punkt würde jedoch mehr Aufmerksamkeit verdienen, als wir ihm hier zugestehen können: Das Abendland verdankte seinen Fortschritt, weil es seinen Aristoteles, das heißt seine *Physik* und *Metaphysik* so gründlich gelesen hatte, aber es entwickelte sich auch weiter, weil es sich von beiden Werken wieder löste. Das europäische Denken hatte inzwischen eine solche Reife erreicht, dass es einer Idee, einer Strömung oder Erkenntnis zwar zuneigte, aber sie sofort auch wieder hinterfragte, wahrscheinlich, weil es sich die kritische Überprüfung als Ergebnis der Ende des 11. Jahrhunderts in Europa aufkommenden Logik schon seit langem angewöhnt hatte. Dazu vermerkte B. Sère tiefsinnig: „Aristoteles darf nicht mit der Wahrheit verwechselt werden […], *auctoritas* ist nicht Wahrheit."[3]

Im 14. Jahrhundert entwickelte Johannes Buridan (1295–1360) seine *Impetus*-Theorie, die alles, was Aristoteles in seiner *Physik* geschrieben hatte, anzweifelte und versuchte, den Fall von Körpern und den Lauf von Gestirnen gleichzeitig zu erklären. Nikolaus von Oresme, der das *Buch vom Einfluss des Himmels auf die Erde* von Aristoteles kritisch kommentierte, stellte in seinem *Tractatus de configurationibus qualitatum et motuum* Thesen zur Erddrehung und zur Vielfalt von Himmelskörpern auf.

Mit Kepler und Descartes, obwohl letzterer der Scholastik mehr verdankt als er zugibt, und danach mit Leibniz und Kant befreite sich Europa anschließend vom Aristotelismus.[4] Die europäische Philosophie verließ den Rahmen der aristotelischen Metaphysik und schuf die Voraussetzungen für die wissenschaftliche Revolution der Neuzeit. Den gleichen Vorgang der Ablösung beobachten wir auch in Bezug auf die aristotelische Logik, obwohl man darauf länger warten musste: Erst die Umwälzungen der formalen Logik im 19. Jahrhundert erlaubten das Heraustreten aus dem Schaffen dieses genialen Denkers der griechischen Antike.[5]

Islam und abendländische Christenheit

Während der Herrschaft der Abbasiden hatte der Islam Aristoteles nicht vollständig vereinnahmt, und als sich das Abendland im 16. Jahrhundert von ihm löste, schlug die Stunde der neuzeitlichen Wissenschaft in Europa. Die *falasifa* konnten sich hingegen nicht vorstellen, dass an Aristoteles als Gipfel menschlichen Denkens gezweifelt würde, trotz seiner Minderwertigkeit im Vergleich zu den Propheten.[6]

Im Mittelalter standen sich also auch in diesem Punkt zwei Zivilisationen gegenüber. Die eine verknüpfte ihr griechisches Erbe mit der Botschaft der Evangelien; ihr wissenschaftliches Denken knüpfte an das altgriechische an und wurzelt in einer religiösen Tradition, zu deren Wächter sich die Kirche aufschwang. Die andere Zivilisation war aus dem Buch Gottes, dem unerschaffenen Buch, entstanden und engstens an den Koran als seine zentrale Achse gebunden: Alles, was sich in Zeit und Raum abspielte, wurde auf den Ausgangspunkt der ewig gültigen Koransuren zurückgeführt.

Die christliche Offenbarung ist das Fleisch gewordene Wort Gottes („Am Anfang war das Wort, und das Wort war bei Gott …“) und erreicht uns in Texten, die *Geschichten erzählen* (Altes und Neues Testament). Aus dieser Bedeutung von Diskurs und Bericht, von Wort und Geist entstand die Notwendigkeit zu begreifen und nicht nur zu gehorchen und zu glauben. Diese Offenbarung muss ebenso entziffert werden, wie der Geist vom Buchstaben getrennt werden muss. In der geistigen Struktur des christlichen Glaubens verbindet sich das Erbe von Athen und von Jerusalem, aus dem nach und nach das abendländische Wissen entstand,[7] weil es hartnäckig nach seinen griechischen Ursprüngen suchte. Seit dem 5. Jahrhundert griff das Abendland nach den Inhalten des altgriechischen Wissens und die christliche Religion entwickelte sich in ein globales Weltverständnis. Dieses Wissen, das im lateinischen Westen des 6. Jahrhunderts fast verschwunden war, wurde dank der hartnäckigen Suche der Abendländer Schritt für Schritt restituiert. Die Scholastik leitete den altgriechischen Kenntnisreichtum nicht nur in die Kanäle der *scientific community*, sondern machte ihn auch unter den politischen und juristischen Eliten bekannt.

Altgriechische Bildung stellte zumindest für das Begreifen der christlichen Dogmatiklehre eine unerlässliche Voraussetzung dar; der *logos* wurde in den Glauben integriert, bevor er sich davon wieder unabhängig machte. Die europäische Zivilisation ist ihrer zutiefst griechisch-römischen und jüdisch-christlichen Prägung treu geblieben. Auf dieser Grundlage entwickelten europäische Philosophen und Wissenschaftler ihre eigenen schöpferischen Fähigkeiten. Der Islam ist seit der ersten, offiziell gebundenen Ausgabe des Korans Mitte des 7. Jahrhunderts die Basis einer anderen, weltumspannenden Zivilisation mit festen Regeln und Vorschriften. Unter diesem Blickwinkel wird verständlich, dass altgriechisches Denken allenfalls partiell und auf gewisse Sektoren oder Denker begrenzt in den Islam integriert werden konnte.

Europa wurzelt – vereinfacht gesagt – in der griechischen Kultur, im römischen Recht und in der Bibel, der Islam steht auf dem Fundament von Koran, *sira* (Biographie Mohammeds), den Hadithen und der religiös geprägten Rechtsprechung, die daraus entspringt. Die Bäume, Zweige und Früchte, die beide Zivilisationen hervorbrachten, waren das Ebenbild ihrer Wurzeln. *Dunkle Jahrhunderte?* fragten wir zu Beginn dieses Essays. Nehmen wir diesen Begriff wörtlich, so ist er, wie mir scheinen will, für das Mittelalter nicht angebracht.[8]

Anhang 1

Arabisch-christliche Gelehrte vom 8. bis 11. Jahrhundert

Die drei Gelehrten Hunayn ibn Ishaq, Yuhanna ibn Masawayh (Johannes Mesue) und Thabit ibn Qurra, die im zweiten Kapitel genannt werden, tauchen in dieser Tabelle nicht auf.

Name, Daten und Herkunft	***Funktion***	***Werke***
Theophilos von Edessa (Ende 8. Jh.)		Übersetzer von Aristoteles-Werken
Yahya ibn al-Batriq (Ende 8. Jh.)		Übersetzer von Aristoteles-Werken
Ishaq ibn Hunayn (Bagdad; † 910) Sohn von Hunayn ibn Ishaq		Autor von philosophischen und mathematischen Werken
Sarafiyun (aus dem Nord-Osten des Irak; 1. Hälfte 8. Jh.)	Arzt	Autor eines syrisch-sprachigen Buches über Medikamente
Yuhanna ibn Sarafiyun (Regierungszeit von Kalif al-Mansur; 754–775), Sohn Sarafiyuns. Die Lateiner nannten ihn „Johannes Serapion“	Arzt	Autor einer großen und einer kleinen Ausgabe eines *Kunnash* auf Syrisch. Zwar gibt es noch arabische Fragmente, aber der komplette lateinische Text liegt in der Übersetzung von Gerhard von Cremona (*Practica Joannis Serapionis dicta breviarium*) vor.
Salmawayh ibn Bunan (8. Jh.)	Arzt	Autor mehrerer verschwundener, aber durch den *Kitab al-Hawi* von al-Razi bekannter Bücher
Jibrail (Gabriel) al-Kahhal (9. Jh.)	Augenarzt von Kalif al-Ma'mûn	

Name, Daten und Herkunft	*Funktion*	*Werke*
Jurjis ibn Bakhtishu Nestorianer (8. Jh.)	765 Leibarzt von Kalif al-Mansur; Beschützer der Nestorianer in Bagdad	Er soll viele altgriechische Autoren ins Arabische übersetzt haben (entgegen der Legende aber nicht auf Bitten al-Mansurs), aber davon ist nichts erhalten. Sein bekanntestes Buch ist ein medizinisches Handbuch (*Kunnash*) in syriakischer Sprache.
Bakhtishu ibn Jurjis († 801) Nestorianer	Leibarzt von Kalif al-Rashid	Autor eines medizinischen Handbuchs (*Kunnash*), einer vollständigen Sammlung ärztlicher Regeln
Jibrail (Gabriel) ibn Bakhtishu († 828; begraben im Kloster St. Sergius von Madain, Ktesiphon)	Das berühmteste Mitglied der Familie Bakhtishu. Leibarzt der Kalifen al-Rashid danach al-Ma'mûn. Er baute das erste Krankenhaus von Bagdad. Ausgestattet mit ungewöhnlichen ärztlichen Fähigkeiten, ist er der einzige Arzt, der in *1001 Nacht* erwähnt wird.	Autor eines *Kunnash*, zitiert von *al-Razi*, in dem dieser Schriften von Dioscorides, Galen und Paul v. Ägina sammelte. Von ihm stammt auch ein Buch über die Kunst der Zubereitung von Wohlgerüchen; eine Abhandlung über den Koitus etc.
Jibrail (Gabriel) ibn Ubaid Allah (lebte zur Zeit von Kalif al-Mukhtadir; † Ende 10. Jh.)	Arzt	Autor einer Abhandlung über den Sehnerv
Yuhanna ibn Quaylan (9. Jh.)	Philosoph: Er lehrte al-Farabi die aristotelische Philosophie in Bagdad.	
Yuhanna ibn Bakhtishu (Ende 9. Jh., † 912)	Arzt und Übersetzer	Autor des Buches *Was ein Arzt über die Wissenschaft der Gestirne wissen muss*, dem ersten astromedizinischen Handbuch in arabischer Sprache. Ibn al-Salt, ein

Name, Daten und Herkunft	*Funktion*	*Werke*
		anderer Nestorianer, nutzte es für sein eigenes medizinisch-astrologisches Handbuch.[1] Er korrespondierte mit Hunayn ibn Ishaq, Abu Yaqub Isha al-Kindi († nach 870) und Abu Isa Gabir.
Abu Bishr Matta ibn Yunus († 940), Beiname: al-Mantiqi „der Logiker", Mönch im Kloster Dayr Qunna	Schüler von Ibrahim al-Marwazi. Arzt, Philosoph und erster Lehrer von al-Farabi	Übersetzer mehrerer Werke von Aristoteles: *De Caelo, Meteorologia, Poetik* u. a. Er verfasste auch Kommentare zur *Topik* und den *Analytiken Priora* und *Posteriora*
Abu Uthman Said ibn Yaqub	Christlich-melkitischer Arzt, Leiter des dritten Krankenhauses von Bagdad	
Ibn al-Tayyib al-Iraki († 1043)	Arzt, Priester, Übersetzer, Philosoph und Theologe: der berühmteste nestorianische Mediziner des 11. Jh.	Kommentator mehrerer Aristoteles-Werke: *Metaphysik, Kategorien, Topik, Analytiken* u. a. Er korrespondierte mit Avicenna.
Abu Said Ubayd Allah ibn Jibrail (Gabriel) († 1058)	Arzt von Ami d'Ibn Butlan	Autor eines medizinischen Werkes, von dem noch ein Auszug existiert: *Der ärztliche Garten.* Er nutzte Aristoteles, Pythagoras, Galen, aber nicht die zeitgenössischen arabischen Kommentatoren wie al-Kindi oder al-Farabi.
Ali ibn Isa al-Kahhal (11. Jh.)		Autor des *Leitfadens für Augenärzte*, das einzige arabische Werk zur Augenheilkunde. In der arabischen Welt wurde es bis kurzem benutzt.

Name, Daten und Herkunft	*Funktion*	*Werke*
Amin al-Dawla, bekannt unter dem Namen Ibn al-Tilmidh. (1073–Mitte 12. Jh.)	Arzt, Grammatiker, Philosoph	Autor eines Lehrbuchs über Arzneimittelkunde, das das Werk von Ibn Sahl ersetzte.
Ibn Butlan al-Mukhtar († 1068)	Schüler von Ibn al-Tayyib. Weit gereister Arzt. 1054 lebte er in Konstantinopel, wo er auf Bitten des Pariarchen Michael Cerularius eine Abhandlung über die Eucharistie verfasste.	Autor mehrerer medizinischer Werke, besonders seines *Almanach zur Gesundheit*, ein Lehrbuch zur Hygiene und Diätetik. 1049–1050 attackierte er Ibn Ridwan.

Anhang 2

Das lateinische *Corpus Aristotelicum*

Texte von Aristoteles in den acht Manuskripten von Avranches[1]

Ms. 220: 13. Jh.; Pergament; 167 Blätter in zwei Spalten; 238 × 175 mm; geb. in schwarzem Kalbsleder.
Es enthält die *Metaphysik* mitsamt einem Kommentar in einer arabisch-lateinischen Übersetzung.

Ms. 221: 12. Jh., Pergament; 115 Blätter; 245 × 190 mm; geb. in schwarzem Kalbsleder.
Es enthält die Übersetzungen Jakobs von Venedig – *Physik* (f° 25–88v), *De anima* (f° 2–21), *De memoria* (f° 21v–24v) – und das naturphilosophische Werk des Bischofs Nemesius von Emesa, übersetzt von Alfan, dem Erzbischof von Salerno (f° 89–115)[2].

Ms. 222: 13. Jh., Pergament; 76 Blätter, 285 × 200 mm; geb. in schwarzem Kalbsleder.
Es enthält die zehn Bücher der *Nikomachischen Ethik* in einer griechisch-lateinischen Übersetzung. Der Text weist eine Unzahl von Randbemerkungen in einer schönen und lesbaren Handschrift aus, die offenbar von Robert Grosseteste stammen.
Die Blätter f° 1, 9, 23 und 45 schmücken sehr schöne Miniaturen.

Ms. 224: 13. Jh., Pergament; 86 Blätter; 235 × 170 mm, geb. in schwarzem Kalbsleder.
Es enthält die *Analytica priora* und die *Analytica posteriora* (f° 19–86) in der Übersetzung Jakobs von Venedig. In beiden Handschriften stoßen wir auf viele Randbemerkungen, besonders auf f° 4–8v (*Analytica priora*) und f° 49–86v (*Analytica posteriora*).

Ms. 227: 13. Jh., Pergament; 200 Blätter, 255 × 185 mm; geb. in schwarzem Kalbsleder.
Es enthält mehrere griechisch-lateinische Übersetzungen von Aristoteleswerken, z. B. die *Kategorien* bis zur Mitte des 10. Kapitels (f° 10–28) in einer Übersetzung, die nicht von Boethius stammt, die acht Bücher der *Topik* (f° 34–101v), die *Sophistischen Widerlegungen* (f° 102–118) – die beiden letzteren Texte übersetzte Jakob von Venedig. Ihnen folgen eine Übersetzung der *Analytica priora* (f° 118–164) und der *Analytica posteriora* (f° 164–200) in einer mit Ms. 224 identischen Fassung, d. h. der von Jakob von Venedig; außerdem stoßen wir auf eine Übersetzung der *Isagoge* von Porphyrios (f° 1–9). Alle aristotelischen Urtexte sind über und über mit auffallenden handschriftlichen Anmerkungen auf den Seitenrändern und manchmal auch über und unter dem Text bedeckt, beispielsweise die Blätter f° 2v, 12v, 13, 34, 102–106. Die handschriftlichen Einlassungen lassen mehrere und verschiedene Schreiber vermuten.

Ms. 228: 13. Jh., Pergament; 154 Blätter; 168 × 120 mm; geb. in schwarzem Kalbsleder.
Es enthält kleinere Schriften von Aristoteles und Boethius, z. B. die *Kategorien* (f° 11–39), deren Übersetzung mit der von Ms. 227 übereinstimmt. Die hübsche Miniatur auf f° 39 zeigt zwei sitzende und miteinander diskutierende Philosophen, außerdem *Peri Hermeneias* (f° 39v–54), *De divisione* (f° 54–67), die *Topik* (f° 68–112) und die Übersetzung der *Sophistischen Widerlegungen* (f° 124v–154v), die der in Ms. 227 ähnlich ist. Die Übersetzungen der *Kategorien*, von *De divisione* oder der *Topik* enthalten ebenfalls wieder Unmengen handschriftlicher Anmerkungen.

Ms. 229: 10. und 11. Jh., Pergament; 230 Blätter; 270 × 205 mm, in Pergament gebunden.
Es ist das älteste Manuskript und enthält mehrere Werke von Boethius wie die Übersetzung der *Kategorien* des Aristoteles, seine Kommentare zu den aristotelischen Schriften *Kategorien* und zu *Peri Hermeneias*, sowie einige Zeilen in griechischer Schrift über philosophische Fachbegriffe (f° 194).
Übliche Sätze der wissenschaftlichen Konversation in den Schriftzeichen des 11. Jh. tauchen auch in einer anderen Handschrift auf (Ms. 236, f° 97v), die Werke von Beda Venerabilis und Boethius enthält, und die auf direkte Beziehungen zwischen dem lateinischen Westen und dem griechischen Reich hinweisen.

Ms. 232: 12. Jh., Pergament; 225 Blätter; 215 × 155 mm; Halbleder.
Diese Handschrift zählt zu den für unser Thema wichtigsten Manuskripten. Sie enthält eine Reihe von Aristoteles-Übersetzungen Jakobs von Venedig: Die *Physik* (f° 141–196v), die *Metaphysik* (f° 201–225v), die *ethica vetus* (f° 73–77 und f° 82–89v), *De generatione et corruptione* (f° 1–63v), *De longitudine et brevitate vitae* (f° 199–200v). Die Schriften *De generatione* und die *Metaphysik* strotzen nur so von handschriftlichen Einfügungen (s. u. a. f° 3, 7v, 21v, 22, 32v, 33, 207v, 208, 208v, 209 u. a.).

Das lateinische *Corpus Aristotelicum*
Wir können die Schriften von Aristoteles in drei große Kategorien einteilen: Die Logik oder das *Organon*, die theoretische Philosophie und die praktische Philosophie.

Die Abhandlungen zur Logik oder *Organon*
Kategorien
De interpretatione
Analytica priora (zwei Bücher)
Analytica posteriora (zwei Bücher)
Topik (acht Bücher)
Sophistische Widerlegungen

Theoretische Philosophie
Physik (acht Bücher)
De caelo (vier Bücher)
De generatione et corruptione (zwei Bücher)
Meteorologica (vier Bücher)

De anima (drei Bücher)
Parva naturalia:
De sensu et sensibilibus
De memoria et reminiscentia
De somno et vigilia
De insomnis
De divinatione per somnum
De longitudine et brevitate vitae
De vita et de morte
De respiratione
Historia animalium (zehn Bücher)
De partibus animalium (vier Bücher)
De motu animalium
De animalium incessu
De generatione animalium (fünf Bücher)
Problemata (38 Bücher)
De Melisso, Xenophane und Gorgia
Metaphysik (14 Bücher)

Praktische Philosophie
Nikomachische Ethik (zehn Bücher)
Magna moralia (zwei Bücher)
Eudemische Ethik (vier Bücher)
Politica (acht Bücher)
Oeconomica (zwei Bücher)
Rhetorik (drei Bücher)
Poetik
Der Staat der Athener
De virtutibus et vitiis

Die Editionen des *Aristoteles latinus*
Alle lateinischen Fassungen des aristotelischen Gesamtwerks (*Aristoteles latinus*) wurden unter Leitung von L. Minio-Paluello ediert und zählen insgesamt 28 Bände. Unter ihnen findet sich auch die Liste der Texte, auf die in Kapitel III in abgekürzter Form verwiesen ist.

L. Minio-Paluello: *Analytica posteriora*: L. Minio-Paluello/B. G. Dod: *Aristoteles latinus*, IV, 1–4, *Analytica posteriora (translationes Iacobi, anonymi sive „Ioannis“, Gerardi et recensio Guillelmi de Moerbeka)*, Brügge/Paris 1968.
Ders: *De sophisticis* …: B. G. Dod: *Aristoteles latinus*, VI, 1–3, *De sophisticis elenchis*, Leiden/Brüssel 1975.
Ders: *Metaphysica Iacobi*: G. Vuillemin-Diem: *Aristoteles latinus*, XXV, 1–1a, *Metaphysica. Translatio Iacobi sive „vetustissima“ cum scholiis et Translatio composita sive „vetus“, Bücher I–IV. 4*, Leiden 1970.

Ders: *Metaphysica composita*: G. Vuillemin-Diem: *Aristoteles latinus*, XXV, 1–1a, *Metaphysica. Translatio Iacobi sive „vetustissima" cum scholiis et Translatio composita sive „vetus", Bücher I–IV. 4*, Leiden 1970.

Ders: *Metaphysica anonyma*: G. Vuillemin-Diem: *Aristoteles latinus*, XX, 2, *Metaphysica. Translatio anonyma sive „media", Bücher I–IX, XII–XIV*, Leiden 1976.

Ders: *Physica vetus:* F. Bossier/J. Brams, *Aristoteles latinus*, VII, 1–2 (*fasciculus secundus*), *Physica. Translatio vetus*, Leiden/New York 1990.

Ders: *Physica vaticana*: F. Bossier/J. Brams: *Aristoteles latinus*, VII, 1–1 (*fasciculus primus*), *Physica. Translatio vetus, Praefatio et VII. 2, Physica. Translatio vaticana* (hrsg. v. A. Mansion, Brügge/Paris 1957, Nachdruck mit gleicher Paginierung), Leiden/New York 1990.

Die Übersetzungen von Boethius

Entgegen seiner schriftlichen Behauptung hat Boethius die *Analytica posteriora*[3] nicht übersetzt. L. Minio-Paluello weist die Möglichkeit, dass es diese Übersetzung gibt, die auch weder Isidor von Sevilla noch Cassiodor erwähnen, entschieden zurück. Der als „Jean" bezeichnete Übersetzer gibt offen zu erkennen, dass er eine Teilübersetzung (*non integrata*) und, darüber hinaus, eine „verdorbene" (*vitio corruptionis offuscatur*) Fassung der *Zweiten Analytiken* verwendete, die er ungeprüft als *translatio* des Boethius[4] betrachtete. L. Minio-Paluello entdeckte und markierte in dieser Fassung Wortschatzvarianten, die auf eine andere Übersetzungstechnik als die Jakobs von Venedig schließen lassen; aber auch die Einschätzung, ob es sich um eine ältere oder gegenüber der Übersetzung Jakobs von Venedig[5] durch Veränderungen modifizierte Fassung handelt, lässt sich nicht klären. Wir wissen übrigens, dass Aristippos 1156 in Sizilien eine Übersetzung des griechischen Urtexts der *Zweiten Analytiken* anfertigte. Dafür spricht ein Brief an seinen englischen Freund, in dem er schreibt: „Du kennst die Apodiktik der wissenschaftlichen Prinzipien von Aristoteles[6] …" Bezüglich der Übersetzung der *Metaphysik*, die drei Handschriften aus dem 8. Jahrhundert[7] Boethius zusprechen, handelt es sich in Wahrheit um die sogenannte *composita*- oder *vetus*-Fassung, die in der zweiten Hälfte des 12. Jahrhunderts entstanden ist.

Anmerkungen

Vorwort

1 M.-R. Menocal: *The Arabic Role in Medieval Literary History. A Forgotten Heritage*, Philadelphia 1987; A. de Libera: *Penser au Moyen Âge*, Paris 1991, besonders S. 98–142.

2 Die Selbstverleumdung ist nicht frei von Vorwürfen gegen die mittelalterliche Christenheit; auch hier stoßen wir manchmal auf bewusst demoralisierende Elemente, deren Verbreitung politischen Zwecken sich eher kränkend als konstruktiv auswirkten.

Einleitung

1 A. de Libera: *Penser au Moyen Âge*, op. cit., S. 104.

2 A. Miquel: *L'islam et sa civilisation*, Paris 1990, S. 156.

3 R. Mantran: *L'Expansion musulmane*, Paris 1969, S. 168, 170.

4 B. Laurioux/L. Moulinier: *Éducation et cultures dans l'Occident chrétien. Début XIIe-milieu du XVe siècle*, Paris 1998, S. 24.

5 P. Benoît/F. Micheau: „L'intermédiaire arabe", in: M. Serres (Hrsg.): *Éléments d'histoire des sciences*, Paris 1989, S. 151–175.

6 Diese Vorstellung tauchte schon oft in recht radikaler Form auf, z. B. bei J. Baschet: *La Civilisation féodale*, Paris 2006, S. 102–104.

7 M. Arkoun: *L'Humanisme arabe au IVe* (X^e) siècle. Miskawayh, philosophe et historien, Paris 1982; ders: *Essais sur la pensée islamique*, Paris 1984; M. Chebel: *L'Islam et la raison*, Paris 2005; H. L. Gottschalk: „Die Rezeption der antiken Wissenschaften durch den Islam" in: *Anz. Österreichischen Akademie der Wissenschaft, Phil.-Hist. Klasse*, 102, 1965, S. 111–134; R. Rashed (unter Mitarb. von R. Morelon): *Histoire des sciences arabes*, Paris 1997; J. Vernet: *Ce que la culture doit aux Arabes d'Espagne*, Paris 1985.

8 Dieser Artikel ist im Internet verfügbar unter http//fr.articlesbase.com/article_134227.html.

9 Vorwort zu F. Gabrieli u. a. (Hrsg.): *Histoire et civilisation de l'Islam en Europe. Arabes et Turcs en Occident du XIIe* au XXe siècle, Paris 1983 (übers. aus d. Ital.).

10 Vgl. R. Mantran: *L'Expansion musulmane*, op. cit., S. 168–175.; D. Sourdel: *La Civilisation de l'islam classique*, Paris 1983, S. 405–412; J.-Cl. Garcin (Hrsg.): *États, sociétés et cultures du monde musulman médiéval. X^e–XVe* siècle, Paris 2000, Bd. II, S. 327–398 u. Bd. III, S. 183–208; A.-M. Delcambre: *L'Islam des interdits*, Paris 2005, S. 71–75; D. Urvoy: *Histoire de la pensée arabe et islamique*, Paris 2006 (S. 144–170: „L'assimilation du „savoir étranger"").

11 M. Luís Maria de Puig, Bericht vom 8. November 2002 vor dem Europaparlament: Kommission für Kultur, Wissenschaft und Erziehung. Dok. Nr. 9626: Zur kulturellen Zusammenarbeit zwischen Europa und den Ländern des südlichen Mittelmeerraums.

12 B. Lewis: *Les Arabes dans l'histoire*, Paris 1993, S. 165.

13 A. de Libera: *Penser au Moyen Âge*, op. cit., S. 100 f.

14 René Guénon (1886–1951) entwickelte diese Theorie als einer der Ersten. In diese Weltanschauung brachte er eine Konzeption ein, die gleichsam im umgekehrten Sinn an die berühmte These Samuel Ph. Huntingtons vom „Konflikt der Kulturen" erinnert (S. Huntington: *The Clash of Civilisations and the Remaking of World Order*, New York 1996, dt. Kampf der Kulturen. Die Neugestaltung der Weltpolitik im 21. Jahrhundert, Hamburg 1997).

15 Als eines unter vielen Beispielen spricht der amerikanische Historiker M. Bonner (*Le Djihad*, Paris 2004, S. 167–168) in Bezug auf die Kreuzzüge von einer „Massakerorgie", von „der Begeisterung für Gewalt und vergossenes Blut", ohne zu sehen, dass er damit den literarischen Höhenflügen der Chronisten buchstäblich auf den Leim geht, und dass die Kreuzfahrer eigentlich ihr eigenes Blut vergießen und ihr Martyrium am Ort von Christi Passion erleiden wollten.

16 A, Miquel: *Ousamâ, un prince syrien face aux croisés*, Paris 1986, S. 86–88.

17 P. Mitchell: *Médicine in the Crusades. Warfare, Wounds and the Medieval Surgeon*, Cambridge 2004.

18 Manchmal werden Analogien und oberflächliche Vergleiche vorschnell gezogen, z. B. zwischen der muslimischen Literatur, die zwischen dem 10. und 12. Jh. (*adah*) zu Höflichkeit, Eleganz, Urbanität, Welterfahrenheit und höherem Sachverstand erzog, und dem europäischen Humanismus im 16. Jh., die in ihrer Sichtweise des Menschen und der Welt dennoch weit auseinander liegen.

19 Zu diesem Punkt siehe die Einführung von J. Brunschwig und G. E. R. Lloyd: *Le Savoir grec. Dictionnaire critique*, Paris 1996, S. 17–23.

20 Seit 2005 veröffentlicht die Universität Toulouse eine Fachzeitschrift, *Anabases*, die sich den antiken Traditionen und der Rezeption der Antike generell widmet. Blättert man die erschienenen Hefte durch, zeigt sich, dass das Mittelalter in dieser Zeitschrift noch brach liegt.

21 C. Beaune: *Naissance de la nation France*, Paris 1985.

22 Für die byzantinische Welt vgl. H. Hunger: *„Lire et écrire à Byzance"*, in: O. Delouis (Hrsg.): *Le Monde byzantin, du milieu du VIII*[e] siècle à 1204. Èconomie et société, Paris 2006, S. 177–199; dt.: *Schreiben und Lesen in Byzanz. Die byzantinische Buchkultur*, München 1989; B. Mondrain: *Lire et écrire à Byzance*, Paris 2006.

23 P. Benoit: „Calcul, algèbre et marchandise", in: M. Serres (Hrsg.): *Éléments d'histoire du sciences*, op. cit., S. 197–221.

Erstes Kapitel

1 Die erste vollständig in lateinischer Sprache erschienene Bibel ist 250 n. Chr. in Karthago bezeugt (der heilige Cyprian zitierte sie überreichlich). Danach erschienen verschiedene Übersetzungen auf der Grundlage des griechischen Textes der Septuaginta für das Alte Testament, die unter der Bezeichnung *Vetus latina* zusammengefasst und bis zum 8. Jh. verwendet wurden. Der heilige Hieronymus († 420) verfasste dann – vom hebräischen Urtext ausgehend – eine fast vollständige Übersetzung der Bibel (*Vulgata*), die nach einigen Umarbeitungen während der Karolingerzeit ab dem 8./9. Jh. in der gesamten westlichen Christenheit in Gebrauch war. Siehe dazu P.-M. Bogaert: „La Bible latine des origines au Moyen Âge. Aperçu historique, état des questions", *Revue théologique de Louvain*, 19, 1988, S. 137–159.

2 H. Inglebert: *Interpretatio christiana. Les mutations des savoirs dans l'Antiquité chrétienne (30–630)*, Paris, Institut d'études augustiennes 2001. Ein neueres Werk über die Kulturgeschichte des mittelalterlichen Abendlandes: P. Riché/J. Verger: *Des nains sur des épaules de géants. Maîtres et élèves au Moyen Âge*, Paris 2006.

3 H. Inglebert: *Interpretatio christiana*, op. cit., S. 570. Wir übernehmen von diesem Autor die großen Linien einer Entwicklung, die er aufgedeckt hat, vgl. insbesondere S. 558–570.

4 A. Vernet: („La transmission des textes en France", in: *La Cultura antiqua nell'Occidente latino dal VII al'XI secolo*, Spoleto, „Settimane di Studio del Centro italiano di studi sull'alto Medioevo" [künftig „Settimane di Spoleto"], 22, 1975, S. 89–123) besteht zu einem großen Teil aus Manuskripten von Martianus Capella, die es überall, in Chartres, in Gorze, Metz, Nevers, Paris, Toul in mehrfachen Abschriften gab, zu denen allen Kommentare vorliegen.

5 Zum Überleben griechischer Texte im Westen bis 1200 vgl. den Grundsatzbeitrag von B. Bischoff: „Das griechische Element in der abendländischen Bildung des Mittelalters", *Byzantinische Zeitschrift*, 44, 1961, S. 27–55, wieder abgedruckt in: *Mittelalterliche Studien*, Bd. II, Stuttgart 1967, S. 246–275).

6 A. Guillou: „L'école dans l'Italie byzantine", in: *La Scuola nell Occidente latino dell'alto Medioevo*, Spoleto, „Settimane di Spoleto", 19, 1972, S. 291–311, hier S. 297. Siehe S. Genaro: „Influssi di scrittori greci nel Commento all'Ecclesiaste di Gregorio di Agrigento", *Miscellanea di studi di lettre cristiana antica*, Catane 1951, S. 169–179.

7 Die Ideen griechischer Philosophen finden sich in den Schriften ihrer christlichen Gegner, z. B. bei dem Polemiker und Spötter Lactantius: *Divinae institutiones (Lactancii opera omnia*, hrsg. v. S. Brandt und G. Laubmann, Wien 1897, S. 244–269).

8 J. Irigoin: „L'Italie méridionale et la transmission des textes classiques", in: A. Jacob/J.-M. Martin/G. Noyé (Hrsg.): *Histoire et culture dans l'Italie byzantine*, Rom 2006, S. 5–20.

9 Die Heiligenvita *La Vie de Grégoire* stammt von dem Mönch Leonce aus dem Kloster zum heiligen Sabas in Rom, der die Abschrift des Werkes nach 680 beendete (in: *Bibliotheca hagiographica graeca*, Nr. 707).

10 Er war zu streng und wurde von den Mönchen abgesetzt. Siehe J.-M. Sansterre: „Recherches sur les ermites du Mont-Cassin", *Hagiographica*, 2, 1995, S. 57–92.

11 Vgl. den Brief des Mönchs Theodosios an den Archidiakon Léon über den siegreichen Sturm der Araber auf Syrakus 879–880 (Paris, Bibliothèque nationale de France [künftig BnF], Ms. Gr. 3032).

12 Nilus von Rossano floh 981 vor den muslimischen Eroberern aus Kalabrien und ließ sich 998 in der Nähe des Monte Cassino nieder. Er ließ griechische Handschriften mit Abhandlungen zur Askese und Mystik neu abschreiben: Drei von ihnen gelangten in die Bibliothek von Monte Cassino, ein anderes wurde in Grotta-Ferrata aufbewahrt, wo Nilus bestattet ist.

13 A. Guillou: „L'école dans l'Italie byzantine", op. cit.; ders.: „La Sicile byzantine. État de recherche", *Byzantinische Forschungen*, V, 1997.

14 C. Mango: „La culture grecque et l'Occident au VIIIae siècle ", in: *I Problemi dell Occidente nel secolo VIII*, Spoleto, „Settimane di Spoleto", 20, 1973, S. 683–721, hier S. 695; F. Burgarella: „Presenze Greche a Roma: Aspetti culturali e religiosi", in: *Roma fra Oriente e Occidente*, Spoleto, „Settimane di Spoleto", 49, 2002, S. 943–992.

15 Man betrachte nur die lange Reihe von zehn griechisch-syriakischen Päpsten seit Mitte des 7. Jh.s: Theodoros I. (* in Jerusalem, 642–649), Agatatho (levantinischer Herkunft, 678–681), Johannes V. (* in Antiochia, 685–686), Sergius I. (* in Syrien, 687–701), Sisinnios (Syriaker, 708), Konstantin I. (* in Tyros, 709–715), Gregorios III. (* in Syrien, 731–742), Zacharias (griechischen Ursprungs, * in Kalabrien, 741–752) schließt den Kreis. Die einzige Ausnahme in dieser Reihe bildete Papst Gregor II. (715–731).

16 Der *Liber pontificalis* ist das offizielle Verzeichnis des Vatikans über die Amtsperioden der Päpste und wird seit dem Mittelalter von Klerikern an der römischen Kurie geführt.

17 Papst Zacharias übersetzte die *Dialoge* Papst Gregors des Großen gerade für diese griechisch-nahöstliche Klientel.

18 Über den Wert seiner Studien wird gestritten. C. Mango bezweifelt, dass er im Athen des 7. Jh.s viel gelernt haben kann, denn damals besaß Athen gar keine Universität, weil sie Kaiser Justinian ein Jh. zuvor geschlossen hatte. Der Mann schien dennoch gebildet. Vgl. A. Poncelet: „Vita et miracula Sancti Gisleni … auctore Rainero monacho", *Analecta Bollandiana*, V, 1886, S. 209–294.

19 Jean de Saint-Arnoul: *La Vie de Jean, abbé de Gorze*, hrsg. v. M. Parisse, Paris 1999.

20 J. W. Thompson: „Introduction of arabic science into Lorraine in the tenth century", *Isis*, 12, 1929, S. 184–191; W. C. Melborn: „Lotharingia as a center of arabic and scientific influence in the eleventh century", *Isis*, 16, 1931, S. 188–199.

21 A. Bayer: „Griechen im Westen im 10. und 11. Jh.: Simeon von Trier und Simeon von Reichenau", in: A. von Euw u. P. Schreiner (Hrsg.): *Kaiserin Theophanu. Begegnungen des Ostens und Westens um die Wende des ersten Jahrtausends*, I, Köln 1991, S. 335–343. Man traf sogar im Heiligen Römischen Reich auf griechische Handwerker, z. B. griechische Steinmetzen am Dom von Paderborn in Sachsen zur Zeit von Bischof Meinwerk (1009–1036), (*Vita Meinwerci*, MGH SRG, Bd. 59, S. 82).

22 Seine *vita* schrieb Eberwin vom St.-Martins-Kloster in Trier († 1040).

23 Er fand dort die Reliquie (eine Kanne von der Hochzeit von Kanaan) wieder, die ihm in Jerusalem gestohlen worden war, und es ist sehr gut möglich, dass Simeon eine *vita*

erhielt, um die Echtheit dieser Reliquie zu beweisen, die heute im Kloster Reichenau aufbewahrt wird.

24 M. Zimmermann: „La connaissance du grec en Catalogne du IXe au XIe siècle", in: M. Sot (Hrsg.): *Haut Moyen Âge. Culture, éducation et société. Études offertes à P. Riché*, La Garenne-Colombes 1990, S. 493–516.

25 Ebda., S. 498 f.

26 F. Burgarella: („Presenze Greche a Roma ...", op. cit.) vermutet innerhalb des Byzantinischen Reiches eine nie unterbrochene Wanderungsbewegung, die fast immer geräuschlos ablief (*quasi sempre silente mobilita interna dell'Impero*).

27 Vgl. so die *Vita sancti Gregorii d'Agrigentum* von Léonce dem Presbyter, Abt des Klosters von St. Sabas in Rom, hrsg. von A. Berger, Berlin, in: „Berliner Byzantinische Arbeiten", Nr. 60, 1994.

28 G. Dedeyan: „Les Arméniens en Occident (fin X^e^–début XIe siècle)", in: *Occident et Orient au Xe siècle*, Kongress der Gesellschaft für Mediävisten und Gymnasiallehrer, Paris 1979, S. 123.

29 F. Burgarella: „Presenze greche a Roma ...", op. cit., S. 969.

30 MGH, *Epistolae*, III, S. 529.

31 *Vita Ludowici*, Kap. VII, MGH SS, 2, S. 592.

32 Paris, BnF, cod. grec. 437; H. Omont: „Manuscrit des œuvres de Denys l'Aréopagite envoyé de Constantinople à Louis le Débonnaire en 827", *Revue des études grecques*, 17, 1904, S. 230–236.

33 MGH SRG, 876: „Da ihm das Verhalten der französischen Könige missfiel, glaubte er, dass der Ruhm der Griechen heller erstrahle."

34 J. H. Burns (Hrsg.): *Histoire de la pensée politique médiévale. 350–1450*, Paris 1993; F. Collard: *Pouvoir et Culture politique dans la France médiévale. V^e^* – XVe siècle, Paris 1999.

35 N. Staubach: „Graecae gloriae. Die Rezeption des Griechischen als Element spätkarolingisch-frühottonischer Hofkultur", in: A. von Euw u. P. Schreiner: *Kaiserin Theophanu ...*, op. cit., S. 343–368.

36 *Gerbert d'Aurillac, le pape de l'an mil*, übers. v. P. Riché, Paris 1987, S. 180–182.

37 Folcuin, *Gesta abbatum Lobiensium*, MGH SS, IV, Kap. XXII, S. 64.

38 Kosmas der Mönch: *Vie de Jean Damascène, Acta Sanctorum, Maii II, App. II*, in: *Bibliotheca Hagiographica Graeca*, Nr. 884.

39 Ebda., übers. v. A. Guillou, „L'école dans l'Italie byzantine", op. cit., S. 298.

40 M. Zimmermann: „La connaissance du grec ...", op. cit., S. 493.

41 A. Guillou, „L'école dans l'Italie byzantine", op. cit., S. 309.

42 Die verschiedenen Dokumente sind sämtlich in der Sammlung „Corpus des actes grecs d'Italie du Sud et de Sicile", Rom, Città del Vaticano, aufbewahrt.

43 J. Irigoin: „La culture grecque dans l'Occident latin du VIIe au XIe siècle", in: *La Cultura antiqua nell'Occidente latino dal VII al'XI secolo*, Spoleto „Settimane di Spoleto", 22, 1974, S. 425–456.

44 Beispielsweise der Traktat, der in einer Handschrift aus dem 11. Jh. steckte (Mailand. Ambrosianus, A 45 sup.).

45 Messina, San Salvatore, Ms. gr. 84. Aetius stammte aus Mesopotamien und studierte

Medizin in Alexandria, bevor er sich in Konstantinopel niederließ, um dort als Arzt am Hof Justinians zu wirken.

46 Paris, BnF, Parisinus suppl. gr. 1297.

47 Paris, BnF, Ms. gr. 2064. J. Irigoin vermutet auch, dass das Fragment der *Sophistischen Widerlegungen* (Paris, BnF, Ms. gr. suppl. 1362) nach Süditalien zurückgekauft worden sein könnte.

48 Vgl. P. Canart u. S. Lucà: *Codici greci dell'Italia meridionale*, Rom 2000.

49 J.-M. Martin: *Italies normandes, XIe–XIIe* siècles, Paris 1994; P. Bouet/F. Neveux: *Les Normands en Méditerranée*, Caen 1994.

50 In Sizilien entstanden übrigens auch, wie auf dem Gebiet der Geschichte, Originalwerke, z. B. eine *Chronik von Sizilien*, deren Manuskript im Vatikan aufbewahrt wird (gr. 1912).

51 J. Irigoin: „La culture grecque dans l'Occident latin …", op. cit., S. 446.

52 C. Mango: „La culture grecque et l'Occident …", op. cit., S. 709.

53 Y. de Andia: „Le monastère de Saint-Sabas à Rome: relations théologiques entre l'Orient et l'Occident aux VIIe et VIIIe siècles", *Proche-Orient chrétien*, L, 2000, S. 279–296.

54 J.-M. Sansterre: *Les Moines grecs et orientaux de Rome*, Brüssel 1982, Bd. I, S. 20 u. 72; Bd. II, S. 79.

55 P. Canart: „Le patriarche Méthode de Constantinople copiste à Rome", *Paleographica, diplomatica e archivistica. Studi in onore di Giulio Battelli*, I, Rom 1979, S. 344–352. Der Lateran hatte etwa 15 Werke aus dem *Vivarium* von Cassiodor erhalten: Siehe P. Courcelles: *Les Lettres grecques en Occident de Macrobe à Cassiodore*, Paris 1948, S. 342–388.

56 Unter den Dokumenten aus dem Lateran, die in Europa zirkulierten, befand sich das berühmte Florilegium der Bilderverehrer aus dem Ms. gr. 1115 der BnF (Kopie 1278, deren Original 774/775 entstand).

57 R. Devreesse: „Le fonds grec de la Bibilothèque vaticane des origines à Paul V", *Studi e testi*, 244, 1965.

58 Anastasius verlor trotz der Unterstützung durch Kaiser Ludwig II. die Wahl gegen seinen Mitbewerber, den späteren Papst Benedikt III., im Jahr 855. Er diente Papst Nikolaus I. als Sekretär und Bibliothekar im Lateran, dann Papst Hadrian II. als Sekretär. Sein Bruder Eleutherias hatte die Tochter Hadrians erzogen, die vor dem Amtsantritt ihres Vaters geheiratet hatte … Eleutherias fiel in Ungnade und wurde sogar exkommuniziert, aber danach rasch wieder in Gnaden aufgenommen und diente Papst Johannes (872–882) unter Einsatz aller seiner Kräfte.

59 In der zweiten Hälfte des 9. Jhs. entstand in Mailand ein lateinisch-griechisches Psalmenbuch, das 909 in das große Reichskloster St. Gallen gebracht wurde.

60 *Vita Brunensis von Ruotger*, übers. nach der Ausgabe von H. Kallfelz: *Lebensbeschreibungen einiger Bischöfe des 10.–12. Jh.* (Ausgewählte Quellen zur deutschen Geschichte des Mittelalters), Bd. 20, Darmstadt 1973.

61 W. J. Aerts: „The knowledge of greek in western Europe at the time of Theophano and the greek grammar fragment in Ms. Vindob. 114", in: W. D. van Aalst u. K. N. Ciggar (Hrsg.): *Byzantium and the Low Country in the Tenth Century*, Hernen 1985.

62 M. Zimmerman: „La connaissance du grec …", op. cit. Einen Teil dieses Glossars übersetz-

te J. Llauro: „Los glosarios de Ripoll“, *Analecta Sacra Tarraconensia*, III, 1927, S. 331–389 u. IV, 1928, S. 271–341.

63 M. Zimmermann: „La connaissance du grec ...“, op. cit., S. 509.

64 Ebda., S. 512.

65 Im 6. Jh. übersetzt von Coelius Aurelianus, zusammengefasst von Moschion.

66 D. Jacquart/F. Micheau: *La Médecine arabe et l'Occident médiéval*, Paris 1990, S. 214.

67 H. Grensemann: *Hippokrates, De aeribus, aquis, locis. Interlineare Ausgabe der spätlateinischen Übersetzung und des Fragments einer hochmittelalterlichen Übersetzung*, Bonn 1996.

68 D. Jacquart: „La scolastique médiévale“, in: M. Grmek (Hrsg.): *Histoire de la pensée médicale en Occident*, Paris 1995, S. 177–179.

69 London, BM MV (Add. 17, 156).

70 Siehe z. B. Paris, BnF, Ms. lat. 9332. Das Dossier enthält Werke von Oribasos, Alexander von Tralles und Dioscurides und datiert vom Ende des 8. oder Anfang des 9. Jhs.

71 A. Vernet: „La transmission des textes en France ...“, op. cit.

72 G. Baader: „Die Schule von Salerno“, *Medizinhistorisches Journal*, 3, 1978, S. 124–145.

73 A. Beccaria: *I Codici di medicina del periodo presalernito (secoli IX, X e XI)*, Rom 1956.

74 D. Jacquart/F. Micheau: *La Médecine arabe ...*, op. cit., S. 120.

75 Pierre Diacre: *De viris illustribus*, in: H. Bloch: *Monte Cassino in the Middle Ages*, Bd. I, Rom 1986, S. 127–129. Von Konstantin dem Afrikaner ist noch ein weiterer Biograf aus Salerno namens Matthäus bekannt.

76 D. Jacquart/F. Micheau: *La Médecine arabe ...*, op. cit., S. 102. Engl. Übers.: P. Ghalioungui: *Questions on Medicine for Scholars*, Kairo 1980; D. Jacquart: „Ã l'aube de la renaissance médicale des XIe–XIIe siècles: l'*Isagoge Johannitii* et son traducteur“, *Bibliothèque de l'École des chartes*, 144, 1986, S. 209–240. Das Werk Konstantins des Afrikaners bricht hier nicht ab. Er übersetzte außerdem die *Chirurgie* (ein Auszug der *Praxis*) und *das Buch der Augenmedizin* von Hunayn ibn Ishac, das bis zum 17. Jh. in Europa einen erheblichen Einfluss auf die Augenheilkunde ausübte. Die Aphorismen des christlichen Augenarztes Yuhanna ibn Masawayh und die medizinischen Abhandlungen des jüdischen Arztes al-Israili, der in der ersten Hälfte des 10. Jhs. dem Aghlabidenprinz Ziyadat Allah II. diente und ein Buch über Ernährungslehre und zwei Bücher über das Fieber und die Beschaffenheit des Urins verfasste, zählten zu den Klassikern der inneren Medizin im Abendland.

77 Die Bibliothek von Avranches besitzt beispielsweise zwei Abschriften aus dem umfangreichen Werk Konstantins des Afrikaners, beide aus dem 13. Jh.: Ms. 233 *Liber Pantegni a Constantino Affricano monacho* mit einer handschriftlichen Widmung an Didier von Monte Cassino und Ms. 234, das *Viaticum* Konstantins. Ms. 232 enthält die Abschrift einer Abhandlung von Galen (f° 126–138v), d. h. das Buch *Liber Galieni de Secundum Ypocratem elementis*, mit vielen Randbemerkungen versehen. Zu den medizinischen Handschriften vgl. E. Wickersheimer: *Les Manuscrits de médecine du haut Moyen Âge dans les bibliothèques de France*, Paris 1966.

78 D. Jacquart/F. Micheau: *La Médecine arabe ...*, op. cit., S. 128. Ein Manuskript aus dem 10. Jh. (Ms. 62, 100 f.) Texte von Soranos und Galen; einen Kommentar über ein Werk von Hippokrates fand sich in einer anderen Handschrift aus dem 10. Jh. (Ms. 75 auf einem Vorstoßblatt). Die acht ersten Bücher des *Pantegni* Konstantins des Afrikaners

kamen in einem Text aus dem 12. Jh. (Ms. 160, fo 34v–159v) zutage. Die drei Bücher der *Ärztlichen Kunst* von Alexander von Tralles wurden im 12. Jh. (Ms. 342, 140 f°) kopiert, und Werke von Galen fanden sich zusätzlich in Schriften aus dem 13. Jh. (Ms. 284) und aus dem 14. Jh. (Ms. 278, 286, 287 und 293).

79 J. Irigoin: „L'Italie méridionale", op. cit., S. 16.

80 P. Riché: „Le grec dans les centres de culture de l'Occident", in: M. W. Herren (Hrsg.): *The Sacred Nature oft the Greeks. The Study of Greek in the West in the Early Middle Ages*, London 1988.

81 J. T. Muckle erstellte eine Liste der Werke, die vor 1350 direkt aus dem Griechischen in die lateinische Sprache übersetzt wurden; diese Liste ist ziemlich vollständig, obwohl der Autor absichtlich keine mathematisch-wissenschaftlichen Werke berücksichtigt hat. (J. T. Muckle: „Greek works translated directly into Latin before 1350", *Medieval studies*, IV, 1942, S. 33–42 u. V, 1943, S. 102–114).

82 L. Minio-Paluello: „Nuovi impulsi allo studio della logica: la seconda fase della riscopeerta di Aristotele e di Boezio", in: *La Scuola nell Occidente latino dell alto Medioevo*, Spoleto „Settimane di Spoleto", 19, 1972, S. 743–766.

83 Siehe die Briefe von Petrus Venerabilis an den heiligen Bernard (*The Letters of Peter the Venerable*, hrsg. v. G. Constable, Cambridge (Mass.) 1967, Bd. I, S. 294–295) und ihre Übersetzung durch M.-Th. d'Alverny: „Deux traductions latines du Coran au Moyen Âge", *Archives d'histoire doctrinale et littéraire du Moyen Âge*, Bd. XVI, 1948, S. 69–131, S. 72.

84 Vgl. R. Lemay: „Dans l'Espagne du XIIe siècle, les traductions de l'arabe au latin", *Annales ESC*, 18, 1963, S. 639–665; M.-Th. d'Alverny: „Translations and Translators", in: R. L. Benson/G. Constable: *Renaissance and Renewal in the Twelfth Century*, Cambridge (Mass.) 1982, S. 421–462.

85 Auf Bitten von Papst Eugen III. übersetzte Burgundino von Pisa auch die Texte mehrerer griechischer Kirchenväter aus dem Griechischen direkt ins Lateinische, d. h. Schriften des heiligen Basileus, Gregors von Nyssa, von Johannes Damascenus und Johannes Chrysostomos.

86 Dennoch hat es den Anschein, dass die Abendländer lieber Texte verwendeten, die sie selbst aus dem Arabischen übersetzt hatten ... (A. Bryer: „Cultural relations between East and West in the twelfth century", in: D. Baker (Hrsg.): *The Relations between East and West in the Middle Ages*, Edinburgh 1973, S. 77–94, hier S. 80).

87 J. Irigoin: „L'Italie méridionale", op. cit., S. 16.

88 Vgl. sein Vorwort, das. J.-P. Boudet übersetzte, in: P. Gilli: *Former, enseigner, éduquer dans l'Occident médiéval*, Bd. I, S. 24–27, Paris, Bd. I, S. 24–27.

89 Neben Adelard von Bath übersetzten der in Diensten von Roger II. stehende Admiral Eugenios und ein unbekannter Sizilianer die *Elemente* Euklids um 1160 ebenfalls direkt aus der griechischen Umgangssprache in die lateinische, aber griechische Algebra und Geometrie blieben zum großen Teil nach wie vor unbekannt.

90 P. Gandil: „Les études grecques à l'abbaye de Saint-Denis au XIIe siècle", thèse de l'École des chartes, 2003.

91 F. Braudel: *La Méditerrannée et le Monde méditerranéen à l'époque de Philippe II*, Paris 1982 (5. Aufl.), Bd. II, S. 98.

92 R. Brague spricht in seinem berühmten Werk *Au moyen du Moyen Âge*, Paris 2006, S. 190–199, von „Einschluss", um die Haltung der europäischen Kultur gegenüber den Begriffen und Gegenständen zu kennzeichnen, die sie von der arabischen Seite übernommen hatte: Ein Einschluss lässt im Gegensatz zur „Verdauung", das „entliehene" Material wie die Spinne in einem Stück von durchsichtigem Bernstein sehen, die in diesem Stück vor Jahrtausenden eingeschlossen wurde. Den „Einschluss" begleiten immer zwei Dinge: Das „Eingeschlossene" wird benützt und auf irgendeine Weise verändert – genauso die europäische Zivilisation. Sie wollte mehr als die Überreste früherer Kulturen bewahren; ihr lag hauptsächlich daran, mit ihnen etwas anzufangen. Wenn dem nicht so gewesen wäre, hätten wir es mit einer rein akademischen Kultur zu tun, die zu Innovationen unfähig gewesen wäre (R. Brague drückt sich auf S. 201 ganz ähnlich aus).

93 H. Inglebert: *Interpretatio christiana*, op. cit.

94 M.-D. Chenu: *L'Eveil de la conscience dans la civilisation médiévale*. Beiträge einer Konferenz über Albertus Magnus, 1968, Paris/Montreal 1969.

95 Zu diesem Thema existiert reichlich Literatur: J. Paul: *L'Église et la Culture en Occident*, Paris 1986; J.-P. Boudet/A. Guerreau-Jalabert/M. Scot: *Histoire culturelle de la France*, Bd. I: *Le Moyen Âge*, Paris 1997.

96 A. Guerreau-Jalabert: „La „Renaissance carolingienne": modèles culturels, usages linguistiques et structures sociales", *Bibliothèque de l'École des chartes*, 139, 1981, S. 5–35.

97 J.-J. Ampère: *Histoire littéraire de la France jusqu'au XII*e siècle, Paris 1839.

98 J. Paul: *L'Église et la culture* ..., op. cit., S. 124.

99 Dieses Bild stammt aus der Feder Notker des Stammlers, einem Mönch aus dem Kloster St. Gallen, der 912 gestorben ist.

100 Karl der Große erhielt 774 die berühmte Sammlung „Dionysio-Hadriana". Auf den beiden Reichskonzilien in Aachen 816 und 817 entstanden Vorschriften des kanonischen Rechts, die Abt Ansegis vom Koster Saint-Wandrille zwischen 827 und 829 zusammen mit allen Kapitularen Karls des Großen und Ludwigs des Frommen in einem Band zusammenstellen ließ.

101 Dieses Phänomen, das Spezialisten als *Literacy* oder *Schriftlichkeit* bezeichnen, wird schon seit etwa zwanzig Jahren wissenschaftlich untersucht: R. McKitterick: *The Uses of Literacy in Early Mediaeval Europe*, Cambridge 1990.

102 Unter der Herrschaft Ludwigs des Frommen kam es verstärkt zur „Klerikalisierung der gebildeten Eliten".

103 Der Unterricht in der Antike und im Mittelalter zielte auf die Beherrschung der Sieben freien Künste, die in zwei Gruppen eingeteilt waren – in das eher literarisch orientierte *trivium* (Logik oder Dialektik, Grammatik und Rhetorik) und in das eher wissenschaftliche *quadrivium* (Arithmetik, Geometrie, Astronomie und Musik). Man lernte nach Schriften von Martianus Capella, Macrobius, Boethius und den *Phänomenen* von Aratos im Fach Astronomie.

104 In der Liturgie ließ der Bischof von Metz, Chrodegang, das sogenannte gelasische Sakramentar abschreiben, das sich jedoch als zu überfrachtet und kompliziert herausstellte. Es wurde durch ein Sakramentar ersetzt, das Papst Hadrian Karl dem Großen schickte und das Alkuin modernisierte und vervollständigte.

105 Die Beherrschung der lateinischen Sprache wurde in Gesetzen mehrfach gefordert, z. B. in der *Admonita generalis* von 789, in den *canones* des Konzils von Aachen 813 oder in vielen Synodalstatuten.

106 Im Jahr 822 gaben die Bischöfe zerknirscht (*mea culpa*) zu, dass sie ihre Pflicht in dieser Hinsicht vernachlässigt hatten.

107 J. Paul: *L'Église et la culture …*, op. cit., S. 154.

108 Die Adoptionslehre war eine Häresie, die aus der Antike stammte und besagte, dass Jesus nicht der Sohn Gottes, sondern von ihm adoptiert sei. Diese Irrlehre verbreiteten der Erzbischof Elipand von Toledo († 800 in Spanien) und Bischof Felix von Urgell. Elipand schlug vor, die zwei Wesensarten Christi zu unterscheiden: Der irdische Christus sei von Gott adoptiert worden, während der himmlische Christus „sein eigener Sohn" sei (*filius proprius*). Diese Lehre kam dem Nestorianismus sehr nahe und leugnete letzten Endes wie er die Inkarnation Gottes. Diese Positionen wurden auf dem Konzil von Frankfurt 794 verurteilt.

109 Dieser Mönch aus Fulda († 866) stellte die Lehre auf, der zufolge die Menschen von ihrer Geburt an zum ewigen Heil oder zur ewigen Verdammnis prädestiniert seien; deshalb die Bezeichnung „Doppelte Prädestination".

110 Ph. Wolff: *L'Éveil intellectuel de l'Europe*, Paris 1971; D. Iogna-Prat/J.-Cl. Picard: *Religion et culture autour de l'an mil. Royaume capétien et Lotharingie*, Paris 1990; P. Riché: *Les Grandeurs de l'an mil*, Paris 1999.

111 M. Gibson: „The Continuity of Learning (850–1050)", *Viator*, VI, 1975, S. 1–13.

112 Thangmar: *Vita Bernwardi*, MGH SS IV (vgl. P. Riché: *École et enseignement dans le haut Moyen Âge*, Paris 1989, S. 360).

113 Übers. und bearbeitet in D. Poirel: „L'art de la logique: le *De rationali et ratione uti* de Gerbert", in: O. Guyotjeannin/E. Poulle: *Autour de Gerbert d'Aurillac, le pape de l'an mil*, Paris, École des chartes 1996, S. 313–317, siehe auch C. Frova: „Gerberto *philosophicus*. Il *De rationali et ratione uti*" in: *Gerberto Scienza, Storia e Mito*, atti del Gerberti symposium, Bobbio 1985, S. 351–377.

114 Manche erwiderten darauf tatsächlich, dass der Mensch, so gut und vernunftbegabt er auch sei, seinen Verstand nicht nutzt, wenn er schläft. Das Argument lässt sich leicht zerpflücken; dafür einen Extra-Traktat über die Logik zu verfassen, ist nicht notwendig, aber Gerbert war eitel genug, um seine meisterhafte Dialektik jedem vor Augen zu führen. Er konfrontierte die früher gesammelten Argumente mit seinen eigenen und widerlegte sie nacheinander. Wie D. Poirel (op. cit) anmerkt, handelte es sich um den Übergang vom gelehrten Spiel zu den „anzüglichen Fragen" der Universitäten im 13. Jh.

115 Sankt Gallen, Fleury-sur-Loire, Ripoll, Reims, Chartres, Würzburg, Trier, Köln und Magdeburg.

116 Zum intellektuellen Niveau der Schriften von Äbten von Cluny im 10. Jh. vgl. D. Iogna-Prat: *Études clunisiennes*, Paris 2002.

117 Übers. v. P. Riché: *Les Grandeurs de l'an mille*, op. cit., S. 177.

118 Dieses nach G. Beaujouan „erstaunlich frühe Datum" bezeugt der Codex Vigilanus, Ms. de l'Escorial d. I. 2. Siehe G. Beaujouan: „Les chiffres arabes selon Gerbert", in: O. Guyotjeannin/E. Poulle: *Autour de Gerbert d'Aurillac …* op. cit., S. 322–328.

119 Die Beschreibung des Abakus stammt von Richer von Reims; die Übersetzung des Tex-

tes in: P. Riché: *Les Grandeurs de l'an mille*, op. cit., S. 208. Über diese Thema vgl. auch: K. Vogel: „L'arithmetica e la geometria di Gerberto", in: *Gerberto Scienza, Storia e Mito*, op. cit., S. 577–617; M. Folkerts: „Frühe Darstellungen des Gerbertschen Abakus", in: R. Franci (Hrsg.): *Itinera mathematica*, Sienna 1996, S. 23–43.

120 Vgl. seinen Brief an Adalbold, dessen mathematischer Inhalt von dem Pseudo-Boëthius-Autor in einer Abhandlung über Geometrie zu Anfang des 11. Jhs. wieder aufgenommen wurde: G. Beaujouan: „Les Apocryphes mathématiques de Gerbert", in: *Gerberto Scienza, Storia e Mito*, op. cit., S. 645–657.

121 Diesen Apparat beschrieb der Chronist Thietmar von Merseburg, der ihn als „Uhr" bezeichnete. Siehe dazu E. Poulle: „L'astronomie de Gerbert", in: *Gerberto Scienza, Storia e Mito*, op. cit., S. 597–617. Die Gebrauchsanweisung des Astrolabiums, die Gerbert zugeschrieben wird, stammt höchstwahrscheinlich von einem seiner Schüler (E. Poulle: „Naissance de la légende scientifique: note sur l'autorité des traités de l'astrolabe", in: O. Guyotjeannin/E. Poulle: *Autour de Gerbert d'Aurillac, ...* op. cit., S. 342–345).

122 A. Crépin: *Éducations anglo-saxonnes*, Amiens 1992, S. 13–18.

123 Eine Handschrift über Astronomie, die aus dem Kloster von Ripoll stammt, wird in dem berühmten Ms. 225 der Bibliothek von Barcelona aufbewahrt.

124 *Gerbert d'Aurillac. Correspondance*, übers. v. P. Riché, Paris 1993, Brief Nr. 44.

125 J. Paul: *L'Église et la culture ...*, op. cit. Bd. I, S. 258.

126 Hugues de Saint-Vire: *Didascalicon*, übers. v. J. Boudet, in: P. Gilli: *Former, enseigner, éduquer ...*, op. cit., Bd. I, S. 37.

127 C. H. Haskins: *The Renaissance of the Twelfth Century*, Cambridge 1927. Siehe J. Verger: *La Renaissance du XII*[e] siècle, Paris 1996.

128 R. L. Benson/G. Constable/C. D. Lanham: *Renaissance and Renewal in the Twelfth Century Europe*, Cambridge (Mass.) 1982. Dieses Buch enthält die Referate eines Kolloquiums anlässlich des 50. Jahrestags des Erscheinens der Arbeit von C. Haskin, dessen Bedeutung sich daran ermessen lässt.

129 J. Paul: *L'Église et la culture ...*, op. cit. Bd. II, S. 454.

130 M.-D. Chenu. *La Théologie au XII*[e] siècle, Paris 1976. Mit diesen vier Bedeutungen der Heiligen Schrift sind die vier verschiedenen Bedeutungsebenen gemeint, die den Texten der Bibel zugeordnet sind: literarisch, typologisch, d. h. die Entsprechungen zwischen dem Alten und dem Neuen Testament, moralisch-spirituell und letztlich eschatologisch, die sich mit den letzten Dingen beschäftigt.

131 J. Jolivet: *Abélard ou la philosophie dans le langage*, Paris-Fribourg 1994; J. Verger: *L'Amour castré. L'histoire d'Héloise et d'Abélard*, Paris 1996; M.-T. Clanchy: *Abelard. A Medieval Life*. Oxford 1997, Paris 2000.

132 Die Übersetzung des Vorworts von Hermann von Kärnten stammt von J. P. Boudet in: P. Gilli: *Former, enseigner, éduquer ...*, op. cit., Bd. I, S. 24–27. Zu Hermann von Kärnten vgl. R. Lemay: „De la scolastique à l'histoire par le truchement de la philologie: itinéraire d'un médiéviste entre Europe et Islam", in: *La Diffusione delle scienze islamiche nel Medio Evo europeo*, Rom 1987, S. 433–439.

133 P. Sicard: *Hugues de Saint Victor et son école*, Turnhout 1991.

134 P. Benoît: „La théologie au XIIIe siècle: une science pas comme les autres", in: M. Serres:

Éléments d'histoire des sciences, op. cit., S. 177–195. Seit dem 12. Jh. wird zwischen der natürlichen und der Metaphysik nahestehenden Theologie, die sich bemüht, Gott über die Vernunft zu erkennen, und der geoffenbarten Theologie unterschieden, die die Geheimnisse des Glaubens erläutert.

135 S. Gouguenheim: *La Sybille du Rhin*, Paris 1996; L. Moulinier: *Le Manuscrit perdu à Strasbourg. Enquête sur l'œuvre d'Hildegarde de Bingen*, Paris 1995.

136 Anselm von Canterbury: *Pourquoi Dieu s'est fait homme*, in lateinischer Sprache, übers. und eingeführt von M. Roques, Paris 1963.

137 Wilhelm von Conches: *Philosophia mundi*, I, 23, in: P. Migne (Hrsg.): *Patrologie latine* (künftig PL), Bd. 172, col. 56. Positivismus und die Ablehnung des Übernatürlichen durchdringen diesen erstaunlichen Text Wilhelms von Conches und heben den Autor in den Rang eines der aufgeklärtesten Köpfe des Mittelalters.

138 „Wir müssen uns erinnern, dass die *quaestio* aus der Bestätigung und ihrer widersprüchlichen Verneinung entsteht“, schreibt Gilbert de la Porée (*Commemorandum est quod ex affirmatione et ejus contradictoria negatione questio constat*, zit. v. G. Paré/A. Brunet/ P. Tremblay: *La Renaissance du XII*[e] siècle, Paris/Ottawa 1933).

139 *Hrotsvita de Gandersheim. Œvres poétiques*, hrsg. v. M. Goullet, Grenoble 2000.

140 Französische Philosophen beschrieben Ende des 20. Jhs. Dutzende Variationen des Themas „der Tod des Menschen“, wobei sie eigentlich das Thema „die Menschenrechte“ verteidigten und weiter entwickelten, ohne sich groß um den Widerspruch zu kümmern.

141 K. Popper: *La Société ouverte et ses ennemies*, Paris 1979.

Zweites Kapitel

1 Im 13. Jh. wurden Kreta, Zypern und Rhodos die neuen Drehscheiben dieser kulturellen Wechselbeziehungen.

2 G. E. R. Lloyd: *La Science grecque après Aristote*, Paris 1990; H. Maguire (Hrsg.): *Byzantine Court Culture from 829 to 1204*, Washington 1997; B. Flusin: „L'enseignement et la culture écrite“, in: J.-Cl. Cheynet (Hrsg.): *Le Monde byzantin. L'Empire byzantin (641–1204)*, Paris „Nouvelle Clio“, Bd. II, S. 341–368.

3 Siehe H. Hunger: *Die Hochsprachliche profane Literatur der Byzantiner*, München 1978, Bd. I, S. 25–37, 57 f..

4 Dieses Werk ist nur wegen der Anmerkungen von Simplikios berühmt. Es wurde teilweise ins Arabische übersetzt und taucht in der *Siwan Al-hikma* d'Abu Sulaiman as-Sigistanis (912–985) auf, vgl. J.-L. Kraemer: „A lost passage from Philoponus *contra* Aristotelem in arabic translation“, in: *Journal of American Oriental Society*, 85, 1965, S. 318–327. Die Vorstellungen Philoppons wurden von al-Kindi und al-Razi rezipiert, denn sie entsprachen offensichtlich der muslimischen Kosmogonie.

5 Simplikios unterschied bei der unvergänglichen Materie die „Qualität“ und das „Volumen“, die allein sich veränderten.

6 Eine Schrift von Euklid kostete Arethas von Caesarea im Jahr 888 14 Goldmünzen, d. h. ungefähr so viel wie 70 ha Boden von guter Qualität.

7 Seine Bibliothek enthielt Abhandlungen von Kyrinos, Markellos, Apollonios und Schriften von Euklid.

8 Die „Universität“ Magnaura wurde 863 von Caesar Bardas in einem palastartigen Gebäude an der Schutzmauer des Kaiserpalastes gegründet. Byzanz war seit Justinian mit dem universitären System vertraut, aber in Wirklichkeit handelte es sich eher um eine Art höhere Bildung in den auf Griechisch unterrichteten Fächern des *quadriviums* (griech. *tetraktys*), aber nicht um echte Bildungsinstitutionen mit Statuten und Regeln wie die späteren europäischen Universitäten im 13. Jahrhundert.

9 Zur Erneuerung der wissenschaftlichen Bemühungen um das Gesamtwerk von Aristoteles in Byzanz (9. Jahrhundert) vgl. J. Irigoin: „Survie et renouveau de la littérature antique à Constantinople, IXe siècle“, *Cahiers de civilisation médiévale*, 5, 1962, S. 287–302; K. Oehler: „Aristote in Byzantium“, *Byzantine and Modern Greek Studies*, 5, 1964, S. 133–146.

10 Vgl. A.-Th. Khoury: *Les Théologiens byzantins et l'islam. Textes et auteurs*, Löwen/Paris 1969. Die Niketasschriften sind gesammelt und übersetzt in: K. Förstel (Hrsg.): *Niketas von Byzanz, Schriften zum Islam*, Corpus islamo-christianum, Series Graeca, Würzburg 2000.

11 *Arethae Scripta minora*, hrsg. v. L. G. Westerink, I, Leipzig 1968, S. 325.

12 Seine Werke: *Opera, hrsg. v. N. Kecakmadze*, Tiflis 1966; *Questiones quodlibetales*, hrsg. v. P. Joannou, Ettal 1956. Siehe P. Joannou: *Christliche Metaphysik in Byzanz*, Ettal 1956; P. Stephanou: *Jean Italos, philosophe et humaniste*, Rom 1949; L. Clucas: *The Trial of John Italos and the Crisis of Intellectual Values in Byzantium in the Eleventh Century*, München 1981.

13 Anna Komnena erhielt eine gründliche Ausbildung in der griechischen Sprache, in Rhetorik und las die großen griechischen Philosophen Aristoteles und Platon (*tas Aristotelikas teknas eu analexamene kai tous Platonos dialogous*). Hinzu kam noch ihre Ausbildung in den *tetraktys* der Wissenschaften (Anne Comnène: *Alexiade*, hrsg. v. B. Leib, Paris 1989, Bd. III, S. 218). An ihrem Bildungsgang lässt sich der Aufwand für Bildung in gehobenen Schichten des 11. Jahrhunderts ablesen

14 Von ihm stammen auch die Kommentare über die *Parva naturalia*, die *Teile der Tiere*, über *De generatione* u. a.

15 A. Dondaine: „Hugues Éthérien et Léon Toscan“, *Archives doctrinale et littéraire du Moyen Âge*, 19, 1952, S. 67–134.

16 R. Tardy: *Najran. Chrétiens d'Arabie avant l'Islam*, Beirut 1999; J. S. Trimingham: *Christianity among the Arabs in Pre-Islamic Times*, London, New York 1979. Najran liegt im Jemen am Südrand des Hijaz-Gebirges.

17 In Harran (Obermesopotamien) lebten pseudo-sabäische Flüchtlinge, in Wahrheit waren es jedoch Anhänger der griechischen Götterwelt, die sich aus Angst vor Todesstrafe als Sabäer ausgaben. Siehe dazu M. Tardieu: „Sabéens coraniques et sabiens de Harran“, *in: Journal asiatique*, 247, 1986, S. 1–44.

18 Das Kloster von Saint-Maroun auf dem Berg Libanon war eine lebhafte Begegnungsstätte der syriakischen Kultur, verschwand jedoch nach 823 aus den Quellen; im 10. Jh. wurde das Kloster zerstört.

19 P. Escolan: *Le Monachisme syrien du IV*e au VIIe siècle. Un monachisme charismatique, Paris 1999. Im Vorderen Orient gab es keine einheitlichen Ordensregeln: Jedes Kloster folgte der Ordnung, die sich sein Gründer ausgedacht und in der Gründungsurkunde schriftlich festgehalten hatte – etwa so wie in den *typika* byzantinischer Klöster. Mehrere Klöster folgten den Regeln des heiligen Pachom († 346) und des heiligen Basileus († 379). Es gab also höchst unterschiedliche mönchische Lebensformen, z. B. den Eremiten, die Xenobiten, die schon zusammenlebten, Mönche, die in *laures* lebten und ihre Zeit zwischen ihren verstreut liegenden Einzelzellen und ihrem Gemeinschaftsleben am Samstag/Sonntag aufteilten.

20 G. Troupeau, in: A. Vauchez u. a. (Hrsg.): *Histoire du christianisme*, Paris, Bd. IV, S. 447–448; D. Urvoy: *Histoire de la pensée arabe* … op. cit., S. 153 f.

21 Diese Schulen bildeten das Vorbild der Koranschulen, vgl. R. Le Coz: *Les Médecins nestoriens. Les maîtres des Arabes*, Paris 2003, S. 273, Anm. 22.

22 Ibn Khaldûn: *Muqqadima*, VI, 4, übers. v. R. Brague: *Au moyen du Moyen Âge*, op. cit., S. 199.

23 R. Le Coz: *Les Médecins nestoriens*, op. cit., S. 90.

24 „Das Studium des Griechischen zählte nie zum Bildungskanon islamischer Länder“ (ebda., S. 263, Anm. 7). Siehe auch D. Jacquart (Hrsg.): *La Formation du vocabulaire scientifique et intellectuel dans le monde arabe*, Turnhout 1994.

25 G. Troupeau: „Réflexions sur l'origine de l'écriture arabe“, *Semitic Studies in Honor of Wolf Leslau*, II, Wiesbaden 1991, S. 1562–1570; A.-L. de Prémare: *Les Fondations de l'islam*, Paris 2004, S. 442–443. Als Entstehungsort der arabischen Schrift wurde auch eine andere Lakmidenstadt – al-Anbâr – auf dem linken Euphratufer und Sitz eines nestorianischen und jakobitischen Bischofs genannt. Hira entwickelte sich als Hauptstadt dann schließlich doch zum Zentrum dieser Schrift.

26 Siehe O. al-Ghul: „An early arabic inscription from Petra carrying diacritic marks“, *Syria. Revue d'art oriental et d'archéologie*, Bd. 81, 2004, S. 105–118.

27 Petra Roll 83.

28 S. Brock: „Towards a history of syriac translation technique“, *Orientalis christiana analecta*, 221, 1983, S. 1–24; P. Tarrazi: *Haza' in al-kutubal-qadima fi l-hafiqayn*, Beirut 1947, wies immer wieder auf die christlichen Übersetzer wissenschaftlicher Texte hin. S. Pinès: *Studies in Arabic Versions of Greek Texts and in Mediaeval Sciences*, in: *The Complete Works of Shlomo Pines*, Bd. II, Jerusalem, Magnes 1996, erwähnt die „christliche Schule von Bagdad“; siehe auch S. Kh. Samir: „La transmission du savoir de Byzance à Bagdad“, in: N. Prouteau/Ph. Sénac (Hrsg.): *Chrétiens et musulmans en Méditerranée médiévale, VIII*e–XIIIe siècles. Échanges et contacts, Poitiers 2003, S. 125–137. M. Hammam: („La contribution des chrétiens à la vie intellectuelle et scientifique dans l'Orient musulman entre le VIIIe et le Xe siècle“, in: G. Jehel/Ph. Racinet: *Orient et Occident du IX*e au XVe siècle, Paris 2000, S. 201–211, stützt sich für dieses Thema nur auf muslimische Quellen, besonders den *Fihrist* d'al-Nadim und die *Tabaquat al-Umam* von Sâ'id al-Andalusi. Seitdem ist das Ergebnis unvollständig. Es ist übrigens nicht gesichert, dass sich die orientalischen Christen als „Wächter der griechischen Kultur und Wissenschaft von der neuen Dynamik des Islam verführen ließen“, wie er behauptet (S. 203).

29 D. Urvoy erinnert daran, dass Sergius de Res'ayna seine geistige Bildung in Alexandria erhielt und zwei Schriften zur Einführung in die aristotelische Philosophie verfasste (*Histoire de la pensée arabe* …, op. cit., S. 151); siehe auch H. Hugonnard-Roche: „Comme la cigogne au désert. Un prologue de Sergius de Res'ayna à l'étude de la philosophie grecque en syriaque", in: A. de Libera u. a. (Hrsg.): *Langages et philosophie. Hommage à Jean Joli vet*, Paris 1997, S. 79–97.

30 Im Jahr 1395 eroberte Tamerlan die Stadt und tötete die Christen. Eine kleine Chaldäer-Gemeinde überlebte das Massaker und hielt sich bis 1915, als sie von Türken vernichtet wurde.

31 „Als das 9. Jh. verstrichen und das gesamte altgriechische Erbe übersetzt war, entwickelte sich eine genuin arabische Wissenschaft." D. Jacquart/F. Micheau: *La Médecine arabe* … op. cit., S. 54.

32 R. Le Coz: *Les Médecins nestoriens*, op. cit., S. 190.

33 Diese Abhandlung von Dioscorides wurde in Nordafrika vom Griechischen ins Lateinische übersetzt. Man kannte sie dort seit dem 4. Jh. und in Spanien seit dem 6. Jh., d. h. Isidor von Sevilla ließ sich von ihr inspirieren.

34 J. Filliozat: *La Doctrine classique de la médecine indienne. Ses origines et ses parallèles grecs*, Paris 1949, 2. Aufl., Paris 1975.

35 Wie der Handel dort tatsächlich verlief, der bisher oft übersehen wurde, siehe S.-C. Kolm: *Le Bonheur-liberté. Bouddhisme profond et modernité*, Paris 1982.

36 E. A. Wallis (Hrsg.): *Syrian Anatomy, Pathology and Therapeutics. The Book of Medecines*, London/Oxford 1913.

37 M. Meyerhoff: „Von Alexandria nach Bagdad", *Sitzungsberichte der Preußischen Akademie der Wissenschaften. Phil.-Hist. Kl.*, 23, 1930, S. 389–429; N. Palmieri: „La théorie de la médecine des Alexandrins aux Arabes", in: D. Jacquart (Hrsg.): *Les Voies de la science grecque. Études sur la transmission des textes de l'Antiquité au XIX*[e] siècle, Genf 1997, S. 33–134.

38 W. Wolska-Conus: „Les commentaires de Stéphanos d'Athènes au *Prognostikon* et aux *Aphorismes* d'Hippocrate: de Galien à la pratique scolaire alexandrine", *Revue des études byzantines*, Bd. 50, 1992, S. 8–9.

39 *Risala ila Ali ibn Yhaya* (Brief an Ali ibn Yahya ibn Ishaq ibn Abi Mansur) dat. 856 (hrsg. u. übers. v. G. Bergsträsser: *Hunain ibn Ishaq über die syrischen und arabischen Galenübersetzungen*, Leipzig 1925).

40 J. Labourt: *Le Christianisme dans l'Empire perse sous les Sassanides*, Paris 1904.

41 Siehe *Encyclopédie de l'Islam*, neue Ausgabe, Leiden/Paris 1960, Bd. II, S. 1146, „Gondêshâpûr".

42 Al-Razi stützte sich jedoch auf eine zweite Übersetzung, die ein Nestorianer in Bagdad mit Namen Yuhanna ibn Sarafiyun angefertigt hatte. Al-Razi erwähnte ebenso oft auch ein anderes medizinisches Lehrbuch, das der Christ Shim'un de Taybuta im 9. Jh. verfasst hatte und das aus dem Altsyrischen übersetzt worden war.

43 Die Westeuropäer, denen sein medizinisches Gesamtschaffen durch die Übersetzungen Gerhard von Cremonas Ende des 12. Jhs. erschlossen wurde, nannten ihn Jean Sérapion.

44 Die Erfindung des Krankenhauses wurde schon manchmal dem reformfreudigen Basilius von Caesarea zugeschrieben: Im Jahr 374 entstand in seinem „Modell"-Kloster ein weite-

rer Komplex mit vielen Häusern, die zur Krankenpflege vorgesehen waren, die „Basiliade“, die im griechisch sprechenden Teil des Vorderen Orients umgehend nachgeahmt wurde.

45 Al-Jâhiz: *Al-Radd'alâ al-nasâra*, hrsg. u. übers. v. I. S. Allouche: „Un traité de polémique christiano-musulmane au IXe siècle“, *Hespéris*, 26, 1939, S. 134–136.

46 Gemäß Ibn al-Qifti: *Ta'rîkh al-bukamâ* (*Histoire des savants*), Leipzig 1913, S. 390.

47 Ibn Juljul: *Les Générations des médecins et des sages*, Kairo 1955.

48 L. Leclerc: *Histoire de la médecine arabe*, Bd. II, Paris 1896.

49 Hunayn ibn Ishaq war einer der Großen des Mittelalters. Der Kongress der Orientalisten am Collège de France beschäftigte sich mit ihm als Leitthema, aber trotzdem ist er uns eigenartig fremd geblieben; er taucht beispielsweise so wenig wie die syriakischen Christen in einem westeuropäischen Schulbuch auf. Deshalb seien hier einige Werke genannt, die näher auf ihn eingehen: G. Bergsträsser: *Hunain ibn Ishaq und seine Schule*, Leyden 1913; F. Rosenthal: „The technique and approach of muslim scholarship“, *Analecta orientalia*, 24, Rom 1947; R. Walzer: *Greek into Arabic. Essays on Islamic Philosophy*, Oxford 1962.

50 Er soll höchstpersönlich nach Byzanz gereist sein, um sich für die Gebrüder Banu Musa, drei persische Mathematiker, nach mathematischen Schriften umzusehen.

51 R. Le Coz: *Les Médecins nestoriens*, op. cit., S. 158.

52 Hunayn zählte in seiner *Risala* seine Übersetzungen auf, vgl. dazu R. Le Coz: *Les Médecins nestoriens*, op. cit., S. 168–177. P. Benoit/F. Micheau („L'intermédiaire arabe …“, op. cit., S. 246), die eine nützliche Liste erstellten: Hunayn hat aus dem Alt-Syrischen 94 Texte Galens übersetzt und 29 Texte ins Arabische und unter ihnen mehrere in beide Sprachen.

53 Al-Mansur besaß offenbar eine griechischsprachige Fassung der *Elemente*, die, weil es keinen Übersetzer gab, nicht weiter genutzt wurde.

54 Siehe P. Benoit/F. Micheau: „L'intermédiaire arabe …“, op. cit., S. 245 f.

55 Vgl. die Anmerkungen von S. Kh. Samir: „La transmission du savoir de Byzance à Bagdad“, op. cit. Der Autor lässt erkennen, dass er zwei verschiedene Übersetzungen desselben Textes besitze (die *De natura hominis* von Nemesius von Emesa); die eine Übersetzung folge der alten Methode und die andere der Art Hunayn ibn Ishaqs. Ein Vergleich der beiden Übersetzungen lässt die grundsätzlichen Verbesserungen erkennen, die Hunayn bewirkt hat.

56 R. Morelon: „Thabit ibn Qurra and Arab astronomy in the 9th century“, *Arabic Science and Philosophy*, 4, 1994, S. 111–139.

57 Unter „befreundeten Zahlen“ wird ein Paar natürlicher Zahlen (a, b) verstanden, deren Teilersumme jeweils a + b sind. Der arabische Mathematiker Thabit ibn Qurra wies nach, dass 220 und 284 befreundete Zahlen sind, denn die Teilersumme von 220 ist 284 und die von 284 ist 220. Abu Qurra entdeckte eine Formel, mit der sich einige befreundete Zahlen finden lassen. Wenn die drei Zahlen $a = (3 \times 2^{n}) - 1$, $b = (3 \times 2^{n-1}) - 1$ und $c = (9 \times 2^{2n-1}) - 1$ die ersten Zahlen sind, n eine ganze natürliche Zahl und größer als 1 ist, dann sind $2^{n} \times a \times b$ und $2^{n} \times c$ befreundete Zahlen: Wenn $n = 2$ ist, dann ist $a = 11$, $b = 5$ und $c = 71$. Somit sind a, b, c die ersten Zahlen. Die beiden befreundeten Zahlen sind in diesem Fall

$2^2 \times 11 \times 5 = 220$ und $2^2 \times 71 = 284$. Es stellte sich jedoch heraus, dass die Formel ibn Qurras nur gilt, wenn $n = 2$, $n = 4$ und $n = 7$ und n kleiner als 20 000 ist. Bis heute ist eine allgemein gültige Regel, die sämtliche befreundeten Zahlen identifiziert, nicht bekannt.

58 R. Rashed: *Mathématiques infinitésimales du IX*e au XIe siècle, Paris Bd. I, 1996.

59 Wenn die beiden Summen begrenzt und diese Grenzen gleich sind, ergeben sie die Oberfläche der Ellipse.

60 Yuhanna ist die arabische Übersetzung von Jean. Vgl. G. Troupeau/J. Sournia: „Médecine arabe: biographies critiques de Jean Mésué (VIIIe siècle) et du prétendu „Mésué le jeune" (Xe siècle)", *Clio medica*, 3, 1968, S. 109–117.

61 F. Micheau: „Mécènes et médecins à Bagdad aux IIIe/IXe siècles. Les commanditaires des traductions de Galien", in: D. Jacquart (Hrsg.): *Les Voies de la science grecque* ..., op. cit., S. 147–180, hier S. 154 f.

62 R. Le Coz: *Les Médecins nestoriens*, op. cit., S. 136 f.

63 G. Troupeau: „Le premier traité arabe de minéralogie: le livre de Yuhanna ibn Masawayh sur les pierres précieuses", *Annales islamologiques*, 32, 1998, S. 219–238.

64 Paris, BnF, Manuscrits (künftig zit. als Ms.) arabes 2346. Seine edierte Form beansprucht zwei vollständige Bände; vgl. F. Habr: *Al-Naql al kamîl li-manhijAristû, tahqîq wa-taqdîm*, 2 Bde., Beirut 1999.

65 Das syriakische Wort *kunnash* bedeutet „Sammlung".

66 P. Benoit/F. Micheau: „L'intermédiaire arabe ...", op. cit., S. 245.

Drittes Kapitel

1 Dort fänden sich vor allem die Erklärung von Gattungs-, Substanz-, Akzidenz- und Beziehungsbegriffen etc., Kategorien, die zur Zeit Karls des Großen längst bekannt waren, und es z. B. Theodulf von Orléans ermöglichten, die von den Griechen beim 2. Konzil von Nicäa 787 vorgebrachten Argumente über die Bilderverehrung in seinen *libri carolini* zurückzuweisen.

2 L. Minio-Paluello, *Metaphysica Iacobi*, S. XII–XIII. (Von hier an erfolgen alle weiteren Verweise auf die Einzeltitel von Aristoteles-Werken im *corpus latinus* des Philosophen in abgekürzter Form, gefolgt von ihrem lateinischen Titel unter dem Namen L. Minio-Paluello. Anhang 2 enthält die vollständigen Angaben).

3 Die arabischsprachigen Kommentare Abu Maschars wurden in der zweiten Hälfte des Jahrhunderts übersetzt; vgl. R. Lemay: *Abu Ma'shar and Latin Aristotelianism in the Twelfth Century*, Beirut 1962 (bes. S. 345–352).

4 Gerhard von Cremona übersetzte auch die *Physik*, die beiden Abhandlungen *De caelo* und *De mundo* sowie *De generatione et corruptione*. Er übersetzte (unter Mithilfe des Mozarabers Gallipus) aber auch den *Almagest* von Ptolemäus, die *Analytica posteriora* von Themistius, den *Kommentar zu den beiden Analytiken* von al-Farabi, den *Syllogismus* u. a. Gerhard von Cremona war ein ausgezeichneter Übersetzer und übertrug auch Texte von Archimedes, Euklid und al-Kwharizmi.

5 Die *Nikomachische Ethik* zirkulierte in der muslimischen Welt nur als Zusammenfassung,

die von Nikolaus von Damaskus stammte, oder als Kommentar des Porphyrios. Nach D. Urvoy wurde die *Nikomachische Ethik aber* auch vollständig gelesen (*Histoire de la pensée arabe* ..., op. cit., S. 159).

6 A. Djebbar bestätigt das Faktum: „Die Meinung, dass die Araber die Wissenschaft nach Europa gebracht hätten, hält sich hartnäckig, wohingegen es eigentlich eher um die Aneignung dieser Wissenschaft durch die Europäer ging." (Vgl. „Université et localité dans les pratiques scientifiques des pays d'Islam", in: *Alliage 55–56*, Dialogue transculturel, 3).

7 C. S. Burnett: „Antioch as a Link between Arabic and Latin Culture in the Twelfth and the Thirteenth Centurys", in: I. Draelants/A. Tihon/B. van den Abeele (Hrsg.): *Occident et Proche-Orient. Contacts scientifiques aux temps des croisades*, Turnhout 2000, S. 1–12.

8 R. Hiestand: „Un centre intellectuel en Syrie du Nord? Notes sur la personnalité d'Aimery d'Antioche, Albert de Tarse et Rorgo Fretellus", *Le Moyen Âge*, 100, 1994, S. 7–36.

9 Einer der berühmtesten dieser Reisenden, der Philosoph, Mathematiker, Rechtsgelehrte und Arzt Theodoros von Antiochia, kam 1225 an den Hof Friedrichs II. in Sizilien. Er übersetzte Texte von Averroës sowie Werke, die man fälschlicherweise Aristoteles zuschrieb, z. B. das *Geheimnis der Geheimnisse*.

10 J.-L. Leservoisier: *Les Manuscrits du Mont-Saint-Michel*, op. cit. Wir müssen darauf hinweisen, dass Ms. 235 des Stadtarchivs von Avranches ein wahres „Florilegium" wissenschaftlicher Texte (ebda. S. 26) enthält, z. B. die Abhandlung über den Abakus, über die Optik, die Dichte von Metallen u. a.

11 Sein Name findet sich in Handbüchern nur selten. Als Beweis sei die zweifelnd-unentschiedene Bemerkung von B. Laurioux/L. Moulinier in *Éducation et cultures* ..., op. cit., S. 24 zitiert: „[...] Jakob von Venedig wird die Übersetzung aller Aristoteles-Abhandlungen über die neue Logik zugeschrieben [...]." Wie wir aber sehen werden, übersetzte Jakob von Venedig weit mehr von Aristoteles als die Traktate, aus denen sich die *Logica nova* zusammensetzt (d. h. auch die *Analytica priora/posteriora* und die *Topik*).

12 Die Zählung L. Génicots in *Le XIII*[e] siècle européen, Paris 1968, S. 213–218 zeigt, dass im 13. Jh. sehr viel mehr aus dem Griechischen übersetzt wurde als im 12. Jh. (12. Jh.: sieben von 100 Titeln; 13. Jh.: 16 von 40 Titeln). Die Proportionen stimmen natürlich ganz und gar nicht, denn bei der Aufstellung wurden sämtliche Übersetzungen Jakobs von Venedig und anderer, anonym gebliebener Übersetzer im 12. Jh. vergessen. Die Berechnungen Génicots beruhen auf dem Prinzip des *ne varietur* – zumindest bezüglich der griechisch-lateinischen Übersetzungen, die uns an dieser Stelle interessieren, – wie in den meisten kulturgeschichtlichen Bänden über das Mittelalter.

13 L. Minio-Paluello, „Iacobus Veneticus Graecus", in: *Traditio*, 8, 1952, S. 265–304; ders.: „Aristotele dal mondo arabo a quello latino", in: *L'Occidente e l'Islam nell'alto Medioevo*, Spoleto „Settimane di studio del Centro italiano sull'alto Medioevo", 12, 1965, S. 621 f.

14 *Dialogues*, II, 1, PL, Bd. 188, col. 1163 B. Die beiden anderen Gesprächspartner des Bischofs, Burgundino von Pisa und Moses von Bergamo, trugen berühmte Namen und waren in Übersetzerkreisen bestens bekannt.

15 *Iacobus nomine Veneticus de natione.*

16 L. Minio-Paluello, „Iacobus Veneticus ...", op. cit., S. 269. Es wäre interessant zu erfahren, ob byzantinische Quellen Nicetas von Nikomedia auch erwähnen.

17 Vielleicht war Jakob von Venedig auch mit jenem „Jacobus Grecus" identisch, der 1125 einen ausladenden Bericht über eine venezianische Expedition nach Dalmatien verfasste. Cerbanus Cerbani, selbst Venetianer und Beamter am byzantinischen Hof, erwähnt den Namen im *Recueil des Historiens des croisades*, „Abendländische Historiker", V, Paris 1895, S. 321–334.

18 Die Angelegenheit wurde auf dem Konzil von Cremona am 7. Juli 1148 unter Vorsitz von Papst Eugen III. und in Anwesenheit von Johannes von Salisbury geregelt.

19 Transkription von L. Minio-Paluello, „Iacobus Veneticus ...", op. cit., S. 272–274. Dieser Text Jakobs von Venedig, von dem nur eine einzige Handschrift existiert (cod. Modena Estense, *a.* P. 4.9, f° 35–35v), steht im ersten Teil der Chronik der Erzbischöfe von Ravenna, die ein anonymer Autor verfasste. Sie reicht bis 1298 und wurde 1413 von Paulus Scordili von Kreta vervollständigt. Jakobs Text war der zweite von vier noch einmal kopierten und von Scordili in die Chronik eingefügten Texten. Dabei muss man wissen, dass der Autor als Dompropst der Kirche von Ravenna Zugang zu den bischöflichen Archiven hatte.

20 Stadtarchiv von Avranches, Ms. 224, f° 49–86v; Ms. 227, f° 164v-200, beide aus dem 13. Jh. Eine Abschrift aus dem 12. Jh. existiert auch im Archiv des Vatikan, Vat. Lat., 2982, f° 115v–139v, in: L. Minio-Paluello, *Analytica posteriora*. Der Text Jakobs von Venedig erscheint auf den Seiten 7–107. Ich fühle mich J.-L. Leservoisier zu lebhaftem Dank verpflichtet, dass er mir sämtliche Handschriften, von denen hier die Rede ist, mitgeteilt hat.

21 Stadtarchiv Avranches, Ms. 221, f° 2–21v und f° 21v–24. Diese Handschrift stammt direkt vom Mont Saint-Michel. Neben *De anima* und *De memoria* enthält sie auch die *Physik* (f° 25–86v), *De intelligentia* und die Einführung in die *Physik*, die Aristoteles zu Unrecht zugeordnet wird.

22 Mit Ausnahme von *De sensu* und *De somno et vigilia*. Die erwähnten *Kleinen Abhandlungen über die Geschichte der Natur* finden ihre Fortsetzung in der aristotelischen *De anima*. In ihnen beschäftigt sich Aristoteles mit der Verbindung zwischen Seele und Körper, d. h. sie beschreiben das Verhalten des Wachen in Bezug auf Schlaf, Schlaflosigkeit, Träume und hellseherische Fähigkeiten; sie thematisieren auch die unterschiedlichen Formen der fühlbaren Darstellung (Wahrnehmung, Vorstellung, Gedächtnis). Vgl. dazu *De sensu* und *De memoria*.

23 Stadtarchiv Avranches, Ms. 228, f° 124v–154v, hrsg. v. L. Minio-Paluello, *De sophisticis*.

24 Stadtarchiv Avranches, Ms. 221, f° 25–86v; Ms. 232 f° 141–196; L. Minio-Paluello, *Physica vetus*, S. 1–340. Die Herausgeber zeigten anhand von Textdoubletten in den Übersetzungsmanuskripten Jakobs von Venedig, dass er eine erste Übersetzung der *Physica* versuchte, die er nach ihrer Fertigstellung jedoch „zum alten Eisen" erklärte (S. LXXV) und sie erst Jahre später wieder aufnahm, als er seine Übersetzungsmethode verfeinert hatte.

25 Stadtarchiv Avranches, Ms. 227, f° 34–102.

26 Stadtarchiv Avranches, Ms. 232, f° 201–225v; hrsg. v. L. Minio-Paluello, *Métaphysica Iacobi*, S. 5–73.

27 Darin sind sich Kenner wie L. Minio-Paluello, G. Vuillemin-Diem und C. Viola einig. Vgl. dazu die Zusammenfassung von G. Vuillemin-Diem in L. Minio-Paluello, *Metaphysica anonyma*, S. XI. Diese Übersetzung wurde als *Metaphysica Vetustissima* bezeichnet, weil sie die damals älteste bekannte Fassung war.

28 Stadtarchiv Avranches, Ms. 232, f° 199–200v.

29 Stadtarchiv Avranches, Ms. 232, f° 1–63v für *De generatione et corruptione;* f° 73–77 und 82–89v für die *Ethica vetus.*

30 Der entscheidende Punkt war, dass Jakob von Venedig die semantisch gleichen lateinischen Begriffe verwendete, um das entsprechende griechische Vokabular zu übertragen (L. Minio-Paluello, „Iacobus Veneticus …", op. cit., S. 282–291).

31 L. Minio-Paluello, „Iacobus Veneticus Graecus e Giacomo Veneto e l'Aristotelismo latino", *Venezia e l'oriente fra tardo Medioevo e Rinascimento,* Florenz 1966, S. 53–74.

32 Hierin stimmen L. Minio-Paluello: („Iacobus Veneticus …", op. cit., S. 292–295) und C. Viola („Aristote au Mont-Saint-Michel") in: R. Foreville (Hrsg.): *Millénaire monastique du Mont-Saint-Michel, Teil 2, Vie montoise et rayonnement intellectuel,* überein. Bibliothèque d'histoire et d'archéologie chrétiennes, Paris 1967, S. 289–312, hier Fußnote 68).

33 *Metalogicon,* Ausg. Webb, Oxford 1929. In diesem Werk kritisiert Johannes von Salisbury die Schwierigkeit des aristotelischen Urtexts (er spricht von der *transpositio sermonum,* de la *traiectio litterarum* und der *desuetudo exemplorum*), notiert aber gleichzeitig, dass andere diese Schwierigkeit der qualitativ mäßigen Fassung der Übersetzung verwerfen: *Deshalb behaupten viele, dass der Fehler auch auf den Übersetzer zurückfällt, der dieses Buch nicht korrekt übersetzt hat* (*Metalogicon,* IV. vi, S. 170 f.): „Das Buch, das die Methode der Demonstration behandelt, ist darüber hinaus weit konfuser als alle anderen, was daran liegt, dass es von der einen in die andere Sprache übertragen wurde. Aber auch die Transliteration, die noch ungeläufigen Beispiele, die von verschiedenen Wissenschaftsdisziplinen entlehnt wurden, und schließlich ist es – was den Übersetzer nicht betrifft – durch die Fehler der Kopisten so entstellt, dass es fast so viele anstößige Stellen enthält wie Kapitel." (Übers. v. F. Lejeune: „Das *Metalogicon* von Johannes von Salisbury. Recherches, traduction et commentaire", Diss. auf Microfilm, Lille III, 1998).

34 L. Minio-Paluello zitiert den Brief in „Iacobus Veneticus …", op. cit., S. 292; *The Letters of John of Salisbury,* Bd. 1: 1153–1161, hrsg. v. W. J. Millor/H. E. Butler/C. Brooke, Oxford 1986; Bd. II: 1163–1180, Oxford 1979, Nr. 201.

35 Im lateinischen Manuskript der *Analytica priora/posteriora,* das in Oxford aufbewahrt wird, steht eine Randbemerkung, deren Schreiber vermerkt, er hätte eine Übersetzung von „Jean" verwendet, denn ihm fehlte ein Wort in der Fassung Jakobs von Venedig (Oxford, Sammlung Balliol, Ms. 253, f° 242: *hec littera deficit nobis secundum translationem Iacobi*). Zu den Fehlern in der Übersetzung Jakobs von Venedig siehe M.-Th. d'Alverny: „Les traductions d'Aristote et de ses commentateurs", *Revue de Synthèse,* 89, 1968, S. 125–144.

36 Avranches, Bibl. mun., Ms. 221,232; und Oxford, Bodleian Selden supra 24.

37 Zu dieser Frage vgl. B. Guenée: *Histoire et culture historique dans l'Occident médiéval,* Paris 1992.

38 L. Minio-Paluello, *Physica vaticana,* S. XXVII–XXXV.

39 Wir stoßen auf Übersetzungen Jakobs von Venedig im Benediktinerstift Admont, in der Steiermark (2), in Bologna (2), in Cambridge (3), in Évreux (1), in Florenz (12), in London (5), in Oxford (4), und in Paris (18). Die Häufung der Bücher in Paris ist umso bemerkenswerter, als 16 Exemplare mit Sicherheit aus dem 13. Jahrhundert und zwei Exemplare aus dem frühen 14. Jh. stammen.

40 Stadtarchiv Avranches, Ms. 232, f° 201–225v; Bologna, Bibl. univ., Ms. lat. 1180, f° 246v–263; Oxford, Bodleian Selden supra 24, f° 3v–26.

41 25 der 39 Handschriften zeigen den unveränderten Text Jakobs von Venedig. Vgl. dazu die Anmerkungen und die vollständige Liste der Manuskripte in L. Minio-Paluello, *Metaphysica Iacobi*, S. XX–XXII.

42 Die Exemplare verteilten sich wie folgt: Paris (4), Vatikan (4), Oxford (3), Reims (2), Cambridge (2).

43 Vatikan, Bibl. apost., Vat. Lat. 2982, f° 115v–139v.

44 Stadtarchiv Avranches, Ms. 92.

45 Kopien existierten in Paris (25), im Vatikan (19), in London (9), in Oxford (6). Allein im 13. Jh. besaßen die nordfranzösischen Städte Tours (1), Rouen (1), Sens (2), Évreux (1), Lüttich (7), Saint-Omer (1), Cambrai (1) und Arras (2) Handschriften Jakobs von Venedig. Vgl. dazu die vollständige Liste in: L. Minio-Paluello, *Analytica posteriora*, S. XX–XXXIII.

46 Siehe die Liste in: L. Minio-Paluello, *De sophisticis*, S. XXXV–XXXVI. Zwei Exemplare dieser Übersetzung liegen in Mailand (Bibl. ambros., I, 195 inf., f° 72v–79v) und im Vatikan, (Bibl. apost., Vat. Lat. 2982, f° 139v–155). Dem stehen 271 Exemplare der Boethius-Übersetzung gegenüber – zweifellos ein beachtlicher Erfolg für den spätantiken Autor.

47 *Liber melorum*, Buch III, PL, Bd. 190, col. 1357 A-B, das besonders auf die entsprechende Passage in der aristotelischen *Physica* (VIII. x, 266b25–267b7) verweist. Boseham greift die Wendung des „immerwährend unbewegten Zentrums“ (*centrum semper immobile)* auf und postuliert die „Notwendigkeit, dass jede Bewegung der Sinnenwelt aus irgendetwas Unbeweglichem kommt“ (*necesse ut ab aliquo immobile omnis hic sensilis mundi procedat motus*) und dass, „was unbeweglich bleibt, alle Dinge bewegt“ (*quod manens immobilis dat cuncta moveri …*).

48 A. Birkenmajer: „Le rôle joué par les médecins et les naturalistes dans la réception d'Aristote au XIIe et au XIIIe siècle “, in: *La Pologne au VIe* congrès international des Sciences historiques,Warschau 1930, S. 3–5; P. O. Kristeller: „Bartholomaeus, Musandinus and Maurus of Salerno and other commentators of the Articella …“, *Italia Medioevale e Umanistica*, XIX, 1976, S. 57–87.

49 N. Häring: „The *Liber de homoysion et homoeysion* by Hugh of Honau“, *Archives d'histoire doctrinale et littéraire du Moyen Âge*, 34, 1967, S. 1129–253 (Übernahme von Textstellen Jakobs von Venedig: S. 197, 234, 235, 240, 241, 244).

50 *Sed quia a Graecis sapientiae totus fons emanavit*, Brief Hugos von Honau an Hugo von Pisa, zit. von A. Dondaine: „Hugues Éthérien et Léon Toscan“, op. cit., S. 130.

51 Alexandre Neckham: *De naturis verum*, ed. von Wright, London 1863, S. 38 u. 291, aus dem er einen Auszug aus den *beiden Analytiken* zitiert (*Gaudeant genera et species, monstra enim sunt; et si sunt, nihil ad rationem sunt*, S. 291).

52 *Commentarius in Posteriorum Analyticorum libros*, ed. v. P. Rossi, Florenz 1981, besonders die Seiten 80–86: „I Lemni della versione di Giacomo Veneto dei *Secondi Analitici* presenti nel *Commentarius*.“ Robert Grosseteste bezieht sich auf Übersetzungen, die von der Übersetzung abweichen, die er nur ein einziges Mal benutzte (Buch I, 9, S. 166: *Littera autem aliarum translationum*). P. Rossi schloss daraus, dass Grosseteste mehrere Überset-

zungen parallel nutzte, um die Übersetzung Jakobs von Venedig zu vervollständigen oder zu erhellen (S. 81). Vgl. auch das Vorwort von R. C. Dales zur Ausgabe des *Commentarium in … Phys …* von Robert Grosseteste, Boulder (Colorado) 1963, S. X–XII.

53 Stadtarchiv Avranches, Ms. 222. Die Handschrift enthält wunderschöne Miniaturen (f° 1, 9, 14, 23 und 45).

54 Paris BnF, Ms. lat. 16080.

55 L. Minio-Paluello, „Iacobus Veneticus …", 1952, S. 303 f., und ders.: *Metaphysica anonyma*, S. XXVII. Albertus Magnus erwähnte die *Translatio Ioannes* der *Analytica posteriora* (*Post. Anal. II. vii 92b22 et I. xix, 82a10–14*): „Und diese Fassung ist besser, und sie wurde von Johannes dem Griechen gefertigt." (*hac littera melior est, et est translatio Ioannis a Graeco facta.*) Der Name Johannes könnte auf einen anderen Übersetzer verweisen, der nur unter diesem Namen bekannt war, aber die Übersetzungstechnik dieses „Johannes" ist identisch mit der Jakobs von Venedig. L. Minio-Paluello vermutet, dass Albertus Magnus wegen der Initiale „I", die ja für beide Namen (Johannes, Jacobus) gilt, einem Irrtum erlegen ist.

56 B. Geyer: „Die Übersetzungen der aristotelischen Metaphysik bei Albertus Magnus und Thomas von Aquin", in: *Philosophisches Jahrbuch der Görres-Gesellschaft*, XXX, 1917, S. 392–415; F. Pelster, „Die Übersetzungen der aristotelischen Metaphysik in den Werken des hl. Thomas von Aquin", *Gregorianum*, XVI, 1935, S. 325–348 und 531–561 sowie XVII, 1936, S. 377–406.

57 Inzwischen wurden mehrere Manuskripte aus dem 12. Jahrhundert gefunden, die eine Übersetzung der *Topik* des Stagiriten enthalten. Ihre Übersetzung stimmt mit der von Boethius zwar nicht überein, aber dass es sie gab, ist ein erneuter Beweis für die Bedeutung der griechisch-lateinischen Übersetzungen im 12. Jh. Die *Topik*-Übersetzung in Chartres (Stadtarchiv, Ms. 407, f° 319–349v) wurde im Zweiten Weltkrieg zerstört. Eine lateinische Fassung der *Topik* findet sich auch in zwei Handschriften in Florenz (Biblioteca nazionale centrale, conv. soppr., F. 81291, f° 1v–71v und I.9.25, f° 1v–86v) und in einer Handschrift in Bologna, Universitätsbilbiothek 4228, f° 81–96v und 106v–148v, u. a.

58 Vaticanus Reginensis 1855, f° 89–94v, hrsg. v. L. Minio-Paluello, *Physica vaticana*, S. 3–43.

59 L. Minio-Paluello, *Physica vaticana*, S. XIII.

60 VII 1.1, S. XIII.

61 L. Minio-Paluello, „Iacobus Veneticus …", op. cit., S. 303 f.

62 L. Minio-Paluello, *Analytica posteriora*, S. 109–183 (Prolog, S. XLIV).

63 Paris, Bibliothèque de l'Arsenal, Ms. 727, f° 216–244v. Zur Anmerkung f° 239v: „Jean" übersetzte das griechische *dianoia* mit dem lateinischen *deliberatio*, während Jakob von Venedig den Begriff *intelligentia* verwendete.

64 *Metalogicon*, Ausg. Webb, Oxford 1929, S. 111. Johannes von Salisbury sagt auch, dass er bei einer Italienreise um 1148--1153 in Santa Severina in Kalabrien einen griechischstämmigen Aristoteles-Übersetzer getroffen hätte, der auch imstande sei, ihn zu erklären. Siehe auch den Zusammenhang zwischen diesem Treffen und der daraus resultierenden Aufstellung von philosophischen Begriffen dieses Interpreten im *Metalogicon*, I, 15, S. 37–39. Es ist ausgeschlossen, den Mann aus Kalabrien als „Jean" zu identifizieren oder zu er-

kennen, ob noch ein anderer, des Lateinischen mächtiger Kenner von Aristoteles in dieser ersten Hälfte des 12. Jhs. lebte. Johannes von Salisbury erwähnt ihn im *Metalogicon* noch zweimal, op. cit., III, 5, S. 140, 20 (Eloge darauf, dass die *Topik* endlich dem Vergessen entrissen sei) und IV, 2, S. 166, 15–17.

65 Diese Bestätigung schließt sich an die schon erwähnte Meinung in dem Brief Salisburys an Richard von Coutances an.

66 Toledo, Biblioteca capitular (künftig Bibl. capit.), Ms. 17.14 (XIIIe siècle), f° 1 (die Übersetzung von „Jean" kommt auf f° 1v–11 vor). Die gleiche Handschrift enthält auch die Übersetzung Jakobs von Venedig f° 13–28.

67 Ebda.

68 Universitätsbibliothek Salamanca, Ms. 2441, f° 188–202v (13. Jh.). Vgl. dazu auch die Pariser Handschrift, die in der Bibliothèque de l'Arsenal unter der Sigle Ms. 727, f° 216–244v schlummert.

69 Oxford, coll. Balliol, Ms. 253, f° 242: *hec littera deficit nobis secundum translationem Iacobi.*

70 L. Minio-Paluello, *Analytica posteriora*, S. XLV und XLVIII.

71 L. Minio-Paluello, *Metaphysica anonyma*, S. 1–276. G. Vuillemin-Diem beweist, dass die Übersetzung der *Metaphysik* eines Unbekannten „sehr viel älter ist, als man früher dachte". (Bei eher oberflächlicher Betrachtung würde man ihre Entstehungszeit um 1210-1230 ansetzen; s. L. Minio-Paluello, *Physica vaticana*, S. XXIV, s. auch L. Minio-Paluello, „Note sull'aristotele latino medievale II: Caratteristiche del traduttore della ‚Physica vaticana' e della ‚Metaphysica media'" in: *Rivista di Filosofia Neo-Scolastica*, XLIII, 1950, S. 226–231.

72 Vaticanus Reginensis 1855 f° 88–94v.

73 G. Vuillemin-Diem nennt die Referenzstellen: L. Minio-Paluello: *Metaphysica anonyma*, S. XXXIV-XXXVII; diese Handschriften tauchen in Europa überall auf: in Basel (1), Brügge (1), Neapel (1), Paris (3), Pisa (1), Reims (1) und im Vatikan (4).

74 L. Minio-Paluello, *Metaphysica composita*, S. 85–156.

75 Ebda., S. XXXI.

76 Ph. S. Moore: *The Works of Peter of Potiers, Master in Theology and Chancellor of Paris (1193–1205)*, Notre Dame, 1936, S. 145–164, hier S. 164.

77 Wilhelm der Bretone, *Œuvres de Rigord et Guillaume le Breton*, hrsg. v. H.-Fr. Delaborde, Bd. 1, Paris 1892, S. 233.

78 Denifle et Châtelain, *Chartularium Universitatis Parisiensis*, Bd. I, 1889, S. 70, 78.

79 Der Katalog des *armarium* des Klosters wurde 1639 von Dom Le Michel erstellt (Paris, BnF, Ms. lat. 13071, f° 110v–111).

80 Stadtarchiv Avranches, Ms. 220, 221,222, 224, 227, 228, 229, 231, 232. Der Gesamtbestand dieser 31 Werke liegt weit über der Bestandsmenge anderer Archive: In Fécamp lagern zwölf Abschriften von Aristoteleswerken und elf Kopien in Jumièges und sonst fast nirgends.

81 Stadtarchiv Avranches, Ms. 229, f° 194. Auch diese Handschrift enthält sehr viele Begriffe der griechischen Philosophie in griechischer Schrift und in Latein übersetzt (*ousia/essenti, poiotia/qualitas* u. a.) sowie Hinweise auf Etymologien in den Randbemerkungen. Dieses griechisch-lateinische „Wörterbuch" erläutert die Terminologie der aristotelischen Logik. Wahrscheinlich stammen sie von Anastasius.

82 Siehe Hinweis von C. Viola: *Cur deus homo*, lib. II, c. 17, Edition Schmitt, S. 125; PL, Bd. 158, col. 424.

83 C. Viola: „Aristote au mont saint-Michel", op. cit., mit Verweisen auf das Werk Anselms, *Cur deus homo*, op. cit., I, S. 19, 25, 85, 177, 180, 182, 248.

84 Inventar, das Teil einer im Stadtarchiv von Avranches aufbewahrten Handschrift ist, Ms. 159, f° 1v–3.

85 *Gallia Christiana*, X, col. 521. Der Einsturz des Uhrturms um 1300 vernichtete die meisten Handschriften: Was wir an intellektuellem Reichtum des Mont Saint-Michel kennen, ist nur die Spitze des Eisbergs.

86 Ms. 221: *Iste liber est montis Sancti Michaelis* (f° 2); Ms. 232: *Ex monasterio S. Michaelis in periculo maris* (f° 1, handschriftliche Anmerkung von Dom Le Michel); *Iste liber est M[ontis] S[ancti] M[ichaelis]* (f° 201, Handschrift aus dem 14. Jh.); *Hic liber est de monte Sancti Michaelis Abrincensis diocesis* (f° 225); *Iste liber est John. abbacie montis sancti Michaelis in periculo maris ordinis Sancti Benedicti (ibidem).*

87 Oxford, Bodleian Selden, supra 24, f° 3v–63v.

88 Das kommt z. B. in: Ms. 227, f° 102–106 (*Sophistische Widerlegungen*). Vgl. Anhang 2. Über diese Anmerkung siehe L. Minio-Paluello, *Metaphysica Iacobi*, S. XLV.

89 Toledo, Bibl. capit., Ms. 17.14, f° 1–11 (13. Jh.), f° 1.

Viertes Kapitel

1 Al-Biruni.

2 „Man musste bis zu den Abbasiden 750 warten, bevor die Tradition des griechischen Denkens auf arabischer Seite gefördert und es in den vernunftorientierten Kreisen begeistert aufgenommen wurde. Die muslimische Welt war künftig stark genug, all das aufzunehmen, zu assimilieren und fruchtbar zu machen, was sie von der Zivilisation übernahm, an deren Stelle sie trat. Den neuen Kalifen schwebte ein muslimisches Reich vor, das Gläubigen aller Konfessionen und Abstammung Platz bieten sollte." D. Jacquart/F. Micheau: *La Médecine arabe …*, op. cit., S. 32 (Fußnote 54 auf S. 43 stellt fest, dass alle Übersetzer griechischer Texte Christen waren). Selbst der Mutazilismus praktizierte, wie wir später sehen werden, keine uneingeschränkte Vernunftfreiheit, wie sie die meisten Griechen für sich geschaffen hatten. Der Satz aus der zitierten Quelle, „Den Kalifen schwebte ein muslimisches Reich vor, das Gläubigen aller Konfessionen und Abstammung Platz bieten sollte", ist zu optimistisch. Der ungezwungene Zugang einer kleinen Elite von Ärzten zu den Kalifen kaschierte oft das Schicksal der Bürger aus der zweiten Reihe, das diese mit der großen Mehrheit ihrer Glaubensgenossen teilten. Hinter dem konstanten demographischen Niedergang christlicher Kreise verbarg sich eher eine Art langsamer Tod als eine Blütezeit.

3 Gemäß den vorsichtigen Schätzungen von H. Hunger (*Schreiben und Lesen in Byzanz …*, op. cit.) konnten in einem Reich, das im 10. und 11. Jh. ungefähr zehn bis zwölf Millionen Einwohner hatte, nur einige tausend Personen lesen und schreiben (vgl. A. Laiou: „The Human Ressources", in: A. Laiou (Hrsg.): *The Economic History of Byzantium*, I, Washington 2002, S. 48). Der Historiker N. Oikonomidès („Byzance: à propos d'alphabétisation",

Society, Culture and Politics in Byzantium, London 2005, S. 35–42) vertritt eine optimistischere Meinung. Er bezieht sich vor allem auf die Tatsache, dass viele Bauern ihren Namen schreiben konnten und sich dies im Byzantinischen Reich mit einem Satz verband, der ihnen erklärte, was und warum sie unterschrieben. Demzufolge gab es in Byzanz in Bezug auf Lese- und Schreibkompetenz zwei Schichten: die eine erhielt darin nur elementarste Kenntnisse, während die andere einen didaktisch und methodisch gehobenen Unterricht genoss. Im Jahr 867 verlangte Kaiser Basileios I. von seinen Beamten die Erhebung neuer Steuern, deren Anteile je Bauernstelle sie nicht in Zahlen notierten. Für Abkürzungen verwendeten sie Groß- statt Kleinbuchstaben, damit die Bauern die ihnen vorgelegten Texte problemlos lesen konnten. Das beweist, dass es unter ihnen eine Schicht von Personen gab, die wenigstens über rudimentäre Lesekenntnisse verfügte.

4 Wie die *Ilias latina* oder der *Roman von Troia* bis ins 14. Jh., so ist die Wiederentdeckung des Originaltextes Homers hauptsächlich Petrarca zu verdanken, der davon bei Leonzo Pilate eine italienischsprachige Übersetzung bestellte.

5 Die Arabisierung der eroberten Länder entwickelte sich bis zur Herrschaft Omars II. (717–720) nur langsam und dauerte fast ein Jahrhundert. Die arabischen Herrscher bedienten sich des griechisch-christlichen Beamtenapparats im Byzantinischen Reich.

6 *Idiôetikos exedothi ti phrasei eis sunesin tôen Sarakinôen (Arethae archiepiscopi Caesariensis, Scripta minora)*, hrsg. v. L. G. Westerink, Leipzig 1968, Bd. I, S. 233, zit. v. N. Oikonomidès, „L'Unilinguisme officiel de Constantinople byzantine du VIIIe au XIIe siècle", *Society, Culture and Politics in Byzantium*, op. cit., S. 9–22. Der Gelehrte Arethas (Mitte 9. Jh.–932/944), seit 902 Erzbischof von Caesarea und offizieller Pamphlet-Schreiber des byzantinischen Kaisers Romanos, hat wahrscheinlich auch an der berühmten Chronik von Monemvasia mitredigiert.

7 D. Jacquart notiert: „Obwohl die Omaijaden-Kalifen eine glänzende Zivilisation schufen, hat die Geschichte nicht eine Spur arabischsprachiger Wissenschaftswerke aus dieser Zeit bewahrt" *(L'Épopée de la science arabe*, Paris 2005, S. 14); R. Le Coz spricht von „Stammeleien" *(Les Médecins nestoriens …*, op. cit., S. 79) und Sâ'id al-Andalusi schrieb im 12. Jh.: „Die Araber betrieben zu Beginn des Islam keine andere Wissenschaft als die ihrer Sprache und ihres Korangesetzes" (Sâ'id al-Andalusi: *Tabaqat al-Umam/Les Catégories des Nations*, übers. v. R. Blachère, Paris 1935, S. 98).

8 Der Begriff bedeutet „Prüfung/Wettbewerb" und bezeichnet den Bürgerkrieg zwischen den Anhängern Alis und – nach dem Mord an Kalif Uthman 656 – denen um Mu'awija. Dieser Krieg dauerte bis zum Tod Alis und bereitete die Machtübernahme des ersten Omaijadenkalifs Mu'awija im Jahr 661 vor.

9 A.-L. de Prémare: *Les Fondations de l'islam*, op. cit., S. 293.

10 W. E. Kaegi: *Byzantium and the Early Islamic Conquests*, Cambridge 1992.

11 A.-L. de Prémare: *Les Fondations de l'islam*, op. cit., S. 211.

12 D. Jacquart: *L'Épopée de la science arabe*, op. cit., S. 47.

13 Verweise in: M.-G. Balty-Guesdon: „Le *Bayt al-Hikma* de Bagdad", *Arabica*, 39, 1992, S. 131–150, hier S. 134, Fn. 20.

14 „Er trat mit den byzantinischen Herrschern in Verbindung, machte ihnen reiche Geschenke und bat sie, ihm die Philosophiebücher zu schenken, die sie besäßen. Die Kaiser

schickten ihm alle Werke von Platon, Aristoteles, Hippokrates, Galen, Euklid und Ptolemaios u. a., die sie hatten. Danach suchte er sich herausragende Übersetzer und beauftragte sie, mit größtmöglicher Perfektion zu übersetzen. Das geschah auch, und der Kalif ermutigte seine Untertanen, diese Übersetzungen zu lesen und sie zu studieren." Sâ'id al-Andalusi: *Tabaqat* ..., op. cit., S. 100–103. Diese These weckt indes große Zweifel, denn die Untertanen von Kalif al-Ma'mûn konnten so komplizierte Bücher gar nicht lesen.

15 Sâ'id al-Andalusi: *Kitab Tabaqat* ..., op. cit., S. 98.

16 P. Benoît und F. Micheau bewerten diese Schrift „als exemplarisch, aber keineswegs als von al-Ma'mûn isolierte Politik, die von zahlreichen Kalifen, Wesiren, Emiren und Sultanen verfolgt wurde." (L'intermédiaire arabe", op. cit., S. 243) Insgesamt aber plagte nur wenige der Bildungshunger al-Ma'mûns. F. Micheau verweist auf drei Beamte, die bei Hunayn ibn Ishaq die Übersetzung gerade mal einiger medizinischer Traktate bestellten (F. Micheau: „Mécènes et médecins ...", S. 173–176).

17 F. Micheau: „Mécènes et médecins ...", op. cit., S. 177. Micheau identifizierte die meisten dieser Auftraggeber, unter denen sich berühmte nestorianische Ärzte des 9. Jhs. befanden: Salmawayh ibn Bunan, Yuhanna ibn Masawayh, Jibrail ibn Bakhtishu ...; unter den Persern erwähnt sie vor allem den Dichter Yaha al-Munaggim († 888), einen Anhänger Zarathustras, der unter dem Druck al-Ma'mûns zum Islam konvertierte.

18 Diese drei Brüder (Muhammad, Ahmad und Hassan) waren die Söhne Musa ben Shakirs, eines ehemaligen persischen Straßenräubers, der zum Astronomen und Begleiter al-Ma'mûns aufstieg.

19 Die *Topik* ist Teil der Logik, siehe die Briefe von Timotheus in: R. J. Bidawid: *Les Lettres du patriarche nestorien Timothée I*[er], Rom 1956, S. 35, 38. Lassen wir die legendenhaften Anekdoten al-Qiftis, Ibn Gulguls und al-Nadims beiseite, die die Kalifen als eifrige Handschriftensammler zeigen, deren Objekte ihrer Begierde die byzantinischen Kaiser seit der Bekehrung Konstantins zum Christentum im 4. Jh. in Tempeln versteckt hatten. Diese „Erzählungen" – zu rein werblichen oder Imagezwecken verbreitet – sollten beweisen, dass das Abbasidenreich aufgrund seiner wissenschaftlichen Entwicklung eine altgriechische Zivilisation in den Schatten stellte, in der das Christentum alles Wissen verdunkelt hätte. Al-Suyuti (1445–1505) stellte den Perser Yahya ibn Halid ibn Barmak vor, der von einem byzantinischen Kaiser bisher eingemauerte Philosophiebücher geschenkt bekam, die man aus Angst versteckt hatte, sie könnten die Religion zerstören und deren Verbreitung auch den Islam gefährden könnte; aber was ist aus einer solch späten Quelle (Ende des 15. Jh.) trotz der Reputation ihres Autors schon zu schließen?

20 Hunayn ibn Ishaq: *Risala ila Ali ibn Yahya*, op. cit., S. 33 u. 47.

21 Ibn Gulgul vermerkt in seinen *Tabaqat* auch den Niedergang des Orients seit der Regierungszeit von Kalif al-Radi (934–940) und betont, dass es nach al-Razi keinen großen Arzt mehr gegeben hätte; dabei sollte man wissen, dass er der erste, wirklich bedeutende muslimische Heilkünstler gewesen ist.

22 Vgl. M.-G. Balty-Guesdon: „Al-Andalus et l'héritage grec d'après les Tabaqat al-Umam de Sâ'id al-Andalusi", in: A. Hasnawi/A. Elamrani-Jamalet M. Aouad (Hrsg.): *Perspectives arabes et médiévales sur la tradition scientifique et philosophique grecque*, Paris/Löwen 1997,

S. 331–342, hier S. 342; über die Kaste der Gebildeten in Al-Andalus: M. Fierro: *Al Andalus. Savoirs et échanges culturels*, Aix-en-Provence 2001.

23 Y. Eche: *Les Bibliothèques publiques et semi-publiques en Mésopotamie, en Syrie et en Égypte au Moyen Âge*, Damaskus 1967. Über den *Bayt al-Hikma* als Ort der freien Meinungsäußerung: S. T. at-Takiri: „*Bayt al-Hikma fi Bagdad* …“, *Al-Mawrid*, 8, 1979, S. 197–221; S. Diwaghi: *Bayt al-Hikma*, Mossul 1972. Das Bild eines Hauses der Weisheit als Ort des Treffens und des Austauschs zwischen verschiedenen Konfessionen wurde ohne kritisches Hinterfragen in eine Reihe von Handbüchern aufgenommen (z. B. G. Peyronnet: *L'Islam et la civilisation islamique. VII*[e]–XIIIe siècles, Paris 1992, S. 283–285; D. Jacquart vermittelt dagegen die genaue Sichtweise: „Im *Bayt al-Hikma* wird auch über den mohammedanischen Glauben und seine Bedeutung oder politische Tragweite diskutiert, ein Punkt, in dem sich die mutazilistische Lehre sehr klar ausdrückt“ (*L'Épopée de la science arabe*, op. cit., S. 16).

24 Al-Nadim: *Kitab al-fihrist*, hrsg. v. G. Flügel, Leipzig 1871. Der *Fihrist* ist ein recht erstaunliches Werk, eine Art Bücherenzyklopädie, deren erste sechs Teile sich islamischen Texten widmen (Koran, Grammatik, Geschichte … und die letzten vier Teile der Literatur „außerhalb des Islam“ (Philosophie, Unterhaltungsliteratur, Religionsgeschichte und Alchimie).

25 M. Arkoun: *Essais sur la pensée islamique*, op. cit., S. 26.

26 Sâ'id al-Andalusi: *Livre des catégories des nations*, op. cit., S. 103.

27 R. Marchand: *Mahomet. Contre-enquête*, Paris 2006, S. 306.

28 M.-G. Balty-Guesdon: „Le *Bayt al-Hikma* de Bagdad“, op. cit. Sie wertete vor allem die Quellen aus, die dieses „Maison de sagesse“ behandeln, d. h. die Bio-Bibliografie des *Fihrist* von al-Nadim, die *Risala* Hunayn ibn Ishaqs, die Lebensläufe von Gelehrten wie die *Uyun al-anba fi tabaqat al-atibba* von Ibn Abi Usaybi'a (hrsg. v. N. Rida, Beirut 1965), den *Ta'rih al-hukama* al-Qiftis (hrsg. v. J. Lippert, Leipzig 1903) oder auch die *tabaqats* (Biografien) wie die *Wafayat al-a'yan* von Ibn Hallikân (hrsg. v. M. Abd al-Hamid, Kairo 1948/1949) oder den *Mu'gam al-udaba* von Yaqut (hrsg. v. A. F. Rifa'i, Kairo 1936–1938).

29 *Kitab al-Hayda*, hrsg. v. G. Saliba, Damaskus 1964, S. 149.

30 M.-G. Balty-Guesdon: „*Le Bayt al-Hikma* … “, op. cit., S. 137 (der Autor gibt als Quelle dieser Bezeichnung sowohl Ibn Gulgul, S. 65, Ibn Abi Usaybi'a, S. 262 und al-Qifti, S. 171, an).

31 Ders., S. 137. Diese Legende setzte insbesondere E. O'Leary in die Welt (*How Greek Science passed to the Arabs*, London 1949, S. 166). Ebenso amtierte Yuhanna ibn Masawayh nie als Leiter des „Hauses der Weisheit“, obwohl M. Meyerhof das 1930 mehrfach behauptete („Von Alexandrien nach Bagdad“, op. cit.). G. Troupeau und J. Sournia erwähnen die Sache in ihrem Beitrag „*Médecine arabe* …“, op. cit., nicht einmal.

32 Zur Diskussion um das Verschwinden des „Hauses der Weisheit“ vgl. M.-G. Balty-Guesdon: „Le *Bayt al-Hikma* … “, op. cit., S. 149 f.

33 D. Urvoy: *Histoire de la pensée arabe* …, op. cit., 155–158. Die arabische Grammatik ist nicht aus der altgriechischen Logik entstanden, vgl. dazu G. Troupeau: „La logique d'Ibn al-Muqaffa et les origines de la grammaire arabe“, *Arabica*, 28, 1981, S. 242–250.

34 S. Khalil: „Deux cultures qui s'affrontent. Une controverse sur l'i'râb au XIe siècle entre

Élie de Nisibe et le vizir Abu l-Qâsim", in: *Mélanges de l'université Saint-Joseph*, Bd. XLIX, Beirut 1975–1976, S. 619–649.

35 Ibn-Khaldûn: *Muqqadima*, VI, 4, übers. v. R. Brague: *Au Moyen Age*, op. cit., S. 198.

36 D. Jacquart: *L'Épopée de la science arabe*, op. cit., S. 36; (ebda., S. 47: „allgemein betrachtet waren die arabische Philosophie und Wissenschaft auf die koranische Offenbarung ausgerichtet.").

37 *Encyclopédie de l'Islam*, op. cit., S. 1161 f.

38 Zur korrekten Kennzeichnung der europäischen Wissenschaftszweige verwendet der Islam den Begriff *'ilm*, dem ein Bestimmungswort folgt, z B. *'ilm-al-handasa*, „Wissenschaft der Geometrie" oder einfach „Geometrie", *'ilm al-tabi'a*, „Physik" (D. Urvoy: *Les Penseurs libres dans l'islam classique. L'interrogation sur la religion chez les penseurs arabes indépendants*, Paris 2003, S. 26).

39 Für eine klare Unterscheidung sorgte Khwarizimi al-Katib († 997) in seinem Buch *Les Clés des sciences.* Im 14. Jh. wurde sie von Ibn Khaldun (*Muqqadima*, in: *Les Livres des exemples*, übers. v. A. Cheddadi, Paris 2002, VI, 9, S. 851) wieder aufgegriffen: „Die Basis aller traditionellen Wissenschaften bilden zum einen die Bestimmungen des Religionsgesetzes, des Koran und der Sunna [...], und zum anderen die damit verbundenen Wissenschaften, die uns die Benutzung erlauben. Danach kommen die Teilwissenschaften der Erforschung der arabischen Sprache, die die Sprache aller Muslime ist, und in der sich der Koran offenbart." (zit. nach K. Pomian: *Ibn Khaldûn au prisme de l'Occident*, Paris 2006, S. 53).

40 Deshalb bin ich hier nicht der Meinung von D. Jacquart und F. Micheau, die, gestützt auf diesen Vers, urteilen, dass „der Islam schon von Beginn an bereit ist, sich von fremden Wissenschaftstraditionen bereichern zu lassen" (*La Médecine arabe*, op. cit., S. 32).

41 Sure 3, Vers 79: „Es ziemt sich für einen Sterblichen nicht, dem Allah das Buch, die Weisheit und der Weissagung gegeben hat, zu den Menschen zu sagen: ‚Ihr seid meine Diener und nicht die Diener Gottes', sondern er soll sagen: ‚Seid Herren, weil ihr das Buch lehrt und es studiert habt.'"

42 J. Brunschwig/G. E. R. Lloyd (Hrsg.): *Le Savoir grec ...*, op. cit., S. 10.

43 M. Detienne: *Les Ruses de l'intelligence. La* métis *des Grecs*, Paris 1978.

44 Am häufigsten (allein bei 49 Gelegenheiten) über die Frage: „Begreifen Sie nicht?" Siehe D. Urvoy: *Histoire de la pensée arabe ...*, op. cit., S. 46.

45 Jeder Mensch erblickt als Muslim das Licht der Welt: Die Botschaft des Koran ist im Herzen jedes Menschen von seiner Geburt an eingetragen, denn genau zu diesem Zeitpunkt drückt Gott den „ewigen Pakt" (*al-mitaq*) in sein Herz; siehe A. Moussali: *La Croix et le Croissant. Le christianisme face à l'islam*, Paris 1988, S. 46.

46 A. de Libera: *Penser au Moyen Âge*, op. cit., S. 114–115.

47 M. Arkoun: *Essais sur la pensée islamique*, op. cit., S. 34. Siehe D. Urvoy: *Histoire de la pensée arabe ...*, op. cit., besonders S. 172–196 und S. 231–303.

48 Moderne Autoren sehen darin auch eine „Tendenz zur Weitschweifigkeit", die schon manches juristische Verfahren gebremst hat. (D. Urvoy deutet es in seiner *Histoire de la pensée arabe ...*, op. cit., auf S. 174 an).

49 A. Moussali: *La Croix et le Croissant ...*, op. cit., S. 46.

50 Ibn Chaldun: *Muqqadima*, übers. v. A. Cheddadi, op. cit.

51 al-Bukhâri: *L'Authentique Tradition musulmane. Choix de hadiths*, übers. v. G. Bousquet, Paris 1964, 53–5, S. 43.

52 Ibn Chaldun: *Muqqadima*, op. cit., VI, 26, S. 970 f., zit. v. K. Pomain: *Ibn Khaldun* …, op. cit., S. 55.

53 al-Ghazali: *Al-Munqidh*, Beirut 1959, S. 16. Ich danke Djamel Manar herzlich für seine Übersetzung arabischer Texte.

54 Cl. Gilliot: „La transmission des sciences religieuses", in: J.-Cl. Garcin: *États, sociétés et cultures du monde musulman*, op. cit., Bd. III, S. 185–187. Tatsächlich blieben die Chancen der Richter, „unabhängige" Meinungen zu vertreten, aus ganz offensichtlich praktischen Erwägungen erhalten. Voraussetzung allerdings war, dass sie sich der Rechtsprechung einer der vier bestehenden Rechtsschulen anschlossen.

55 Über diese Anpassung siehe die unterschiedlichen Standpunkte von A. I. Sabra: „The appropriation and subsequent naturalization of greek science in medieval islam", *History of Science*, 25, 1987, S. 223–243 und R. Rashed: „Transmission of greek scientific thought into arabic" in: *History of Science*, 27, 1987, S. 199–209.

56 D. Urvoy (*Histoire de la pensée arabe* …, op. cit., S. 240) meint, dass „die Araber das Gefühl des Andersseins im Hinblick auf die altgriechische Logik kultivierten."

57 R. Lemay: „Acquis de la tradition scientifique grecque confrontés aux réalités des civilisations médiévales: cas particulier de l'astrologie-cosmologie", in: A. Hasnawi/A. Elamrani-Jamal/M. Aouad (Hrsg.): *Perspectives arabes et médiévales* …, op. cit., S. 137–163, hier S. 142.

58 D. Urvoy: *Histoire de la pensée arabe* …, op. cit., S. 162 („Er machte genau das, was der Stagirit auf jeden Fall verhindern wollte, er identifizierte die Substanz mit der Materie").

59 R. Le Coz: *Les Médecins nestoriens*, op. cit., S. 74.

60 D. Jacquart/F. Micheau: *La Médecine arabe* …, op. cit., S. 31. Zur „Medizin des Propheten" vgl. S. Ammar: „La médecine dans le Coran et dans la tradition du prophète Muhammad", in: C. Vaudour (Hrsg.): *À l'ombre d'Avicenne. La médecine au temps des califes*, Paris, Institut für die arabische Welt, 1996.

61 S. Ammar: *Médecins et médecine de l'islam*, Paris 1984, S. 87.

62 D. Urvoy: *Histoire de la pensée arabe* …, op. cit., S. 338. „Die Theologen", so schreibt er, „eroberten ideologisch die Lehre einer rationalen Wissenschaft (*'ilm aqli*) in einer traditionellen Wissenschaft (*'ilm naqli*) zurück."

63 Aus diesen Gründen erlebten die Trigonometrie, die sich auf die Vorarbeit von indischen Gelehrten stützte, und die Erstellung sehr exakter astronomischer Tafeln im 10. Jh. auch eine starke Entwicklung. Die ersten Observatorien zur Beobachtung der Sterne tauchten aber erst in der 2. Hälfte des 13. Jhs. auf (Observatorium von Maragha in Aserbeidschan, das der Enkel Dschingis-Khans errichtete und mit einer Bibliothek ausstattete; leider gibt es darüber so gut wie keine schriftlichen Quellen, so dass wir die Funktionsweise dieser Sternwarte nicht kennen).

64 Die Verträge von Masha'allah liegen in mehreren lateinischen Übersetzungen vor: Gerhard von Cremona, *De scientia motus orbis* und Johannes von Sevilla, *Epistola de rebus eclipsium*. Hingegen schien das Astrolabium trotz allem, was man manchmal davon berichtete, noch nicht erfunden (der Traktat über das Astrolabium, *De compositione astrola-*

bii, als dessen Autor eben Johannes von Sevilla angesehen wird, scheint jüngeren Datums. Siehe dazu P. Kunitzsch: „On the authenticity oft the Treatise on the composition and the use of the astrolabe ascribed to Messahalla", *Archives d'histoire des sciences*, 31, 1981, S. 42–62); siehe auch D. Pingree: „Masha'allah: greek, pahlavi, arabic and latin astrology", in: A. Hasnawi/A. Elamrani-Jamal/M. Aouad (Hrsg.): *Perspectives arabes et médiévales ...*, op. cit., S. 123–135 und D. Pingree: *The Astrological History of Masha'allah*, Cambridge 1971.

65 R. Lemay: „Acquis de la tradition scientifique ...", op. cit., S. 154.

66 In den Texten mittelalterlicher Theologen und auch weniger bedeutender Autoren wie Hildegard von Bingen (1098–1179) kommen Hinweise, dass die Sterne das Schicksal nicht bestimmen, wie Sand am Meer vor.

67 In dieser Hinsicht stützt sich das *Centiloquium* auf das galenische Thema der „kritischen Tage", bläst es aber maßlos auf.

68 R. Lemay beendete sein Buch denn auch mit der Bemerkung, dass die Muslime nicht die Erben des „freiheitlichen Denkens" des griechischen Geistes seien, der sich ständig mit der Natur und dem Kosmos herumschlägt" („Acquis de la tradition scientifique ...", op. cit., S. 163).

69 Dennoch veranlasste der Mythos des *Bayt al-Hikma* und die Bedeutung der nestorianischen Kultur eine ganze Reihe von Autoren, sich hinter die These eines „Triumphs der Vernunft" zu stellen und zu behaupten, die aristotelische Philosophie hätte es in arabisch besetzten Ländern wenigstens bis zur Einstellungsverfügung al-Ghazalis zu Beginn des 11. Jhs. zu großem Einfluss gebracht (siehe nicht zuletzt S. Kh. Samir: „La transmission du savoir de Byzance à Bagdad", op. cit., besonders S. 130).

70 Siehe P. Lory: „Les courants minoritaires en islam", P. Lory/H. Bellosta: „Philosophes et savants" und schließlich D. Gril: „Spiritualités", in: J.-Cl. Garcin (Hrsg.): *États, sociétés et cultures du monde musulman*, III, op. cit., S. 201 f.

71 Über die Verbreitung des Aristotelismus und ihre Grenzen siehe F. E. Peters: *Aristotle and the Arabs. The Aristotelian Tradition*, New York 1968, v. a. S. 57–134.

72 Außer Ibn Bagga in Spanien der Arzt, Philosoph und Mathematiker Avempace (1080–1138), die sich – erstaunlich weit vom Koran entfernt – um das Weiterleben der Philosophie al-Farabis kümmerten und Averroës beeinflussten.

73 Siehe D. Urvoy: *Histoire de la pensée arabe ...*, op. cit., S. 292 f.

74 Der Begriff des „schönen Vorbilds" stammt aus dem Koran selbst (Sure 33, 21).

75 A. Bertolacci: *The Reception of Aristotle's „Metaphysics" in Avicenna's „Kitab al-Sifâ". A Milestone of Western Metaphysical Thought*, Leiden 2006. J. Jolivet/R. Rashed (Hrsg.): *Études sur Avicenne*, Paris 1984; M.-Th. d'Alverny: *Avicenne en Occident*, Paris 1993; R. Wisnovsky: *Avicenna's Metaphysics in Context*, Ithaca (N. Y.) VIII, 2003.

76 R. Brague: *Au moyen du Moyen Âge*, op. cit., S. 89 f.

77 Vgl. die Studien des herausragenden Islamkenners Pater A. Moussali: *Al-Ghazali. Über die Liebe Gottes*, Algier 1986, Neudruck Paris 1995 und *al-Ghazali. Über die Furcht und die Hoffnung*, Algier 1994, Neudruck, Paris 2004.

78 Das wichtigste Werk al-Ghazalis ist *La Vivification des sciences religieuses*, ein praktischer Führer durch die Laster, Tugenden und Sitten des Alltags.

79 Siehe F. Griffel: *Die Entwicklungen zu al-Gazalis Urteil gegen die Philosophen und die Reaktionen der Philosophen*, Leiden 2000.
80 R. Lemay: „Acquis de la tradition scientifique …“, op. cit., S. 143.
81 Ibn Khaldun: *Muqqadima*, op. cit., VI, 18, S. 944 u. 946, VI, 30, S. 1034 („Ihre Schädlichkeit für die Religion ist groß“).
82 Ders. VI, 30, S. 1038 (zit. v. K. Pomian: *Ibn Khaldûn* …, op. cit., S. 53. Siehe besonders S. 44–60: „Mahomet et Aristote“).
83 Zu diesen „sizilianischen Fragen“ des Kaisers vgl. W. Stürner: *Friedrich II.*, Bd. II: *Der Kaiser, 1220–1250*, Darmstadt 2000, S. 390–396. Die schriftlich formulierten Fragen liegen zusammen mit dem Antwortschreiben Ibn Sabins in einer Handschrift aus dem 14. Jh. in Oxford noch vor (Bodleian Library, Hunt 534, f° 298–346); siehe A. F. Mehren: „Correspondance du philosophe soufi Ibn Sabin Abdoul-Haqq avec l'empereur Frédéric II de Hohenstaufen“, in: *Journal asiatique*, 7. Serie, 14, 1879, S. 341–454. Möglicherweise stellte Friedrich II. seine Fragen, wenigstens teilweise, weil er die Thesen Alexanders von Aphrodisias († 211) kannte, der die Unsterblichkeit der Seele leugnete und dessen Schrift *De intellectu et intellecto*, kurz vor dem Briefwechsel von Gerhard von Cremona übersetzt worden war.
84 „Wir berühren hier ein Hauptproblem der *falsafa* […]: Die Verständlichkeit der realen Welt verändert sich in einen Mechanismus, der den Vorgang erklärt, wenn eine neue Wirklichkeit aus dem Nicht-Sein auftaucht“ (D. Urvoy: *Histoire de la pensée arabe* …, op. cit., S. 239).
85 Siehe den Hauptbeitrag über den Mutazilismus in der *Encyclopédie de l'islam*, op. cit., Bd. VII, S. 785–795. Eine Einführung in den Mutazilismus bieten H. Corbin: *Histoire de la philosophie islamique*, Paris 1986, S. 155–164; M. Chebel: *L'Islam et la raison*, op. cit., S. 36–58; D. Urvoy: *Histoire de la pensée arabe* …, op. cit., S. 174–191. Außerdem: A. Nader: *Le Système philosophique des mu'tazila*, Beirut 1956; A. Badawi: *Histoire de la philosophie en Islam*, Paris 1972; J. van Ess: „Une lecture à rebours de l'histoire du mu'tazilisme“, in der *Revue des études islamiques*, 1978–1979; M. Bernand: *Le Problème de la connaissance d'après le Mughni*, Algier 1982.
86 Die Vordenker des Mutazilismus waren Wasil ibn Ata († 748) und sein Zeitgenosse Amr ben Ubayd († 761).
87 Shahrastani: *Livre des religions et des sectes*, Paris 1986, S. 178. Siehe dazu D. Steigerwald: *La Pensée philosophique et théologique de Shahrastani*, Quebec 1997.
88 Seine Förderer waren Ghaylan al-Dinashqi († 728) und Yunusal Unwari: *Encyclopédie de l'islam*, op. cit., Bd. IV, S. 384–388.
89 Die einzige Quelle, die über die Großen des Mutazilismus Auskunft gibt, zählt zu der literarisch weit verbreiteten Gattung der *tabaqat*. Die *Tabaqat al-mu'tazila* stuft Abd al-Jabbar in die 11. und vorletzte Klasse der Mutaziliten ein (siehe G. Monnot: *Penseurs musulmans et religions iraniennes*, Paris 1974).
90 Ibn Murtada: *Tabaqat al-mu'tazila*, Kairo 1972, S. 118.
91 Die Mutaziliten fielen einer solch gründlichen *damnatio memoriae* zum Opfer, dass ihre Bücher und Handschriften zum großen Teil einfach verschwanden. Der *Mughni* wurde erst 1951 irgendwo aufgestöbert, und von seinen 20 Bänden hatten nur 14 überlebt. Was noch übrig geblieben war, wurde zwischen 1960 und 1969 veröffentlicht. Die Qualität der

Ausgabe bezeichnete A. Badawi jedoch als „bescheiden“ (vgl. A. Badawi: *Histoire de la philosophie en Islam*, op. cit., S. 204; siehe auch ders.: *Al-akhlaq al-nazariyya*, Beirut 1985).

92 Sure13, 39: „Gott verwischt, was er will, und bestätigt. Und bei ihm ist der Ursprung des Buches“; Sure 63, 1–4: „Beim deutlichen Buch. Siehe, wir machten es zu einem arabischen Koran, auf dass ihr es verstehet. Und wahrlich, es ist bei uns in der Urschrift, ja, erhaben und weise in der Mutter des Buches.“

93 *Mughnî*, IV, S. 241.

94 A. Badawi: *Histoire de la philosophie en Islam*, op. cit., S. 254.

95 C. Bouamrane: *Le Problème de la liberté dans la pensée musulmane*, Paris 1978, S. 55.

96 D. Urvoy: *Histoire de la pensée arabe …*, op. cit., S. 188.

97 *Mughnî*, op. cit., V, S. 179. Trotzdem kennt die Theologenschule der Mutazila das Bild eines natürlichen, von jeglicher Offenbarung unabhängigen Moralgesetzes, dessen Regeln allein die Ratio erkennen kann. Dieser Ausweg führt die Mutaziliten vielleicht ein Stück vom Islam weg. Aber Vorsicht! Der Islam stellt sich immer und unter jedem Aspekt als natürliche und gleichzeitig geoffenbarte Religion, ja sogar als die Offenbarung einer natürlichen Wahrheit dar. Das zeigt sich vor allem in der Vorstellung, dass jeder Mensch als Muslim geboren wird und seine Identität deshalb „natürlich“ eine muslimische ist, selbst wenn er eventuell zufällig in einem christlichen oder jüdischen Milieu auf die Welt kommt. Zu diesem Thema siehe A. Besançon: *Trois Tentations dans l'Église*, Paris 2002, oder Pater J. Jomier: *Pour connaître l'islam*, Paris 2001.

98 Diese Position sollte später auch al-Amiri († 992) in seiner *Exposition des mérites de l'islam* vertreten (hrsg. von A. Gurab, Kairo 1967).

99 *Mughnî*, op. cit., V, S. 174: „Alles, was der Koran zum Thema Einzigartigkeit und Gerechtigkeit äußerte, bestätigt, was der Verstand als klare Tatsachen erkennt.

100 D. Urvoy: *Averroès. Les ambitions d'un intellectuel musulman*, Paris 2001, S. 142.

101 Vgl. den Titel eines Buches, das die Beiträge eines internationalen Kolloquiums zu Ehren des 800. Todestags (1998) des großen Juristen und Philosophen versammelt: R. G. Khoury (Hrsg.): *Averroës oder der Triumph des Rationalismus*, Heidelberg 2002.

102 R. Brague: „Le jihâd des philosophes“, in: A.-M. Delcambre/J. Boshard: *Enquêtes sur l'islam*, Paris 2004, S. 247.

103 Siehe „*Jihad in Medieval and Modern Islam. The Chapter on Jihad from Averroës' Bidayat Al-Mudjthid*“, Leiden 1977, S. 9–25: Für die vielen – mindestens 257– Koranverse, die zum Krieg aufrufen, vgl. Sure 2, 186: „Bekämpfet für den Pfad Gottes diejenigen, die euch bekämpfen, aber seid nicht ausschreitend, denn Gott liebt nicht die Ausschreitenden“ oder Sure 61, 11: „Glaubet an Gott und seinen Gesandten und streitet für den Pfad Gottes mit eurem Vermögen und eurer Person.“ Sogar Averroës selbst schreibt: „Ihr müsst die Ketzer töten!“ (Auszug aus *l'Incohérence de l'incohérence*, XVII, „Questions physiques“, I, § 17; übers. von R. Brague: *Au moyen du Moyen Âge*, op. cit., S. 293).

104 Averroës meinte damit die Fähigkeit des Verstandes, logische Argumentationsketten aufzubauen. Tatsächlich waren Averroës' kognitive Vorgehensweisen von der aristotelischen Logik geprägt (Analogiebeweis oder deduktiver Beweis). Zur Bedeutung seiner ärztlichen Ausbildung in seiner Philosophie vgl. F. Sanagustin: „Le statut de la raison dans le *Kitah al-kulliyyat fil-tibb*“, in: R. G. Khoury (Hrsg.): *Averroës oder der Triumph des Rationalismus*, op. cit., S. 147–156.

105 „Averroës versuchte nicht, den menschlichen Geist vom Einfluss des Glaubens zu befreien, sondern er wollte das muslimische Denken aus seiner doppelten Zwangsjacke befreien, d. h. vom Einfluss einer zu engen Rechtsprechung, die aus der orthodoxen und harten Rechtsschule des Malekismus entstanden war, und aus einer falschen spekulativen Theologie, deren Argumentation in seinen Augen über Dialektik oder Rhetorik nicht mehr hinausreichte, und die dem wahren Glauben mehr schadete als nützte." (R. Arnaldez: „Averroès" in: *Multiple Averroës*, Paris 1978, S. 13–21, hier S. 14).

106 Averroès: *Discours décisif*, übers. v. M. Geoffroy, Paris 1996, S. 119–121.

107 Ebda.

108 D. Urvoy: *Averoès …*, op. cit., S. 141. Urvoy schließt bei Averroës eine gewisse „Gerissenheit" nicht aus (S. 157) wenn er schreibt: „Er [Averroës] kritisiert den *kalam* in seinen rein aristotelischen Schriften, gießt seine Philosophie hingegen in die Form des *kalam* (bis zu dem Punkt, dass er ein nach D. Urvoy „ideologisches Monster" erzeugt, vgl. ders., S. 138: ein „philosophischer *kalam*").

109 Siehe die Zusammenfassung seines *Discours décisif* (zit. in D. Urvoy. *Averoès …*, op. cit., S. 59). Wollte Averroës mehr als intelligent glauben?

110 D. Urvoy: *Les Penseurs libres …*, op. cit.

111 Die Überlegungen zu diesen Themen präsentiert D. Urvoy: *Histoire de la pensée arabe …*, op. cit., S. 172–196 und insbesondere S. 272–303.

112 M. Chebel: *L'Islam et la raison*, op. cit., S. 10.

113 Er bezeichnete es nicht ohne Humor als das „Paradox des Bouquinisten", denn, wie er feststellte, findet man bei den Bouquinisten am Seine-Ufer viele fromme Bücher, die sich für den Religionsunterricht in der Kirche eigneten und von sehr unterschiedlichen Autoren verfasst wurden, die von den Historikern und Philosophen des 20. Jahrhunderts fast alle vergessen sind, weil sie ihnen heute die kleine Zahl der Vertreter der Aufklärer vorziehen (*Les Penseurs libres …*, S. 8).

114 D. Urvoy: *Histoire de la pensée arabe …*, op. cit., S. 248.

115 Ders.: *Les Penseurs libres …*, Paris 1998, S. 12. Über Sur al-Muhasibi, siehe ders.: *Histoire de la pensée arabe …*, op. cit., S. 194–195.

116 Ders., S. 278.

117 Ders., S. 316. Sokrates wurde außerdem ziemlich oft mit Diogenes oder Hippokrates verwechselt.

118 D. Urvoy ist in diesem Punkt weniger sicher und meint in der Zusammenfassung, dass die Neigungen der Mehrheit im Islam den gleichen Effekt erzielten, den man den Sternen zuwies: *inclinant, sed non necessitur* (*Les Penseurs libres …*, op. cit., S. 224). Das Thema erinnert an den Scherz von M. Audiard: „Es gibt zwar fliegende Fische, aber das ist bei Fischen nicht üblich."

119 Es mag zwar einzelne Fragmente gegeben haben, die von Hand zu Hand gereicht wurden; siehe dazu R. Brague: „Note sur la traduction arabe de la *Politique* d'Aristote. Derechef, qu'elle n'existe pas", in: P. Aubenque (Hrsg.): *Aristote politique. Études sur la politique d'Aristote*, Paris 1993, S. 422 f.

120 Siehe seinen *Al-akham s-sultaniyya* („Die Vorschriften der Machtausübung").

121 A. Moussali: *La Croix et le Croissant …*, op. cit., S. 109.

122 G. de Lagarde: *La Naissance de l'esprit laïque au déclin du Moyen Âge*, Paris 1942–1948, Nachdruck Löwen 1956–1963.

123 „Die Welt", sagt Aristoteles (*Metaphysik*, XII), „will nicht schlecht regiert werden, aber die meisten Fürsten oder Vorsteher sind schlecht: Deshalb soll nur einer regieren" in: J. Gerson: *Vivat rex. Pour la réforme du royaume*, Bd. VII/2, in: P. Glorieux (Hrsg.): *L'Œuvre française, Œuvres complètes*, Bd. VII, Paris 1968, § 398, S. 1137 ff.

124 Es geht eigentlich nicht darum, von Unterwerfung unter oder die Annahme von Einflüssen des griechischen Denkens zu sprechen (s. D. Urvoy: *Pensers d'Al-Andalus. La vie intellectuelle à Cordoue et Séville au temps des empires berbères, fin XI*[e]*–début XIII*[e] *siècles*, Toulouse CNRS 1990, S. 173).

125 A. Moussali: *La Croix et le Croissant* …, op. cit., S. 21.

126 A.-M. Delcambre: „La loi (*Scharia*) et le droit (*fiqh*) en Islam", in A-M. Delcambre/J. Boshard (Hrsg.): *Enquêtes sur l'islam*, op. cit., S. 87. Über die muslimische Rechtsprechung vgl. J. Schacht: *Introduction au droit musulman*, Paris 1983; H. de Wael: *Le Droit musulman*, Paris 1989; A.-M. Delcambre: *L'Islam des interdits*, op. cit.

127 H. de Wael kommentiert dies mit den Worten: „Keine andere Zivilisation erkannte dem Recht eine vergleichbare Würde zu … Dieses System will das gesamte Recht in den Rahmen des Absoluten stellen" (*Le Droit musulman*, zit. von A-M. Delcambre: *Enquêtes sur l'islam*, op. cit., S. 88).

128 A. Moussali: *La Croix et le Croissant* …, op. cit., S. 37.

129 R. Folz: *L'Idée d'empire en Occident*, Paris 1953. Über die „Erfindung der Politik" in italienischen Gemeinden: É. Crouzet-Pavan: *Enfers et Paradis. L'Italie de Dante et Giotto*, Paris 2001, besonders S. 163–204.

130 D. Urvoy (*Histoire de la pensée arabe* …, op. cit., S. 157) hebt hervor, dass die muslimische Welt die Technik der altgriechischen Denkweise nicht vollständig und besonders den Syllogismus in drei Stufen nicht erfasst hat, der ein Prädikat mit einem Subjekt vereint, indem er für ihn hauptsächlich auf religiösem Gebiet die frühere Denktechnik in zwei Begriffen vorzieht, in der man durch eine „Sache" von der einen zur anderen Stufe gelangt. 131. A. Guerreau-Jalabert: „Le temps des créations (*XI*[e]–XIIIe siècles)", in: J.-P. Boudet/A. Guerreau-Jalabert/M. Sot (Hrsg.): *Le Moyen Âge*, in: J.-P. Rioux/J.-F. Sirinelli (Hrsg.): *Histoire culturelle de la France*, Bd. I, Paris 1997, S. 168.

132 D. Urvoy: *Histoire de la pensée arabe* …, op. cit., S. 152.

133 R. Brague: *Au moyen du Moyen Âge*, op. cit., S. 194.

134 Bis auf einige mutazilistische Vordenker, die ihrerseits nur wenigen bekannt waren, z. B. Abu Hasim (889–933). Siehe D. Urvoy: *Histoire de la pensée arabe* …, op. cit., S. 249–254.

Fünftes Kapitel

1 R. Brague, *Au moyen du Moyen Âge*, op. cit., S. 254.

2 Siehe die Teilübersetzung des *Livre de l'Inde* von V. Monteil, Arles/Paris, Sindbad/Actes Sud/Unesco, 1996.

3 Es soll Übersetzungen der beiden Homer-Werke in syrischer Sprache gegeben haben;

A. Djebbar meint allerdings, wenn es tatsächlich arabische Übersetzungen der beiden Werke gegeben habe, was nicht erwiesen ist, „hatten sie keinerlei ‚Erben' in der Geschichte der arabischen Literatur." Djebbar fügt hinzu, dass man in der islamischen Welt „nicht an griechischer Literatur und noch weniger an ihren Untergattungen ‚Drama' und ‚Komödie' interessiert war" (vgl. A. Djebbar, „Université et localité ...", op. cit.).

4 Zum jeweiligen Anderssein der christlichen und muslimischen Religion s. A. Moussali, *La Croix et le Croissant* ..., op. cit., und J. Jomier, *Pour connaître l'islam*, op. cit., passim.

5 Wir sollten die beiden berühmten Passagen über die Ehebrecherin im Neuen Testament (Joh 8, 3–11) und im Koran miteinander vergleichen, die schon oft zitiert wurden: „Da brachten die Schriftgelehrten und die Pharisäer eine Frau, die beim Ehebruch ertappt worden war. Sie stellten sie in die Mitte und sagten zu ihm: Meister, diese Frau wurde beim Ehebruch auf frischer Tat ertappt. Mose hat uns im Gesetz vorgeschrieben, solche Frauen zu steinigen. Nun, was sagst du? Mit dieser Frage wollten sie ihn auf die Probe stellen, um einen Grund zu haben, ihn zu verklagen. Jesus aber bückte sich und schrieb mit dem Finger auf die Erde. Als sie hartnäckig weiterfragten, richtete er sich auf und sagte zu ihnen: Wer von euch ohne Sünde ist, werfe als Erster einen Stein auf sie. Und er bückte sich wieder und schrieb auf die Erde. Als sie seine Antwort gehört hatten, ging einer nach dem anderen fort, zuerst die Ältesten. Jesus blieb allein zurück mit der Frau, die noch in der Mitte stand. Er richtete sich auf und sagte zu ihr: Frau, wo sind sie geblieben? Hat dich keiner verurteilt? Sie antwortete: Keiner, Herr. Da sagte Jesus zu ihr: Auch ich verurteile dich nicht. Geh und sündige von jetzt an nicht mehr!"

Koran: „Aber Hereira und Said ben Khalid sagten: „Als wir beim Propheten (Heil und Wohlergehen sei bei ihm) waren, erhob sich ein Mann und sprach: ‚Ich beschwöre dich im Namen Gottes, entscheide zwischen uns und dem Buch Gottes'. Sein in Rechtsprechung wesentlich erfahrenerer Gegner, meinte dagegen: ‚Entscheide zwischen uns nach dem Buche Gottes und erlaube mir, als erster zu sprechen'. ‚Sprich zu ihm', antwortete der Prophet. ‚Mein Sohn stand im Dienst dieses Mannes und hat mit dessen Frau die Ehe gebrochen (*zina*); ich habe die Schuld meines Sohnes damals mit einhundert Schafen und einem schwarzen Sklaven zurückgekauft. Darauf hat ein Gelehrter, den ich damals konsultierte, mich darüber informiert, dass mein Sohn einhundert Peitschenhiebe und ein Jahr Exil verdient hätte, während die Frau gesteinigt werden sollte.' ‚Bei dem, der meine Seele in der Hand hält', antwortete der hochheilige Prophet ‚werde ich nach dem Buch Gottes (sein Name sei geheiligt) zwischen euch beiden, wie folgt, entscheiden: Die hundert Schafe und der Sklave werden Deinem Sohn wieder zurückgegeben, der einhundert Peitschenhiebe und ein Jahr Aufenthaltsverbot erhält: Du, o Onaïs, finde die Frau dieses Mannes und lass steinigen, wenn sie den Ehebruch gesteht.' Onaïs begab sich zu dieser Frau, und da sie gestand, ließ er sie steinigen." (al-Bukhâri, *L'Authentique Tradition musulmane*, op. cit., 86–30, S. 265).

6 F. Braudel, *La Méditerranée* ..., op. cit., Bd. II, S. 101.

7 So erkennt Kh. Samir („La transmission du savoir de Byzance à Bagdad", op. cit., S. 132) dem Arabischen den Vorrang zu und begründet seine Meinung, dass die „Arabität" eine einzige Zivilisation sei, die Christen, Juden, Muslime und Sabäer unter dem „Hut des muslimischen Reiches vereine." Kann man die Präsenz des Islam auf eine solche politi-

sche Herrschaft in „imperialistischer" Form reduzieren? Die Kraft der islamischen Religion würde eher für einen tieferen Einfluss sprechen.

8 In unseren Tagen entwickelten islamische Religionsgelehrte, besonders wenn sie der Muslimbruderschaft nahestehen, angesichts von ca. 10 Millionen in Europa lebenden Glaubensbrüdern ein neues Konzept, das *Dar ad Da'wa*, das „Haus der Mission", wie man den Begriff übersetzen könnte: Dort, wo Muslime zwar noch in der Minderheit, aber doch in ausreichender Kopfzahl leben, müssen sie nach dem islamischen Gesetz leben. Indem sie ein Beispiel für die Vortrefflichkeit der koranischen Vorschriften bieten, werden sie ihre Nachbarn überzeugen, dass ein Übertritt zum Islam die beste Entscheidung ist, die man einem Menschen anbieten kann, wobei die Erwartung mitspielt, dass bestimmte Regeln der *Scharia* angewendet werden können.

9 F. Braudel, *La Méditerranée …*, op. cit., Bd. 2, S. 107.

10 Bis heute gibt es keine „mediterrane Küche"! Was in Griechenland gekocht und gegessen wird, hat nichts mit den Speisen und Getränken aus den Ländern Nordafrikas zu tun, die ihrerseits in der Küche der Levante nicht vorkommen.

11 H. Pirenne, *Mahomet et Charlemagne*, Brüssel 1937, Neuauflage. Paris 2005. H. Pirenne fasste seine These in der berühmten Formel zusammen: „Ohne Mohammed lässt sich Karl der Große nicht erklären."

12 Für eine historiographische Synthese sowie ein neues Herangehen vgl. R. Hodges/D. Whitehouse, *Mahomet, Charlemagne et les origines de l'Europe*, Paris CNRS 1996 (1. englische Ausgabe 1983).

13 R. Hodges und D. Whitehouse schlagen die zeitliche Verkürzung der Beziehungen innerhalb des Mittelmeerraums von Beginn des 7. bis Mitte des 9. Jh. auf eine quasi „prähistorische" Ebene vor (ebda., S. 81).

14 Siehe darüber hinaus: In Helgö (Schweden) wurde eine Buddha-Statue aus Bronze entdeckt, die aus Kaschmir stammt.

15 Rémi Brague behauptet sogar, dass „Europa der Gegensatz zum Mittelmeerraum" schlechthin sei (vgl. *Au moyen du Moyen Âge*, op. cit., S. 241).

16 M. Detienne, *Comment être autochtone*, Paris 2003, spricht einen fiktiven Partner an, der mit seinem autochthonen Wesen prahlt: „Na, Sie sind …? Und wie ist Ihnen das zugestoßen? An einem schönen Morgen? Bei herrlichem Wetter? Oh! Durch Geburt? Teufel!" (S. 9). Seine Position verleitet Detienne zu fragwürdigen Bewertungen, insbesondere wenn er den Nationalismus eines Maurice Barrès angreift: Er nimmt dann das Wort „Kolonisation" in den Mund, wenn er von der politischen Rückgliederung Lothringens 1766 spricht: „Man besetzt, man holt zurück, man kolonisiert, man beutet aus, und man tötet." Folgte man Detienne, müsste man zugeben, dass die Lothringer – eine stets eher frankophone als deutschsprachige Bevölkerung – Frankreich fremd gewesen wären. Das war 1940 die Meinung derjenigen, für die die Lothringer – damals als *Volksdeutsche* qualifiziert – vom „Dritten Reich" annektiert" werden mussten. Der Rückfall Lothringens 1766 an Frankreich, nachdem es 1738 im Frieden von Wien dem polnischen König Stanislaus Leszczinski zugesprochen worden war, verlief nach dem Tod Leszczinskis ohne die Verbrechen, zu denen es im Zweiten Weltkrieg kam.

17 M. Detienne, *Les Grecs et nous*, Paris 2005. Seine Stellungnahme reagiert wenigstens zum

Teil auf ein 1977 vom Front National organisiertes Historikerkolloquium. „Die Historiker, die Le Pen geladen hatte, zitierten Platon und Aristoteles, *unsere* Griechen, ohne zu wissen, dass der Gründer des Gymnasiums nach dem Verständnis der klassischen Griechen ein Metöke war. Sie schrieben begeistert die Gemeinplätze des Humanismus unserer diensthabenden Akademiker und Akademikerinnen ab."

18 Ebda.

19 M. Detienne meint hier den Stamm der Ochollo im Gamogebirge in Südäthiopien (ebda., S. 147).

20 Ebda. S. 148.

21 J. Brunschwig/G. E. R. Lloyd, *Le Savoir grec* ..., op. cit., S. 21.

22 „Die griechischen Texte leiten ein und bilden auf direkte Weise einen diffusen Einfluss, eine polemische Reaktion, ein ständiges Neulesen und eine ständige Reinterpretation ganz in den traditionellen Bahnen des abendländischen Denkens aus" (ebda., S. 17).

23 N. Birgalias/K. Buraselis/P. Cartledge, *The Contribution of Ancient Sparta to Political Thought and Practice*, Pyrgos 2002.

24 „Fast alle Werte, die sich die Altgriechen von 25 Jahrhunderten vorgestellt hatten, d. h. jene hehren Ideen, die aus dem Menschen das Maß aller Dinge formten, die unsere Zivilisation begründeten, die breite Strömung des europäischen Humanismus nährten und aus jüdisch-christlicher Quelle stammten, sind Werte, die ich auch als ‚politische Werte' in dem Sinn bezeichnen könnte, dass sie sich auch in der Demokratie verkörpern", J. de Romilly, *Les Cahiers de Science et vie*, 97, Februar 2007, S. 113. Aber warum sollen diese Werte nur als „konservative Werte" gesehen werden? Aber selbst wenn sie es wären, muss man sie deshalb verwerfen? Sie abzuschaffen zieht das Risiko nach sich, dass sie rasch durch ihr Gegenteil ersetzt werden.

25 Der öffentliche Raum existierte sehr wohl: Er stand allen offen, und jedermann konnte dort auftreten (mit der allerdings beträchtlichen Ausnahme der Frauen und Sklaven) im Unterschied zu den Räumen des Privatlebens, deren Zugang nur jenen offensteht, denen es der Eigentümer dieser Örtlichkeiten ausdrücklich erlaubt hat.

26 Vgl. die Anmerkungen im gleichen Sinn von J. Brunschwig/G. E. R. Lloyd, *Le Savoir grec* ..., op. cit., S. 18 f.

27 So schreibt auch M. Sartre (*Histoires greques*, Paris 2006, S. 449–450): „Machen wir uns doch nichts vor: Nichts wäre im Namen jeglicher political correctness absurder, als sämtliche Kulturen, sämtliche antiken Zivilisationen auf die gleiche Ebene zu stellen. Es handelt sich nicht darum, ein Werturteil abzugeben [...], sondern ganz nüchtern um die Feststellung, dass die Attraktivität der einen und der anderen Gesellschaften bzw. Zivilisationen schwankt [...]. Es drängt sich die Feststellung auf, dass seit tausend Jahren oder wenig mehr die griechische Kultur um den gesamten Mittelmeerraum und manchmal auch weit darüber hinaus als das kulturelle Bezugssystem betrachtet wurde, das man sich anzueignen hatte, wenn man als modern erscheinen wollte."

28 M. Detienne, *Les Grecs et nous*, op. cit., S. 89.

29 Ebda. Es ist schon ein Kunststück, Identität mit Wesen zu verwechseln, denn beide Worte decken nicht die gleiche Realität ab.

30 H. Corbin erinnerte daran, dass, „wenn doch eine ganze Reihe von Werken des Averroës

bis in die heutige Zeit gelangt sind, wir das jüdischen Philosophen verdanken. Es gab immer nur selten arabische Übersetzungen, denn die Unerbittlichkeit, mit der die strenggläubigen Almohaden Philosophenschulen und Philosophen in Al-Andalus verfolgten, verhinderte deren Verbreitung (*Histoire de la philosophie islamique*, op. cit., S. 338).

31 P. Guichard/Ph. Sénac: *Les Relations des pays d'Islam avec le monde latin. Milieu X^{e}–milieu XIIIe siècle*, Paris 2000, S. 274.

32 Adälard von Bath: *Questiones naturales.*

33 D. Jacquart: „La coexistence du grec et de l'arabe dans le vocabulaire médical du latin médiéval: l'effort linguistique de Simon de Gênes", in: M. Groult u. a. (Hrsg.): *Transfert de vocabulaire dans les sciences. Histoire du vocabulaire scientifique*, Paris 1988, S. 227–290.

34 M.-Th. d'Alverny: „Les traductions d'Aristote ...", op. cit., bes. S. 131 f.

35 Ebda., S. 138–142.

36 R. Lemay: „Fautes et contresens dans les traductions arabo-latines médiévales: l'*Introductorium in astronomiam* d'Abou Ma'shar von Balkh", *Revue de synthèse* 89, 1968, S. 101–124.

37 Ebda., S. 113 f.

38 L. Minio-Paluello, *Corpus Aristoteles latinus*, 4/1–4, Leiden 1968, S. LI-LV.

39 Siehe die allein noch übrig gebliebene Handschrift von *De Demonstratione:* Paris, BnF, Ms. lat. 14700.

40 Paris, BnF, Ms. arabes, 2346 (früher: fonds 88^{2} A).

41 Siehe L. Minio-Paluello, *Aristoteles Latinus*, 4/1–4, op. cit., S. LI und vor allem LV.

42 Vgl. die Details dieses Vergleichs und die Ungenauigkeiten des arabischen Texts in: L. Minio-Paluello, *Analytica posteriora. Translationes Iacobi ..., Aristoteles Latinus*, 4/1–4, op. cit., S. LII – LXI.

43 Ebda., S. LXXIII und LXXIV.

44 Ebda., S. LXXV.

45 F. Micheau, „Mécènes et médecins ...", op. cit., S. 158 und 178.

46 Die erste Erwähnung der indischen Zahlen fand sich in einem der Mathematikbücher von Severus Sebokht im 7. Jahrhundert (D. Jacquart, *L'Épopée de la science arabe*, op. cit., S. 35).

47 In der zweiten Hälfte des 11. Jahrhunderts besaß ein niederrangiger byzantinischer Aristokrat wie Eustathos Boïlas in seiner Bibliothek *Persische Geschichten* (P. Lemerle, *Cinq Études sur le XIe* siècle byzantin, Paris 1977, S. 25: *ta Persika kai diaphora*).

48 A. Pellegrin, „Le complexe de supériorité, un aspect psychologique de l'Islam", in: *En Terre d'Islam*, 1940, S. 91–97. B. Lewis (*Comment l'islam a découvert l'Europe*, Paris 1984) wies die Gleichgültigkeit in Europa lebender Muslime gegenüber der europäischen Zivilisation nach. Die Land- und Weltkarten des Geografen und Reisenden al-Idrisi (12. Jh.), ein Führer in die weite Ferne, bestehend aus erkennungsdienstlichen Akten, Reiseberichten und Beschreibungen, verrät nur wenig von der kulturellen Neugier al-Idrisis (vgl. al-Idrîdî, *Idrîsî. La première géographie de l'Occident*, hrsg. v. H. Bresc/A. Nef, Paris 1999). Nebenbei: Idrisi hat die Karten und Akten, erhoben von den Büros der Admiralität der normannischen Könige in Sizilien, gründlich ausgewertet.

49 F. Braudel, *La Méditerranée ...*, op. cit., Bd. II, S. 95.

50 Ebda., S. 101.

51 „Das muslimische Bewusstsein will unbedingt auf diese frühe Zeit zurückkommen, um wieder auf den guten Weg einzuschwenken, der von Gott gebahnt war", M. Arkoun, „Comment lire le Coran", Vorwort zur Übersetzung von Kasimirskis *Coran*, Paris 1970, S. 11–36, hier S. 21.

52 Abgesehen von einem öffentlichen Disput, der im 9. Jh. in Bagdad stattgefunden haben soll (vielleicht nur eine Legende, ersonnen von einem frommen Moslem, der vor den Christen warnen wollte), und den Fragen, die Kaiser Friedrich II. an den Rechtsgelehrten Ibn Sabin stellte, geschah auf beiden Seiten nichts! Allenfalls stößt man auf fiktionale Werke, die erdachte Dialoge zum Zweck der Verherrlichung der eigenen Religion oder der polemischen Beschimpfung der anderen Religion enthalten (s. R. Brague, *Au moyen du Moyen Âge*, op. cit., S. 257–259). Das ist für die sieben oder acht Jahrhunderte dauernde Konfrontation zwischen Islam und Christentum im Mittelalter sehr wenig.

53 Vgl. Sure 3, 106.

54 Siehe die Bemerkungen von A. al-Azmeh, „Mortel enemies, invisible neighbours: Northerners in Andalusies eyes", in: S. Kh. Jayyusi: *The Legacy of Muslim Spain*, Leiden 1992.

55 Sure 5, 116: „Gott sprach: O Jesus, Sohn Marias, hast du den Menschen gesagt: nehmet mich und meine Mutter als zwei Götter neben Gott? Jesus antwortete: Preis dir, es steht mir zu sagen nicht zu, was mir nicht Wahrheit ist. Hätte ich dies gesagt, du wüsstest es bereits. Du weißt, was in meiner Seele, ich aber weiß nicht, was in deiner Seele; wahrlich du bist Wisser der Geheimnisse" und im folgenden Vers (5, 117): „Nichts sagte ich ihnen als das, was du mich beauftragtest: dienet Gott, meinem Herrn und eurem Herrn!"

56 Sure 2, 141: „Diejenigen, denen wir die Schrift verliehen, kennen ihn, wie sie ihre Kinder kennen und siehe, doch hat ein Teil von ihnen die Wahrheit verheimlicht, und sie wissen es." Sure 5, 16: „Weil sie [die Juden] ihren Bund brachen, verfluchten wir sie und machten ihre Herzen verstockt. Sie verrückten (Schrift)worte von ihren Stellen und vergaßen einen Teil von dem, woran sie ermahnt worden." Sure 5, 17: „Auch mit manchen von denen, die sagen, sie seien Christen, schlossen wir einen Bund, sie aber vergaßen einen Teil von dem, woran sie ermahnt worden. [...] Oh, Schriftleute, bereits ist unser Gesandter zu euch gekommen, der euch vieles verdeutlicht, was ihr der Schrift verberget, vieles aber übergeht."

57 Über die Anklage des *tahrif:* I. Di Matteo, „Il Tahrif od alterazione della Bibbia secondo i musulmani", *Bessarione*, 38, 1992, S. 64–111, 223–260; D. Urvoy, *Histoire de la pensée arabe* ..., op. cit., S. 203. Halten wir fest, dass auch Theodoros Abu Qurra, der Bischof von Harran, die Anklage der Fälschung der Evangelien in einem seiner griechisch verfassten *Opuscula* weitergibt, die er vor 820/825– seinem Todesdatum – schrieb (*Opuscule*, 19, PG, 97, col. 1544C–1545A).

58 Sure 61, 6: „Und einst sprach Jesus, der Sohn Marias: O Kinder Israels, ich bin ein Gesandter Gottes an euch, Bestätiger dessen, was schon vor mir war von der Thora, und Verkünder eines Gesandten, der nach mir kommen wird, dessen Name Achmed." Dieser Vers verweist auf die Ankündigung des „Beistandes" (griech. Parakletos) im Johannes-Evangelium 14, 26: D. Masson (*Coran*, Paris 1967, S. 692, Fn. 2) erklärt, „Achmed" und „Paraclet" sei durch eine Verwechslung der griechischen Begriffe *parakletos* (Verteidiger, Hilfe,

Schützer) und *periklutos* („berühmt"), den das Arabische mit *Ahmâd*, „der sehr Glorreiche" wiedergibt, zustande gekommen.

59 R. Le Coz, *Jean Damascène. Écrits sur l'islam*, Paris 1992; A.-Th. Khoury: *Jean Damascène et l'islam*, Würzburg 1994; R. Glei/A.-Th. Khoury, *Schriften zum Islam. Johannes Damskenos und Theodor Abu Qurra*, Würzburg 1995.

60 Sure 9, 30.

61 I. S. Allouche, „Un traité de polémique christiano-musulmane …", op. cit. Al-Jahiz beklagt, dass die Christen nicht mehr die Kleidung trügen, die sie in ihrem *dhimmi*-Status von Muslimen nicht mehr unterscheiden würde und sogar „beleidigende Äußerungen und Prügeleien" wagten. Vgl. die Übersetzung der Rede von Ibn Hazm durch G. Troupeau in: A.-M. Delcambre/J. Boshard (Hrsg.), *Enquêtes sur l'islam*, op. cit., S. 198–210.

62 „Das Misstrauen der Muslime gegenüber den d*himmis* war nicht weit von der Trennung der Wohnbevölkerung in den Städten, wo jede religiöse Gruppe in einem eigenen Stadtviertel lebte", vermerkt R. Mantran (*L'Expansion musulmane*, op. cit., S. 264).

63 Aus Prozessionen und Beisetzungen entwickelten sich häufig antichristliche Schmähkundgebungen, die mit Plünderungen und Ausschreitungen gegen Personen endeten.

64 Über die Ursprünge des Statuts gegen Christen und Juden siehe A.-M. Eddé/F. Micheau/C. Picard, *Les Communautés chrétiennes en pays d'Islam*, Paris SEDES 1997.

65 Über das *dhimmi*-Dasein siehe G. Troupeau in: A. Vauchez et al. (Hrsg.), *Histoire du christianisme*, Bd. 4, op. cit., S. 376–382; A. Fattal, *Le Statut légal des non musulmans en pays d'Islam*, Beirut 1959; Bat Yeor, *Les Chrétientés d'Orient entre „jihâd" et dhimittude. VIIe–XXe siècle*, Paris 1991; ders., *Juifs et chrétiens sous l'islam. Les dhimmis face au défi intégriste*, Paris 1994.

66 Cl. Cahen, *Orient et Occident au temps des croisades*, Paris 1983, S. 20.

67 M. Fierro, *Al-Andalus. Savoirs et échanges culturels*, Aix-en-Provence 2001, S. 12.

68 J. Soustelle, *Les Quatre Soleils*, in der Reihe „Terre Humaine" des Verlags Plon Paris 1967. Die Historiker sind häufig gezwungen, von den Ethnologen gedankliche Anregungen zu übernehmen; vgl. dazu M. Mauss, „Civilisation, élements et formes", *Première Semaine internationale de synthèse*, Paris 1929, S. 81–108.

69 J. Soustelle, *Les Quatre Soleils*, op. cit., S. 227.

70 Siehe in diesem Sinn A.-L. de Prémare, *Aux origines du Coran. Questions d'hier, approches d'aujourd'hui*, Paris 1981.

71 J.-M. Abd el-Jalil, *L'Islam et nous*, Paris 1981.

72 Lukas 6,5.

73 F. Braudel, *La Méditerranée …*, op. cit., Bd. II, S. 101.

74 Al-Sadjassi: *Farayed os-soluk*, vollendet 1213, f° 214a, zit. von Ch.-H. de Fouchécour in „Trois sages d'Iran face aux folies du destin", in: G. Gadoffre (Hrsg.): *Les Sagesses du monde*, Paris 1991, S. 117–126.

Auswahlbibliographie

Abd el-Jalil, J.-M., *L'Islam et nous*, Paris 1981.

Abiad, M., *Culture et éducation arabo-islamique au Sâm pendant les trois premiers siècles de l'Islam*, Damaskus, Institut français, 1981.

Aerts, W. J., „The knowledge of greek in western Europe at the time of Theophano and the greek grammar fragment in ms. Vindob. 114", in: W. D. van Aalst/K. N. Ciggar (Hrsg.): *Byzantium and the Low Country in the Tenth Century*, Hernen 1985.

Al-Azmeh, A., „Mortel enemies, invisible neighbours: Northerners in Andalusies eyes", in: Jayyusi, S. Kh., *The Legacy of Muslim Spain*, Leiden 1992.

Albert, M., Langue et littératures syriaques, in: A. Guillaumont (Hrsg.): *Christianismes orientaux. Introduction à l'étude des langues et des littératures*, Paris 1993.

Al-Ghul, O: „An early arabic inscription from Petra carrying diacritic marks", *Syria. Revue d'art oriental et d'archéologie*, Bd. LXXXI, 2004, S. 105–118.

Allouche,I. S., „Un traité de polémique christiano-musulmane au IXe siècle", *Hespéris*, 26, 1939, S. 134–136.

d'Alverny, M.-Th., „Deux traductions latines du Coran au Moyen Âge", *Archives d'histoire doctrinale et littéraire du Moyen Âge*, Bd. XVI, 1948, S. 69–131.

Ders: „Les traductions d'Aristote et de ses commentateurs", *Revue de Synthèse*, Bd. LXXXIX, 1968, S. 125–144.

Ders.: „Translations et translators", in: R. L. Benson/G. Constable (Hrsg.): *Renaissance and Renewal in the Twelfth Century*, Cambridge (Mass.) 1982, S. 421–462.

Ders.: *Avicenne en Occident*, Paris 1963.

Ammar, S.:„La médecine dans le Coran et dans la tradition du prophète Muhammad", in: C. Vaudour (Hrsg.): *À l'ombre d'Avicenne. La médecine au temps des califes*, Paris, Institut du monde arabe, 1996.

Ders.: *Médecins et médecine de l'Islam*, Paris 1984.

Andia, Y. de: „Le monastère de Saint-Sabas à Rome: relations théologiques entre l'Orient et l'Occident aux VIIe et VIIIe siècles", *Proche-Orient chrétien*, L, 2000, S. 279–296.

Arkoun, M.: *L'Humanisme arabe auIV^e^ (X^e^) siècle. Miskawayh, philosophe et historien*, Paris 1982.

Ders.: *Essais sur la pensée islamique*, Paris 1984.

Arnaldez, Roger: „Averroès", in: *Multiple Averroès*, Paris 1978, S. 13–21.

Baader, G.: „Die Schule von Salerno", *Medizinhistorisches Journal*, 3, 1978, S. 124–145.

Badawi, A.: *Histoire de la philosophie en Islam*, Paris 1972.

Balty-Guesdon, M.-G., „Le *Bayt al-Hikma* de Bagdad", *Arabica*, 39, 1992, S. 131–150.

Dies., „Al-Andalus et l'héritage grec d'après les Tabaqat al-Umam de Sâ'id al-Andalusi", in:

A. Hasnawi/A. Elamrani-Jamal/M. Aouad (Hrsg.), *Perspectives arabes et médiévales sur la tradition scientifique et philosophique grecque*, Paris/Löwen, Institut du arabe/Peeters, 1997, S. 331–342.

Bat Ye'ôr, *Les Chrétientés d'Orient entre „jihad" et dhimittude. VIIe–XXe siècle*, Paris 1991.

Ders.: *Juifs et chrétiens sous l'islam. Les dhimmis face au défi intégriste*, Paris 1994.

Bayer, A., „Griechen im Westen im 10. und 11. Jahrhundert. Simeon von Trier und Simeon von Reichenau", in: A. von Euw/P. Schreiner (Hrsg.): *Kaiserin Theophanu. Begegnung des Ostens und Westens um die Wende des ersten Jahrtausends*, I, Schnütgen Museum Köln, 1991, S. 335–343.

Beaujouan, G., „Les Apocryphes mathématiques de Gerbert", in: *Gerberto Scienza, Storia e Mito*, atti del Gerberti symposium, Bobbio, „Archivi Storici Bobiensi", 1985, S. 645–657.

Ders., „Les chiffres arabes selon Gerbert", in: Guyotjeannin, O./Poulle, E., *Autour de Gerbert d'Aurillac, le pape de l'an mil*, Paris, École des chartes, 1996, S. 322–328.

Beccaria, A., *I Codici di medicina del periodo presalernitato (secoli IX, X e XI)*, Rom 1956.

Benoit, P./Micheau, F., „L'intermédiaire arabe", in: M. Serres (Hrsg.), *Éléments d'histoire des sciences*, Paris 1989, S. 151–175.

Benoit, P., „La théologie au XIIIe siècle: une science pas comme les autres", in: M. Serres (Hrsg.), *Éléments d'histoire des sciences*, Paris 1989, S. 177–195.

Ders., „Calcul, algèbre et marchandise", in: M. Serres (Hrsg.), *Éléments d'histoire des sciences*, Paris 1989, S. 197–221.

Benson, R. L./Constable, G./Lanham, C. D. (Hrsg.), *Renaissance and Renewal in the Twelfth Century Europe*, Cambridge (Mass.) 1982.

Bergsträsser, G., *Hunain ibn Ishaq und seine Schule*, Leyden 1913.

Ders., *Hunain ibn Ishaq über die syrischen und arabischen Galenübersetzungen*, Leipzig 1925.

Bernand, M., *Le Problème de la connaissance d'après le Mughnî du cadi Abd al-Gabbâr*, Algier 1982.

Bertolacci, A., *The Reception of Aristotle's „Metaphysics" in Avicenna's „Kitâb al-Sifâ'". A Milestone of Western Metaphysical Thought*, Leiden/Boston 2006.

Besançon, A., *Trois Tentations dans l'Église*, Paris 2002.

Birgalias, N./Buraselis, K./Cartledge, P., *The Contribution of Ancient Sparta to Political Thought and Practice*, Pyrgos 2002.

Bischoff, B., „Das griechische Element in der abendländischen Bildung des Mittelalters", in: *Byzantinische Zeitschrift*, 44, 1961, S. 27–55 (auch in: *Mittelalterliche Studien*, Bd. II, Stuttgart 1967, S. 246–275).

Bogaert, P.-M., „La Bible latine des origines au Moyen Âge. Aperçu historique, état des questions", *Revue théologique de Louvain*, 19, 1988, S. 137–159.

Bonner, M., *Le Djihad*, Paris 2004.

Bouamrane, C., *Le Problème de la liberté dans la pensée musulmane*, Paris 1978.

Boudet, J.-P./Guerreau-Jalabert, A./Sot, M., *Histoire culturelle de la France*, Bd. I, *Le Moyen Âge*, Paris 1997.

Bourbaki, N., *Éléments d'histoire des mathématiques*, Paris 1960.

Brague, R., „Note sur la traduction arabe de la *Politique* d'Aristote. Derechef, qu'elle n'existe pas", in: P. Aubenque (Hrsg.), *Aristote politique. Études sur la politique d'Aristote*, Paris 1993, S. 422 f.

Ders., „Le jihâd des philosophes", in: Delcambre, A.-M./ Boshard, J., *Enquêtes sur l'islam*, Paris 2004, S. 244–262.

Ders., *Au moyen du Moyen Âge. Philosophies médiévales en chrétienté*, Chatou 2006.

Brock, S., „Towards a history of syriac translation technique", *Orientalis christiana analecta*, 221, 1983, S. 1–24.

Brunschwig, J./Lloyd, G. E. R. (Hrsg.), *Le Savouir grec. Dictionnaire critique*, Paris 1996.

Bryer, A., „Cultural relations between East and West in the twelfth century", in: Baker, D., *The Relations between East and West in the Middle Ages*, Edinburgh 1973, S. 77–94.

Burgarella, F., „Presenze Greche a Roma: Aspetti culturali e religiosi", in: *Roma fra Oriente e Occidente*, Spoleto, „Settimane di studio del Centro italiano di studi sull'alto Medioevo" 49, 2002, S. 943–992.

Cahen, Cl., *Orient et Occident au temps des croisades*, Paris 1986.

Canart, P.: „Le patriarche Méthode de Constantinople copiste à Rome", *Paleographica, diplomatica e archivistica. Studi in onore di Giulio Battelli*, I, Rom 1979, S. 344–352.

Chebel, M., *L'Imaginaire arabo-musulman*, Paris 1993.

Ders., *L'Islam et la raison*, Paris 2005.

Chenu, M.-D., *L'Éveil de la conscience dans la civilisation médiévale*, conférence Albert le Grand, 1968, Paris/Montreal 1969.

Ders., *La Théologie au XII*[e] siècle, Paris 1976.

Chestov, L., *Athènes et Jérusalem. Un essai de philosophie religieuse*, Paris 1992.

Cheikho, L., *Les Savants arabes chrétiens en Islam (622–1300)*, Beirut 1983 (arabisch).

Clanchy, M.-T., *Abelard. A Medieval Life*, Oxford 1997, Paris 2000.

Clucas, L., *The Trial of John Italos and the Crisis of Intellectual Values in Byzantium in the Eleventh Century*, München, Institut für Byzantinistik 1981.

Corbin, H., *Histoire de la philosophie islamique*, Paris 1986.

Courcelles, P., *Les Lettres grecques en Occident de Macrobe à Cassiodore*, Paris, „Bibliothèque des Écoles françaises d'Athènes et de Rome", Nr. 159, 1948, S. 342–388.

Daniel, N., *Islam et Occident*, Paris 1993.

Ders., *The Arabs and Medieval Europe*, London 1975.

Daremberg, Ch., *Histoire des sciences médicales*, Paris 1963.

Dedeyan, G., „Les Arméniens en Occident (fin X[e]–début XIe siècle)", in: *Occident et Orient au X*[e] *siècle*, actes du congrès de la Société des Historiens médiévistes de l'enseignement supérieur public, Paris 1979, S. 123–140.

Delcambre, A.-M., „La loi *(chari'a)* et le droit *(fiqh)* en Islam", in: A.-M. Delcambre/J. Boshard (Hrsg.), *Enquètes sur l'islam. En hommage à Antoine Moussali*, Paris 2004.

Ders.: *L'Islam des interdits*, Paris 2005.

Detienne, M., *Comment être autochtone*, Paris 2003.

Ders., *Les Grecs et nous, Paris 2005.*

Devreesse, R., „Le fonds grec de la Bibliothèque vaticane des origines à Paul V", *Studi e testi*, 244, 1965.

Díaz y Díaz, M., „La transmisión de los textos antiguos en la Península Iberica en los siglos VII–XI", in: *La Cultura antiqua nell'Occidente latino dal VII al'XI secolo*, Spoleto, „Settimane di studio del Centro italiano di studi sull'alto Medioevo", 22, 1974, S. 133–178.

Di Matteo,I., „Il Tahrif od alterazione della Bibbia secondo i musulmani“, *Bessarione*, 38, 1922, S. 64–111 und 223–260.

Diwaghi, S., *Bayt al-Hikma*, Mossul 1972.

Dondaine, A., „Hugues Éthérien et Léon Toscan“, *Archives d'histoire doctrinale et littéraire du Moyen Âge*, 19, 1952, S. 67–134.

Dosdat, M., *L'Enluminure romane au Mont-Saint-Michel*, Rennes 2006.

Eche, Y., *Les Bibliothèques publiques et semi-publiques en Mésopotamie, en Syrie et en Égypte au Moyen Âge*, Damaskus 1967.

Eddé, A.-M./Micheau, F./Picard, C., *Les Communautés chrétiennes en pays d'Islam*, Paris 1997.

Egetmeyer, M., „Lumière sur les loups d'Apollon“, „Les Sanctuaires syro-anatoliens de la préhistoire au début de l'ère chrétienne“, *Res Antiquae*, 4, 2007.

Escolan, P., *Le Monachisme syrien du IV*e au VIIe siècle. Un monachisme charismatique, Paris 1999.

Ess, van J., „Une lecture à rebours de l'histoire du mu'talizme“, *Revue des études islamiques*, 1978–1979.

Fattal, A., *Le Statut légal des non musulmans en pays d'Islam*, Beirut 1959.

Fierro, M., *Al-Andalus. Savoirs et échanges culturels*, Aix-en-Provence 2001.

Fiey, J.-M., *Chrétiens syriaques sous les Abbassides surtout à Bagdad*, Löwen, „Corpus scriptorum christianorum orientalium“, 420, „Subsidia“, Bd. LIX, 1980.

Filliozat, J., *La Doctrine classique de la médecine indienne. Ses origines et ses parallèles grecs*, Paris 1949, 2. Aufl. Paris 1975.

Folkerts, M., „Frühe Darstellungen des Gerbertschen Abakus“, in: R. Franci (Hrsg.), *Itinera mathematica*, Sienna 1996, S. 23–43.

Flusin, B., „L'enseignement et la culture écrite“, in: J.-Cl. Cheynet (Hrsg.), *Le Monde byzantin. L'Empire byzantin (641–1204)*, Paris 2006, Bd. II, S. 341–368.

Frova, C., „Gerberto *philosophicus*. Il *De rationali et ratione uti*“, in: *Gerberto Scienza, Storia e Mito*, atti del Gerberti symposium, Bobbio, „Archivi Storici Bobiensi“, 1985, S. 351–377.

Gandil, P., „Les études grecques à l'abbaye de Saint-Denis au XIIe siècle“, thèse de l'École des chartes, 2003.

Garcin, J.-Cl. (Hrsg.), *États, sociétés et cultures du monde musulman médiéval. X*e–XVe siècle, Bd. II: *Sociétés et cultures*; Bd. III: *Problèmes et perspectives de recherches*, Paris 2000.

Geyer, B., „Die Übersetzungen der aristotelischen Metaphysik bei Albertus Magnus und Thomas von Aquin“, *Philosophisches Jahrbuch der Görres-Gesellschaft*, 30, 1917, S. 392–415.

Gibson, M., „The Continuity of learning (850–1050)“, *Viator*, VI, 1975, S. 1–13.

Gilson, É., *History of Christian Philosophy in the Middle Ages*, New York 1954.

Glei, R./Khoury, A.-Th., *Schriften zum Islam. Johannes Damaskenos und Theodor Abu Qurra*, Würzburg 1995.

Gottschalk, H. L., „Die Rezeption der antiken Wissenschaften durch den Islam“, *Anz. Österreichischen Akademie der Wissenschaft, Phil. Hist. Klasse*,102, 1965, S. 111–134.

Gourevitch, A. J., *La Naissance de l'individu dans l'Europe médiévale*, Paris 1997.

Griffel, F., *Die Entwicklung zu Al-Gazalis Urteil gegen die Philosophen und die Reaktionen der Philosophen*, Leiden 2000.

Grosseteste, Robert, *Commentarius in Posteriorum Analyticorum libros*, hrsg. von P. Rossi, Florenz 1981.

Guenée, B., *Histoire et culture historique dans l'Occident médiéval*, Paris 1992.

Guerreau-Jalabert, A., „La ‚Renaissance carolingienne': Modèles culturels, usages linguistiques et structures sociales", *Bibliothèque de l'École des chartes*, 139, 1981, S. 5–35.

Ders.: „Le Temps des créations (XIe–XIIIe siècles)", in: J.-P. Rioux/J.-F. Sirinelli (Hrsg.): *Histoire culturelle de la France*, Bd. I: Boudet, J.-P./Guerreau-Jalabert, A./Sot, M., *Le Moyen Âge*, Paris 1997.

Guichard, P./Sénac, Ph., *Les Relations des pays d'Islam avec le monde latin, milieu Xe–XIIIe siècle*, Paris 2000.

Guillou, A., „L'école dans l'Italie byzantine", in: *La Scuola nell Occidente latino dell'alto Medioevo*, Spoleto, „Settimane di studio del Centro italiano di studi sull'alto Medioevo", 19, 1972, S. 291–311.

Ders.: „La Sicile byzantine. État de recherche", *Byzantinische Forschungen*, V, 1977.

Gutas, Dimitri: *Pensée greque, culture arabe: le mouvement de traduction gréco-arabe à Bagdad et la société abbasside primitive*, IIe–VIIe–Xe siècles, aus dem Englischen übersetzt von Abdesselam Cheddadi, Paris, Aubier, 2005.

Guyotjeannin, O./Poulle, E., *Autour de Gerbert d'Aurillac, le pape del'an mil*, Paris, École des chartes, 1996.

Hammam, M., „La contribution des chrétiens à la vie intellectuelle et scientifique dans l'orient musulman entre leVIIIe et le Xe siècle", in: G. Jehel/Ph. Racinet (Hrsg.), *Orient et Occident du IXe au XVe siècle*, Paris, S. 201–211.

Häring, N., „The *Liber de diversitate naturae et personae*", *Archives d'histoire doctrinale et littéraire su Moyen Âge*, 29, 1962, S. 103–216.

Ders., „The *Liber de homoysion et homoeysion* by Hugh of Honau", *Archives d'histoire doctrinale et littéraire du Moyen Âge*, 34, 1967, S. 129–253.

Haskins, C. H., *The Renaissance of the Twelfth Century*, Cambridge (Mass.) 1927.

Hodges, R./Whitehouse, D., *Mahomet, Charlemagne et les origines de l'Europe*, Paris 1996 (1. engl. Aufl. 1983).

Hugonnard-Roche, H., „Comme la cigogne au désert. Un prologue de Sergius de Res'ayna à l'étude de la philosophie grecque en syriaque", in: A. de Libera u. a. (Hrsg.), *Langages et philosophie. Hommage à Jean Jolivet*, Paris 1997, S. 79–97.

Hunger, H., *Die hochsprachliche profane Literatur der Byzantiner*, München 1978.

Ders.: *Schreiben und Lesen in Byzanz. Die byzantinische Buchkultur*, München 1989.

Ders., „Lire et écrire à Byzance", in: O. Delouis (Hrsg.), *Le Monde byzantin du milieu du VIIIe siècle à 1204. Économie et société*, Paris 2006, S. 177–199.

Huntington, S., *Le Choc des civilisations*, Paris 1997.

Inglebert, H., *Interpretatio christiana. Les mutations des savoirs dans l'Antiquité chrétienne (30–630)*, Paris 2001.

Iogna-Prat, D./Picard, J.-Cl., *Religion et culture autour de l'an mil. Royaume capétien et Lotharingie*, Paris 1990.

Iogna-Prat, D., *Études clunisiennes*, Paris 2002.

Irigoin, J., „Survie et renouveau de la littérature antique à Constantinople, IXe siècle", *Cahiers de civilisation médiévale*, 5, 1962, S. 287–302.

Ders., „La culture grecque dans l'Occident latin du VIIe au XIe siècle", in: *La Cultura antiqua nell'Occidente latino dal VII al'XI secolo*, Spoleto, „Settimane di studio del Centro italiano di studi sull'alto Medioevo", 22, 1974, S. 425–456.

Ders., „L'Italie méridionale et la transmission des textes classiques", in: A. Jacob/J.-M. Martin/G. Noyé (Hrsg.), *Histoire et culture dans l'Italie byzantine*, Rom, École française de Rome, 2006, S. 5–20.

Jacquart, D., „À l'aube de la renaissance médicale des XIe–XIIe siècles: l'*Isagoge Johannitii* et son traducteur", *Bibliothèque de l'École des chartes*, 144, 1986, S. 209–240.

Ders., „La coexistence du grec et de l'arabe dans le vocabulaire médical du latin médiéval: l'effort linguistique de Simon de Gênes", in: M. Groult (Hrsg.), *Transfert de vocabulaire dans les sciences*, Paris 1988, S. 277–290 (wieder aufgenommen in: *La Science médicale occidentale entre deux renaissances*, Aldershot 1997).

Ders./Micheau, F., *La Médecine arabe et l'Occident médiéval*, Paris 1990, neu aufgelegt 1996.

Ders. (Hrsg.), *La Formation du vocabulaire scientifique et intellectuel dans le monde arabe*, Turnhout 1994.

Ders., „La scolastique médiévale", in: M. Grmek (Hrsg.), *Histoire de la pensée médicale en Occident*, Paris 1995, S. 177–179.

Ders. (Hrsg.), *Les Voies de la science grecque. Études sur la transmission des textes de l'Antiquité au XIXe siècle*, Genf 1997.

Ders., *La Science médicale occidentale entre deux renaissances (XIIe–XVe s.)*, Aldershot 1997.

Ders., *L'Épopée de la science arabe*, Paris 2005.

Jeauneau, E., „L'héritage de la philosophie antique", in: *La Cultura antiqua nell'Occidente latino dal VII al'XI secolo*, Spoleto, „Settimane di studio del Centro italiano di studi sull'alto Medioevo", 22, 1974, S. 15–56.

Joannou, P., *Christliche Metaphysik in Byzanz*, Ettal 1956.

Jolivet, J./Rashed, R. (Hrsg.), *Études sur Avicenne*, Paris 1984.

Jolivet, J., *Abélard ou la philosophie dans le langage*, Paris/Fribourg 1994.

Jomier, J., *Pour connaître l'islam*, Paris 2001.

Kaegi, W. E., *Byzantium and the Early Islamic Conquests*, Cambridge 1992.

Kaplan, M., *Tout l'or de Byzance*, Paris, 1991.

Ibn Khaldûn, *Muqqadima, Le Livre des exemples*, übers. v. A. Cheddadi, Paris 2002.

Khalil, S., „Deux cultures qui s'affrontent. Une controverse sur l'*i'râb* au XIe siècle entre Élie de Nisibe et le vizir Abu l-Qâsim", *Mélanges de l'université Saint-Joseph*, Bd. XLIX, Beirut 1975–1976, S. 619–649.

Khoury, A.-Th., *Les Théologiens byzantins et l'islam. Textes et auteurs*, Löwen/Paris 1969.

Ders., *Jean Damascène et l'islam*, Würzburg 1994.

Khoury, R. G. (Hrsg.), *Averroës oder der Triumph des Rationalismus*, Heidelberg 2002.

Kolm, S.-C., *Le Bonheur-liberté. Bouddhisme profond et modernité*, Paris 1982.

Koyré, A., *Du monde clos à l'univers infini*, Paris 1962.

Kraemer, J. L., „A lost passage from Philoponus contra Aristotelem in arabic translation", in: *Journal of American Oriental Society*, 85, 1965, S. 318–327.

Kristeller, P. O., *Studi sulla scuola medica salernitana*, Neapel 1986.

Kunitzsch, P., „On the authenticity of the Treatise on the Composition and the Use of the

Astrolabe ascribed to Messahalla", *Archives internationales d'histoire des sciences*, 31, 1981, S. 42–62.

Labourt, J., *Le Christianisme dans l'Empire perse sous la Sassanides*, Paris 1904.

Lagarde, de G., *La Naissance de l'esprit laïque au déclin du Moyen Âge*, Paris 1942–1948, Löwen 1956–1963.

Laurioux, B./Moulinier, L., *Éducation et cultures dans l'Occident chrétien. Du début du XIIe au milieu du XVe siècle*, Paris 1998.

Le Bourdellès, R., „Connaissance du grec et méthodes de traduction dans le monde carolingien jusqu'à Jean Scot Érigène", in: *Jean Scot Érigène et l'histoire de la philosophie*, Paris 1977, S. 117–123.

Leclerc, L., *Histoire de la médecine arabe*, Paris 1896.

Le Coz, R., *Jean Damascène. Écrits sur l'islam*, Paris 1992.

Ders., „Les mozarabes et les débuts de la médecine dans Al-Andalus", *Bulletin du Centre d'études d'histoire de la médecine*, 42, Oktober 2002, S. 36–50.

Ders., *Les Médecins nestoriens. Les maîtres des Arabes*, Paris 2003.

Legendre, P., „Aux sources de la culture occidentale: l'ancien droit de la pénitence", in: *La Cultura antiqua nell'Occidente latino dal VII al'XI secolo*, Spoleto, „Settimane di studio del Centro italiano di studi sull'alto Medioevo", 22, 1975, S. 575–602.

Lejeune, F., „Le *Metalogicon* de Jean de Salisbury. Recherches, traduction et commentaire", thèse microfiche, université de LilleIII, 1998.

Lemay, R., *Abu Ma'shar and Latin Aristotelianism in the Twelfth Century*, Beirut 1962.

Ders., „Dans l'Espagne du XIIe siècle, les traductions de l'arabe au latin", *Annales ESC*, 18, 1963, S. 639–665.

Ders., „Fautes et contresens dans les traductions arabo-latines médiévales: l'*Introductorium in astronomiam* d'Abou Ma'shar de Balkh", *Revue de synthèse*, 89, 1968, S. 101–124.

Ders., „De la scolastique à l'histoire par le truchement de la philologie: itinéraire d'un médiéviste entre Europe et Islam", in: *La Diffusione delle scienze islamiche nel Medio Evo europeo*, Rom 1987, S. 433–439.

Ders., „Acquis de la tradition scientifique grecque confrontés aux réalités des civilisations médiévales: cas particulier de l'astrologie-cosmologie", in: A. Hasnawi/A. Elamrani-Jamal/ M. Aouad (Hrsg.), *Perspectives arabes et médiévales sur la tradition scientifique et philosophique grecque*, Paris/Löwen, Institut du monde arabe/Peeters, 1997, S. 137–163.

Leservoisier, J.-L., *Les Manuscrits du Mont-Saint-Michel*, Rennes 2006.

Lewis, B., *Comment l'islam a découvert l'Europe*, Paris 1984.

Ders., *Les Arabes dans l'histoire*, Paris, 2. Aufl. 1993.

Libera, de A., *Penser au Moyen Âge*, Paris 1991.

Lloyd, G. E. R., *La Science grecque après Aristote*, Paris 1990.

McKitterick, R., *The Uses of Literacy in Early Mediaeval Europe*, Cambridge/New York/Melbourne 1990.

Maguire, H. (Hrsg.), *Byzantine Court Culture from 829 to 1204*, Washington 1997.

Mango, C., „La culture grecque et l'Occident au VIIIe siècle", in: *I Problemi dell Occidente nel secoloVIII*, Spoleto, „Settimane di studio del Centro italiano di studi sull'alto Medioevo", 20, 1973, S. 683–721.

Mansion, A., „Disparition graduelle des mots grecs dans les traductions médiévales d'Aristote", in: *Mélanges Joseph de Ghellinck*, II, Gembloux 1951, S. 631–645.

Mantran, R., *L'Expansion musulmane*, Paris 1969, neu aufgelegt 1991.

Marchand, R., *Mahomet. Contre-enquête*. Paris 2006.

Mauss, M., „Civilisation, éléments et formes", *Première Semaine internationale de synthèse*, Paris 1929, S. 81–108.

Mehren, A. F., „Correspondance du philosophe soufi Ibn Sabin Abdoul-Haqq avec l'empereur FrédéricII de Hohenstaufen", *Journal asiatique*, 7e série, 14, 1879, S. 341–454.

Melborn, W. C., „Lotharingia as a center of arabic and scientific influence in the eleventh century", *Isis*, 16, 1931, S. 188–199.

Menocal, M.-R., *The Arabic Role in Medieval Literary History. A Forgotten Heritage*, Philadelphia 1987.

Meyerhoff, M., „Von Alexandrien nach Bagdad", *Sitzungsberichte der Preußischen Akademie der Wissenschaften. Phil.-Hist. Kl.*, 23, 1930, S. 389–429.

Ders., „On the transmission of greek and indian science to the Arabs", *Islamic Culture*, Januar 1937, S. 17–29.

Micheau, F., „Mécènes et médecins à Bagdad aux IIIe/IXe siècles. Les commanditaires des traductions de Galien", in: D. Jacquart (Hrsg.): *Les Voies de la science grecque. Études sur la transmission des textes de l'Antiquité au XIXe siècle*, Genf 1997, S. 147–180.

Miquel, A., *Ousamâ, un prince syrien face aux croisés*, Paris 1986.

Ders., *L'Islam et sa civilisation*, Paris 1990.

Minio-Paluello, L., „Note sull'Aristotele latino medievaleII. Caratteristiche del traduttore della „Physica vaticana" e della „Metaphysica media"", *Rivista di Filosofia Neo-Scolastica*, 43, 1950, S. 226–231.

Ders., „Iacobus Veneticus Grecus", *Traditio*, 8, 1952, S. 265–304.

Ders., „Aristotele dal mondo arabo a quello latino", in: *L'Occidente e l'Islam nell'alto Medioevo*, Spoleto, „Settimane di studio del Centro italiano di studi sull'alto Medioevo", 12, 1965, S. 621–622.

Ders., „Iacobus Venetius Graecus e Giacomo Veneto e l'Aristotelismo latino", in: Pertusi, A.: *Venezia el'Oriente fra tardo Medioeva e Rinascimento*, Florenz 1966, S. 53–74.

Ders., „Nuovi impulsi allo studio della logica: la seconda fase della riscoperta di Aristotele e di Boezio", in: *La Scuola nell Occidente latino dell alto Medioevo*, Spoleto, „Settimane di studio del Centro italiano di studi sull'alto Medioevo", 19, 1972, S. 743–766.

Mitchell, P., *Medicine in the Crusades. Warfare, Wounds and the Medieval Surgeon*, Cambridge 2004.

Mondrain, B. (Hrsg.), *Lire et écrire à Byzance*, Paris 2006.

Monnot, G., *Penseurs musulmans et religions iraniennes*, Paris 1974.

Morelon, R., „Thabit ibn Qurra and Arab Astronomy in the 9th cent.", *Arabic Science and Philosophy*, 4, 1994, S. 111–139.

Moussali, A., *Al-Ghazali. De l'amour de Dieu*, Algier 1986, neu aufgelegt Paris 1995.

Ders., *Al-Ghazali. Crainte et espoir*, Algier 1994, neu aufgelegt Paris 2004.

Ders., *La Croix et le Croissant. Le christianisme face à l'islam*, Paris 1998.

Muckle, J. T., „Greeks Works translated directly into Latin before 1350", *Medieval Studies*, IV, 1942, S. 33–42; V, 1943, S. 102–114.

Nader, A., *Le Système philosophique des mu'tazila*, Beirut 1956.

Nau, F., *Les Arabes chrétiens de Mésopotamie et de Syrie du VIIe au VIIIe siècle*, Paris 1933.

Mac Nulty, J. M./Hamilton, B., „Orientale lumen et Magistra Latinitas: Greek influences on western monasticism 900–1100", in: *Le Millénaire du mont Athos 963–1963. Études et mélanges*, Chevetogne/Venedig 1963.

Oehler, K., „Aristote in Byzantium", *Byzantine and Modern Greek Studies*, 5, 1964, S. 133–146.

Oikonomidès, N., „Byzance: à propos d'alphabétisation", in: *Society, Culture and Politics in Byzantium*, London 2005, S. 35–42.

Omont, H., „Manuscrit des œuvres de Denys l'Aréopagite envoyé de Constantinople à Louis le Débonnaire en 827", *Revue des études grecques*, 17, 1904, S. 230–236.

Palmieri, N., „La théorie de la médecine des Alexandrins aux Arabes", in: D. Jacquart (Hrsg.), *Les Voies de la science grecque. Études sur la transmission des textes de l'Antiquité au XIXe siècle*, Genf 1997, S. 33–134.

Paré, G./Brunet, A./Tremblay, P., *La Renaissance du XIIe* siècle, Paris/Ottawa 1933.

Patar, Benôit: *Dictionnaire des Philosophes médiévaux*, Fides, Presses philosophiques, Québec, 2006.

Paul, J., *L'Église et la Culture en Occident*, Paris 1986.

Pellegrin, A., „Le complexe de supériorité, un aspect psychologique de l'Islam", *En Terre d'Islam*, 1940, S. 91–97.

Pelster, F., „Die Übersetzungen der aristotelischen Metaphysik in den Werken des hl. Thomas von Aquin", *Gregorianum*, 16, 1935, S. 325–348 u. S. 531–561; 17, 1936, S. 377–406.

Peters, F. E., *Aristotle and the Arabs. The Aristotelian Tradition in Islam*, New York/London 1968.

Peter, R. (Hrsg.), *Jihad in Medieval and Modern Islam. The Chapter on Jihad from Averroës' Bidayat al-Mudjthid*, Leiden 1977.

Peyronnet, G., *L'Islam et la Civilisation islamique, VIIe–XIIIe siècles*, Paris 1992.

Pinès, S., *Studies in Arabic versions of Greek Texts and in Mediaeval Sciences*, in: *The Complete Works of Shlomo Pines*, Bd. II, Jerusalem 1996.

Pingree, D., „Masha'allah: greek, pahlavi, arabic and latin astrology", in: A. Hasnawi/A. Elamrani-Jamal/M. Aouad (Hrsg.), *Perspectives arabes et médiévales sur la tradition scientifique et philosophique grecque*, Paris/Löwen, Institut du arabe/Peeters, 1997, S. 123–135.

Ders., *The Astrological History of Masha'allah*, Cambridge 1971.

Pirenne, H., *Mahomet et Charlemagne*, Brüssel 1937, Neudruck Paris 2005.

Pomian, K., *Ibn Khaldûn au prisme de l'Occident*, Paris 2006.

Poulle, E., „L'astronomie de Gerbert", in: *Gerberto Scienza, Storia e Mito*, atti del Gerberti symposium, Bobbio, „Archivi Storici Bobiensi", 1985, S. 597–617.

Ders., „Naissance de la légende scientifique: note sur l'autorité des traités de l'astrolabe", in: Prémare, de A.-L., *Les Fondations de l'islam*, Paris 2004.

Ders., *Aux origines du Coran. Questions d'hier, approches d'aujourd'hui*, Paris 2004.

Rashed, R., „Transmission of Greek Scientific Thought into Arabic", *History of Science* XXVII, 1989, S. 199–209.

Ders., *Mathématiques infinitésimales du IXe au XIe siècle*, Paris 1996, Bd. I.

Ders./Morelon, R., *Histoire des sciences arabes*, Paris 1997.

Renan, E., *oès et l'averoïsme. Essai historique*, Paris 1912, neu aufgel. Paris 2003.

Richard, J., *Orient et Occident au Moyen Âge. Contacts et relations XIIe–XVe siècles*, London 1976.

Riché, P., *Gerbert d'Aurillac. Le pape de l'an mil*, Paris 1987.

Ders., „Le grec dans les centres de culture de l'Occident", in: M. W. Herren (Hrsg.), *The Sacred Nectar of the Greeks. The Study of Greek in the West in the Early Middle Ages*, London 1988.

Ders., *Écoles et Enseignement dans le haut Moyen Âge*, Paris 1989.

Ders., *Les Grandeurs de l'an mille*, Paris 1999.

Ders./Verger, J., *Des nains sur des épaules de géants. Maîtres et élèves au Moyen Âge*, Paris 2006.

Rosenthal, F., „The technique and approach of muslimscholarship", *Analecta orientalia*, 24, Rom 1947.

Sabra, A. I., „The appropriation and subsequent naturalization of greek science in medieval islam", *History of Science*, 25, 1987, S. 223–243.

Saïd, E., *Orientalism*, New York 1978. Übers.: *L'Orientalisme. L'Orient créé par l'Occident*, Paris 1980.

Samir, S. Kh., „La transmission du savoir de Byzance à Bagdad", in: N. Prouteau/Ph. Sénac (Hrsg.), *Chrétiens et musulmans en Méditerranée médiévale. VIIIe–XIIIe siècles. Échanges et contacts*, Poitiers 2003.

Sanagustin, F., „Le statut de la raison dans le *Kitab al-kulliyyat fil-tibb*", in: Khoury, R. G., *Averroës oder der Triumph des Rationalismus*, Heidelberg 2002, S. 147–156.

Sansterre, J.-M., *Les Moines grecs et orientaux de Rome*, Brüssel 1982, 2 Bde.

Ders., „Recherches sur les ermites du Mont-Cassin", *Hagiographica*, 2, 1995, S. 57–92.

Sartre, M., *Histoires grecques*, Paris 2006.

Schacht, J., *Introduction au droit musulman*, Paris 1983.

Schoeler, G., *Écrire et transmettre dans les débuts de l'islam*, Paris 2002.

Sère, B., *Penser l'amitié au Moyen Âge*, Turnhout 2007.

Setton, K., „The Byzantine Background to the Italian Renaissance", *Proceedings of the American Philosophical Society*, 1956.

Sicard, P., *Hugues de Saint-Victor et son école*, Turnhout 1991.

Sourdel, D., *La Civilisation de l'islam classique*, Paris 1983.

Soustelle, J., *Les Quatre Soleils*, Paris 1967.

Staubach, N., „*Graecae gloriae*. Die Rezeption des Griechischen als Element spätkarolingisch-frühottonischer Hofkultur", in: von Euw, A./Schreiner, P., *Kaiserin Theophanu. Begegnung des Ostens und Westens um die Wende des ersten Jahrtausends*, I, Köln, Schnütgen Museum, 1991, S. 343–368.

Steigerwald, D., *La Pensée philosophique et théologique de Shahrastani*, Quebec 1997.

Stephanou, P., *Jean Italos, philosophe et humaniste*, Rom 1949.

Tardieu, M., „Sabéens coraniques et sabiens de Harran", *Journal asiatique*, 247, 1986, S. 1–44.

Tardy, R., *Najran. Chrétiens d'Arabie avant l'Islam*, Beirut 1999.

Thompson, J. W., „Introduction of arabic science into Lorraine in the tenth century", *Isis*, 12, 1929, S. 184–191.

Tolan, J., *Les Sarrasins. L'islam dans l'imagination européenne au Moyen Âge*, Paris 2006.

Trimingham, J. S., *Christianity among the Arabs in Pre-Islamic Times*, London/New York 1979.

Troupeau, G./Sournia, J., „Médecine arabe: biographies critiques de Jean Mésué (VIIIe siècle) et du prétendu „Mésué le jeune" (Xe siècle)", *Clio medica*, III, 1968, S. 109–117.

Ders., „Le rôle des Syriaques dans la transmission et l'exploitation du patrimoine philosophique et scientifique grec", *Arabica*, 38, 1991.

Ders., „Réflexions sur l'origine de l'écriture arabe", *Semitic Studies in honor of Wolf Leslau*, Wiesbaden 1991, Bd. II, S. 1562–1570.

Ders., „Le premier traité arabe de minéralogie: le livre de Yuhanna ibn Masawayh sur les pierres précieuses", *Annales islamologiques*, 32, 1998, S. 219–238.

Urvoy, D., *Penseurs d'Al-Andalus. La vie intellectuelle à Cordoue et Séville au temps des Empires berbères, fin XI*e–début XIIIe siècles, Toulouse 1990.

Ders., *Averroès. Les ambitions d'un intellectuel musulman*, Paris 2001.

Ders., *Les Penseurs libres dans l'islam classique. L'interrogation sur la religion chez les penseurs arabes indépendants*, Paris 2003.

Ders., *Histoire de la pensée arabe et islamique*, Paris 2006.

Vallat, Ph., *Farabi et l'école d'Alexandrie. Des prémisses de la connaissance à la philosophie politique*, Paris 2004.

Verger, J., *La Renaissance du XII*e siècle, Paris 1996.

Ders., *L'Amour castré. L'histoire d'Héloïse et d'Abélard*, Paris 1996.

Vernet, A., „La transmission des textes en France", in: *La Cultura antiqua nell'Occidente latino dal VII al'XI secolo*, Spoleto, „Settimane di studio del Centro italiano di studi sull'alto Medioevo", 22, 1975, S. 89–123.

Vernet, J., *Ce que la culture doit aux Arabes d'Espagne*, Paris 1985, 2. Aufl. 1989.

Viola, C., „Aristote au Mont-Saint-Michel", in: R. Foreville (Hrsg.), *Millénaire monastique du Mont-Saint-Michel*, Bd. II: *Vie montoise et rayonnement intellectuel*, Bibliothèque d'histoire et d'archéologie chrétiennes, Paris 1967, S. 289–312.

Vogel, K., „L'arithmetica e la geometria di Gerberto", in: *Gerberto Scienza, Storia e Mito*, atti del Gerberti symposium, Bobbio, „Archivi storici bobiensi", 1985, S. 577–617.

Wael, de H., *Le Droit musulman*, Paris 1989.

Wallis, E. A. (Hrsg.), *Syrian Anatomy, Pathology and Therapeutics. The Book of Medicines*, London/New York/Toronto 1913.

Walzer, R., *Greek into Arabic. Essays on Islamic Philosophy*, Oxford 1962.

Wickersheimer, E., *Les Manuscrits de médecine du haut Moyen Âge dans les bibliothèques de France*, Paris 1966.

Wisnovsky, R., *Avicenna's Metaphysics in Context*, Ithaca (N. Y.) 2003.

Wolska-Conus, W., „Les commentaires de Stéphanos d'Athènes au *Prognostikon* et aux *Aphorismes* d'Hippocrate: de Galien à la pratique scolaire alexandrine", *Revue des études byzantines*, Bd. L, 1992, S. 5–86.

Wolff, Ph., *L'Éveil intellectuel de l'Europe*, Paris 1971.

Zimmermann, M., „La connaissance du grec en Catalogne du IXe au XIe siècle", in: M. Sot (Hrsg.), *Haut Moyen Âge. Culture, éducation et société. Études offertes à P. Riché*, La Garenne-Colombes, Éditions européennes Erasme, 1990, S. 493–516.

Arabisch-islamisches Erbe und europäische Identität

Ein kritischer Kommentar zu Sylvain Gouguenheim

von Martin Kintzinger und Daniel G. König

Wohl kaum ein Werk zur mittelalterlichen Geschichte hat in den letzten Jahren eine solche Aufregung verursacht wie das vorliegende Buch von Sylvain Gouguenheim. Nach der Publikation der französischen Originalausgabe im März 2008 wurde es zunächst in einem vielzitierten Artikel von Roger-Pol Droit in der französischen Tageszeitung „*Le Monde*" als äußerst couragiertes Werk gelobt. Unter dem Titel „Und wenn Europa sein Wissen nun doch nicht dem Islam verdankte?" fasste der Journalist kurz und prägnant die generelle Schlagrichtung eines Werkes zusammen, von dem er behauptete, dass es berechtigterweise mit generationenlang vertretenen Positionen der Wissenschaftswelt ins Gericht gehe.[1]

Angesichts dieser Beurteilung in einer so renommierten Tageszeitung traten nicht nur zahlreiche angesehene Vertreterinnen und Vertreter der angesprochenen Fachdisziplinen auf den Plan. Es entwickelte sich auch eine teilweise polemisch geführte gesellschaftliche Debatte auf unterschiedlichen medialen Ebenen: Am 28. 4. 2008 veröffentlichte das französische Kulturmagazin „*Télérama*" eine Petition von Lehrenden und Studierenden der „*Ecole Normale Supérieure Lettres et Sciences Humaines*" der Universität Lyon, der Heimatinstitution Gouguenheims, in der sich die Unterzeichnenden von den Thesen des Buches distanzierten und darauf hinwiesen, dass Passagen des Buches zur Legitimation xeno- und islamophober Kommentare im Internet genutzt würden.[2] Dieser Petition folgte am 30. 4. 2008 ein in der französischen Tageszeitung „*Libération*" gedrucktes Protestschreiben von 56 renommierten Fachwissenschaftlerinnen und Fachwissenschaftlern unter dem Titel „Natürlich hat das christliche Abendland der islamischen Welt etwas zu verdanken".[3] Im selben Jahr noch war das Buch Gegenstand einer akademischen Tagung an der Sorbonne am 4. 10. 2008. Deren Ergebnis ist eine von Max Lejbowicz herausgegebene Gegenschrift, die u. a. eine vierzehnseitige Liste der – sowohl positiven als auch negativen – frankophonen Reaktionen auf das Werk bis zum 31. 12. 2008 enthält.[4] Ebenso wurde das Buch am 10. 10. 2008 auf den angesehenen „*Rendez-vous de l'histoire*" in Blois, dem französischen Äquivalent des Deutschen Historikertags, diskutiert.[5] Auch im Ausland ließen die Reaktionen nicht auf sich warten. Neben der „*International Herald Tribune*" publizierten z. B. die „*Welt Online*", die „*Frankfurter Allgemeine Zeitung*", „*La Repubblica*", aber auch die saudische

Zeitung „*ar-Riyāḍ*" Artikel in Reaktion auf das Buch, während die internationale arabische Zeitung „*al-Ḥayāt*" das in der Zeitung „*Libération*" veröffentlichte Protestschreiben ins Arabische übersetzte.[6]

Angesichts der massiven Kritik an Gouguenheim kamen auch Stimmen auf, die Letzteren in Schutz zu nehmen suchten: Der bekannte Mediävist Jacques Le Goff etwa soll die Vehemenz der Kritik beklagt haben[7], während Blogs wie etwa „*Le Conservateur*"[8] oder „*Le Salon Beige*"[9] die Petition von Gouguenheims Heimatinstitution zu einer „*fatwa*" deklarierten, was wiederum von anderen, weniger informierten Bloggern wörtlich verstanden und verbreitet wurde.[10] Im Gegenzug warf der in Genf lehrende Aristoteles- und Averroes-Spezialist Alain de Libera Gouguenheim vor, die bisherige Forschung bis zur Unkenntlichkeit vereinfacht zu haben, um so überhaupt erst eine Angriffsfläche zu schaffen, auf deren Basis er seine Thesen formulieren konnte. Diese Thesen böten nun Bloggern mit klarer Tendenz zur politischen Rechten die Möglichkeit, aggressiv über eine weitaus differenzierter denkende akademische Mediävistik herzufallen, der sie eine „irrationale Verehrung des Islam", „arabophile Gehirnwäsche" und – in Bezug auf ihr Verhalten gegenüber Gouguenheim – „neostalinistische" Methoden vorwürfen.[11] Dementsprechend brachte de Libera 2009 gemeinsam mit anderen Autoren ein Buch unter dem Titel „Die Griechen, die Araber und wir. Untersuchungen zur gelehrten Islamophobie" heraus, das sich zahlreichen Aspekten des Wissenschaftstransfers vom Mittelmeerraum nach Europa widmet, dabei eine Tendenz zu kulturellem Blockdenken im heutigen Umgang mit der Geschichte feststellt und zahlreiche der von Gouguenheim vertretenen Thesen angreift.[12]

Angesichts dieser Debatte ist der deutschen Übersetzung der vorliegende kritische Kommentar beigefügt worden. Dieser hat die Aufgabe, im ersten – von Daniel König verfassten Teil – Gouguenheims kulturvergleichende Ausführungen methoden- und ideologiekritisch zu reflektieren, im zweiten – von Martin Kintzinger verfassten Teil – die Studie Gouguenheims in den gegenwärtigen wissenschaftshistorischen Diskurs einzuordnen.

I. Europa und sein arabisch-islamisches Erbe

(Daniel G. König)

Eine Debatte um die kulturhistorische Identität Europas

Angesichts der oben geschilderten Debatte stellt sich vielleicht die Frage, warum ein einziges Buch zu einem solchen, aus der Sicht der Öffentlichkeit wohl eher peripheren Thema die Gemüter so erhitzen kann. In Reaktion auf das Buch veröffentlichte das in Paris gegründete arabische Internetmagazin „*al-Awān*" am 17. 12. 2008 einen Artikel, der hierzu einige interessante Überlegungen enthält: Europa, das zwischen 1945 und

1989 in der Abhängigkeit beider Supermächte gestanden habe, befinde sich derzeit in einem massiven Identitätsfindungsprozess. Sylvain Gouguenheims Buch sei daher weniger Teil von Diskursen, in denen es um eine Positionierung zwischen Islamophilie oder Islamophobie gehe, noch drehe es sich in ihm um Fragen des Rassismus oder des Eurozentrismus. Vielmehr sei es einzuordnen in einen Strom von Veröffentlichungen zur Frage nach den kulturhistorischen Ursprüngen und der Identität Europas.[13]

Tatsächlich lassen sich sowohl die Kernthesen Gouguenheims als auch die in Reaktion darauf entstandenen Publikationen sehr genau in diese Interpretation einfügen. Denn Gouguenheim definiert das „griechische Erbe" als die eigentliche Wurzel einer unter den Schlagwörtern „Gedankenfreiheit", „Selbstkritik", „Freiheit" und „Vernunft" zusammengefassten europäischen Kultur (S. 42, 54, 58, 111, 113, 131, 145 ff., 165). Das dabei genutzte Konzept von „Europa", das über die Jahrhunderte einem stetigen Wandel unterworfen war, wird dabei allerdings kaum kritisch beleuchtet.[14] Gouguenheim bedient sich zweier Argumentationsstränge:

Zum einen minimiert er die Rolle der arabisch-islamischen Welt bei der Vermittlung dieses Erbes: Dies tut er, indem er die Rolle orientalischer Christen für den griechisch-(syrisch-)arabischen Übersetzungsprozess hervorhebt, während er gleichzeitig die Bedeutung muslimischer Akteure für diesen Prozess reduziert (S. 59 ff.). Ferner betont er die eigenständige Leistung hoch- und spätmittelalterlicher europäischer Christen bei der Suche, Übersetzung und Assimilierung dieses griechischen Erbes. Die „abendländische Christenheit" habe sich, „in der tiefen Überzeugung, dass das Urbild ihrer Kultur im klassisch-griechischen Altertum zu finden sei", ganz unabhängig von der islamischen Welt „hingebungsvoll um das Auffinden schriftlicher Zeugnisse des antiken griechischen Wissens" bemüht (S. 10).

Zum zweiten argumentiert er, dass die arabisch-islamische Welt an den geistigen Errungenschaften Griechenlands, wenn überhaupt, nur sehr geringen Anteil habe und nur „unter Vorbehalt als Erbin der hellenischen Gedankenwelt gesehen werden kann" (S. 66): Trotz aller Übersetzungstätigkeit habe die islamische Welt das griechische Erbe nur oberflächlich und ohne tieferes Verständnis assimiliert (S. 108 ff.). Grund hierfür sei u. a. die Unvereinbarkeit von Islam und griechischer Philosophie (S. 130).

Gouguenheim zufolge kommt damit die eigentliche Leistung bei der Bewahrung des griechischen Erbes den Christen – zunächst syrisch, später lateinisch – zu, während der arabisch-islamischen Welt die Position einer Marginalie, den an diesen Prozessen beteiligten Muslimen der Status einer Ausnahme zugewiesen wird. Angesichts einer nur ansatzweise gelungenen Hellenisierung der islamischen Welt wird für ihn das Streben nach freiem Denken und Rationalität zum dominanten Charakteristikum allein der europäischen Kultur, deren kulturelles und wissenschaftliches Werden er als „endogen bedingt" und unabhängig von arabisch-islamischen Einflüssen bezeichnet (S. 165).

Was Gouguenheims Argumentationsstil angeht, so sei erwähnt, dass das Buch auch interessante und nuancierte Abschnitte enthält, es also durchaus Schwierigkeiten bereitet, Gouguenheim klar als eurozentristisch, kulturessentialistisch oder gar islamophob abzustempeln. Gouguenheim verwahrt sich in etlichen, teilweise differenziert argumentierten Passagen gegen entsprechende Vorwürfe (S. 147) und bekundet auch die Bereitschaft, Vertretern der außereuropäischen einschließlich der islamischen Welt respektable kulturelle Leistungen zuzugestehen (S. 115, 121). An anderer Stelle aber argumentiert er dann in einer Art und Weise, die sich dem Vorwurf der mangelnden Differenziertheit aussetzt.

Dies gilt etwa, wenn Gouguenheim erklärt, der wissenschaftliche und der öffentliche Diskurs zum Verhältnis Europas zur islamischen Welt sei von der Vorstellung dominiert, dass „einem aufgeklärten, kultivierten und spirituellen Islam ein brutaler, kriegs- und eroberungssüchtiger Okzident gegenübersteht“ (S. 8), wo doch der Tenor der öffentlichen Diskussion im Westen genau das Gegenteil besagt.[15] Eine Tendenz zur Vereinfachung von Sachverhalten wird erkennbar, wenn er etwa unter Ausblendung der Vielfalt islamischer Strömungen, u. a. der für die islamische Geistesgeschichte äußerst wichtigen Mystik, den Islam auf eine Orthopraxie reduziert: „Die muslimische Spiritualität“, so Gouguenheim (S. 162), „besteht in erster Linie darin, sich vor auch der geringsten äußeren Verschmutzung und von aller Unreinheit zu bewahren, um die schon ganz zu Anfang gesetzten Regeln der *Umma* zu respektieren.“

Der Vorwurf des Kulturessentialismus erscheint gerechtfertigt, wenn Gouguenheim mit dem Kommentar „eine harte, aber wahre Aussage“ (S. 138) die Neugier gegenüber dem Anderen zu einer typisch europäischen Eigenschaft deklariert. Gerade hier zeigt sich die Ambivalenz seiner Argumentation. Er nuanciert, indem er auf den Geographen und Historiographen al-Masʿūdī (gest. 345/956) verweist, dessen Werk immerhin eine Beschreibung der Welt zwischen Westeuropa, Afrika nördlich des Äquators und China enthält, damit also Neugier gegenüber der außerislamischen Welt demonstriert.[16] Die Existenz dieses Werkes, das nur eines von mehreren, u. a. auf ptolemäischer Grundlage und zahlreichen anderen Quellen sowie Reiseberichten basierenden Werken der arabisch-islamischen Geo- und Ethnographie darstellt[17], führt Gouguenheim indes nicht zu der Überlegung, ob die Aussage, der mittelalterliche Islam habe „keine echte Neugier auf andere Völker“ entwickelt (S. 138), tatsächlich zutrifft.

Auf diese Weise kann Gouguenheim zu dem Schluss kommen, dass Europa letztlich als Alleinerbe des griechischen Denkens zu betrachten sei (S. 168). In mehr als einer Hinsicht lässt sich diese Großthese, die der Vorstellung eines aus dem „griechischen Geist“ heraus gewachsenen freiheitlich-demokratischen Europa so sehr schmeichelt, allerdings in Frage stellen.

Europa *und* die arabisch-islamische Welt als Erben der Antike

Fraglich ist zunächst, ob Gouguenheims These der griechischen Ursprünge Europas in dieser Form übernommen werden darf. Obwohl er auch anspricht, dass viele Aspekte des antiken Griechenlands und seiner intellektuellen Kultur nicht dem modernen westlichdemokratischen Menschenrechtsideal entsprechen (S. 145), bewegt er sich dennoch in der Tradition eines althistorischen Klischees, das dem Konzept „griechischer Freiheit“, das Schwarzbild eines „orientalischen Despotismus“ entgegensetzt.[18] Dieser Tradition zufolge repräsentiert das alte Griechenland – in der Formulierung des Althistorikers Christian Meier – die für das heutige Europa so essentielle Grundlage einer „Kultur um der Freiheit willen“.[19]

Weiterhin ist zu bezweifeln, ob das heutige Europa – falls man es überhaupt als eine einzige einheitliche Kultur bezeichnen kann – tatsächlich größtenteils auf diesen Fundamenten eines griechisch geprägten freien und kritischen Denkens beruht. Nicht alle kulturschaffenden Kräfte dieses Kontinents lassen sich, direkt oder indirekt, auf Aristoteles und das griechische Erbe zurückführen. Die Expansion des Römischen Reiches, die Ausbreitung des Christentums, die so genannte Völkerwanderung, das fränkische Großreich, die allmähliche Entstehung der heutigen Sprach- und Kulturlandschaften, der Aufstieg eines städtischen Bürgertums, die Kreuzzüge, aber auch die Entdeckung Amerikas, die Reformation, der Parlamentarismus, die Industrialisierung, das Aufkommen von Nationalismus, Faschismus und Kommunismus, schließlich die beiden großen Weltkriege mit ihren Massenexterminationen, aber auch die Einwanderungswellen des 20. Jahrhunderts und die Entwicklung des Europagedankens der Gegenwart sind das Ergebnis zahlreicher Kräfte. Diese müssen nicht unbedingt in direktem Bezug zur antiken griechischen und hellenistischen Geisteswelt stehen. Teilweise sind sie von dieser sogar unabhängig, haben aber dennoch einen Beitrag zu Formierung der heutigen europäischen Kultur(en) geleistet.

Schon Charles Homer Haskins machte in seinem 1927 erschienenen Buch zur so genannten „Renaissance des 12. Jahrhunderts“ deutlich, dass die Übersetzungen aus dem Griechischen und Arabischen nur einen von mehreren Faktoren darstellen, die für den mittelalterlichen Aufschwung Europas verantwortlich zu machen sind.[20] Man muss die großen Denker des antiken Griechenlands und ihre Rezeption nicht unbedingt in den Bereich der intellektuellen Elitenkultur der römischen Spätantike, des scholastischen Mittelalters, der Renaissancehumanisten und Aufklärer oder des postmodernen „*homo academicus*“ verbannen. Es kann aber – wie Gouguenheim in seinen Ausführungen zur hellenistischen Durchdringung der islamischen Welt nur in Bezug auf diese geltend macht (S. 12, 137) – auch nicht geleugnet werden, dass außerhalb solcher intellektuellen Eliten das griechische Erbe nur bedingt eine Rolle spielte. Ohne die intellektuellen Leistungen der Griechen und ihre Bedeutung für die weitere Kulturgeschichte schmälern zu wollen, ist es dennoch notwendig zuzugestehen, dass ein großer Teil der Bevölkerung Europas vom 5. Jahrhundert vor der christlichen Zeitenwende bis ins 21. Jahrhundert sehr wohl fähig war, auch losgelöst von „griechischem Denken“ kulturschaffend zu wirken.

Dies gilt auch für den arabisch-islamischen Raum. Anders als von Gouguenheim vorausgesetzt, war die griechisch-römische Antike für arabisch-islamische Gelehrte allerdings bei weitem keine „total fremde Welt“ (S. 102), sondern fundamentaler Bestandteil des in der universalen arabisch-islamischen Historiographie dargestellten Geschichtsbildes.[21] Zu der Frage, inwieweit die arabisch-islamische Welt Anteil an diesem griechischen Erbe hat und inwieweit sie es assimilierte, bietet es sich an, die arabisch-islamischen Quellen selbst sprechen zu lassen.[22] Dabei lässt sich feststellen, dass arabisch-islamische Gelehrte, über die Jahrhunderte hinweg und in einem Raum, der von der Iberischen Halbinsel bis nach Zentralasien reichte, mit großem Respekt von den intellektuellen Leistungen der alten Griechen sprachen und dabei die an ihrer Assimilation beteiligten Akteure lobend erwähnten.[23] Ein erstes Beispiel hierfür bietet der andalusische Gelehrte Ṣāʿid al-Andalusī (gest. 462/1070), der in seinem Werk zur Wissenschaftsgeschichte schreibt:

> „Die Sprache der alten Griechen (*al-Yūnāniyyīn*) heißt *'al-Iġrīqiyya'* und gehört zu den differenziertesten und erhabensten Sprachen (…). Die Philosophen der alten Griechen zählen zu den Menschen der höchsten Kategorie und zu den erhabensten Wissenschaftlern (*ahl al-ʿilm*), sobald ihr wahres Interesse für die Künste der Weisheit erwacht, zu denen die Mathematik, die Logik, naturwissenschaftliche und spirituelle Erkenntnisse ebenso gehören wie die Regelung privater und öffentlicher Dinge. Fünf dieser Philosophen der alten Griechen sind als die Fähigsten zu bezeichnen. Chronologisch gesehen der erste ist Empedokles, dann Pythagoras, dann Socrates, daraufhin Platon, schließlich Aristoteles (…)."[24]

Wegen dieses vielfach bezeugten Respektes wird ein islamischer Gelehrter wie al-Fārābī (gest. 339/950) aufgrund seiner griechischen Gelehrsamkeit auch noch mehr als dreihundert Jahre später von Ibn Ḫallikān (gest. 681/1282), dem nahöstlichen Autor eines biographischen Kompendiums hoch gelobt:

> „Abū Naṣr Muḥammad b. Muḥammad b. Tarḫan b. Awzalaġ al-Fārābī, der Türke, der berühmte Weise, ist Autor von Werken über Logik, Musik und andere Wissenschaftsbereiche und der größte Philosoph der Muslime. Kein Muslim erreichte jemals seinen Rang in diesem seinem Spezialgebiet (…). Er studierte alle Traktate des Aristoteles und erwarb sich große Geschicklichkeit darin, die dort formulierten Ideen zu erfassen und die Absichten des Autors zu begreifen (…). Man pflegt zu erzählen, dass er gesagt habe: 'Ich habe die Physik des Weisen Aristoteles vierzig Mal gelesen und denke, dass ich sie nochmals lesen müsste.' Auch wird über ihn erzählt, dass er auf die Frage, ob er oder Aristoteles in diesem Wissensbereich gelehrter seien: 'Hätte ich in seiner Zeit gelebt, wäre ich der beste unter seinen Schülern gewesen.'"[25]

Arabisch-islamischen Gelehrten war auch bewusst, dass die islamische Kultur nicht nur auf dem Erbe ihres Propheten Muḥammad, sondern ebenso auf denjenigen kulturellen Errungenschaften aufbaute, die im Zuge der Entstehung einer Weltkultur von den unter arabisch-islamische Herrschaft gelangten Bevölkerungsgruppen vermittelt wurden. Dabei haben weder die mittelalterlichen Gelehrten noch die heutige seriöse Forschung jemals geleugnet, welchen Anteil die orientalischen Christen am Transfer des griechischen Gedankengutes hatten:[26] Der Gelehrte al-Masʿūdī (gest. 345/956) etwa nennt im Anschluss an seine Ausführungen zur griechischen und römisch-byzantinischen Geschichte die von ihm konsultierten Werke einer Reihe christlicher Gelehrter und endet:

„Dann gibt es noch ein jakobitisches Buch, das das Leben und Wirken der römisch-byzantinischen Herrscher und griechischen Herrscher (*al-Yūnāniyyīn*) und ihrer Philosophen behandelt. Es wurde von Abu Zakariyyā' Danha, dem Christen, verfasst. Er hatte einen tiefen Einblick in die dialektische und analytische Philosophie. Mehrere Diskussionen fanden zwischen ihm und mir im Viertel Umm Ǧaʿfar im westlichen Teil von Bagdad, ebenso in einer Kirche namens al-Ḫaḍrā' in der Stadt Tikrīt statt, die sich um die Trinität und andere Themen drehten."[27]

Unter den von Ibn an-Nadīm (gest. 385/955 oder 388/998) in seinem bekannten Schriftstellerkatalog aufgelisteten Personen, die sich an Übersetzungen griechischer Werke aus dem Griechischen und Syrischen ins Arabische beteiligt haben, finden sich viele der auch von Gouguenheim (S. 72, 169 ff.) genannten christlichen Übersetzer namentlich genannt und teilweise sehr ausführlich behandelt.[28] Ḥunayn bin Isḥāq, der bedeutende nestorianische Übersetzer, wird von zahlreichen arabisch-islamischen Gelehrten für seine Leistungen gewürdigt.[29] Und auch der oben erwähnte Ibn Ḫallikān führt al-Fārābīs Fähigkeiten auf den Einfluss seines christlichen Lehrers, den Philosophen Abū Bišr Mattā b. Yūnus[30] zurück, dessen Popularität er anschaulich schildert und dessen intellektuelle Fähigkeiten er hervorhebt:

„Als er [al-Fārābī] in Bagdad ankam, war dort der berühmte Weise Abū Bišr Mattā b. Yūnus, der – schon in sehr fortgeschrittenem Alter – Vorlesungen über Logik hielt und den höchsten Ruf genoss: Jeden Tag nahmen Hunderte von Logikbegeisterten an seinen Vorlesungen teil, in denen er Aristoteles' Traktat zu diesem Thema las und seinen Schülern erklärte (...). In diesem Bereich war er zu seiner Zeit konkurrenzlos. Seine Schriften zeichneten sich durch die Präzision seines Stils und die Klarheit seiner Erklärungen hervor. Auch bemühte er sich in seinen Ausführungen um Schlichtheit und die Vereinfachung komplexer Sachverhalte. Aus diesem Grunde wurde von einigen Fachkollegen behauptet, dass Abū Naṣr al-Fārābīs Art und Weise, komplexe Sinnzusammenhänge verständlich darzustellen und in einfacher Terminologie auszudrücken, nur auf seinen Unterricht bei Abū Bišr zurückgeführt werden könnten (...). Nachdem er dort eine ganze Weile verbracht hatte, zog er [al-Fārābī] nach Ḥarrān um, wo er von Yūḥannā b. Ḥaylān, dem christlichen Weisen, einige Anwendungen in der Kunst der Logik lernte."[31]

Obwohl sie sich der Vermittlungsleistungen christlicher Intellektueller bewusst waren, sahen sich arabisch-islamische Gelehrte aber durchaus nicht als passive Rezeptoren, sondern als Angehörige einer Kultur, die aktiv zur Bewahrung des griechischen Erbes beigetragen hatte. Dies zeigt sich zum einen in der Feststellung des Gelehrten al-Masʿūdī im 10. Jahrhundert, dass der Aufstieg des Christentums bei den Römern/Byzantinern zur Vernachlässigung des antiken wissenschaftlichen Erbes geführt habe.[32] Zum anderen wird dies aus zahlreichen Passagen deutlich, in denen immer wieder der Beitrag abbasidischer Kalifen, allen voran al-Ma'mūn (regn. 198–218/813–833), zur Übersetzung griechischer und anderssprachiger Werke ins Arabische erwähnt wird. Dabei weist man auf deren wissenschaftliches Interesse hin, ebenso auf die Patronage der Übersetzer und die Initiativen zum Erwerb neuer Manuskripte.[33] Ihrem Selbstbild zufolge reklamierten arabisch-islamische Gelehrte für ihre Kultur also die gleiche Neugier gegenüber der griechischen Vergangenheit, die Gouguenheim ausschließlich für das mittelalterliche Europa beansprucht.

Dass islamische Denker überzeugt waren, das griechische Erbe assimiliert und weiterentwickelt zu haben, ist sehr gut in einer Passage aus dem Werk des berühmten maghrebinischen Gelehrten Ibn Ḫaldūn (gest. 808/1406) ausgedrückt, der im Rückblick klar die Bedeutung dieses Erbes für die Entstehung und Entwicklung einer islamischen Geisteskultur herausstellt. Dabei geht er zum einen deutlich auf die Rolle der orientalischen Christen ein, weist aber zum anderen auch mit einem gewissen Stolz auf die Leistungen muslimischer Denker sowohl bei der Rezeption als auch bei der Widerlegung des Aristoteles hin. Anders als Gouguenheim behauptet (S. 167), konnten sich muslimische Denker also sehr wohl vorstellen, Aristoteles anzuzweifeln.

> „Daraufhin brachte Gott den Islam, zu dessen Erscheinen es für seine Anhänger nichts Vergleichbares gibt. Sie enthoben die Byzantiner und andere Völker ihrer Herrschaft. Zu Anfang lebten sie in einfachen Lebensverhältnissen und gleichgültig gegenüber den angewandten Künsten (*aṣ-ṣanāʾiʿ*), bis sich dann ihre Macht und ihr Reich festigte und die Kultur in einer Art und Weise gedieh, wie es bisher noch kein Volk erlebt hat. So widmeten sie sich den angewandten Künsten und den Wissenschaften. Sie entwickelten dann das Verlangen, sich eingehend mit den philosophischen Wissenschaften (*al-ʿulūm al-ḥikmiyya*) zu befassen, von denen sie dank der ihnen [im Rahmen der Unterwerfung] vertraglich verpflichteten Bischöfe und Priester Einiges gehört hatten und nach denen die Gedanken der Menschen streben […]. Diejenigen unter den Muslimen, die sich mit theoretischen Fragen beschäftigen, setzten sich mit diesen Künsten auseinander und wurden darin sehr bewandert. Sie widerlegten zahlreiche Behauptungen des ersten Meisters [gemeint ist Aristoteles, Anm. d. Übers.]. Wegen seiner großen Berühmtheit setzten sie sich besonders mit ihm auseinander, sei es, um ihn zu widerlegen oder ihn zu bestätigen. Sie verfassten zahlreiche Traktate und übertrafen ihre Vorgänger in diesen Wissenschaften. Unter den Muslimen, die den ersten Rang in diesem Bereich (*milla*) einnahmen, waren Abū Naṣr al-Fārābī und Ibn Sīna [Avicenna] – beide aus dem Orient stammend, ebenso der Richter Abū' l-Walīd b. Rušd [Averroes] und der Wesir Abū Bakr b. aṣ-Ṣā'iġ – beide aus al-Andalus stammend, aber auch andere, die zum höchsten Grad der Erkenntnis dieser intellektuellen Wissenschaften aufstiegen. Auch erlangten sie Berühmtheit […]. Diese Art der Wissenschaften, ebenso wie ihre Vertreter verbreiteten sich und faszinierten viele Menschen so, dass sich viele ihnen anschlossen und ihren Postulaten Folge leisteten. Eine Sünde (*ḏanb*) ist dabei demjenigen anzulasten, der sie begangen hat. 'Und wenn Gott es so gewollt hätte, hätten sie es nicht getan'. [Sure 6,112]"[34]

Dass Ibn Ḫaldūn zuletzt einige der aus der Assimilation des griechischen Erbes hervorgegangenen Geistesströmungen als unvereinbar mit dem Islam beschreibt, kann als Beweis für die Existenz und Bedeutung der von Gouguenheim mehrfach hervorgehobenen islamischen Filter für den Assimilationsprozess gesehen werden (S. 119, 135). Dabei darf aber nicht – wie es bei Gouguenheim geschieht – vergessen werden, dass der lateinisch-christliche Westen sein klassisch-paganes Erbe ebenso filterte.[35] Dies gilt auch für orientalische Christen: Der nestorianische Übersetzer Ḥunayn bin Isḥāq etwa christianisierte bei der Übersetzung ins Syrische oder Arabische heidnische Elemente, trug somit auch zur (Vor-)Filterung des griechischen Erbes bei.[36] Obwohl das angeführte Zitat von Ibn Ḫaldūn die Existenz theologisch-ideologischer Filter bestätigt, kann es dennoch nicht als Beweis dafür dienen, dass die bei weitem nicht einheitliche Geisteswelt des mittelalterlichen Islam zur Assimilation des griechischen Erbes unfähig gewesen sei.[37] Vielmehr wird in ihm deutlich, dass islamische Denker – ungeachtet und vielleicht sogar trotz ihrer jeweiligen Haltung zur (Un-)Vereinbarkeit von Glauben und griechischer Philosophie – das von Gouguenheim für den Westen reklamierte griechische Erbe als unverzichtbaren Teil ihrer eigenen Geistesgeschichte betrachteten.

Die arabisch-islamische Welt als Faktor der europäischen Kulturgeschichte

Man wird Gouguenheims prinzipielle Aussage nicht in Frage stellen, wonach der lateinische Westen im Laufe des gesamten Mittelalters Kontakte zu Byzanz und anderen Vertretern griechischsprachiger Kultur gepflegt und auch über diese Wege einen Zugang zum Erbe der griechischen Antike erhalten habe (S. 15–58). Problematisch ist eher seine Tendenz, den Einfluss der islamischen Welt auf die Entwicklung Europas nicht nur abgewogen in ein Verhältnis zu anderen kulturellen Einflüssen setzen zu wollen, sondern ihn bis zur Negation zu minimieren. In ihrer medialen Verarbeitung erfährt diese These Gouguenheims dann eine Überspitzung, die mehrere hochkomplizierte Themenkomplexe in die anfangs zitierte Frage seines ersten Rezensenten, Roger-Pol Droit, münden lässt: „Und wenn Europa sein Wissen nun doch nicht dem Islam verdankte?"

Ein Blick in die Forschungsliteratur des 19. und 20. Jahrhunderts zeigt, dass Thesen, die den Einfluss der arabisch-islamischen Welt auf die Entwicklung Europas negieren möchten, gegen einen wohletablierten Forschungskonsens antreten. Zwar werden auch in der modernen geisteswissenschaftlichen Forschung Hypothesen oftmals über Generationen hinweg akzeptiert, ohne ausführlich untersucht und gegebenfalls hinterfragt zu werden. Dies ist bei der vorliegenden Thematik jedoch eindeutig nicht der Fall. Denn die Frage nach dem arabisch-islamischen Einfluss auf Europa wurde nicht nur in den plakativen und einseitig ausgerichteten Werken einer Sigrid Hunke oder eines Juan Vernet unter ihren aussagekräftigen Titeln wie „Allahs Sonne über dem Abendland" oder „Was Europa dem spanischen Islam verdankt" behandelt.[38] Unter anderem durch die Editionstätigkeit des an der Johann Wolfgang von Goethe-Universität Frankfurt angesiedelten „*Institutes für die Geschichte der arabisch-islamischen Wissenschaften*"[39] sind ältere Forschungen zum Thema leicht zugänglich. Interessierten Leserinnen und Lesern stehen hier mehrere Dutzend Bände zur Verfügung – zur Rezeption und Assimilation griechischer und indischer Einflüsse in der arabisch-islamischen Welt[40] sowie der Rezeption und Assimilation dieses kulturellen Erbes über die – selbstverständlich nicht ausschließliche! – Vermittlung der arabisch-islamischen Welt in Europa[41] mit einzelnen Bänden und Bandreihen zur Medizin[42], zur Mathematik und Astronomie[43], zur Philosophie[44], zu der Vermittlungsleistung Gerberts von Aurillac[45], zur Rezeption von Ptolemaeus[46], Aristoteles[47], Avicenna[48] und Averroes.[49] Diese Bände vereinigen Artikel, die zwischen 1791 und 1965 in allen großen westeuropäischen Wissenschaftssprachen von renommierten Forscherinnen und Forschern verfasst wurden und geben damit einen Einblick in mehr als 150 Jahre westeuropäischer Forschung in unterschiedlichen Nationalkulturen.[50] Auch mit Blick auf die Arbeiten zeitgenössischer Wissenschaftlerinnen und Wissenschaftler wie – um nur einige zu nennen – Dionisius Agius, Charles Burnett, Peter Dilg, Gerhard Endreß, Menso Folkerts, Dimitri Gutas, Dag Nikolaus Hasse, Donald Hill, Danielle Jacquart, Felix Klein-Franke, Paul Kunitzsch, David Lindberg, Thomas Ricklin, Gotthard Strohmaier, Javier Teixidor und andere, lässt sich zum aktuellen Kenntnisstand konstatieren: Auf der Grundlage überaus umfangreicher Überlieferungsbestände in den im Euromediterraneum von der Spätantike bis zur frühen Neuzeit verwendeten Wissenschaftssprachen (Griechisch, Syrisch, Arabisch, Hebräisch, Latein) wurden hier im Rahmen komparativer Textanalysen und unter Anwendung fachspezifischer Methoden- und Sprachkenntnisse tausende von Manuskriptseiten zueinander in Bezug gesetzt. Gewissenhaft und *sine ira et studio* konnten so die vom Quellenmaterial vorgegebenen Spuren zahlreicher und äußerst komplexer Vermittlungsprozesse nachverfolgt werden. An diesen waren übrigens nicht nur Christen und Muslime, sondern auch zahlreiche Juden an prominenter Stelle beteiligt.[51] Die dabei erzielten Ergebnisse lassen sich kaum in eine gesellschaftspolitische Kontroverse um die „wahren kulturellen Ursprünge“ Europas hineinpressen.

Nicht zuletzt auch deswegen erregt Gouguenheims Buch Aufregung, weil professionell arbeitende Gelehrte den von ihnen erarbeiteten Kenntnisstand übergangen sehen[52], und zwar von einem Verfasser, der für andere Themenfelder bekannt ist und über die zur Bearbeitung des strittigen Themas notwendigen Sprachkenntnisse nicht verfügt. Gouguenheim reduziert letztlich eine hochkomplexe Fachkultur auf ein allzu stark vereinfachtes Thesenkonvolut (S. 3–5), das zudem arabisch-islamische und europäische Kultur gegeneinander ausspielt. Er polemisiert dabei (S. 1) gegen „das Bild einer Christenheit an der Leine eines ‘aufgeklärten Islam’ (…), dem sie ihr Aufblühen verdankt – dank der arabischen Vermittlung griechischen Wissens aus der Antike, zu dem das Mittelalter die Schlüssel verloren hatte.“ Aber auch wenn Gouguenheims Thesen und ihr mediales Echo diesen Eindruck vermitteln mögen, so hat die seriöse Forschung zum Wissenschaftstransfer niemals behauptet, die beachtlichen Leistungen griechischer Denker seien allein über die arabisch-islamische Welt vermittelt worden.[53] Sie hat keine existenzbedingende Abhängigkeit Europas von diesem Vermittlungsprozess postuliert, sondern nur einen von mehreren kulturellen Einflüssen aufgearbeitet, der für die europäische Geistes- und Kulturgeschichte von Bedeutung war und – wie u. a. die gegenwärtige Diskussion zeigt – auch noch ist. Die Fachwelt hat sich schon immer viel nuancierter geäußert, wie etwa der schon 1960 von Richard Walzer verfasste Aristoteles-Artikel in der renommierten Encyclopaedia of Islam deutlich macht, um nur ein Beispiel zu nennen. Weit entfernt davon, der arabisch-islamischen Welt ein „Vermittlungsmonopol" zuzugestehen, schreibt Walzer: „Die mittelalterliche westliche Tradition gründet ebensosehr auf der islamischen Bearbeitung des Aristoteles (...) wie auf spätgriechischen und byzantinischen Darstellungen seines Denkens."[54]

Dass Gouguenheim diese Fachkultur ihrer Nuancen beraubt, stellt nur einen Kritikpunkt dar. Unangemessen ist auch, dass er sie in der französischen Originalausgabe mit einem dreiseitigen Exkurs über die arabophile „Freundin Himmlers", Sigrid Hunke, pauschal in die „rechte Ecke" stellt[55], dabei aber gleichzeitig sein eigenes Werk u. a. von René Marchand Korrektur lesen lässt, immerhin Autor eines Buches unter dem Titel „Die Bedrohung Frankreichs durch den Islam".[56] Auf diese Weise zieht er ein hochkomplexes, wahrlich kulturübergreifendes geistesgeschichtliches Forschungsthema in die politische Arena einer polemischen Debatte um „Leitkulturen". Angesichts solcher Argumentationsgrundlagen stellt sich die Frage, ob es sich bei seinem Buch tatsächlich um einen originellen und ausgewogenen Beitrag zur Geschichte des Wissenschaftstransfers oder nicht vielmehr um einen publizistischen Versuch handelt, der arabisch-islamischen Welt einen konstruktiven Einfluss auf die europäische Kulturgeschichte abzusprechen.

Dass der Islam als einflussreiches Element der kulturellen Entwicklung Europas anerkannt wird, ist ganz sicher nicht einem jüngst wieder als naiv attackierten „Multi-Kulti-Ethos"[57] zu verdanken, von dem man meinen könnte, er habe im Zuge von Integrationsdebatten in die aktuelle Geschichtswissenschaft Einzug gehalten. Seine Bedeutung für die europäische Kulturgeschichte machen auch nicht nur die oben erwähnten Forschungsleistungen des 19. und 20. Jahrhunderts zum Wissenschaftstransfer deutlich. Schließlich kann kaum bestritten werden, dass eine nun mehr als tausend Jahre währende Nachbarschaft der Kulturen zu zahlreichen Austauschprozessen führen musste. Dabei lässt sich die Rolle der arabisch-islamischen Welt für Europa nicht auf die Funktion „des Anderen" reduzieren, sei es als militärische Bedrohung, als Feindbild, als ideologische Herausforderung oder als christliches Missionsobjekt.[58] Vielmehr wird in der Forschung bereits seit einigen Jahren immer wieder betont, dass die Gegenüberstellung von europäischem „Eigenem" und islamischem „Fremdem" erhebliche Nuancierungen erfahren muss.[59]

Nicht nur lässt sich festzustellen, dass frühen Problemen des interkulturellen Kontaktes bald geschliffenere Formen des diplomatischen Umgangs miteinander folgten, dass sich zwei Großkulturen also auch im Umgang miteinander übten.[60] Wichtiger noch ist die Erkenntnis, dass sich die Beziehungen zwischen lateinisch-christlicher und arabisch-islamischer Welt mit dem Hinweis auf einen Antagonismus monolithischer Kulturblöcke letztlich nicht hinreichend erklären lassen (S. 6, 141), und Austauschprozesse zwischen beiden Kulturräumen nicht nur auf die Mobilität übersetzter antiker Texte reduziert werden können (S. 165) – beides von Gouguenheim vertretene Thesen. Das auch von Gouguenheim genutzte Konzept des Kulturtransfers (z. B. S. 39, 150) wurde mittlerweile mehrfach auf diese Beziehungsgeschichte angewandt.[61] Eine Untersuchung dessen, was aus der arabisch-islamischen Welt im mittelalterlichen und frühneuzeitlichen Europa rezipiert wurde, macht dabei deutlich, dass es hier um weit mehr geht als um einen intellektuellen Einfluss, gegen den sich ein Thomas von Aquin (gest. 1274) genötigt sah, sein Traktat „*De unitate intellectus contra Averroistas*" zu schreiben.[62] Zahlreiche Wortentlehnungen aus dem Arabischen, die im Laufe des Mittelalters und der frühen Neuzeit nicht nur in die Sprachen der Iberischen Halbinsel[63], sondern in alle modernen westeuropäischen Sprachen bis hin ins Deutsche gelangt sind[64], offenbaren, wieviele Lebensbereiche von diesem Einfluss berührt waren. Dessen Bedeutung selbst für den heutigen Alltag wird von einer kürzlich erschienenen monumentalen Geschichte des Zuckers bestätigt, der als Produkt mitsamt dem Wissen zu seinen Produktionstechniken und Gebrauchssituationen durch den Vermittlungsraum der arabisch-islamischen Welt ins spätmittelalterliche Europa gelangte.[65] Dass Gouguenheim bei seiner Suche nach spezifisch islamischen Einflüssen auf Europa nicht fündig wird (S. 4 ff.), liegt u. a. auch daran, dass in seiner scharfkonturierten Definition einer rein koranbasierten Kultur (S. 7, 166 ff.) kein Platz ist für die vielen kulturellen „Grauzonen" und Vermittlungsbereiche, die fruchtbaren kulturellen Austausch überhaupt erst möglich machen.

Denn selbstverständlich gibt es noch mehr zu berücksichtigen als das Geben und Nehmen zwischen zwei nur bedingt in sich geschlossenen Kulturräumen: Studien zu kulturellen Mischformen, also Hybridphänomenen, etwa im Bereich der Kunst[66] oder der Sprache[67], v. a. aber die Existenz zahlreicher Akteure zwischen beiden kulturellen Sphären[68] zeigen, dass trotz der Prominenz von Konflikten – etwa im Rahmen der arabisch-islamischen Expansion (7.–8. Jh.) oder der lateinisch-christlichen Expansion im Zeitalter der Kreuzzüge und der Reconquista (11.–15. Jh.) – kulturelle Grenzen immer wieder verwischen, und sogar ganz verschwinden konnten. Dies galt gerade in Milieus, in denen Menschen unterschiedliche Traditionen pflegten, zahlreiche Sprachen beherrschten und die Bereitschaft zeigten, sich in die Geisteswelten von Menschen aus vergangenen Zeiten zu versetzen, deren ethnische Zugehörigkeit, Religion und Lebensumstände sie nicht teilten. Die Ergebnisse solcher Studien sollten zur Vorsicht davor mahnen, unter Überbetonung des Ideologischen, unter ständiger Hervorhebung von Gegensätzen und mangelnden Übereinstimmungen sowie unter Vernachlässigung aller Gemeinsamkeiten[69] die Beziehungen zwischen beiden kulturellen Sphären wie Gouguenheim auf eine „radikale, als unerbittlich empfundene Feindschaft" (S. 139) zu reduzieren.

Kenner der deutschen Geschichte wissen, wie gefährlich es sein kann, wenn man eine als „eigen" betrachtete Kultur unter Ausschluss alles „Fremden" auf nur ein oder wenige Elemente zurückführt. Kulturen sind vielfältig, komplex und schwer zu greifen. Eindeutig aber ist, dass sie keine statischen monolithischen Blöcke darstellen, die auf ein einziges Schlagwort reduziert werden können. Auf einer makrohistorischen Ebene anzusiedeln, stellen sie das organisch gewachsene und sich ständig verändernde Produkt unzählbarer Prozesse dar, deren Verlauf von zahlreichen Faktoren beeinflusst wird. Weder lassen sie sich auf eine einzige Wurzel reduzieren, noch lassen sich ihre Grenzen klar definieren. Dies gilt auch für die Kultur, die wir – je nach Perspektive mit unterschiedlichen Nuancen – als „europäisch" bezeichnen. Deren Wurzeln sind weder ausschließlich „griechisch", „jüdisch-christlich" noch „arabisch-islamisch". Oder anders gesagt: Sie sind sowohl „griechisch" und „jüdisch-christlich", aber ebenso „heidnisch", „keltisch", „römisch" und „germanisch", sogar „hunnisch", „mongolisch" usw. und eben auch „arabisch-islamisch". Wie jede Kultur hat diejenige Europas vielfältige Erscheinungsformen und vielfältige Wurzeln. Sie setzt sich aus unterschiedlichsten kulturellen Einflüssen zusammen, die je nach Art, Dauer und Stärke unterschiedliches Gewicht haben, von denen aber jeder einzelne seinen essentiellen Beitrag geleistet hat, das zu formen, was wir heute als Europa kennen.

Was für Europa im Großen gilt, gilt für Deutschland im Kleinen: Dirk Hoerders „Geschichte der deutschen Migration" zeigt deutlich, wie viele Menschen unterschiedlicher Herkunft vom Mittelalter bis zur Gegenwart Mitteleuropa beherbergt, assimiliert, aber auch ausgestoßen hat.[70] Angesichts dieser vielfältigen und kaum gegeneinander auszuspielenden kulturellen Einflüsse fragt man sich, wozu eine Debatte um die „wahren Ursprünge" Europas überhaupt notwendig ist, und warum es nicht reicht, einfach die vielfältigen, für Europas Kulturgeschichte relevanten Impulse zu untersuchen. Vielleicht entspringt diese Debatte um die „wahren Ursprünge" tatsächlich einer kulturellen Unsicherheit, die einige dazu verleitet, sich vor den vonstatten gehenden und noch anstehenden demographischen und soziokulturellen Veränderungen auf diesem Kontinent in starre Denkkategorien zu flüchten. Fraglich ist aber, ob solche Denkmuster flexibel genug sind, um die massiven Veränderungsprozesse der Gegenwart im Sinne einer friedlichen und respektvollen Koexistenz Menschen unterschiedlicher geographischer, ethnischer und geistiger Herkunft in Europa zu bewältigen. Sicher scheint: Nur ein Europa, das bereit ist, die Vielfalt seiner historischen Einflüsse anzuerkennen, ist auch fähig, mit seiner heutigen Vielfalt selbstbewusst und konstruktiv umzugehen.

II. Das Wissen des europäischen Mittelalters zwischen Traditionen und Erfindungen

(Martin Kintzinger)

Geschichte als Politikum

Was Geschichte interessant macht, ist die Tatsache, dass sie zwar vergangen, aber nicht tot ist. Lebendige Geschichte erzählt von der eigenen Vergangenheit von Menschen und Gesellschaften, Kulturen und Staaten, und sie interessiert deshalb auch die heutigen Zeitgenossen. Museen und Ausstellungen, Filme und Romane über Geschichte erfreuen sich großen öffentlichen Zuspruchs. Mehr als andere Epochen fasziniert das Mittelalter heute – gerade weil es in vielem anders, in manchen aber auch ähnlich zur Welt unserer Gegenwart ist. Dass das Mittelalter für heutige Zeitgenossen Aktualität besitzt, ist unbestreitbar. Früher meinte man mitunter, das Mittelalter sei einfach die finstere, barbarische Zeit vor der Moderne gewesen oder, gerade umgekehrt, ein verklärtes Zeitalter der Ordnung und Einheit vor dem Ausbruch der Konflikte, die die Moderne kennzeichnen. Beide Vorstellungen sind irrig und heute überwunden. Das Andere und Eigene des Mittelalters interessiert uns stattdessen, ebenso die Spuren unserer Vergangenheit, die wir darin freilegen können.

So erklärt es sich auch, dass die Interessen heutiger Menschen an der Geschichte sehr unterschiedlich begründet sein können und dass viele solcher Begründungen gleichermaßen nebeneinander stehen dürfen. Vielfach hängt es von persönlichen Neigungen und Prägungen, besonderen Wissenshorizonten, kulturellen oder religiösen Dispositionen ab, warum Menschen sich für die Repräsentationen von Geschichte interessieren und weshalb Veröffentlichungen, Aufführungen oder Ausstellungen öffentliche Aufmerksamkeit finden.

Als 2009/2010 das renommierte Museum im Grand Palais in Paris die Ausstellung „*De Byzance à Istanbul. Un port pour deux continents*“ (Von Byzanz nach Instanbul. Ein Tor zu zwei Kontinenten) zeigte, fand sie überaus regen Zulauf von vielen Menschen.[71] Sie war allerdings auch Gegenstand kontroverser Diskussionen: Von dem damaligen, inzwischen nicht mehr amtierenden Staatspräsidenten, Jacques Chirac, war die Ausstellung ursprünglich angeregt worden, um den diplomatischen Kontakten der Französischen Republik zur Republik Türkei wie auch der Tatsache Ausdruck zu geben, dass sich Frankreich für die Geschichte und Kultur seiner zahlreichen türkischstämmigen, mehrheitlich muslimischen Einwohner interessiert, und um die kulturellen Gemeinsamkeiten und Übergänge zwischen der christlich-europäischen und der türkischen und muslimischen Kultur zu betonen. Als die Ausstellung gezeigt wurde, hatte sich der politisch-diplomatische Kontext inzwischen etwas verändert und der neue Staatspräsident, Nikolas Sarkozy, mochte die verbindenden Töne, die mit dem politischen Programm hinter der Ausstellung verbunden waren, nicht mehr ohne weiteres teilen. Er wollte eher die kulturellen Unterschiede zwischen den Bevölkerungsgruppen in Frankreich zum Gegenstand politischer Diskussion machen. So fand die Ausstellung bei weitem nicht mehr jene politische Unterstützung, mit deren Hilfe sie zuvor initiiert worden war.

Die museale wie auch die wissenschaftliche Erschließung von Geschichte wird nicht selten zum Politikum, vielfach ohne dass die beteiligten Fachleute und Wissenschaftler es so wollen. Für eine unvoreingenommene Annäherung an die Vergangenheit und die Chance, die sie für ein Verständnis von Geschichte und gerade auch der Geschichte und Kultur anderer Menschen, Länder und Völker bietet, ist eine solche Entwicklung in aller Regel ungünstig, manchmal sogar schädlich. Die Erforschung der Geschichte und die Präsentation der Forschungsergebnisse – in welcher medialen Form auch immer – soll und darf weder für noch gegen ihren Gegenstand eingenommen sein. Sympathien und Antipathien sind menschlich verständlich und niemand ist frei davon. Mit entsprechender Rhetorik vorgebracht, können sie aber durchaus suggestiv sein, Leser und Hörer beeinflussen und in jedem Fall verkaufsfördernd wirken. Aber sie verhindern den unvoreingenommenen Zugang zum Thema, der für Bearbeiter wie Rezipienten unerlässlich ist, um einem Gegenstand gerecht werden zu können. In wissenschaftlich-methodischer Arbeit und deren verantwortungsbewusster Präsentation vor der Öffentlichkeit sollten Voreingenommenheiten und Parteinahmen daher keinen Platz finden.

Hier liegt eine Besonderheit und zugleich das Problem des vorliegenden Buches.[72] Seinem Thema nach ist es auf den ersten Blick ein Buch zur allgemeinen Kulturgeschichte und insbesondere zur Wissenschaftsgeschichte des europäischen Mittelalters. Die Beobachtungen und Aussagen, die der Autor auf diesem Feld formuliert, insbesondere seine Thesen zur Aneignung des Wissens der griechischen Antike im lateinisch-europäischen Mittelalter, sind vielfach durchaus anregend und diskussionswürdig. Insoweit vermag das Buch aufschlussreiche Perspektiven der Wissenschaftsgeschichte zu öffnen und als historischer Beitrag auf einem Forschungsfeld Aktualität zu beanspruchen.

Zugleich gerät die Darstellung aber zu einem politischen Manifest des Kulturvergleichs zwischen Christentum und Islam. Damit verlässt sie den legitimen Aussagerahmen, der einer wissenschaftlichen Untersuchung zu einem historischen Thema notwendig vorgegeben ist.

Zäsuren in der Geschichte des Wissens im lateinisch-europäischen Mittelalter

Gerade die Wissenschaftsgeschichte ist ein geeignetes Feld, um den Zusammenhang von sachlicher, wissenschaftlicher Argumentation einerseits und wertender, subjektiver Stellungnahme andererseits zu verdeutlichen.

Lange war man der Meinung, im Mittelalter habe es keine „wirkliche" Wissenschaft gegeben, weil alles Wissen von der Religion vorbestimmt worden sei. Die Geschichte der Wissenschaft wollte man erst mit dem Beginn der Neuzeit, im 16. oder 17. Jahrhundert, anfangen lassen. Manche Zeitgenossen haben es noch immer nicht verstanden, aber diese überhebliche Sicht der Moderne, die sich selbst als Inbegriff des Fortschritts missversteht und ihre eigene Vergangenheit als unaufgeklärtes Dunkel verachtet, ist sachlich falsch und verantwortungslos. Deshalb finden solche Feststellungen in der seriösen wissenschaftlichen und öffentlichen Debatte heute und schon seit längerem kein Gehör mehr.

Insoweit hat Gouguenheim Recht, wenn er zusammenfassend bemerkt, das Mittelalter sei keine „dunkle Zeit" (S. 165) gewesen. Allerdings ist diese Einsicht, wie gesagt, nicht neu und sie gründet zum Teil auf Erkenntnissen geschichtswissenschaftlichen Arbeitens, die im vorliegenden Buch unerwähnt bleiben. Gouguenheim geht es um etwas anderes, um die Feststellung nämlich, die dunklen Zeiten („*les âges sombres*") und das „dunkle

Mittelalter" (S. 1) seien zurückgekehrt. Er meint damit nicht einen historischen Zustand in der Zeit des Mittelalters, sondern die Wertung, die man heute an das Mittelalters heranträgt. Nicht um Vorstellungen von Chaos und Ordnungsverlust geht es ihm dabei, wie sie in einer mit historischen Zusammenhängen unvertrauten Publizistik häufig dann behauptet werden, wenn Gewaltakte und Rechtsverletzungen zu beklagen sind und deshalb das angeblich „dunkle Mittelalter" beschrien wird.

Gouguenheim wählt eine sehr eigene Erklärung für das Szenario von der wiedergekehrten Finsternis des Mittelalters: Die angebliche Selbstverleugnung und bereitwillige Selbstmarginalisierung der europäischen kulturellen Tradition zugunsten einer ideologisch oder politisch motivierten Idealisierung des Islams in der heutigen Forschungsliteratur (S. 6). Um es gleich an dieser Stelle festzuhalten: Gewiss ist vieles von vielen geschrieben worden, aber dass aktuelle Studien aus den Disziplinen der historischen Kulturwissenschaften sich einer derartigen Behauptung verschrieben hätten und dass sie dafür im Fachdiskurs oder der öffentlichen Diskussion anerkannt worden wären oder dass solche Ausführungen einen anerkannten Standpunkt der wissenschaftshistorischen Forschung darstellten, trifft nicht zu. Insofern ist auch eine Widerlegung nicht erforderlich.

Gouguenheim begrenzt seine Aussagen zum europäischen Mittelalter auf die Zeitspanne von Karl dem Großen bis zu Abaelard, also vom 8. bis zum 12. Jahrhundert. Diese Zäsur ist indes kultur- und wissenschaftsgeschichtlich nur bedingt nachvollziehbar.[73] Der Durchbruch naturwissenschaftlicher Erkenntnis und erster Ansätze experimenteller Wissenschaft bei dem großen Gelehrten Albertus Magnus und seinen Zeitgenossen im 13. Jahrhundert ist zweifellos festzustellen, wie es Gouguenheim formuliert (S. 166). Er blieb aber weitestgehend theoretisch und bot gerade darin eine Grundlage für die weitere Entwicklung der elaborierten wissenschaftlichen Theorie der Hochscholastik, wie sie mit dem gewaltigen Werk des Thomas von Aquin und anderer verbunden war. Sie griffen wiederum auf die Ansätze Abaelards und der Frühscholastik, des späten 11. Jahrhunderts und des Übergangs zum 12. Jahrhundert zurück.[74]

Wissenschaftsgeschichtlich bietet es sich kaum an, eine Zäsur zwischen dem 12. und 13. Jahrhundert zu setzen und die beiden erwähnten Entwicklungsphasen der scholastischen Wissenschaft zu trennen. Deshalb wird seit längerem die früher beliebte Rede von einer „Renaissance des 12. Jahrhunderts", die den Beginn der Scholastik als wissenschaftlicher Methode der Logik und seiner weitreichenden Folgen bezeichnen sollte, nicht mehr geführt. Gouguenheim allerdings verwendet dieses Formulierung noch (S. 51, 56).

Auch die in der Argumentation Gouguenheims (S. 84) so entscheidende Rezeption der aristotelischen Schriften, die in der Tat von grundlegender, geradezu einzigartiger Bedeutung für die scholastische Wissenschaft und den Unterricht an den entstehenden Universitäten war, kennzeichnete beide Jahrhunderte gleichermaßen. So ist es von der französischen und deutschen Forschung bis zuletzt herausgearbeitet worden.[75]

Dass man im späten Mittelalter gleichzeitig kritisch mit den Aussagen des Aristoteles umzugehen begann, in der Naturphilosophie seit dem 14. Jahrhundert, in der Kosmologie und der Medizin spätestens seit dem Übergang zum 16. Jahrhundert, und dass schließlich die kirchlichen Autoritäten im 17. Jahrhundert die ihrerseits früher entschieden bekämpften Werke des Aristoteles nun zitierten, um damit der empirischen Wissenschaft etwa Galileo Galileis entgegenzutreten – dies alles ist gewiss unbestreitbar.

In den historischen Kulturwissenschaften denkt man derzeit durchaus über eine Neubewertung und mögliche Neubestimmung der überkommenden Zäsurvorstellungen nach. Dabei wird auch die Frage diskutiert, ob man wie bisher mit dem 13. Jahrhundert den Beginn einer neuen Teilepoche innerhalb des europäischen Mittelalters ansetzen solle oder eher mit dem 12. Jahrhundert. Für die universitäts- und wissenschaftshistorische Akzentuierung kann dabei auf die umfangreichen Forschungen von Jacques Verger zurückgegriffen werden, der den auch durch die Aristoteles-Rezeption bedingten Aufschwung der abendländischen Universitäten im 13. Jahrhundert nachgezeichnet hat.[76] Neueste Arbeiten der wissenshistorischen Forschung ließen sich hier anführen, wie die Untersuchung von Sita Steckel, die Kulturen des Lehrens an westeuropäischen Schulen unter der Fragestellung von Netzwerkbildungen, Wissens- und Autoritätskonzepten erfasst und dafür einen Entwicklungszeitraum vom 9. bis zur Mitte des 12. Jahrhunderts absteckt.[77] Programmatisch formuliert ist ein Essay von Johannes Fried, der für das europäische Mittelalter von einer Wissensgesellschaft spricht.[78] Auch er geht von einem Wandel mit dem 13. Jahrhundert aus. Allerdings betont er, dass sowohl die byzantinische Wissenschaft als auch diejenige des islamischen Kulturraumes nach dem 12. Jahrhundert an Bedeutung verloren hätten, während die abendländische Wissensgesellschaft seit dem 13. Jahrhundert weiter als zuvor auf die Welt ausgegriffen habe.

Gouguenheim konzentriert sich statt dessen ausschließlich auf die Übersetzungstätigkeit orientalischer und europäischer christlicher sowie arabisch-islamischer Gelehrter und postuliert daraus eine Zäsur im 13. Jahrhundert (S. 164). Es ist nicht auszuschließen, dass sein Beitrag zu dieser Diskussion in deren weiterem Verlauf noch entdeckt und gewürdigt werden wird. Auch die Entwicklung und Bedeutung von Übersetzungstätigkeit könnte dabei eine Neubewertung erfahren.[79]

Im Kern seiner wissenschaftshistorischen Aussagen geht es Gouguenheim darum, eine frühe, erste und systematische Übersetzertätigkeit in Europa und bezogen auf die Werke der griechischen Antike im Konvent des Klosters auf dem Mont Saint-Michel im frühen 12. Jahrhundert (S. 84 ff., 99) nachzuweisen. Sollte diese These verifiziert und in der internationalen Forschung anerkannt werden, so wäre damit zweifellos eine wissenschaftsgeschichtlich weiterführende Erkenntnis gewonnen. Insoweit ist das Buch Gouguenheims als Beitrag zur Wissenschaftsgeschichte des europäischen Mittelalters zu verstehen.

Allerdings ist daraus nicht zu folgern, dass die andernorts als auf dem Mont Saint-Michel, verstärkt im 13. Jahrhundert und, wie bekannt, auch im arabisch-islamischen Kulturraum geleistete Übersetzertätigkeit beim Transfer des Wissens der griechischen

Antike in das lateinisch-europäische Mittelalter in ihrer Bedeutung zu relativieren wäre.

Doch Gouguenheim geht noch weiter: Er will mit einer kulturvergleichenden Hypothese die Bedeutung der Vermittlungstätigkeit nichtchristlicher Autoren marginalisieren und, mehr noch, die Transferleistungen der islamischen Kultur und ihrer Vertreter insgesamt negieren. Damit stellt er sich in Widerspruch zum gesicherten internationalen Forschungsstand und verlässt die Grundlagen methodisch seriöser wissenschaftlicher Argumentation. Deshalb wird ihm die Forschung darin nicht folgen wollen und nicht folgen dürfen.

Wissensgeschichte zwischen den Kulturen im Mittelalter

An der immensen Bedeutung der antiken griechischen Kultur und ihrer Überlieferungen für die Geschichte und Kultur Europas ist nie ernsthaft gezweifelt worden. Eine in den USA 2006 erschiene Zusammenstellung von „Mysteries of the Middle Ages" führt auch die Frage „Why Greeks matter" auf und kommentiert dazu: „The Greek contribution [...] brings us to the medieval period".[80]

Im Kontext heutiger Diskussionen um Wissenskompetenzen und Expertenwissen wird neuerdings wieder verstärkt auf die Bedeutung der griechischen Antike hingewiesen.[81] Dieser Zusammenhang spielt in der öffentlichen Wahrnehmung gerade der deutschen Gesellschaft deshalb eine Rolle, weil man mit einer Wiederentdeckung von Bildungshorizonten und Wissensstandards auch nach den Ursprüngen und Traditionen der eigenen Wissenskultur fragt. In der wissenschaftlichen Diskussion werden hingegen zwar von Fachleuten Spezialfragen der Rezeption griechischer Überlieferungen thematisiert. Die Bedeutung der griechischen Kultur für die Entwicklung Europas steht hingegen, weil sie unumstritten ist, nicht im Mittelpunkt des Nachdenkens.

Anders verhält es sich offenbar mit der Feststellung, dass die unter islamischer Herrschaft wirkenden jüdischen, christlichen und islamischen Gelehrten durch ihre Rezeptions- und Übersetzungsleistungen zu tragenden Vermittlern der griechischen Kultur an das lateinisch-christliche Abendland während des Mittelalters geworden seien. In einer informierten Öffentlichkeit ist dieser Zusammenhang seit langem mit ähnlicher Selbstverständlichkeit als Tatsache genommen worden wie die Rolle des alten Griechenlands für die europäische Kultur selbst. Dass sich kompetente Fachleute über komplexe Fragen der Rezeptions- und Überlieferungsforschung verständigten, blieb daneben eher ein wissenschaftsinternes Geschehen.

Seit den weltpolitischen Ereignissen des 11. September 2001 und seiner Folgen, zu denen auch vermehrte Diskussionen über Migrationsentwicklungen und Identitätsdebatten in der politischen Öffentlichkeit gehören, scheint sich daran etwas geändert zu haben. Einerseits haben sowohl die öffentliche Aufmerksamkeit wie auch die wissenschaftlichen Diskurse begonnen, sich in zuvor ungekannter Dichte und Häufigkeit mit der Wahrnehmung des Islam und vor allem der Muslime in Europa zu befassen. Hierzu gibt es, wie bekannt, eine Vielzahl populistischer Äußerungen, aber auch begründete Aussagen unterschiedlicher Akzentuierung.

Mit der Frage nach der Vermittlungsleistung der arabisch-islamischen Kultur zwischen der griechischen Antike und dem europäischen Mittelalter haben solche gesellschaftspolitischen Entwicklungen der Gegenwart allerdings erkennbar nichts zu tun. Weder kann das öffentliche Interesse daran oder vermag gar der wissenschaftliche Diskurs darüber von unmittelbarer Bedeutung für die aktuellen gesellschaftspolitischen Debatten sein, noch sollten diese die Wahrnehmung und das Verständnis der historischen Zusammenhänge direkt beeinflussen.

Dennoch ist eine solche Tendenz festzustellen. So ist ein Artikel zur historischen Bildwissenschaft in einer großen deutschen Tageszeitung Ende 2010 mit folgender Überschrift versehen und gewissermaßen kommentiert worden: „Was heißt es für die Kunstgeschichte als Kulturwissenschaft, dass sich die Erfindung der Perspektive einem arabischen Traktat verdankt?“[82] Man mag hier von einer gesteigerten Sensibilität für aktuelle gesellschaftspolitische Interessenlagen und Diskussionsfelder sprechen, die offenbar nicht nur im Journalismus, sondern auch in der Wissenschaft festzustellen ist. Darin kann ein Gewinn liegen für das Verständnis der aktuellen Bezüge und Bedeutungszuschreibungen von kulturwissenschaftlicher und historischer Forschung in einer weiteren Öffentlichkeit.

Selbstverständlich ist es legitim, dass Wissenschaftler aus ihren Forschungserkenntnissen verantwortliche Stellungnahmen zu gesellschaftspolitischen Diskussionsfeldern ableiten. Wissenschaft kann und soll sich für gesellschaftliche und politische Anliegen im öffentlichen Raum engagieren. Aber sie muss notwendig, gewissenhaft und transparent darlegen, wo das wissenschaftliche Urteil endet und die politische oder persönliche Wertung beginnt. Keinesfalls darf ein Wissenschaftler hier unklar bleiben und den Lesern seiner Veröffentlichung suggerieren, dass seine persönliche Meinung auch den Geltungsanspruch einer wissenschaftlichen Aussage habe.[83]

Der gegenwärtige Forschungsstand in der Wissenschaft ist derzeit an dem 2006 veröffentlichten Tagungsband zum Thema „Wissen über Grenzen. Arabisches Wissen und lateinisches Mittelalter“ abzulesen.[84] Zurückgehend auf eine zwei Jahre zuvor am Thomas-Institut der Universität Köln durchgeführte interdisziplinäre Tagung dokumentiert der Band mit insgesamt 44 Beiträgen die heute weit entwickelte Kenntnis zur Bedeutung der aus dem arabisch-islamischen Kulturraum vermittelten Wissenschaften für das mittelalterliche Europa. In der Einleitung zitiert der Herausgeber, der Philosophiehistoriker Andreas Speer (Köln), den in seiner Zeit hochrenommierten Naturforscher Alexander von Humboldt, der 1845 feststellte: „Die Araber […] führen zurück zu den ewigen Quellen griechischer Philosophie, sie tragen nicht bloß dazu bei, die wissenschaftliche Kultur zu erhalten, sie erweitern sie und eröffnen der Naturforschung neue Wege“.[85] Ob man diese Emphase heute noch teilen möchte, mag der persönlichen Entscheidung jedes einzelnen überlassen sein. Der Kölner Tagungsband jedenfalls beabsichtigt und erreicht in der beeindruckenden Fülle seiner fachkundigen Beiträge eine Versachlichung, indem er die Vielfältigkeit der Entwicklungen der unter islamischer Herrschaft erbrachten wissenschaftlichen Leistungen im Mittelalter und die weiten Bezugsfelder ihres Einflusses auf die Wissenschaften im lateinisch-christlichen europäischen Mittelalter aufzeigt.[86] Sie können vor allem als Rezeptions- oder Transferprozesse beschrieben werden, mitunter auch als Austauschvorgänge und vielfach als Impulse, die in Europa eigenständig weiter entwickelt worden sind. In einer Vielzahl wissenschaftlicher Veröffentlichungen werden mit unbestrittener sachlicher Begründung herausragende Gelehrte der arabisch-islamischen und der lateinisch-christlichen Kultur vergleichend und als Vertreter der Wissenschaften ihrer Zeit vorgestellt.[87] Aktuelle Forschungen belegen mit Verweis auf Quellenaussagen aus dem späten Mittelalter und dem Beginn der Frühen Neuzeit die Hochschätzung der unter arabisch-islamischer Herrschaft betriebenen Forschungen durch europäische Gelehrte jener Zeit, die auch deren Transferleistung in Bezug auf das Wissen der griechischen Antike ausdrücklich mit einschloss.[88]

Die Tatsache, dass ein wesentlicher Überlieferungsweg des griechischen Wissens nach Europa über die arabischen Wissenschaften führte, kann angesichts der Ergebnisse des Tagungsband von 2006 und der sonstigen aktuellen Studien als gesichert gelten und nicht bezweifelt werden.

Wer sich deshalb die Emphase Alexander Humboldts zu eigen machen und fortschreiben will, wie beispielsweise der Philosophiehistoriker Alain de Libera (Paris/ Genf) in seinen eigenen Veröffentlichungen, wird sich mit solch einer Wertung notwendigerweise auf dem Boden des sachlichen Forschungsstandes bewegen müssen. De Libera beachtet diese Bedingung, indem er die gesicherten Kenntnisse (mit einer die Bedeutung der islamischen Transferleistung betonenden Wertung) kommentiert, nicht aber ihre Sachaussagen verändert. Deshalb kann er dem „*Occident chrétien*“ (dem christlichen Abendland) vorhalten, sein arabisch-islamisches Erbe als „*héritage oublié*“ (vergessenes Erbe) vernachlässigt oder verleugnet zu haben.[89]

Ohne die Emphase de Liberas, aber ebenfalls mit Betonung der Bedeutung des Islams in der Geschichte Europas arbeitet der Historiker und Islamwissenschaftler Jean-Paul Roux (Paris) in seinem 2007 veröffentlichen Buch „*Un choc de religion*“ (Ein Zusammenstoß der Religionen), über die lange Geschichte von Konflikten zwischen Islam und Christentum vom 7. Jahrhundert bis zur Gegenwart.[90] Seine Themenformulierung erinnert an die vieldiskutierten, allerdings in ihrer Wertung gerade entgegengesetzten Thesen des Politikwissenschaftlers Samuel Huntington (Cambridge/Mass.) von 1996 über den „*Clash of Civilisations*“ (Konflikt der Kulturen), einen vermeintlich langwährenden und epochalen Konflikt der Weltreligionen, der als Verständnishorizont in Gouguenheims Darstellung mitschwingt (S. 152).[91] Der Titel des Buches von Huntington ist inzwischen zu einem Schlagwort in der öffentlichen Debatte geworden, womit aber keinesfalls vorentschieden ist, ob man Konflikt und Krieg oder Kommunikation und Kooperation zwischen Christentum und Islam betonen will. Roux hat sich, wie de Libera, für die zweite Deutung entschieden.

Gouguenheim hingegen, der die aktuellen Forschungsergebnisse grundsätzlich relativieren will, den Kölner Tagungsband allerdings beispielsweise nicht zur Kenntnis nimmt, wertet ähnlich emphatisch wie de Libera, wagt sich aber dabei zu einer allgemeinen kulturpessimistischen Deutung vor. Sie betont nachhaltig ein Aggressionspotenzial des Islam und bezweifelt die kulturellen Leistungen der mittelalterlichen arabisch-islamischen Kultur. Damit verlässt er in den Inhalten seiner Aussagen wie in den Methoden seiner Recherche eindeutig die Grundlage der gesicherten Forschungsergebnisse. Seine Behauptungen sind nicht mehr durch Erkenntnisse wissenschaftlicher Arbeit gedeckt. Nicht zufällig nimmt Gouguenheim in seinem Buch entschieden Stellung gegen die Äußerungen Rouxs und vor allem de Liberas, der im Gegenzug heute zu den heftigsten Kritikern Gouguenheims gehört (S. 5, 7, 113 f.).[92]

De Libera hat selbst Gegenschriften gegen das Buch Gouguenheims herausgebracht.[93] Weitere Vertreter der von seinen Thesen angesprochenen Disziplinen kritisieren von Gouguenheim verwendete Leitbegriffe als methodisch haltlos und stellen in ihren teils heftigen Entgegnungen Listen auf von einschlägigen wissenschaftsgeschichtlichen Studien, die Gouguenheim übersehen, jedenfalls nicht nachgewiesen hat, von Fehleinschätzungen und tatsächlichen sachlichen Fehlern.[94]

Die Vorwürfe gegen Gouguenheims Buch sind ernstzunehmen, nicht nur hinsichtlich seiner Angaben zur Geschichte, Bedeutung und Einschätzung der in der arabisch-islamischen Welt erbrachten kulturellen Leistungen, wie Daniel König im vorliegenden Kommentar aufgezeigt hat, sondern auch bezogen auf seine wissenschaftshistorischen Ausführungen. Die Aufgabe dieses Kommentars ist es indes nur, auf diese Tatsache hinzuweisen und nicht, die Vorwürfe gegen Gouguenheim hier im Einzelnen zu wiederholen, zu verifizieren oder zu falsifizieren. Aufmerksamer Lektüre werden die gestalterischen Besonderheiten des Buches nicht entgehen. In jedem Fall wird man persönliche Meinungen des Autors von den wissenschaftshistorischen Aussagen seines Textes, mit denen sie eng, wenn auch nicht unentwirrbar, verflochten sind, grundsätzlich unterscheiden müssen. Da das Buch von Gouguenheim diese Anforderung an seine Leserinnen und Leser stellt, sollte der vorliegende kritische Kommentar eine erste Orientierungshilfe geben.

Anmerkungen

1 Roger-Pol Droit, Et si l'Europe ne devait pas ses savoirs à l'islam?, in: Le Monde, 4. 4. 2008, S. 6, bezeichnet das Buch als „Etonnante rectification des préjuges de l'heure".

2 www.telerama.fr/idees/petition-de-l-ecole-normale-superieure-lettres-et-sciences-humaines,28371.php.

3 Collectif international de 56 chercheurs en histoire et philosophie du Moyen Age, Oui, l'Occident chrétien est redevable au monde islamique, in: Libération, 30. 4. 2008, www.liberation.fr/tribune/010179795-oui-l-occident-chretien-est-redevable-au-monde-islamique, heruntergeladen am 19. 11. 2010.

4 Max Lejbowicz (Hrsg.), L'Islam médiéval en terres chrétiennes. Science et idéologie, Villeneuve d'Ascq: Septentrion, 2008, S. 30–44.

5 Vgl. www.rdv-histoire.com/fichiers/pdf/journal_2008.pdf

6 John Vinocur, Europe's Debt to Islam Given a Skeptical Look, in: International Herald Tribune, 28. 4. 2008, www.nytimes.com/2008/04/28/world/europe/28iht-politicus.2.12398698. html, heruntergeladen am 15. 11. 2010; Johannes Wetzel, Was Europa dem Islam verdankt – und was nicht, in: Welt-Online, www.welt.de/kultur/article1957436/Was_Europa_dem_Islam_verdankt_und_was_nicht.html, heruntergeladen am 15. 11. 2010; Dag Nikolaus Hasse, Pseudowissenschaft vom Abendland, in: Frankfurter Allgemeine Zeitung, Nr. 141, 19. 6. 2008, S. 40; Tahar Ben Jelloun, Un professore tutto occidentale, in: La Repubblica, 23. 5. 2008, S. 56; Franco Volpi, Aristotele e l'Islamofobia, in: La Repubblica, 11. 3. 2009, S. 39; Ḥassān Talīlī, muḥāwalat litamhīš faḍl al-ḥaḍāra al-ʿarabiyya al-islāmiyya ʿalā 'l-ġarb [Ein Versuch, die Überlegenheit der arabisch-islamischen Zivilisation gegenüber dem Westen zu minimieren], in ar-Riyāḍ, Nr. 14569, 14. 5. 2008, www.alriyadh.com/2008/05/14/article342466.html, heruntergeladen am 19. 11. 2010; Dayn Ūrubba aṯ-ṯaqāfī li'l-ʿālam al-islāmī, in: al-Ḥayāt, 14. 5. 2008, www.daralhayat.com/archivearticle/203028, heruntergeladen am 19. 11. 2010.

7 Le Goff défend Gouguenheim, in: L'Express. fr., 15. 5. 2008, www.lexpress.fr/informations/le-goff-defend-gouguenheim_723012.html, heruntergeladen am 19. 11. 2010.

8 www.leconservateur.bafweb.com/index.php?2008/04/30/1336-il-faut-soutenir-sylvain-gougenheim: „Une poignée de professeurs de l'Ecole Normale Supérieure Lettres et sciences humaines (ENS LSH) lance donc dans Télérama une véritable fatwa aussi brouillonne qu'obscurantiste, puisque, plus que le fond de l'ouvrage, c'est l'utilisation de son argumentaire par des groupes xénophobes et islamophobes qui s'expriment ouvertement sur internet' qui réveille nos vieux crypto-communiste dhimmisés.", 30. 4. 2008, heruntergeladen am 19. 11. 2010.

9 www.lesalonbeige.blogs.com/my_weblog/2008/04/fatwa-contre-sy.html, u. a. mit dem Kommentar: „Un grand bravo à Sylvain Gouguenheim pour son courage. Et un non moins grand merci pour l'énorme quantité d'informations qu'il nous apporte. Les non spécialistes sont maintenant bien armés pour tenir tête à tous le dhimmis de service.", 30. 4. 2008, heruntergeladen am 19. 11. 2010.

10 Siehe www.kybeline.com/2008/05/01/sylvain-gouguenheim-der-islam-spielte-keine-rolle/: „Die Kulturbeschöniger stellen den mittelalterlichen Islam als Bindeglied zwischen den Antike und der Renaissance dar. Gougenheim widerlegt diese Behauptung in seinem letzten Buch (...). Was noch erwähnenswert ist: Es gibt bereits eine Fatwa gegen Gouguenheim.", 1. 5. 2008, heruntergeladen am 19. 11. 2010.

11 Alain de Libera, Landerneau terre d'Islam, in: Télérama.fr, 28. 4. 2008, www.telerama.fr/idees/landerneau-terre-d-islam-par-alain-de-libera,28252.php, heruntergeladen am 19. 11. 2010.

12 Philippe Büttgen, Alain de Libera, Marwan Rached, Irène Rosier-Catach (Hrsg.), Les Grecs, les Arabes et nous. Enquête sur l'islamophobie savante, Paris 2009.

13 www.alawan.org/%D9%81%D9%8A-%D8%A7%D9%84%D8%AC%D8%AF%D9%84-%D8%AD%D9%88%D9%84-%D9%83%D8%AA%D8%A7%D8%A8.html. Der Artikel, auf den dankenswerterweise Dr. Yassir Benhima (Sorbonne nouvelle Paris III) aufmerksam machte, zählt neben einer 1990 in Turin abgehaltenen Tagung zum Thema der „europäischen kulturellen Identität" u. a. die folgenden Werke auf: Jean-Christophe Rufin, L'empire et les nouveaux barbares, Paris 1991; Jacques Le Goff, La vielle Europe et la notre, Paris 1994; Jacques Attali, Europe(s), Paris 1994; Jacques Derrida, L'autre cap. Suivi de la démocratie ajournée, Paris 1991; Rémie Brague, Europe: la voie romaine, Paris 1992; Peter Sloterdijk, Falls

Europa erwacht. Gedanken zum Programm einer Weltmacht am Ende des Zeitalters ihrer politischen Absence, Frankfurt a. M. 2002, Slavoj Žižek, Que veut l'Europe? Réflexions sur une nécessaire réappropriation, Castelnau-le-Lez 2005.

14 Hierzu etwa: Heinz Durchhardt, Andreas Kunz (Hrsg.), 'Europäische Geschichte' als historiographisches Problem, Mainz 1997. Siehe auch Klaus Oschema, Europa in der mediävistischen Forschung – eine Skizze, in: Rainer Schwinges, Christian Hesse, Peter Moraw (Hrsg.), Europa im späten Mittelalter, München 2006, S. 11–32, dessen derzeitiges Forschungsprojekt „Bilder von Europa. Europa-Konzepte im Mittelalter und in der mediävistischen Forschung", bald weitere Ergebnisse erzielen wird.

15 Vgl. etwa Victor Mordecai, Der Islam – eine globale Bedrohung?, Holzgerlingen 1999; René Marchand, La France en danger d'Islam. Entre Jihad et Reconquista, Lausanne 2002; Bernd Georg Thamm, Terrorbasis Deutschland. Die islamistische Gefahr in unserer Mitte, Kreuzlingen 2004; Christophe Deloire; Christophe Dubois, Les islamistes sont déjà là. Enquête sur une guerre secrète, Paris 2004; Bruce Bawer, While Europe Slept. How Radical Islam is Destroying the West from Within, New York 2006; Egon Flaig, Der Islam will die Welteroberung, in: Frankfurter Allgemeine Zeitung, 16. 9. 2006, Nr. 216, S. 35. Siehe die Besprechung dieser Werke in: Daniel König, Wie eine Religion Staat und Gesellschaft durchdringt. Zu den Entstehungsbedingungen und -voraussetzungen einer staats-, gesellschafts- und kulturtragenden Religion, in: Felix Heidenreich, Jean-Christophe Merle, Wolfram Vogel (Hrsg.), Staat und Religion in Frankreich und Deutschland, Berlin 2008, S. 25–36.

16 Siehe zusammenfassend: Ahmad Shboul, al-Masʿūdī and his World. A Muslim Humanist and his Interest in Non-Muslims, London 1979, S. 151–226.

17 Siehe hierzu etwa André Miquel, La géographie humaine du monde musulman jusqu'au 11e siècle, 4 Bde., Paris [3]2001. Zu arabisch-islamischen Europadarstellungen und der Diskussion um die mangelnde Neugier der arabisch-islamischen Welt gegenüber „dem Anderen" vgl. neuerdings Daniel König, Muslim Perception(s) of 'Latin Christianity'. Methodical Reflections and a Reevaluation, in: Comparativ 20/4 (2010), S. 18–42, mit Verweis auf die frühere Forschungsliteratur.

18 Zur Gegenüberstellung von „orientalischem Despotismus" und „griechischer Freiheit" siehe u. a. Anuschka Albertz, Exemplarisches Helenentum. Die Rezeptionsgeschichte der Schlacht an den Thermopylen von der Antike bis zur Gegenwart, München 2006, S. 242 f.

19 Christian Meier, Kultur um der Freiheit willen. Griechische Anfänge – Anfänge Europas?, München 2009, S. 7–60, wo Meier die Griechen nicht nur als eine neben mehreren Wurzeln Europas betrachtet. Auch der Althistoriker Egon Flaig stellt Islam und „freies griechisches Denken" als Gegensatzpaar dar, siehe: Egon Flaig, Der Islam will die Welteroberung, in: Frankfurter Allgemeine Zeitung, Nr. 216, 16. 9. 2006, S. 35.

20 Charles Homer Haskins, The Renaissance of the Twelfth Century, Princeton 1927.

21 Hierzu u. a. Marco di Branco, Storie arabe di greci et di romani. La Grecia e Roma nella storiografia arabo-islamica medievale, Pisa 2009.

22 Eine alternative Textsammlung in Übersetzung findet sich bei Franz Rosenthal, Das Fortleben der Antike im Islam, Zürich 1965.

23 Hierzu auch Cristina D'Ancona, Aristotle and Aristotelianism, in: Encyclopaedia of Islam, THREE, Brill Online: www.brillonline.nl/subscriber/entry?entry=ei3_COM-0170, heruntergeladen am 20. 11. 2010.

24 Ṣāʿid al-Andalusī, kitāb ṭabaqāt al-ummam, ed. Louis Cheikho, Beirut 1912, S. 20–21.

25 Ibn Ḫallikān, wafayāt al-aʿyān, cap. 706: „al-Fārābī al-faylasūf", ed. Iḥsān ʿAbbās, 8 Bde., Beirut

1968–72, Bd. 5, S. 153–54, übers. von Daniel König. Alternative englische Übersetzung: Ibn Khallikan's Biographical Dictionary, übers. William MacGuckin de Slane, Paris 1868, Bd. 3, S. 307–308.

26 Vgl. etwa die Ausführungen Berthold Spulers in einem 1953 gehaltenen Vortrag: Berthold Spuler, Hellenistisches Denken im Islam, in: Ders., Gesammelte Aufsätze, Leiden 1980, S. 13–26, oder auch: Javier Teixidor, D'Antioche à Bagdad. Bibliothèques et traductions syriaques, in: Luce Giard, Christian Jacob (Hrsg.), Des Alexandries. Du livre au texte, Paris 2001, S. 249–62.

27 al-Masʿūdī, kitāb at-tanbīh wa 'l-išrāf, ed. Michael de Goeje, Leiden 1893, p. 154–55, übers. von Daniel König. Alternative französische Übersetzung: Maçoudi, Le Livre de l'avertissement et de la revision, übers. Bernard Carra de Vaux, Paris 1896, p. 212–13.

28 Ibn an-Nadīm, kitāb al-Fihrist, ed. Gustav Flügel, 2 Bde., Leipzig 1871–72, Bd. 1, S. 244, S. 294–303.

29 Siehe die Bibliographie bei Gotthard Strohmaier, Ḥunayn bin Isḥāḳ al-ʿIbādī, in: Encyclopaedia of Islam 2, Bd. 3, Leiden 1971, S. 578.

30 Zu diesem siehe Gerhard Endress, Mattā b. Yūnus (Yūnān) al-Ḳunnā', Abū Bishr, in: Encyclopaedia of Islam 2, Leiden 1991, Bd. 6, S. 844.

31 Ibn Ḫallikān, wafayāt al-aʿyān (wie Anm. 25), cap. 706: „al-Fārābī al-faylasūf", Bd. 5, S. 153–54, übers. von Daniel König. Alternative englische Übersetzung: Ibn Khallikan's Biographical Dictionary (wie Anm. 25), Bd. 3, S. 307.

32 al-Masʿūdī, murūǧ aḏ-ḏahab wa maʿādin al-ǧawhar (übers. als Les Prairies d'or), ed./übers. Charles Barbier de Meynard, Abel Pavet de Courteille, Charles Pellat, 7 Bde. (5 Bde.), Beirut 1966–79 (Paris 1962–97), § 741, S. 45–46 (Arab.), S. 278 (Franz.), übers. von Daniel König. Eine ähnliche, wenn auch sehr pauschalisierende Erklärung wird u. a. auch von modernen Vertretern der Medizingeschichte gegeben, siehe z. B. Charles Singer, E. Ashworth Underwood, A Short History of Medicine, Oxford ²1962, S. 69 f. Dagegen Gouguenheim, Aristoteles, S. 66–67, der von einer kontinuierlichen Pflege des hellenistischen Geisteserbes in Byzanz ausgeht.

33 Vgl. etwa die Ausführungen bei Ibn an-Nadīm, kitāb al-Fihrist (wie Anm. 28), S. 243.

34 Ibn Ḫaldūn, tārīḫ, ed. Suhayl Zakkār, Ḫalīl Šaḥāda, 8 Bde., Beirut 2000–2001, Bd. 1, S. 632–33, übers. von Daniel König.

35 Einen Überblick liefert Peter Gemeinhardt, Das lateinische Christentum und die antike pagane Bildung, Tübingen 2007, S. 487–512.

36 Gotthard Strohmaier, Ḥunayn bin Isḥāḳ al-ʿIbādī (wie Anm. 29), S. 578: „Like other Christian translators he felt the obligation to eliminate all traces of paganism from the works of the ancients, e. g., to replace the pagan gods by the one God and His angels, etc. Usually this did not impair the scientific value of his translations, but it did some harm to the rich mythological material found in the dream-book of Artemidorus."

37 Siehe hierzu auch die folgende Bewertung: Franz Rosenthal, Yūnān, in: Encyclopaedia of Islam 2, Leiden 1965, Bd. 11, S. 343: „In the end, a kind of compromise came about. While Greek logic and metaphysics as such were mostly, but not always, vilified and rejected, they played an often unacknowledged vital role in Muslim theological and juridical discussion. On the other hand, the Greek heritage in the sciences was accepted as indispensable, often with apologies and accompanied by efforts to prove the usefulness of those sciences for religious purposes, as in the case of mathematics and astronomy. And medicine continued to rely almost exclusively and without apology on the ancient Greek authorities and their writings."

38 Sigrid Hunke, Allahs Sonne über dem Abendland. Unser arabisches Erbe, Stuttgart 1960; Juan Vernet, Lo que Europa debe al Islam de España, Barcelona 1999, ursprünglich veröffentlicht unter dem Titel: Juan Vernet, La cultura hispanoárabe en Oriente y Occidente, Barcelona 1978.

39 Siehe die Homepage des Instituts: http://web-uni-frankfurt.de/fb13/gaiw.

40 Fuat Sezgin (Hrsg.), The Reception and Assimilation of Greek and Indian Science in Islam, 4 Bde., Frankfurt a. M. 2005.

41 Fuat Sezgin (Hrsg.), The Reception and Assimilation of Arabic Science in the Occident, 6 Bde., Frankfurt a. M. 2005.

42 Fuat Sezgin (Hrsg.), The Reception and Assimilation of Islamic Medicine in the Occident, 2 Bde., Frankfurt a. M. 2005–2006; Id. (Hrsg.), Constantinus Africanus and Arabic Medicine. The School of Salerno, 3 Bde., Frankfurt a. M. 2006; Id. (Hrsg.), The Reception and Assimilation of Arabic Medicine. The School of Montpellier, Frankfurt a. M. 2006; Heinrich Schipperges, Selected Writings on the Reception and Assimilation of Islamic Medicine in the Occident, ed. Fuat Sezgin, Frankfurt a. M. 2006;

43 Fuat Sezgin (Hrsg.), The Reception and Assimilation of Islamic Mathematics and Astronomy in the Occident, 4 Bde., Frankfurt a. M. 2006; Id. (Hrsg.), The Book on Arithmetic by Muhammad Ibn Mûsâ al-Khwârizimî. Western Translations and Adaptations, 2 Bde., Frankfurt a. M. 2006; Id. (Hrsg.), Al-Kitâb al-mukhtasar fî hisâb al-jabr wa-l-muqâbala by Muhammad ibn Mûsâ al-Khwârizmî. Western Translations and Adaptations, Frankfurt a. M. 2006; Mâshâ'allâh and al-Farghânî. Their Works in Western Translations, Frankfurt a. M. 2006; Id. (Hrsg.), The Banû Mûsâ and Thâbit ibn Qurra. Their Works in Western Translations and Adaptations, Frankfurt a. M. 2006; Id. (Hrsg.), The Astronomical Works of Thabit b. Qurra by Francis J. Carmody, Frankfurt a. M. 2006; Id. (Hrsg.), Az-Zarqâlî and al-Bitrûjî. Their Works in Western Translations and Adaptations, Frankfurt a. M. 2006; Id. (Hrsg.), Leonardo Fibonacci and his Arabic Sources, Frankfurt a. M. 2006; Id. (Hrsg.), The Tables of al-Khwârizmî and the Tabulae Toletanae, Frankfurt a. M. 2007; Id. (Hrsg.), Kitâb al-Anwâʿ by ʿArîb ibn Saʿd al-Qurtubî and its Latin Translations, Frankfurt a. M. 2007; Id. (Hrsg.), The Hindu-Arabic Numerals and their Transmission to the Occident, Frankfurt a. M. 2007.

44 Fuat Sezgin (Hrsg.), The Reception of Islamic Philosophy in the Latin West, Frankfurt a. M. 2007.

45 Fuat Sezgin (Hrsg.), Gerbert and the Transmission of the Arabic-Islamic Sciecnes to the Occident, 2 Bde., Frankfurt a. M. 2007.

46 Fuat Sezgin, The Optics of Ptolemy and its Arabic-Latin Transmission, Frankfurt a. M. 2007.

47 Fuat Sezgin (Hrsg.), Arabic Versions of Aristotle's Works in Latin Translation, 2 Bde., Frankfurt a. M. 2007.

48 Fuat Sezgin (Hrsg.), Avicenna Latinus. The Reception and Assimilation of Ibn Sînâ in the West, 2 Bde., Frankfurt a. M. 2007.

49 Fuat Sezgin (Hrsg.), Two Texts by Ibn Rushd in their Medieval Latin Translation, Frankfurt a. M. 2007; Id. (Hrsg.) Averroes Latinus, Frankfurt a. M. 2007.

50 Zu diesen zählen etwa Baldassarre Boncompagni, Marie-Thérèse d'Alverny, Douglas Morton Dunlop, Johann Fück, Francesco Gabrieli, Ignaz Goldziher, Gustav Edmund von Grunebaum, Charles Homer Haskins, Ramón Menéndez Pidal, José María Millás Vallicrosa, Carlo Alfonso Nallino, Delacy O'Leary, Rudi Paret, Claudio Sánchez-Albornoz, Joseph Schacht, Heinrich Schipperges, Berthold Spuler, Moritz Steinschneider, Karl Sudhoff, Lynn Thorndike, Richard Walzer, Gaston Wiet, Ferdinand Wüstenfeld und viele andere.

51 Hierzu immer noch maßgeblich sind die Forschungen von Moritz Steinschneider, vgl. etwa: Moritz Steinschneider, Die hebräischen Übersetzungen des Mittelalters und die Juden als Dolmetscher, Berlin 1893. Zur Rolle von Juden im Prozess des Wissenstransfers zuletzt: Frederek Musall, Vom „Schlüssel der Wissenschaften" zum „Schlüssel des Gesetzes". Wissenskultur und Wissenstransfer im europäischen Mittelalter am Beispiel Mosche ben Maimons, in: Michael Borgolte, Juliane Schiel, Bernd Schneidmüller, Annette Seitz (Hrsg.), Mittelalter im Labor. Die Mediävistik testet Wege zu einer transkulturellen Europawissenschaft, Berlin 2008, S. 210–28; Juliette Sibon, Les Juifs de Marseille au XIVe siècle, Paris (im Druck); mit direktem Bezug zu Gouguenheim: Jean-Christophe Attias, Judaïsme: le tiers exclu de l'Europe chrétienne, in: Büttgen, de Libera, Rached, Rosier-Catach (Hrsg.), Les Grecs, les Arabes et nous (wie Anm. 12), S. 213–22.

52 Abgesehen von der mangelnden Nutzung des neuesten Standardwerks zum griechisch/syrisch-arabischen Wissenschaftstransfer (Dimitri Gutas, Greek Thought, Arabic Culture. The Graeco-Arabic Translation Movement in Baghdad and Early ʿAbbāsid Society, New York 1998) vgl. etwa seine äußerst gewagte Interpretation der von Friedrich II. an arabisch-islamische Gelehrte gestellten philosophischen Fragen, die nur auf zwei Werken basiert und neuere Forschungsinterpretationen einfach ignoriert, siehe etwa: Anna Akasoy, Philosophie und Mystik in der späten Almohadenzeit. Die Sizilianischen Fragen des Ibn Sabʿīn, Leiden 2006; Giuseppe Mandalà, Il prologo delle Risposte alle questioni siciliane di Ibn Sab'in come fonte storica. Politica mediterranea e cultura arabo-islamica nell'età di Federico II, in: Schede medievali 45 (2007), S. 25–94.

53 Ansätze zu einem Vergleich der verschiedenen Rezeptionsprozesse des griechischen Erbes finden sich z. B. bei Gotthard Strohmaier, Die lateinische und die syrisch-arabische Rezeption der griechischen Wissenschaften, in: Johannes Irmscher (Hrsg.), Die Literatur der Spätantike – polyethnisch und polyglottisch betrachtet, Amsterdam 1997, S. 145–151.

54 Richard Walzer, Arisṭūṭālīs or Arisṭū, in: Encyclopaedia of Islam 2, Bd. 1, Leiden 1960, S. 630.

55 Sylvain Gouguenheim, Aristote au Mont Saint-Michel, Paris 2008, S. 203–206.

56 Gouguenheim, Aristote (wie Anm. 55), S. 10. Vgl. René Marchand, La France en danger de l'Islam. Entre Jihad et Reconquista, Lausanne 2002. Das Buch prophezeit u. a. eine Machtergreifung von Islamisten in Frankreich, sollten nicht bald geeignete Maßnahmen getroffen werden. Kurzdarstellung und Besprechung des Werkes in: König, Wie eine Religion Staat und Gesellschaft durchdringt (wie Anm. 15), S. 28–31, S. 43.

57 Siehe z. B. „Merkel erklärt Multikulti für gescheitert", in: Spiegel Online, 16. 10. 2010, www.spiegel.de/politik/deutschland/0,1518,723532,00.html, heruntergeladen am 20. 11. 2010.

58 Siehe John Tolan, Saracens. Islam in the Medieval European Imagination, New York 2002.

59 Michael Borgolte, Juliane Schiel, Mediävistik der Zwischenräume, in: Michael Borgolte, Juliane Schiel, Bernd Schneidmüller, Annette Seitz (Hrsg.), Mittelalter im Labor. Die Mediävistik testet Wege zu einer transkulturellen Europawissenschaft, Berlin 2008, S. 16–17; Juliane Schiel, Bernd Schneidmüller, Annette Seitz, Hybride Kulturen im mittelalterlichen Europa, in: Michael Borgolte, Bernd Schneidmüller (Hrsg.), Hybride Kulturen im mittelalterlichen Europa, Berlin 2009, S. 10. Siehe auch den kürzlich erschienenen Band: Gabriele Haug-Moriz, Ludolf Pelizaeus (Hrsg.): Repräsentationen der islamischen Welt im Europa der frühen Neuzeit, Münster 2010.

60 Vgl. hierzu die diplomatischen Verwicklungen eines Gesandtschaftsaustausches zwischen den Umayyaden von al-Andalus und den Ottonen im 10. Jahrhundert mit den Briefwechseln zwischen Päpsten und muslimischen Herrschern im 13. Jahrhundert, hierzu: Helmut G. Walther,

Der gescheiterte Dialog: Das Ottonische Reich und der Islam, in: Albert Zimmermann, Ingrid Craemer-Ruegenberg (Hrsg.), Orientalische Kultur und europäisches Mittelalter, Berlin, New York 1985, S. 20–45; Karl-Ernst Lupprian, Die Beziehungen der Päpste zu islamischen und mongolischen Herrschern im 13. Jahrhundert anhand ihres Briefwechsels, Città del Vaticano 1981.

61 Ein Überblick findet sich in: FranceMed, Introduction à l'étude des transferts culturels en Méditerranée médiévale, in: FranceMed (Hrsg.), Construire la Méditerranée, penser les transferts culturels, München 2011 (im Druck).

62 Thomas de Aquino, Tractatus de unitate intellectus contra Averroistas, ed. Leo W. Keeler, Rom 1957.

63 Federico Corriente, Dictionary of Arabic and Allied Loanwords, Leiden 2008.

64 Andreas Unger, Von Algebra bis Zucker. Arabische Wörter im Deutschen, München 2006; Nabil Osman, Kleines Lexikon deutscher Wörter arabischer Herkunft, München [8]2010. Ausführlicher auf sprachwissenschaftlicher Grundlage: Raja Tazi, Arabismen im Deutschen. Lexikalische Transferenzen vom Arabischen ins Deutsche, Berlin, New York 1998 (Studia linguistica Germanica, 47).

65 Mohamed Ouerfelli, Le sucre. Production, commercialisation et usages dans la Méditerranée médiévale, Leiden 2008.

66 Avinoam Shalem, Islam Christianized. Islamic Portable Objects in the Medieval Church Treasuries of the Latin West, Frankfurt a. M. 1998; Margit Mersch, Ulrike Ritzerfeld (Hrsg.), Lateinisch-griechisch-arabische Begegnungen. Kulturelle Diversität im Mittelmeerraum des Spätmittelalters, Berlin 2009.

67 Siehe z. B. für den Kontext der Kreuzzüge: Benjamin Z. Kedar, Cyril Aslanov, Problems in the Study of Trans-Cultural Borrowing in the Frankish Levant, in: Michael Borgolte, Bernd Schneidmüller (Hrsg.), Hybride Kulturen im mittelalterlichen Europa, Berlin 2010, S. 277–86. Interessant ist v. a. das Phänomen der spätestens seit dem Spätmittelalter im Mittelmeerraum gebräuchlichen „Lingua Franca", hierzu: Jocelyne Dakhlia, Lingua Franca. Histoire d'une langue métisse en Méditerranée, Arles 2008.

68 Steven A. Epstein, Purity Lost. Transgressing Boundaries in the Eastern Mediterranean, 1000–1400, Baltimore 2006. Siehe hierzu auch den bald erscheinenden Band: FranceMed (Hrsg.), Acteurs des transferts culturels en Méditerranée médiéval, München 2012 (im Druck).

69 Zur Feststellung von Unterschieden und Gemeinsamkeiten ist auf die methodischen Grundlagen neuerer Studien zur transkulturellen Komparatistik zu verweisen: Jenny Rahel Oesterle, Kalifat und Königtum. Herrschaftsrepräsentation der Fatimiden, Ottonen und frühen Salier an religiösen Hochfesten, Darmstadt 2009; Wolfram Drews, Die Karolinger und die Abbasiden von Bagdad. Legitimationsstrategien frühmittelalterlicher Herrschaftsdynastien im transkulturellen Vergleich, Berlin 2009.

70 Dirk Hoerder, Geschichte der deutschen Migration. Vom Mittelalter bis heute, München 2010.

71 De Byzance à Istanbul. Un port pour deux continents. Galeries nationales. Grand Palais [Katalog der Ausstellung 2009/2010], Paris 2009.

72 Vgl. Thomas Ricklin, Der Fall Gouguenheim, in: Historische Zeitschrift 290 (2010), S. 119–135. Die von Ricklin aus der Sicht der mediävistischen Philosophiegeschichte vorgetragene Kritik an dem Buch Gouguenheims, der Nachweis von Fehleinschätzungen der Quellen und tendenziösen Darstellungen der historischen Zusammenhänge, wird hier nicht wiederholt.

Die kritische Distanz, die Ricklin aus der Sicht seines Faches gegenüber den Ausführungen Gouguenheims einnimmt, ist aus der Sicht der historischen Mediävistik und der Wissenschaftsgeschichte des Mittelalters unbedingt nachvollziehbar.

73 Vgl. dazu auch Ricklin, Fall Gouguenheim (wie Anm. 72), S. 124.

74 Martin Kintzinger, Wissen wird Macht. Bildung im Mittelalter, Ostfildern 2003, (2. Aufl. 2007, japan. Übersetzung 2010), S. 145–149, 160–162.

75 Jacques Verger, Les gens de savoir en Europe à la fin du Moyen Age, Paris 1997, S. 19; Oliver Auge, Matthias Müller (Hrsg.), Natur und Geist. Von der Einheit der Wissenschaften im Mittelalter, Ostfildern 2008.

76 Jacques Verger, L'essor des universités au XIIIe siécle (italien. Originalausg. 1997), Paris 1998.

77 Sita Steckel, Kulturen des Lehrens im Früh- und Hochmittelalter. Autorität, Wissenskonzepte und Netzwerke von Gelehrten (Norm und Struktur, 39), Köln, Weimar, Wien 2011.

78 Johannes Fried, Die Aktualität des Mittelalters. Gegen die Überheblichkeit unserer Wissensgesellschaft, Stuttgart (2. Aufl.) 2002, S. 34 f., 40–42, zum Folgenden S. 46 f., 49.

79 Zuletzt: Jacqueline Jenkins, Oliver Bertrand (Hrsg.), The Medieval Translator. Traduire au moyen âge, Turnhout 2007.

80 Thomas Cahill, Mysteries of the Middle Ages and the Beginning of the Modern World, New York 2006, Inhaltsübersicht, „Volume IV".

81 Thomas A. Szlezák, Was Europa den Griechen verdankt. Von den Grundlagen unserer Kultur in der griechischen Antike, Tübingen 2010.

82 Hans Belting, Aby Waburg und die Kulturtechniken. Was besagt es für die Kunstgeschichte als Kulturwissenschaft, dass sich die Erfindung der Perspektive einem arabischen Traktat verdankt?, in: Frankfurter Allgemeine Zeitung, 24. November 2010, S. N 6.

83 Vgl. Ricklin, Fall Gouguenheim (wie Anm. 72), S. 120.

84 Andreas Speer, Lydia Wegener (Hrsg.), Wissen über Grenzen. Arabisches Wissen und lateinisches Mittelalter (Miscellanea Mediaevalia, 33), Berlin, New York 2006. Im folgenden ist nicht beabsichtigt, die Genese des heutigen Kenntnisstandes der Wissenschaftsgeschichte nachzuzeichnen, sondern deren aktuellen Stand zu dokumentieren. Vgl. auch die Ausführungen von Ricklin, Fall Gouguenheim (wie Anm. 72), S. 124.

85 Zit. nach Andreas Speer, Wissen über Grenzen. Arabisches Wissen und lateinisches Mittelalter, in: Speer, Wegener (Hrsg.), Wissen über Grenzen (wie Anm. 84), S. XIII–XXIII, hier S. XIII.

86 Zahlreiche aktuelle Veröffentlichungen zielen schon in ihrer Themenwahl darauf, Parallelen und Interferenzen zwischen christlicher und arabisch-islamischer Kultur aufzuzeigen. Vgl. Michael Borgolte, Universität und Intellektueller. Erfindungen des Mittelalters unter dem Einfluß des Islam?, in: Jahrbuch für Universitätsgeschichte 11 (2008), S. 91–109; Irene A. Diekmann, Thomas Gerber, Julius H. Schoeps (Hrsg.), Der Orient im Okzident. Sichtweisen und Beeinflussungen, Potsdam 2003. Vgl. Ricklin, Fall Gouguenheim (wie Anm. 72), S. 133.

87 Vgl. exemplarisch Alfred Gierer, Eriugena, al-Kindī, Nikolaus von Kues. Protagonisten einer wissenschaftsfreundlichen Wende im philosophischen und theologischen Denken (Acta Historica Leopoldina, 29), Halle 1999. Theo Kobusch (Hrsg.), Philosophen des Mittelalters. Eine Einführung, Darmstadt 2000; Before and After Avicenna. Proceedings of the First Conference of the Avicenna Study Group (Islamic Philosophy, Theology and Science, 52), Leiden, Boston 2003; Carmela Baffioni (Hrsg.), Averroes and the Aristotelian Heritage, Neapel 2004. Averroes and the Aristotelian Tradition. Sources, Constitution and Reception of the Philoso-

phy of Ibn Rushd (1126–1198) (Islamic Philosophy, Theology and Science. Texts and Studies), Leiden, Boston, Köln 1999. Markus Stohldreier, Zum Welt- und Schöpfungsbegriff bei Averroes und Thomas von Aquin. Eine vergleichend Studie, Norderstedt 2008.

88 George Saliba, Islamic Science and the Making of the European Renaissance. Cambridge/Mass., London 2007; Miklós Maróth, Die Araber und die antike Wissenschaftstheorie (Islamic Philosophy, Theology and Science. Texts and Studies), Leiden, New York, Köln 1994.

89 Alain de Libera, Penser au Moyen Age, Paris 1991, S. 86–97 und 98–142.

90 Jean-Paul Roux, Un choc de religions. La longue guerre de l'islam et de la chrétienté 622–2007, Paris 2007. Vgl. Jacob Neusner (Hrsg.), Religious Foundations of Western Civilization, Nashville 2206

91 Samuel Huntington, The Clash of Civilisations and the Remaking of World Order, New York 1996. Den Zusammenhang zwischen den Thesen Huntingtons und dem Ansatz Gouguenheims untersucht kritisch Blaise Dufal, Faire et défaire l'histoire des civilisation, in: Büttgen, de Libera, Rashed, Rosier-Catach (Hrsg.), Les Grecs, les Arabes et nous (wie Anm. 14), S. 317–358, hier S. 320. Vgl. auch Ricklin, Fall Gouguenheim (wie Anm. 72), S. 122 f. Insbesondere bezogen auf die arabische-islamische Kultur auf der Iberischen Halbinsel: John Tolan, L'Europe latine et le monde arabe au Moyen Age, Rennes 2009.

92 Auf die mit politischer Ideologie argumentierenden und in den Geltungsbereich der Persönlichkeitsrechte hineinreichenden Vorwürfe Gouguenheims gegenüber de Libera kann hier nicht eingegangen werden. Vgl. dazu Ricklin, Fall Gouguenheim (wie Anm. 72), S. 123.

93 Siehe hierzu im einzelnen die von Daniel König zusammengestellten und kommentierten bibliographischen Nachweise im ersten Teil des vorliegenden Kommentars. Hier ist vor allem zu verweisen auf: Büttgen, de Libera, Rashed, Rosier-Catach (Hrsg.), Les Grecs, les Arabes et nous (wie Anm. 14). Dort zu aktuellen Tendenzen der Wissenschaftspolitik, verbunden mit dem Vorwurf der Restauration und der Islamophobie: Philipp Büttgen, Alain de Libera, Marwan Rashed, Irène Rosier-Catach, Introduction, S. 7–13; zur öffentlichen Diskussion und zur Kritik der wissenschaftsgeschichtlichen Aussagen Gouguenheims: Irène Rosier-Carach, Qui connaît Jacques de Venis? Une revue de presse, S. 21–51; zur Kritik von Gouguenheims Diskreditierung der arabischen Wissenschaft: Helène Bellosta, Science arabe et science tout court, S. 53–77.

94 Zu der hier bereits vorgetragenen Kritik an der Zäsurensetzung auf das 13. Jahrhundert Jean Celeyrette, Max Lejbowicz, Introduction, in: Lejbowicz, L'Islam médieval en terres chretiennes (wie Anm. 4), S. 9–44. In der folgenden, zeitgleich zu Gouguenheims Buch erschienenen Veröffentlichung wird gerade der von Gouguenheim für seine Deutung in Anspruch genommene Zeitraum, bis zum 13. Jahrhundert, als Entwicklungsphase der Vernunft in der arabischen Wissenschaft markiert: David Levering Lewis, God's Crucible. Islam and the Making of Europe, 570 to 1215, New York, London 2008, hier S. 367–379. Vgl. auch Raif Georges Khoury (Hrsg.), Averroes (1126–1198) oder der Triumph des Rationalismus, Heidelberg 2002.

Nachwort des Autors zur deutschen Ausgabe

Nach der Veröffentlichung meines Buches gab es in Frankreich heftige und betrübliche Angriffe. Dem Inhalt meines Buches wird die Debatte aber nicht gerecht und die Kritiker haben viele Verzerrungen, ja sogar Sinnwidrigkeiten vorgebracht. Doch gab es einige wissenschaftliche Besprechungen, auf die ich antworten möchte. Hier ist nur der Raum, um ein Beispiel, die Rolle der Abtei des Mont Saint-Michel, darzulegen. Dem deutschen Verlag danke ich herzlich, zumal in Frankreich eine solche Antwort momentan unmöglich ist. Ich bedanke mich auch besonders bei meinen Kollegen Coloman Viola und Linos Benakis.

Die Rolle der Abtei des Mont Saint-Michel

Sehr früh gab es in dieser Abtei ein echtes Interesse für das Werk des Aristoteles. Die Handschrift 229 der Bibliothek von Avranches (Ende des 10. und Anfang des 11. Jahrhunderts) enthält eine Reihe von Schriften zur Logik, in der Übersetzung von Boethius.

Coloman Viola hat bewiesen, dass sechs von den neun Handschriften, die die Werke des Aristoteles enthalten, an Ort und Stelle verfasst wurden. Die drei anderen wurden zwischen 1150 und dem 14. Jahrhundert dorthingebracht. Louis-Jacques Bataillon räumt ein:

> es gab ein echtes Interesse für die Bücher des Aristoteles, was die Abschrift in dem Skriptorium des Mont von drei Schriften des Stagiriten in der Übersetzung von Jakob von Venedig zeigt (Hs. 221). Diese Kopien sind die ältesten, die im Mont aufbewahrt sind und diejenigen, die dem Urtext am nächsten stehen.[1]

Das Hauptargument: Die normannische Abtei besaß in der zweiten Hälfte des 12. Jahrhunderts eine Handschrift, die mehrere Übersetzungen von Jakob von Venedig enthielt (Hs. 221). Sie besaß vermutlich, aber erst seit dem Anfang des 13. Jahrhunderts, eine zweite Handschrift (Hs. 232), in der sich manche Schriften von Jakob und Burgundio von Pisa befinden. Dazu weist Robert von Torigny in einer zwischen 1154 und 1163 geschriebenen Glosse auf mehrere Übersetzungen hin, die von Jakob von Venedig 1128 verfasst wurden. Einige befinden sich in den Handschriften von Avranches.

Aus dieser Glosse und aus den Tatsachen, dass die Hs. 221 in der Abtei geschrieben wurde und dass die Hs. 232 früh am Ort angekommen ist, können wir schließen, dass die Abtei ein frühes Zentrum war, an dem man bisher unbekannte griechisch-lateinische Übersetzungen von Aristoteles erhalten, kopiert und aufbewahrt hat:

> [Die Mönche der Abtei des Mont] haben den zukünftigen Meistern von Paris und Oxford den Weg gezeigt, indem sie ihnen die ersten Werkzeuge gegeben haben, mit denen diese Meister sich das philosophische und wissenschaftliche Denken von Aristoteles aneignen konnten, welches sie aus dem griechischen Original geschöpft haben.[2]

Jakob von Venedig

Niemand bezweifelt, dass Jakob die *Metaphysik* ganz übersetzt hat, noch dass seine Übersetzung der *Physik* und der *Zweiten Analytik* eine außerordentliche Bedeutung hatte. Er hat auch griechische Kommentare der *Zweiten Analytik*, der *Topik* und der *Sophistischen Widerlegungen* übersetzt. S. Ebbesen schreibt, dass seine Übersetzung der *Zweiten Analytik* eine „enorme Wichtigkeit" hatte. Er fügt hinzu, dass „hinsichtlich der *Physik* und der *De Anima* die Übersetzungen von Jakob Standardtexte der Scholastik waren".[3] Sie wurden von Robert Grosseteste und Thomas von Aquin verwendet.

Jakob war der Erste, der diese wichtigen Texte unmittelbar vom Griechischen ins Lateinische übersetzt hat. Und das tat er schon vor 1128! Es bleibt zu erwägen, ob er sein Werk selbst in die Normandie gebracht oder sogar verfasst hat. Diese Frage mag anekdotisch erscheinen. Eigentlich könnten diese Übersetzungen in Konstantinopel, Syracus oder Antiochia erstellt worden sein. Das Dossier wäre nur geringfügig verändert worden.

Kommen wir wieder auf die Glosse von Robert von Torigny zurück. Da er gerade die Geschichte seiner Abtei schrieb, warum fügte der Abt diese Bemerkung hinzu, wenn nicht, weil dieses Ereignis zu deren Geschichte gehörte? Zu dem Zeitpunkt, an dem er diese Glosse schreibt, waren also einige Übersetzungen von Jakob von Venedig in der Abtei des Mont schon bekannt. Entweder war Jakob selbst in der Abtei anwesend oder seine Schriften wurden ziemlich früh, zwischen 1128 und 1154/1163, dorthingebracht. Diese letzte Hypothese scheint die wahrscheinlichste zu sein. Die Anwesenheit von Jakob in der Normandie, die ich verfochten habe, kann zwar nicht ganz abgelehnt werden, wie es L.-J. Bataillon selbst anerkennt, trotzdem gebe ich zu, dass sie fraglich ist.

Was letztlich unbestreitbar bleibt, sind diese drei grundsätzlichen Tatsachen: Jakob von Venedig hat gleich in der Mitte des 12. Jahrhunderts fast das ganze Werk von Aristoteles direkt vom Griechischen ins Lateinische übersetzt. Seine Übersetzungen wurden vielmals abgeschrieben und nach der Mitte dieses Jahrhunderts in Nordfrankreich, England und im Rheinland verbreitet. Diese Übersetzungen und diese Kopien erschienen vor den Schriften von Toledo.

Jakob von Venedig und Byzanz

Jakob von Venedig hat sich in Konstantinopel aufgehalten. Dort sind ihm griechische Philosophen begegnet, dort hat er aristotelische Schriften gelesen. S. Ebbesen bemerkt, dass er den Kommentar von Michael Ephesios über die *Sophistischen Widerlegungen* übersetzt hat (leider ist keine Handschrift erhalten). So fühle ich mich in meiner Meinung durch meine Kritiker bestärkt!

Michel Cacouros hat bewiesen, dass diese Kommentare von Michael Ephesios vor 1118 (und nicht im Jahr 1128, wie S. Ebbesen irrtümlich schreibt) geschrieben wurden.[4]

In zwei Handschriften der Mitte des 12. Jahrhunderts findet man eine Auseinandersetzung zwischen dem Meister Alberic und einem „Meister Jakob“[5]. Es handelt sich um die *Glosse in Aristotelis Sophistici Elenchi* (Hs. Berlin, Lat. Fol. 624) und die *Summa Sophisticorum Elenchorum* (Paris, BnF, Hs. Lat., 15.141). Nach L. M. de Rijk wurde die Berliner Handschrift in Saint-Victor in Paris erst nach 1140 oder sogar erst nach 1150 verfasst. Er bestimmt den *terminus post quem* der Hs. BnF 15. 141, die auch aus Saint-Victor stammt, als das Jahr 1155.[6] Hier muss man sich erinnern, dass Saint-Victor sofort nach seiner Gründung (1108) in Verbindung mit der Normandie stand! Sein Abt, Achard, wurde 1162 Bischof von Avranches.

L. M. de Rijks Meinung nach wurde die *Summa* durch einen Schüler von Alberic geschrieben.[7] Alberic habe den Text des Aristoteles in Bologna kennengelernt und nach seiner Rückkehr in Paris in seinen Unterricht eingebracht. In Bologna habe er auch in die Kommentare von Jakob von Venedig Einsicht genommen. In diesen beiden Handschriften hat L. M. de Rijk byzantinische Einflüsse entdeckt (Anleihen bei Alexander von Aphrodisias, Platon und bei der *Nikomachischen Ethik*):

> In both the Glosses and the Summa we find interpretations and expatiations which point to an acquaintance with Greek and Greek literature, which, in the twelfth century, can only have been acquired thanks to a new supply of data. That this widening of the knowledge of Greek Antiquity is due to contact with Byzantium is not only a priori self-evident, but can also be demonstrated in a great many instances.[8]

In welcher Art fand die Auseinandersetzung zwischen Alberic und Jakob statt? S. Ebbesen vermutet eine Widerlegung im Unterricht von Alberic oder ein Wortgefecht zwischen den beiden Männern in Italien. Aber warum könnte man nicht eine andere Hypothese vorschlagen: die Anwesenheit von Jakob in Paris? Das könnte erklären, warum in der Pariser Schule von Saint-Victor diese Widerlegung schriftlich niedergelegt worden ist.

Die normannische Umwelt

Die Normandie taucht als eines der ältesten Zentren des Aufschwungs im 11. Jahrhundert auf. Die Abtei des Bec spielte damals eine besondere Rolle, zuerst mit Lanfranc (1010–1089), der in Avranches unterrichtet hat und 1042 in die Abtei des Bec eingetreten ist. Er war der Meister von Anselm und Yves von Chartres. Damals erfreuten sich die Logik und die Dialektik großer Wertschätzung: „Die Dialektik widerspricht nicht der göttlichen Lehre.“[9]

Hier verfasste Sankt Anselm (1033–1109, Abt von Le Bec ab 1079, Erzbischof von Canterbury ab 1093) sein Werk. In der Bibliothek seiner Abtei fand er vermutlich die notwendigen Elemente seiner neuen Theologie, die der Vernunft viel Gewicht beimaß.[10] Einen griechischen Mönch, Anastasios von Venedig, bewunderte Anselm: Dieser Mönch lebte in der Mitte des 11. Jahrhunderts auf dem Mont Saint-Michel. Vielleicht, wie C. Viola vorschlägt, wurde er durch Lanfranc dort hingezogen.[11] In der Anlaufzeit des 12. Jahrhunderts wurden zwei ehemalige Mönche der Abtei des Bec-Hellouin Äbte des Mont Saint-Michel: Bernard (1131–1149) und danach Robert von Torigny, was die enge Verbindung zwischen den beiden Klöstern beweist.

Kurz nach 1150 in Coutances, also nicht weit von der Abtei des Mont entfernt, stand der Archidiakon Richard, ein Freund von Robert von Torigny, in Verbindung mit Johannes von Salisbury. Ihn bat Johannes um eine Übersetzung der aristotelischen Schriften, die in Coutances zur Verfügung standen. Überdies bat Johannes auch um Glossen, die Richard verfassen sollte. Das beweist, dass Richard diese aristotelischen Handschriften besaß und auch, dass er fähig war, diese schwierige Arbeit zu erledigen.

Die Handschriften des Mont Saint-Michel enthalten mehrere Glossen. Diejenigen, die im 12. Jahrhundert verfasst wurden, stammen wahrscheinlich aus der Umgebung von Richard von Coutances, der zweifellos in fester Verbindung mit dem Mont stand (C. Viola).[12] Nur die Glossen der *Metaphysik* wurden durch Jakob von Venedig aus griechischen Kommentaren übersetzt.

Die anglonormannische Welt begeisterte sich in den Jahren 1150–1170 für das Werk des Aristoteles und war fähig, die ersten Kommentare zu den griechisch-lateinischen Übersetzungen zu schaffen.

Es ist unmöglich, diese normannische Welt zu übersehen. Johannes von Salisbury studierte in Paris bei Abaelard und dann bei Alberic (1137–1138). Dann kam er in Chartres zu Wilhelm von Conches (1138–1141), bevor er wieder nach Paris ging, um mit Gilbert de la Porrée zu arbeiten. Wir wissen, dass die zwei ältesten Handschriften, die die *Sophistischen Widerlegungen* kommentierten, aus Saint-Victor in Paris stammten. Außerdem stand Paris in Verbindung mit den italienischen Schulen, wie der Aufenthalt von Alberic in Bologna (1142–1148) beweist. Umgekehrt ließen sich mehrere Gebildete aus italienischer Herkunft in Frankreich oder England nieder (Lanfranc aus Pavia, Anselm von Aost).

Ferner bemerkt man im dritten Viertel des 12. Jahrhunderts viele Verbindungen zwischen den Abteien und den Schulen von Westfrankreich und England: Chartres, Le Bec-Hellouin, Avranches, Coutances, der Mont Saint-Michel usw. Die Bewegung, an der Anselm, Wilhelm von Conches, Robert von Torigny und Johannes von Salisbury teilnahmen, beweist die intellektuelle Bedeutung dieser Gegend im 12. Jahrhundert. Man darf auch die zwischen Chartres oder Paris und einigen deutschen Gebildeten seit dem Investiturstreit hergestellten Kontakte nicht vergessen.

Noch einmal Byzanz

Linos Benakis hat ausführlich auf die Bedeutung der byzantinischen Philosophie und ihre Rolle hingewiesen. Im 11. Jahrhundert haben viele Gebildete (wie Michael Psellos, 1018–1096, und Johannes Italos, 1025–ca. 1085) die Werke von Platon und Aristoteles kommentiert. Zum Beispiel hat Michael Psellos eine Analyse der *Physik* geschrieben, die „die älteste und vielleicht die wichtigste der noch unedierten byzantinischen Werke über Aristoteles ist“ (L. Benakis).[13]

Wohl bekannt ist der Gelehrtenkreis von Anna Komnena (1083–1153), der Tochter des Kaisers Alexis I. Professor Michel Cacouros hat hierzu völlig neue Erkenntnisse geliefert. Michael Ephesios ist also der erste Byzantiner, der eine vollkommene Reihe von gut strukturierten und fruchtbaren Kommentaren zum gesamten Werk von Aristoteles lieferte.[14] Er ist der Einzige (einschließlich der lateinischen und islamischen Gebildeten), der vor dem 13. Jahrhundert die *Politik* kommentiert hat. Sein bahnbrechendes Werk wurde viel verbreitet. Dazu muss man Eustratios von Nikaia (ca. 1050–ca. 1120) erwähnen, der in sehr moderner Weise die *Nikomachische Ethik* und sogar die *Zweite Analytik* kommentierte.

Bei den Byzantinern haben die lateinischen Gebildeten gelernt, wenn auch vor 1200 die Gesamtheit der aus der griechischen Welt stammenden Schriften nicht so bedeutend war, wie die, die aus dem muslimischen Reich gekommen waren. Das byzantinische Reich versammelte drei Bestandteile der europäischen Zivilisation: den Hellenismus, das römische Recht und das Christentum. Seine intellektuelle Entwicklung ging dem westeuropäischen Aufschwung voran, und sie war eine seiner Ursachen. Die Kommentare der *Sophistischen Widerlegungen*, die in der Mitte des 12. Jahrhunderts in Saint-Victor (Paris) geschrieben wurden, zeigen zweifellos die Verbreitung der aristotelischen Texte von der byzantinischen Welt über Italien.

Am Ende des 11. Jahrhunderts und am Anfang des folgenden wurden die lateinischen Übersetzer durch die von Psellos, Michael Ephesios oder Eustratios von Nikaia geführten Diskussionen stark beeinflusst. In Konstantinopel (1138) diskutierten Burgundio, Jakob von Venedig, Anselm von Havelberg und Niketas von Nikomedia über theologische Fragen. Die Kommentare des Eustratios waren Albertus Magnus und Thomas von Aquin bekannt.[15]

Mehrere Indizien stimmen überein. Dank der griechisch-lateinischen Übersetzungen und der Kommentare, die teilweise aus Byzanz stammten, nahm die philosophische Bewegung in Westfrankreich ungefähr zwischen 1120 und 1150 einen entscheidenden Aufschwung. Die Suche nach den griechischen Schriften entstammt einem Wissensdurst der Gebildeten (in Italien, Sizilien, England, Westfrankreich und den lateinischen Staaten des Vorderen Orients). Der Wille, die griechische Sprache zu lernen, um einen direkten Kontakt mit diesen Schriften herzustellen, ist ein Merkmal dieser Zeit.

Diese Bewegung, die schon Anfang des 12. Jahrhunderts begann, ging danach weiter. Neben Burgundio und Jakob von Venedig muss der sogenannte „Jean" Erwähnung finden. Seine Übersetzung der *Zweiten Analytik* wurde höher geschätzt als die von Jakob. Ebenso müssen die Übersetzer der *Metaphysik* („anonyma" und „composita") erwähnt werden. Gerne würden wir wissen, wie diese Übersetzer die griechischen Texte erhielten. Der Weg über Byzanz scheint höchst wahrscheinlich zu sein.

Die Abtei von Saint-Michel war demnach kein Übersetzungszentrum, wie ich dachte: Die Indizien dafür sind nicht überzeugend. Aber der Mont war ein Ort, wo man die Prototypen der griechisch-lateinischen Übersetzungen von Aristoteles empfing und abschrieb. Er war auch ein Ort, wo viele dieser Übersetzungen kommentiert wurden und er war zudem ein Verbreitungszentrum dieser Schriften. Robert von Torigny spielte, wie Coloman Viola geschrieben hat, die Rolle eines Bahnbrechers.

Sylvain Gouguenheim

Anmerkungen

1 L.-J. Bataillon, „Sur Aristote et le Mont-Saint-Michel", *Revue des sciences philosophiques et théologiques*, Bd. 92, Nr. 2, April–Juni 2008, S. 329–334.

2 C. Viola, „Aristote au Mont-Saint-Michel", in: R. Foreville (dir.), *Millénaire monastique du Mont-Saint-Michel*, t. II, „Vie montoise et rayonnement intellectuel", Paris 1967, S. 289–312, hier S. 297.

3 S. Ebbesen, „Jacques de Venise", in: M. Lejbowicz (dir.), *L'Islam médiéval en terre chrétienne. Science et idéologie*, Presses du Septentrion, coll. „Les Savoirs mieux" (sic!), Lille 2008, S. 125 u. 132.

4 M. Cacouros, „Littérature philosophique à Byzance et sa postérité à l'époque moderne", *Annuaire EPHE-SHP*, Jahr 140 (2007–2008), S. 92–101.

5 L. M. de Rijk, *Logica Modernorum*, Bd. I, Kap. V, S. 82–105.

6 L. M. de Rijk, *op. cit.*, S. 88, N. 2.

7 Ebenda, S. 83–85, S. 89.

8 Ebenda, S. 100.

9 Epistola B. Pauli Apostoli ad Corinthios Prima cum Glossula interjecta B. Lanfranci, J.-P. Migne (Hrsg.), *Patrologiae latinae cursus completus, series latina*, Bd. 150, c. 1, v. 11,

col. 157); H. E. J. Cowdrey, *Lanfranc: Scholar, Monk, and Archbishop*, Oxford, Oxford University Press, 2003.

10 J. Kormos und C. Viola (Hrsg.), *Rationality from saint Anselme to saint Augustin. Proceedings of the International Anselm Conference, Piliscsaba (Hongrie), 20–23 juin 2002*, Piliscsaba 2005: C. Viola, „La voie de la *ratio*: le pont entre Augustin et Anselme. De la prudence d'Augustin à l'audace d'Anselme", S. 23–44; M. Enders, „*Ratio* und *Intellectus* von Augustinus bis Anselm: Stationen einer Begriffsgeschichte", S. 45–60.

11 C. Viola, „Aristote ...", *op. cit.*, S. 2 und N. 19.

12 Was Richard von Coutances und seine Mitarbeiter betrifft, spricht C. Viola von dem „ersten lateinischen Zentrum einer aristotelischen Auslegung" („L'abbaye du Mont-Saint-Michel et la préparation intellectuelle du grand siècle", in: *Les Amis du Mont Saint-Michel*, Paris 1971, Nr. 76, S. 7–17).

13 L. Benakis, „Studien zu den Aristoteles-Kommentaren des Michael Psellos", *Archiv für Geschichte der Philosophie*, 43, 1961, S. 215–238; 44, 1962, S. 33–61.

14 Er hat die *Metaphysika*, die *Réfutations sophistiques*, einen Teil der *Ethik* und die *Parva naturalia* kommentiert. Siehe M. Cacouros, „Littérature philosophique à Byzance et sa postérité à l'époque moderne", in: *Annuaire EPHE-SHP*, Jahr 140 (2007–2008), S. 92–101 (S. 95).

15 August Pelzer, „Le cours inédit d'Albert le Grand sur la morale à Nicomaque. Recueilli et rédigé par s. Thomas d'Aquin", *Revue néo-scolastique de philosophie*, 1922, Bd. 24, Nr. 95, S. 333–361, hier S. 349–350. Siehe auch B. Tatakis, *La philosophie byzantine*, in: E. Bréhier (dir.), *Histoire de la Philosophie, 1. Orient-Antiquité-Moyen-Age*, Paris 1949, S. 217.